백제 생산기술의 발달과 유통체계 확대의 정치사회적 함의

백제 생산기술의 발달과 유통체계 확대의 정치사회적 함의

2008년 10월 24일 초판 1쇄 인쇄
2008년 10월 30일 초판 1쇄 발행

엮은이 · 한신대학교 학술원
펴낸이 · 권혁재

책임 편집 · 최정애
편집 · 조혜진, 조은숙

펴낸곳 · 학연문화사
등록 · 1988년 2월 26일 제2-501호
주소 · 서울시 금천구 가산동 371-62 우림라이온스밸리 B동 712호
전화 · 02-2026-0541~4 | 팩스 · 02-2026-0547
E-mail · hak7891@chollian.net

ISBN 978-89-5508-176-3 93910

ⓒ 한신대학교 학술원, 2008
협약에 따라 인지를 붙이지 않습니다.

책값은 뒤표지에 있습니다.
잘못된 책은 바꾸어 드립니다.

백제 생산기술의 발달과 유통체계 확대의 정치사회적 함의

한신대학교 학술원 편

학연문화사

책 머리에

　그동안 우리나라의 고대에 대한 고고학적 조사와 연구는 생활유적과 분묘유적을 중심으로 하여 진행되어 옴에 따라, 당시의 사회경제적 부문의 역사와 문화에 대한 이해가 아직 충분한 수준에 도달하지는 못하였다고 할 수 있다. 하지만 다행히 최근 전국 각지에서 다양한 성격의 생산관련 유적들이 속속 조사되면서, 과학적 분석에 기초한 기술적 측면의 고찰뿐만 아니라, 산품의 유통과 그것이 갖는 사회정치적 의미에 대한 파악도 어느 정도 가능하게 되었다.

　본 연구는, 이러한 상황 하에서 시공간적 범위를 한성시기의 백제로 설정하고 대상 물질자료로는 토기와 철기를 선정하여, 생산기술과 유통 및 그것이 갖는 정치적의미들을 중점적으로 분석한 것으로서, 기초학문육성지원사업을 추진하고 있는 한국학술진흥재단으로부터 2003년부터 3년간 책명(冊名)과 같은 연구 테마로 지원을 받아 진행되었다. 이에 다년간 후원해주신 재단의 관계자 여러분들께 먼저 심심한 사의(謝意)를 표한다.

　이러한 주제하의 연구는 전례(前例)가 없다는 점에서 이 분야의 새로운 지평을 여는 작업이 된 셈이지만, 소기의 목적을 충분히 달성했는지에 대해서는 사실 자신감 있게 답변하기 어렵기도 하다.

　초기의 과제였던 생산기술에 관한 부분에 있어서는, 이 분야의 담당자들이 그동안 축적한 다년간의 연구 성과에 기초하여 보다 진전된 견해를 제시할 수 있었지만, 유통부문에 관해서는 자료의 부족과 연구방법상의 한계 등으로 인해 가설적 제시에 그친 감이 없지 않다. 그리고 그와 관련된 정치적 부문의 해석에 대해서도 아직 부분적으로 밖에 언급하지 못하였다는 점도 스스로 자인(自認)하지 않을 수 없다.

하지만 이러한 시도가 고대에 대한 기존의 구태의연한 연구 방식과 태도에서 벗어나 보다 발전된 단계로 나아가는데 있어 신선한 자극이 될 수도 있다는 점에서 부족하나마 어느 정도 의의를 찾고자 한다.

그간 연구가 진행되면서 각각 1회씩의 국내 및 국제 학술대회를 개최하였으며, 이때 발표된 논고를 보완하여 본서(本書)를 마련하게 되었다. 이에 참여하여 주신 한·중·일(韓·中·日)의 연구자 여러분들께 진심으로 감사를 드린다.

그 외에도 본 연구에 열성적으로 참여하여 준 전임연구원, 공동연구원 및 연구보조원 등 모든 분들의 노고를 치하하며, 어려운 여건 속에서도 출판을 흔쾌히 수락해 주신 학연문화사의 권혁재 사장님께도 감사의 마음을 전하는 바이다.

2008년 10월
모든 연구자들을 대표하여 이남규 씀

차례

책 머리에 · 4

【총론】
1. 권오영, 2005, 백제의 생산기술과 유통체계 이해를 위하여 · 11
2. 김창석, 2006, 백제 왕실수공업의 성립과 생산체제 · 39

【토기】
1. 조대연, 2005, 한성백제 토기의 생산기술에 관한 일 고찰 · 67
   (토론 김성남 · 정대영)
2. 권오영 · 김장석, 2006, 백제 한성양식 토기의 유통망 분석 · 99
   (토론 김무중 · 홍영의)
3. 김장석 · 권오영 · 이상길 · 정용삼 · 문종화, 2006, 토기의 유통을 통해 본
   백제와 가야의 교섭 (토론 박천수 · 문동석) · 155

【철기】
1. 이남규, 2005, 백제 철기의 생산과 유통에 대한 시론 · 187
   (토론 최종택)
2. 이남규 · 신경환 · 장경숙, 2005, 백제 철기 제조공법의 특성 · 233
   (토론 성정용 · 문안식)
3. 이남규, 2006, 백제 지역 철기생산과 유통의 정치사회적 함의(含意) · 275
   (토론 이성주 · 조경철)

백제의 생산기술과 유통체계 이해를 위하여

권 오 영*

차례

I. 머리말
II. 한성기 백제 토기 유통망의 공간적 범위
    1. 흑색 마연토기는 중앙에서 분여된 위세품인가?
    2. 한성기 토기 유통망의 범위는 어느 정도인가?
III. 백제 중앙권력은 철자원의 생산을 직접 관할하였는가?
IV. 중앙의 생산체제, 지방의 생산체제
    1. 중앙의 생산체제
    2. 지방의 생산체제
V. 물류의 중심지 한성
VI. 생산기술의 외적 자극
    1. 외래 기술과 외래 공인
    2. 낙랑-중국계 기술자집단의 역할
VII. 맺음말

---

* 한신대학교 국사학과

Ⅰ. 머리말

생산기술과 유통체계의 문제는 상호 밀접한 주제임이 분명하지만 각각 포괄하고 있는 주제는 매우 다양하기 때문에 하나의 짧은 글에서 한꺼번에 다룰 수 있는 성격의 것은 아니다. 한국 고대 유통체계 전반에 대한 글은 이미 발표된 바 있으므로,[1] 이 글에서는 한성기 백제에 국한시켜 토기 및 철기의 생산기술, 그리고 이러한 물자의 유통체계를 이해하는 과정에서 부딪힐 수밖에 없는 몇 가지 논점을 지적하는 정도로 그치고자 한다. 세부적인 논의는 본서의 각론에서 다루어질 것이기 때문이다.

Ⅱ. 한성기 백제 토기 유통망의 공간적 범위

1. 흑색 마연토기는 중앙에서 분여된 위세품인가?

백제토기가 성립되는 과정에서 흑색마연토기는 많은 주목을 받아 왔다. 아마도 제작공정에서 일반적인 토기보다 많은 시간적, 인적 비용이 들어갈 것이란 추정, 그리고 검게 마연되어 광택을 띤 자태로 인해 칠기의 대용품, 혹은 일종의 위세품으로서의 기능을 한 것으로 이해되었기 때문일 것이다.

과연 서울의 석촌동 고분군, 몽촌토성과 풍납토성 등에서는 일상적인 용도와는 동떨어진 흑색마연토기가 종종 출토되며 그 중에는 장식성이 강하고 화려한 것이 포함되어 있다. 특히 검게 마연된 대형 뚜껑이나 직구유견반형호(直口有肩盤形壺)는 지방에서 발견된 적이 매우 드문 희귀한 물품으로서 한성 중앙세력에 의해 사용과 유통이 극히 제한된 물품으로 추정될 만하다. 따라서 서울 강남을

---

[1] 金昌錫, 2004, 「한국 고대 유통체계의 성립과 변천」, 『震檀學報』 97.

벗어난 곳에서 흑색마연토기가 출토될 경우에는 그 유물이 서울에서 이동한 것이 아닌가 하는 추정이 암묵적으로 행하여지고 있다.

천안 용원리고분군은 고가품인 중국 자기류나 위세품인 환두대도(環頭大刀)의 부장이 돋보이는 유적으로서 천안지역 수장묘로 보인다. 이 유적에서 출토된 장식성이 강한 특이한 형태의 흑색마연토기는 위세품적 성격을 지닌 것으로 볼 수 있다.[2] 문제는 이 흑색마연토기가 중앙에서 제작되어 특정한 목적을 띠고 이동하였으며, 중앙권력과 지방세력간 모종의 정치적 역학관계의 산물인가 하는 점이다.

하지만 흑색마연토기가 한성 중앙에서 제작된 후 사여된 것이라는 가설을 뒷받침할 객관적인 근거는 많지 않다. 우선 기형 면에서 현저한 차이가 발견된다. 예를 들어 천안 용원리 9호 석곽묘에서 출토된 흑색마연 유개합(有蓋盒)은 아직 몽촌토성이나 풍납토성에서 형태적으로 유사한 예가 보이지 않는다. 물론 뚜껑의 표면에 새겨진 송엽문(松葉文)은 풍납토성에서도 유사한 예가 보이지만 토기의 전체적인 기형 면에서는 연결시킬 만한 사례가 보이지 않는 것이다. 전 청주 출토 흑색마연 유개 직구호나 함평 만가촌유적 출토 흑색마연 직구호도 마찬가지여서 한성 중앙에서는 비교할 만한 기형이 보이지 않는 형편이다.

보다 결정적인 근거는 진천의 가마에서[3] 찾을 수 있다. 이 가마의 하한연대가 한성기에 들어감은 분명한데 흑색마연의 완이 가마 내부에서 발견됨으로써 흑색마연토기가 한성 중앙만의 생산품이 아님을 분명히 보여주고 있다. 몽촌토성, 풍납토성 등 아주 국한된 범위에서만 출토됨으로써 위세품으로서의 기능을 가지고 있었을 것으로 여겨지던 흑색마연 직구유견반형호(直口有肩盤形壺) 마저 이 유적에서 확인됨으로써[4] 기존 가설이 성립되기 어려움을 알게 되었다.

---

2) 李南奭, 2000, 『龍院里古墳群』, 공주대학교 박물관, p.491.
3) 崔秉鉉·金根完·柳基正·金根泰, 2006, 『鎭川 三龍里·山水里 土器 窯址群』, 韓南大學校中央博物館.

이번 연구사업의 추진 과정에서 한성백제기의 중앙과 지방에서 출토된 흑색마연토기들의 태토에 대한 미량원소 분석을 시도한 결과 의외의 결과가 도출되었다. 특정 지역에서 출토된 일반적인 토기들과[5] 흑색마연토기의 산지가 동일한 지역으로 나타났던 것이다.

지방에서 사용되는 일상용 토기들이 한성 중앙에서 일괄 제공되었을 가능성은 매우 희박하다. 왜냐하면 취사용 토기들은 부가가치가 높지도 않고 고난도의 기술을 필요로 하는 것도 아니어서, 재지(在地)의 낮은 수준의 생산체제에서 제작되었을 가능성이 높다. 백제국가 영역 안의 주민 수를 고려한다면 상당히 많은 양의 토기류가 필요하였을 터인데 이를 장거리 이동시켜 광역의 유통망을 형성하였을 가능성은 매우 희박해 보인다. 게다가 형태적으로도 한성 중앙과 지방의 취사용 토기는 많은 차이를 보인다.[6] 흑색마연토기가 일반적인 토기들과 동일한 태토로 구워졌다는 이번 분석결과는 흑색마연토기도 재지의 생산체제에서 제작되었음을 입증하는 것이다.

따라서 흑색마연토기가 한성 중앙에서 제작되어 장거리를 이동하면서 중앙과 지방 사이의 모종의 정치사회적 관계의 결성에 이용되었을 것이라는 암묵적 가설은 전면적인 재검토가 필요하게 되었다.

2. 한성기 토기 유통망의 범위는 어느 정도인가?

대규모 토기 가마, 예컨대 충북 진천의 산수리, 삼용리 가마의 조업량을 감안하여 이곳에서 생산된 토기가 한성백제 중앙과 지방에 넓게 유통되었다는 견해가 있다. 하지만 3~5세기의 한성백제 중앙권력이 이러한 광역의 유통망을 유

---

4) 유물의 관찰을 승낙해 주신 한남대학교 박물관의 김근완 선생께 감사드린다.
5) 심발형토기, 장란형토기, 시루, 동이 등의 炊事器와 호류, 옹류를 말한다.
6) 심발형토기를 비롯한 취사용 토기들은 제작기법과 형태면에서 다양한 지역색을 보이고 있다. 현재 포착되는 바로는 한성 중앙 및 경기남부, 경기북부, 충청, 전라권 등인데 이 내부에서도 소지역색이 자주 관찰되고 있다. 따라서 취사용 토기의 지역색은 보다 세분될 가능성이 매우 높다.

지, 관리하였을지의 여부는 국가권력의 지방 지배력, 권력 집중도와 연동한다. 과연 백제는 이 정도의 광역 유통망을 관리할 수 있었을까?

여기에 대해서는 진천 삼룡리, 산수리 가마 출토 토기에 대한 관찰을 토대로 당시의 토기 유통망을 복원한 류기정의 연구가[7] 참고된다. 그는 진천의 가마에서 생산된 것으로 추정되는 유물들을 추적하여 진천을 중심으로 오창, 청주 지역을 대상으로 하던 단계(I단계), 천안 지역까지 확장된 단계(II단계), 원주·화성·서울 지역까지 확장된 단계(III단계)로 파악하고 있다. 이러한 광역의 유통망이 출현하게 되는 정치사회적 배경에 대해서는 또 다른 설명이 필요하겠지만, 현 단계에서 유의되는 것은 과연 이 정도의 광역 규모로 토기가 유통되었는지의 여부, 광역 유통망의 형성과 관리의 주체 문제 등일 것이다. 그의 견해의 정합성 여부는 차치하더라도, 일단 토기의 이동과 유통망에 대한 선구적인 업적이란 점에서는 주목할 만하다.[8]

이번에 시도된 백제토기의 산지 추정 작업에서 진천 가마의 유물은 누락되었지만 몇 가지 주목할 만한 중간결과가 나왔다.

* 서울의 몽촌토성과 풍납토성에서 생산된 토기들은 대부분 동일한 산지에서 채취된 태토로 제작된 것이다.
* 고양 멱절산유적의 태토 산지는 서울 강남의 그것과 완전히 달라서 각기 다른 지역에서 채취된 것임을 알 수 있다.
* 용인 수지유적 출토 토기의 태토 산지는 서울 강남의 그것과 일치하고 하남 미사리

---

7) 柳基正, 2002,「鎭川 三龍里·山水里窯 土器의 流通에 관한 硏究(上)」,『崇實史學』15.
_____, 2003,「鎭川 三龍里·山水里窯 土器의 流通에 관한 硏究(下)」,『崇實史學』16.
8) 성정용은 미호천을 사이에 두고 분포하는 송대리와 송절동유적 출토 토기가 형태적으로 상이한 점을 지적하며 당시의 토기 유통망의 범위가 좁았을 가능성을 주장하고 있다.
成正鏞, 2005,「錦江流域 原三國時代 土器 樣相에 대해」,『원삼국시대 문화의 지역성과 변동』제29회 한국고고학전국대회 발표요지.

의 경우도 일치하는 것들이 많다.

- * 파주 주월리, 포천 자작리, 홍성 신금성, 청주 신봉동 등지 토기의 태토 산지는 서울 중앙의 것과 완전히 다르며 각기 고유한 영역을 갖는다.
- * 몽촌토성과 풍납토성 등 중앙지역 출토 토기들은 대부분 동일한 지점에서 태토가 채취된 것으로 보이지만 그 중에는 전혀 다른 지역에서 채취된 태토로 제작된 것들이 섞여 있다. 반대로 지방 각지의 토기 중 일부는 태토의 미량원소 비율이 몽촌토성과 풍납토성 등 중앙의 것과 일치하는 경우가 있다.

이상의 내용에서 얻어지는 결론은 다음과 같다.

첫째, 몽촌토성과 풍납토성에 공급된 토기는 동일한 생산체제에 의한 것이다. 이 생산체제는 백제 중앙의 소비에 대응한 것이다.

둘째, 중앙에 공급된 토기는 한강 이북이며 하류에 위치한 멱절산에는 공급되지 않았다. 이곳은 나름의 생산체제에서 제작된 토기가 유통되고 있었다.

셋째, 한성 중앙과 탄천수계로 연결된 용인 수지에는 한성 중앙에서 사용되던 토기가 공급되었다. 이는 당시의 유통망이 직선적 거리보다 수계와 긴밀한 관련성을 맺고 있었을 가능성을 보여준다.

넷째, 경기도와 충청도 각지의 중요 유적, 즉 지방 세력의 거점에서는 각기 독자적인 토기 생산체제와 유통망을 유지하고 있었다. 즉 중앙에서 생산된 토기가 일상적으로 지방에까지 도달한 것은 아닌 셈이다.

다섯째, 중앙과 지방에는 각기 지방과 중앙의 토기들이 이동하는 경우가 보인다. 현재의 데이터로 보는 한 그것은 고배와 삼족기, 뚜껑 등의 소형 기종을 대상으로 한다. 취사용기를 비롯한 일상용 토기가 이동하는 모습은 보이지 않는다.

결론적으로 한성 백제 내부에는 그리 넓지 않은 복수의 토기 유통망이 공존하였던 셈이다. 지금까지 발견된 원삼국-한성기에 해당되는 토기 생산유적은 진천의 예를 제외하면 모두 작은 규모로서 1~2기가 발견되는 것이 보통이다. 원삼국에서 한성 1기로 넘어가는 단계의 가마인 화성 가재리유적은[9] 4~5기 정도로 약간 많은 편이지만 이곳에서 생산된 토기는 직선거리 2.6km 정도 떨어진 발안리 취락에서도 유통되지 않았다.[10]

그렇다면 하나의 토기 유통망은 현재의 면 정도를 벗어나지 못하던 좁은 범위인 것이다. 물론 이러한 양상은 지역집단간의 통합, 그리고 중앙권력의 침투와 함께 변화되어 갔을 것이 분명하여 이러한 생산시설의 관계도 균질적이지는 않아서 좀 더 광역의 유통망과 관련된 가마와 좁은 유통망에 머문 가마가 공존하였을 것이다.

Ⅲ. 백제 중앙권력은 철자원의 생산을 직접 관할하였는가?

토기와 달리 전략적 성격이 강한 철자원의 경우는 지방에 대한 중앙권력의 장악도가 한층 강고할 것으로 예상된다. 그것은 고대사회에서 철이라는 자원이 가지고 있는 희소성과 무기 및 농기구의 중요 재료란 점에서의 효용성을 감안할 때 충분히 예상되는 부분이다.

『일본서기(日本書紀)』 신공기(神功紀)에 의하면 4세기 경 백제는 철의 산지로서 "곡나철산(谷那鐵山)"을 보유하고 있었다. 이곳은 일본에까지 알려진 한성 백제의 주요 철산지인데 그 소재지를 두고 많은 논쟁이 전개되어 왔다. 황해도 곡산(谷山)으로 보는 설, 충북 충주(忠州) 일대로 보는 설, 전남 곡성(谷城) 일대로 보는

---

9) 權五榮·李亨源·李美善, 2007, 『華城 佳才里 原三國土器 窯址』, 한신대학교 박물관.
10) 생산유적인 가재리가마, 거점취락인 발안리유적, 길성리토성, 관방유적인 청명산성 등에서 출토된 토기류를 대상으로 한 분석작업의 결과는 조만간 다른 기회를 통해 공개할 예정이다.

설 등이 대두되었는데, 이 중 충주설은 진천 석장리유적의 발견에 의해 힘을 얻었으며 최근에는 충주 칠금동에서도[11] 철생산유적이 발굴조사되었다.

석장리유적은[12] 4세기 대를 중심으로 대규모의 제련작업이 이루어지던 유적이다. 문제는 이 유적에 백제 중앙의 지배력이 어느 정도 관철되었는가 하는 점이다. 곡나(谷那)의 위치문제는 차치하더라도 중앙 직속의 철 생산지로 보는 견해가 주류를 이루는데 나름의 근거를 가지고 있다.

첫째, 일개 지방 세력이 운영하던 철산지(鐵産地)라고 하기에는 조업량이 많고 유적의 범위가 넓다.

둘째, 인근의 산수리, 삼용리 가마의 예를 보더라도 이 지역이 한성기 백제의 생산과 유통에서 매우 긴요한 일종의 전략적 콤비나트의 기능을 가지고 있다.

이상의 두 가지 추론이 결합되면 백제는 4세기대에 충주를 중심으로 하는 충북 일원에 도달하였고 그 결과 진천 지역에 대규모 토기 및 철기 생산의 거점을 운영하였다는 주장이 나올 수 있을 것이다.

하지만 앞에서 보았듯이 진천 지역의 가마에서 생산된 토기가 한성백제의 중앙을 포함하는 광역의 유통망을 형성하였다는 주장은 흔들리게 되었다. 토기와 달리 철기의 경우는 함유 원소의 성분을 분석하여 산지를 추정하는 작업이 곤란하기 때문에 이곳에서 출토된 철기 및 슬랙 등의 부산물을 가지고 유통망을 추적하는 작업은 불가능하다.

다만 석장리유적 보고자의 견해처럼 이곳에서 출토된 토기류와 몽촌토성의 토기류가 유사하다는 주장은 재검토되어야 한다. 석장리 출토 개배와 고배는 배신 아랫부분에 대칼을 이용하여 깎아서 정면한 흔적을 선명히 남기는 것이 특징이다. 이러한 특징을 근거로 몽촌토성 출토품과의 유사성을 지적하면서 연대

---

11) 중원문화재연구원, 2006, 『충주 칠금동 400-1번지 내 문화유적 시·발굴조사 略報告書』.
12) 國立淸州博物館, 2004, 『鎭川 石帳里 鐵生産遺蹟』.

적으로 한성 2기임을 주장하지만 이는 성립할 수 없다.

　물론 연대적으로 한성 2기에 속할 가능성은 매우 높지만 몽촌토성이나 풍납토성 등의 한성 중앙의 고배, 개배와는 태토와 제작기술은 물론이고 형태면에서도 판이하다. 평저토기의 저부 하위를 정지깎기하는 정면기법은 한성 중앙에서는 별로 보이지 않고 회전깎기가 대세이다. 정지깎기가 간혹 관찰되더라도 강한 회전물손질로 인해 희미한 흔적을 남길 뿐이다. 반면 지방에서는 오랫 동안 이어지는 특징이다. 특히 배류(杯類)에 남긴 정지깎기흔은 진천, 음성, 이천 지역에서 자주 보인다(도면 1). 따라서 석장리의 토기류는 주변의 음성, 이천 지역과 연결될 뿐 한성 중앙과 직결시키는 것은 무리이다.

　비교적 이동이 간편한 소형 토기에서 이렇다면 장거리 이동이 거의 없는 일상 취사기의 형편은 짐작하기 어렵지 않다. 과연 석장리유적의 취사용기는 형태, 제작기법(타날이나 정면 등) 등에서 한성 중앙양식과는 다른 지역양식을 보여준다. 따라서 적어도 토기의 양상을 볼 때, 석장리유적과 백제 중앙은 직결되지 않는다.

　그렇다면 진천 석장리 공방이 4세기 백제 중앙권력에 의해 운영되었다는 주장을 뒷받침하는 유력한 근거는 붕괴된 셈이다. 물론 국가 권력의 지방침투 과정에 토기의 이동은 수반되지 않는다고 주장할 수 있겠으나 그렇다면 다른 물적 증거를 제시하여 석장리 공방의 백제 중앙 운영설을 주장하여야 할 것이다. 하지만 아직 그러한 시도는 보이지 않는다.

　그렇다면 백제 중앙에서 소요된 철기는 어디에서 어떠한 형태로 제작되고 공급되었을까? 그리고 진천의 생산체제에서 제작된 철기는 무슨 목적으로 어느 정도의 유통망을 형성하며 이동되었을까? 이 문제는 각론에서 다룰 과제가 되겠지만 일단 참고가 될 수 있는 것은 경주 황성동유적일[13] 것이다. 철 산지라는

---

13) 國立慶州博物館, 2000, 『慶州 隍城洞遺蹟』Ⅰ·Ⅱ.

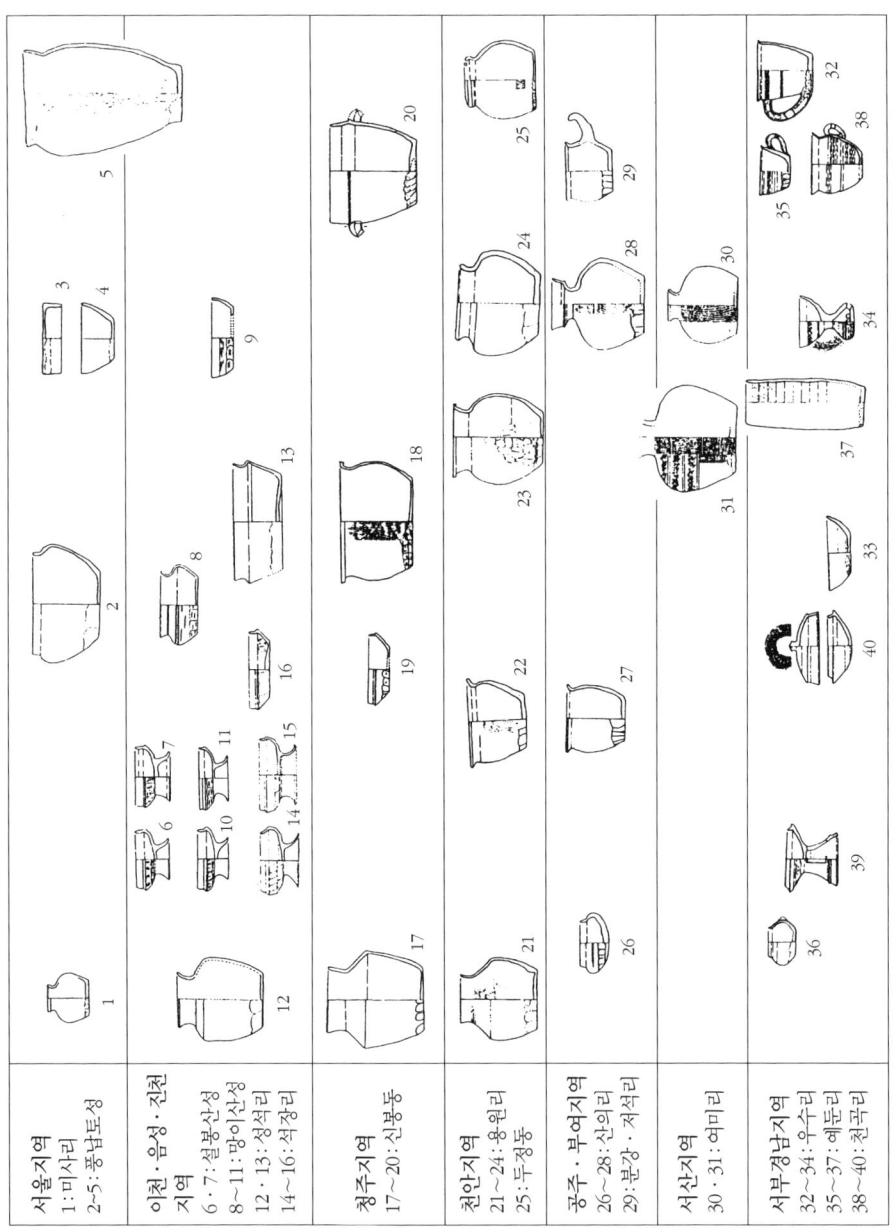

도면 1. 저부 깎기 정면기법의 지역성

원료 분포의 제한성으로 인해 철 생산유적은 몰라도 철기 생산유적은 한성 중앙에 존재하였을 것이다.

IV. 중앙의 생산체제, 지방의 생산체제

1. 중앙의 생산체제

일본 야요이시대(彌生時代)의 경우 거점취락으로 간주되는 취락은 단순히 규모만이 아니라 내부에 각종 생산시설을 갖춘 경우가 대부분이다.[14] 우리나라의 경우 이 방면에 대한 연구가 아직 미흡한 편이지만 가평 대성리유적이나 승주 대곡리유적과 같은 원삼국기 거점 취락에서는 생산 관련 유구나 유물이 발견되는 빈도가 높다.

삼국시대에 들어오면 중앙의 생산시설 및 체제가 지방의 그것에 비해 압도적 우위를 보이며 지방 체제를 장악하여 갔을 것이다. 이 점에서 생산체제의 최고 정점에 해당되는 중앙의 체제부터 검토할 필요가 있다.

백제 중앙과 관련된 유적은 석촌동 고분군, 몽촌토성, 그리고 풍납토성이다. 고양 멱절산유적이나 하남 미사리유적은 중앙의 근거리에 위치할 뿐만 아니라 토기 양식도 중앙양식에 포함되지만 취락의 등급은 그리 높지 않았던 것 같다. 그 근거는 미사리유적의 경우 일반적인 농업취락의 면모를 강하게 풍기고 있다는 점, 멱절산유적의 경우 서해와 연결되는 한강 하구를 장악하는 군사적인 기능이 오히려 강하다는 점 등이다.

여기에서 참고가 되는 것은 풍납토성의 상황이다. 몽촌토성에 대한 수차례의 발굴조사에도 불구하고 생산과 유통에 관련된 자료의 출토례가 희소한 데 비해

---

14) 佐賀縣立博物館, 2001, 『彌生都市はあつたか －據點環濠集落の實像』.

풍납토성 경당지구에서는 당시 최고 레벨의 중앙 생산체계의 일단을 엿볼 수 있는 자료가 출토되었다.

약 1,000평이 안 되는 좁은 범위에 대한 조사였지만 경당지구에서는 다량의 토기 태토를 저장한 유구가 발견되어(도면 2), 번조(燔造)까지는 힘들었더라도 최소한 성형의 증거는 확보된 셈이다.[15]

이와 함께 경당지구에서는 막대한 양의 벽체편이 수습되었다.[16] 초본이 섞인 점토덩어리, 그리고 붉게 탄 점 등이 공통적인데(도면 3), 그 용도는 몇 가지로 추정할 수 있다. 우선 일반 가옥의 벽체나 부뚜막의 일부일 가능성, 그리고 제철

도면 2 풍납토성 경당지구內 토기태토 저장시설

---

15) 인구가 밀집한 성곽 내부에서 토기의 제작이 어느 정도의 공정까지 이루어졌는지는 많은 사례를 참고할 필요가 있다. 하지만 일반 취락과 달리 성곽으로 둘린 취락이 도시적 속성을 강하게 띠고 있으며, 공인집단의 존재 및 수공업 생산의 집중이란 측면을 감안할 때, 고대국가 초기의 성곽 유적에서 생산과 관련된 유구의 확인이 요망된다.
16) 한신대학교 박물관, 2005, 『風納土城』 IV.

도면 3. 풍납토성 경당지구 출토 벽체

및 철기 생산에 관련된 노(爐)의 벽체일 가능성 등이다. 양적으로는 일반 가옥의 부뚜막일 가능성이 높다고 생각되지만 철기 제작에 관련된 벽체가 공존할 가능성도 높다. 왜냐하면 경당지구에 인접한 삼화지구의 원삼국기 구(溝)에서 출토된 주조괭이의 범(范), 그리고 9호 유구에서 수습된 철재(鐵滓)(도면 4)와 단조박편의 존재 때문이다. 경당지구에서는 단야구 세트도 출토되어 토성 내부에서 철기 제작이 이루어졌음을 보여준다.

유리의 제작도 이곳에서 이루어졌을 가능성이 매우 높다. 그것은 경당지구 곳곳에서 완성된 유리제품의 존재뿐만 아니라 토제 유리 거푸집, 유리 슬랙(琉璃滓) 및 유리 제작시에 범에 꽂아 사용한 철침 등이 출토되었기 때문이다. 소량이지만 청동슬랙이 수습된 사실은 기종은 알 수 없지만 청동기의 생산도 이곳에서 이루어졌음을 보여준다.

풍납토성 내부에서 비록 형태를 알 수 있는 노(爐)의 흔적은 발견되지 않았지만[17] 이상의 자료만으로도 이 유적에서 다양한 생산 활동이 진행되었음을 유추할 수 있다. 이러한 사실이야말로 이 유적이 도시적 성격을 갖춘 한성기 백제의

도면 4 풍납토성 경당지구 9호유구 출토 슬랙

중심 성곽이었음을 입증하는 것이기도 하다.

2. 지방의 생산체제

앞에서 살펴 본 진천의 석장리유적과 산수리, 삼용리유적은 일단 지방차원의 생산체제 일부로 볼 수 있다. 여기에서 참고되는 것이 비교적 많은 조사례가 있는 통일신라 가마의 경우이다.

경주 손곡동 가마처럼[18] 왕실 및 귀족집단, 중앙관아에 보급될 토기를 생산하던 체제, 서울 사당동, 김해 화정 및 구산동, 보령 진죽리, 영암 구림리와 같은 지

---

17) 국립문화재연구소에 의해 토기 가마로 보고된 유구는 토기를 번조하던 가마가 아니라 3기의 폐기장이 중복된 것으로 판단된다. 그것은 이 유구의 벽면에서 燒結層이 확인되지 않고 있으며 유사한 형태의 폐기장이 경당지구에서 다수 확인되고 있기 때문이다. 따라서 풍납토성 내부에서 토기의 번조가 이루어졌는지는 아직 알 수 없는 상황이다.
18) 國立慶州文化財研究所, 2004, 『慶州蓀谷洞·勿川里遺蹟 -慶州競馬場豫定敷地A地區-』.

방의 거점적인 생산체제, 부산 두구동 임석유적과 같은 최하위 촌락 단위의 생산체제 등으로 삼분(三分)되는 양상은[19] 한성기 백제의 양상에 대해서도 참고된다.

진천의 토기 가마에서 한성양식 토기의 비중이 극히 미미한 점, 이웃한 이천이나 안성 지역의 토기상과 흡사한 점 등을 고려하면 진천 지역의 생산체제는 중앙과 일반취락 단위 생산체제의 중간쯤에 해당되는 것으로 볼 수 있다. 즉 일개 취락이나 단위집단에서 소요되는 토기만을 제작한 것이 아니라 비교적 넓은 유통망을 형성하였을 가능성이다. 다만 그 범위가 백제 중앙까지 포함하였다고 보기는 어렵다.[20]

한편 1기씩 발견된 공주 귀산리,[21] 천안 용원리,[22] 순천 대곡리[23] 가마는 조업량이 그다지 많아 보이지 않기 때문에 유통망도 넓지 않았을 것이다. 대개 단위 취락, 혹은 주변의 몇 개 취락의 수요를 감당하던 규모로 이해된다.

따라서 국지적 유통망을 지닌 지방 가마(용원리, 귀산리, 대곡리 등), 비교적 광역의 범위를 대상으로 한 지방의 거점 가마(진천 가마), 중앙의 수요를 담당한 중앙 가마(소재지 불명) 등으로 개념화할 수 있다.

다만 전국적인 차원의 유통망을 지닌 가마가 존재하였는지는 분명치 않다. 앞에서 잠깐 언급하였듯이 그동안 중앙에서 제작되어 지방사회에 널리 유통되었다고 짐작되던 흑색마연토기마저도 중앙과 지방에서 각각 제작되었을 가능성이 높아진 만큼 원거리를 이동한 토기는 그다지 많지 않았을 것이다. 이러한 문제는 가야 제국(諸國) 내에서 토기의 유통, 6세기 중반 이후 경주 양식 토기의

---

19) 홍보식, 2003, 『新羅 後期 古墳文化 硏究』, pp.349~351.
20) 풍납토성 등의 백제 중앙에서 진천산 토기가 확인된다 하더라도 이를 가지고 유통이라고 표현하기는 곤란하다. 특별한 경우에 토기가 장거리를 이동, 반입된 경우와 유통은 다른 개념이기 때문이다.
21) 李尙燁·吳圭珍, 2000, 『公州 貴山里遺蹟』, 忠淸埋藏文化財硏究院.
22) 吳圭珍·李康烈·李惠瓊, 1999, 『天安 龍院里遺蹟 -A地區-』, 忠淸埋藏文化財硏究院.
23) 崔夢龍·權五榮·金承玉, 1989, 「大谷里 도롱 住居址」, 『주암댐 수몰지구 문화유적발굴조사보고서 VI』, 전남대학교 박물관·전라남도.

전국적 확산 등의 문제와 결부시켜 고찰하여야 할 것이다.

일본 고분시대 스에키(須惠器)의 경우, 스에무라(陶邑) 외에 오사카(大阪) 내에서도 센리쿄료(千里丘陵), 이치스카(一須賀)고분 주변 가마 등 복수의 생산지가 병존한 것을 볼 때 스에무라산(陶邑産) 스에키의 광역 유통이란 틀만으로는 설명이 부족하다. 문제는 당시 정치의 중심지인 나라(奈良) 지역에서는 스에키 가마가 발견되지 않고 있어서 다른 지역에서 반입된 것으로 보고 있다. 이 경우에도 물론 스에무라산(陶邑産) 스에키의 비중이 높았겠지만 기타 가마에서 생산된 스에키도 포함되어 있었을 것으로 보고 있다.[24]

과연 한성 백제에서 전국적 유통망을 지닌 토기 가마는 존재하였을까? 물론 전국을 대상으로 이동하는 토기를 생산한 시설은 존재할 수 있겠으나 실제로 이동한 토기의 수는 그리 많지 않았을 것이란 것이 현재의 잠정적 결론이다.

V. 물류의 중심지 한성

유력한 거점취락이 원거리 교역과 물류의 중심지로 대두되면서 고대국가의 수도로 전환해가는 과정은 비단 백제에서만이 아니라 국가 형성과정에 대한 보편적인 모델로 설정할 수 있을 것이다. 이 점에서 야마토정권(大和政權)의 왕도(王都)로 추정되는 마키무쿠(纏向)유적이 참고된다. 테라사와(寺澤薰)은 야요이시대(彌生時代)에서 고분시대(古墳時代)로, 야마다이쿠니(邪馬台國)에서 야마토왕권(大和王權)으로의 전환의 중심에 마키무쿠유적의 출현을 설정하고 물류(物流)가 긴키(近畿), 특히 마키무쿠유적에 집중되는 현상을 주목하고 있다. 이 유적에서는 야마토(大和) 외의 지역에서 제작된 토기가 15%의 비율을 점하고 있어서 이러한 추

---

24) 木下亘, 2006, 「須惠器から見た葛城の物流據點」, 『韓式系土器硏究』 IX.

론을 뒷받침해준다. 토기의 이동은 그 배경에 인간과 물자, 정보가 활발히 왕래하였음을 보여주는 것임은[25] 물론이다.

그렇다면 한성기 백제의 경우 몽촌토성이나 풍납토성에서도 이러한 현상을 확인할 수 있을까?

두 유적에서 출토된 유물 중 한성 중앙 이외의 지역에서 반입된 비율이 어느 정도인지 구체적으로 규명하기는 어렵다. 다만 소량이나마 낙랑토기의 존재,[26] 막대한 양의 서진대(西晉代) 시유(施釉), 전문도기(錢文陶器), 동진(東晉)-남조기(南朝期)의 청자와 흑자류, 그리고 서부 경남지역의 가야토기의 존재는 당시 백제의 활발한 대외교섭의 양상을 보여줄 뿐만 아니라 이 과정에서 다량의 물품이 한성 중앙으로 집중되었음을 보여준다.[27]

그밖에 청주, 홍성, 논산 등 충청산으로 추정되는 토기류의 존재는 백제 국가 내부에서 지방 곳곳의 물품이 중앙으로 집결된 양상을 보여준다(도면 5). 따라서 현재까지의 자료만 가지고도 백제 중앙에 외국, 그리고 지방의 물품이 집중되는 양상은 짐작할 수 있다. 이러한 요소가 물류의 중심지로서의 서울 강남의 위상을 보여준다.

이렇게 반입된 물품들은 일단 중앙의 창고에 보관되었다가 수요와 필요에 응해 중앙의 귀족들에게, 혹은 지방 수장층에게, 때로는 외국으로 보내졌을 것이다. 예를 들어 중국에서 수입한 도자기들은 일정 기간 몽촌토성이나 풍납토성에 격납된 후 모종의 목적을 띠고 지방 수장층에게 분여되었을 것이다. 이 점에서 지방 수장묘에서 자주 확인되는 흑유 천계호(黑釉 天鶏壺)가 왜 한성 중앙에서는 발견되지 않는가 하는 의문을 품을 수 있지만 풍납토성 현대조합 부지 내 토

---

25) 大阪府立彌生文化博物館, 1999, 『卑彌呼誕生』, p.67.
26) 풍납토성 출토품 중 낙랑에서 완제품으로 반입된 토기는 그리 많지 않으나 백제의 토기문화와 와전문화에 낙랑의 영향이 컸을 것임은 짐작하기 어렵지 않다. 기술과 아이디어의 유입과 영향이란 주제는 별도의 기회를 갖고자 한다.
27) 권오영, 2002, 「풍납토성출토 외래유물에 대한 검토」, 『百濟研究』 36, 충남대 백제연구소.

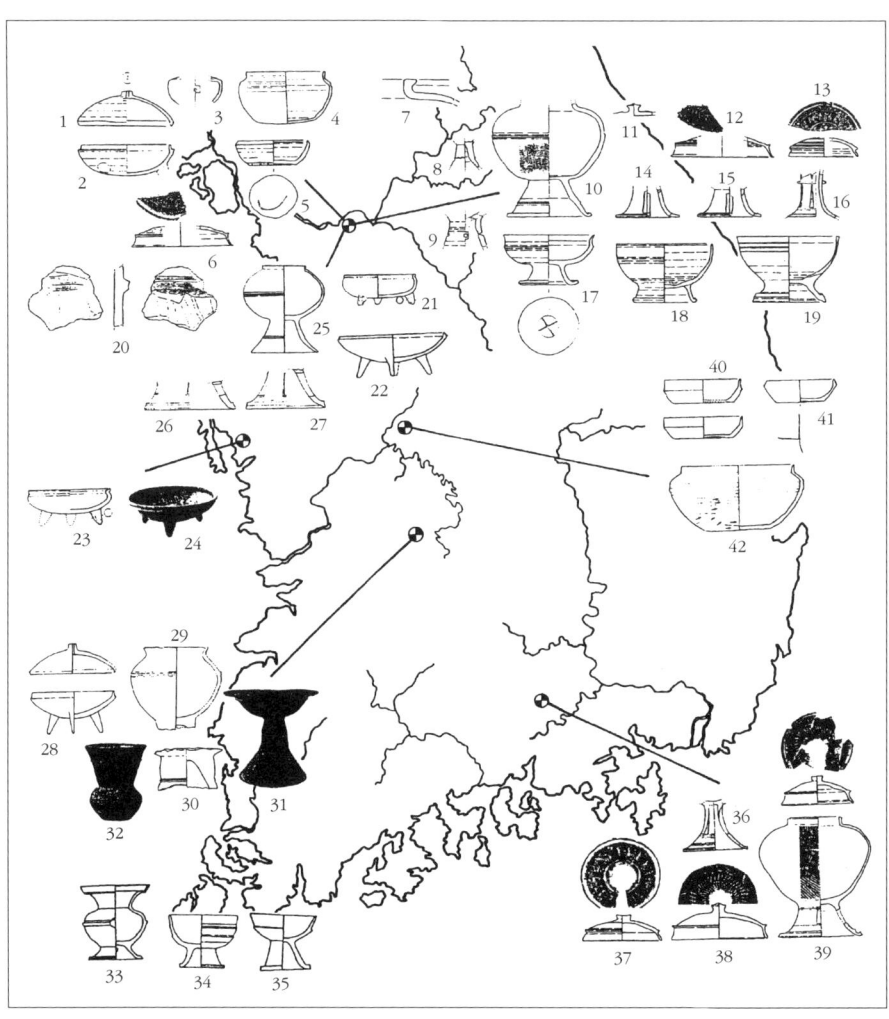

1. 풍납토성 경당 9호, 2. 풍납토성 경당 26호, 3. 풍납토성 경당 9호, 4. 풍납토성 경당 9호, 5. 풍납토성 경당 9호, 6. 풍납토성 경당 9호, 7. 풍납토성 삼화지구, 8. 풍납토성 경당 상층, 9. 풍납토성 경당 상층, 10. 풍납토성 경당 117호, 11. 풍납토성 경당 상층, 12. 풍납토성 경당 상층, 13. 풍납토성 경당 24호, 14. 풍납토성 경당 178호, 15. 풍납토성 경당 상층, 16. 풍납토성 연구소 가-9호 주거지, 17. 풍납토성 경당 1호, 18. 풍납토성 경당 35호, 19. 풍납토성 경당 179-1호, 20. 풍납토성 경당 상층, 21. 몽촌토성 1989년, 22. 몽촌토성 1985-10호 저정혈, 23. 홍성 신금성 7호 저장혈, 24. 홍성 금당리, 25. 석촌동 파괴분, 26. 몽촌토성 1989년, 27. 몽촌토성 1989년, 28. 논산 표정리 14호분, 29. 논산 표정리 16호분, 30. 논산 표정리 3호분, 31. 논산 양촌면, 32. 논산 연산, 33. 나주 대안리 9호분, 34. 영암 만수리2호분 2호 옹관, 35. 해남 월송리 조산고분, 36. 의령 후곡리, 37. 의령 예둔리, 38. 의령 상리, 39. 의령 천곡리, 40. 청주 신봉동 92-1호 석실분, 41. 청주 신봉동 85호분, 42. 청주 신봉동 92-1호 석실분

도면 5. 풍납토성 출토 외래토기의 제작지

기폐기 유구 출토 흑유호가[28] 그 의문을 풀어준다. 이 유물은 구연 일부와 저부만이 발견되어 기종을 알 수 없었으나 관찰 결과 천계호(天鷄壺)임이 분명해 보인다.[29]

풍납토성 경당지구 196호 유구는 발굴조사가 완료되지 않아 정확한 성격은 아직 알 수 없지만 6점 이상의 중국제 시유도기와 1점의 백제토기 대옹이 2줄로 나란히 세워진 상태로 발견되었으며 그 주변에는 붉게 탄 문짝 등의 탄화 목재가 발견되어 일종의 창고였을 가능성이 있다. 대용량의 시유도기 내부에 모종의 물체를 넣은 것인지 이 물건 자체를 보관한 것인지는 분명치 않지만 창고와 시유도기의 상관성은 인정될 수 있다.

이런 점에서 단면 복주머니형의 저장고와는 별도로 지상식, 혹은 고상식 창고에 대한 관심이 요망된다. 국내에서는 창고가 무리를 이룬 창고군에 대한 관심이 그리 높지 않은 편이다. 최근 호남지방의 대규모 거점 취락에서는 창고의 흔적으로 추정되는 주공열이 발견되는 경우가 있는데 지역수장의 조세수취와 연결지어 볼 필요가 있다. 오사카(大阪) 호엔사카(法圓坂)유적(도면 6, 7)과[30] 와카야마(和歌山) 나루다케(鳴瀧)유적(도면 8)은[31] 5세기 대의 대규모 창고군으로 유명한데 수취된 조세의 양이 막대하였음을 보여준다. 특히 호엔사카(法圓坂)유적의 경우는 엄청난 양의 쌀을 축적한 조세수취 기구의 존재를 예상시키며, 모즈(百舌鳥)고분군의 대왕묘(大王墓)와도 깊은 관련을 맺고 있는 카와치(河內)정권 직속의 창고군이라고 한다.[32]

---

28) 국립문화재연구소, 2001, 『風納土城』I, p.277.
    서울역사박물관, 2002, 『풍납토성』, p.105.
29) 보고서에서는 盤口壺로 처리하였으나 실물 관찰 결과 구연에 부착된 점토 덩어리는 파수의 흔적으로 판단된다. 따라서 천계호일 가능성이 매우 높다.
30) 財團法人 大阪市文化財協會, 1992, 『難波宮址の研究』9.
31) 積山洋, 1991, 「近畿の大型倉庫群遺跡」, 『季刊考古學』36, 古代の豪族居館.
32) 都出比呂志編, 1989, 『古代史復元』6, 古墳時代の王と民衆, p.86.
    財團法人 大阪市文化財協會, 1992, 『難波宮址の研究』9, p.316.

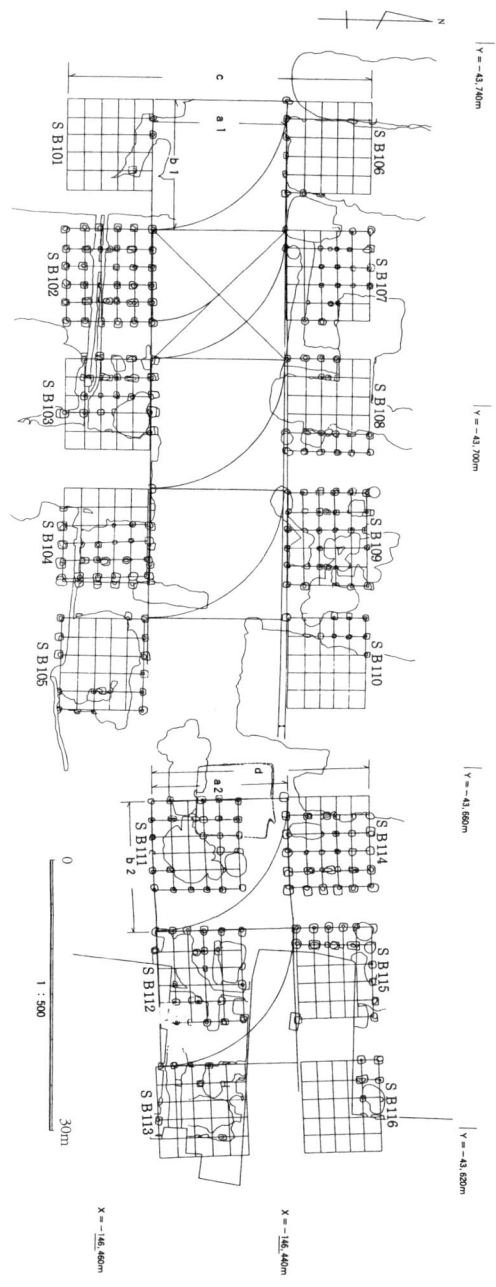

도면 6. 大阪 法圓坂유적

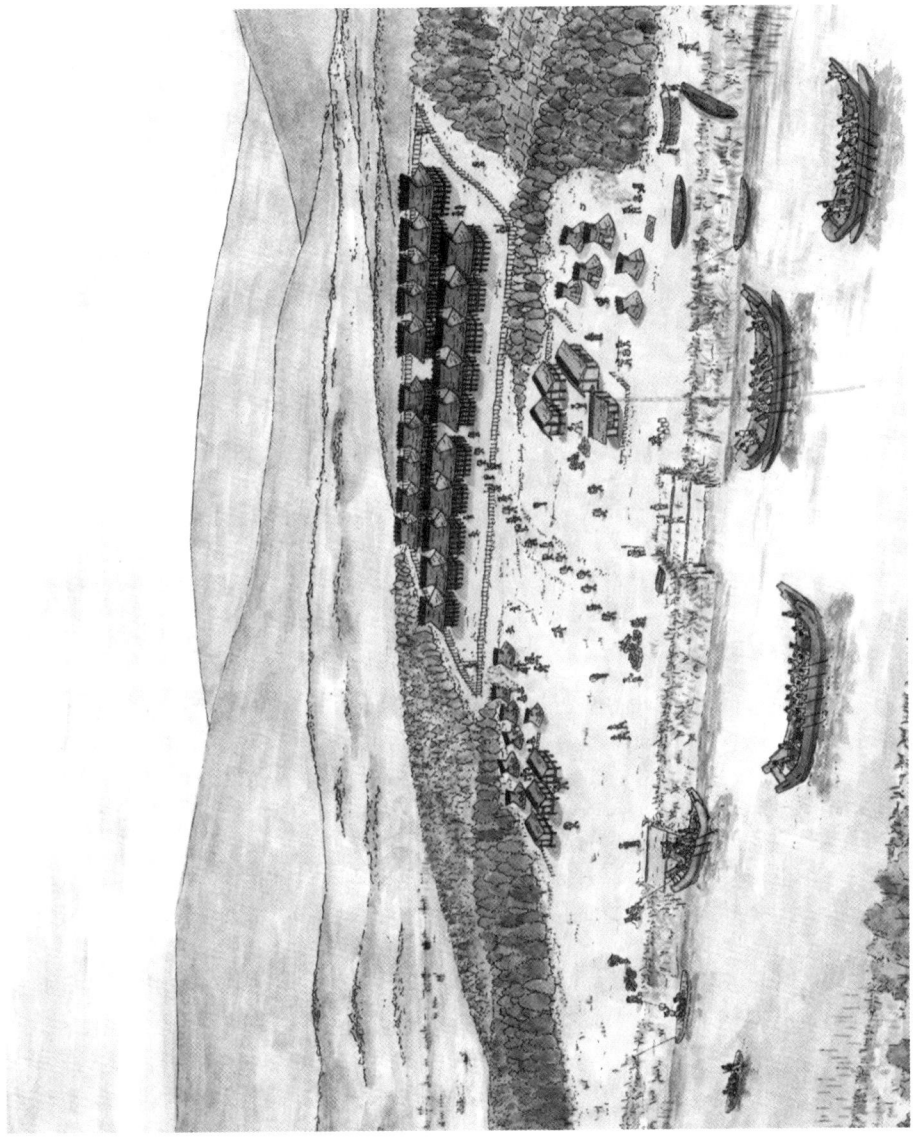

도면 7. 大阪 法園坂유적 상상도

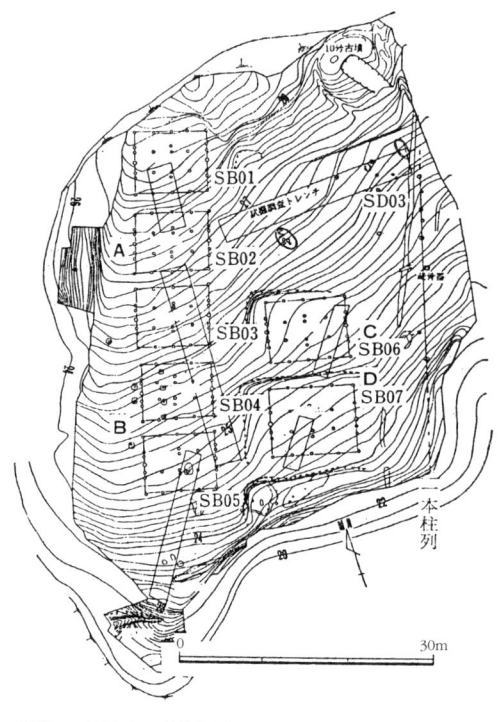

도면 8. 和歌山 鳴瀧유적

최근 다종의 다양한 유구와 유물이 발견되어 주목을 받고 있는 아산 갈매리유적의 성격에 대해서는 다각도의 고찰이 필요하지만 일종의 물류쎈터로 보려는 견해가 있는 것 같다.[33] 그 경우 창고의 존재를 확인하는 것이 급선무일터인데 발굴조사된 많은 수의 굴립주건물(掘立柱建物)이 그 후보가 될 것이다. 또 한가지 주목되는 것은 목제 문의 존재이다.[34] 물론 일반 주거용 건물과 창고의 문을 변별하는 것이 쉬운 일은 아니지만 일본 고분시대 중기의 오사카부(大阪府) 기타신마치(北新町)유적 출토품(도면 9)처럼 창고의 문으로 해석되는 경우도 있다.[35] 이 부분에 대한 관심이 요망된다.

열쇠와 자물쇠도 마찬가지이다. 아직 이 부분에 대한 연구는 초보적인 단계이지만 현재까지 삼국 및 통일신라시대의 관련 자료가 출토된 유적 중 도성(都城)과 산성(山城)의 출토 빈도가 가장 높다는 점은[36] 시사적이다. 열쇠와 자물쇠의 존재야말로 창고의 존재를 입증하는 것이며 개인, 혹은 세대(世帶) 차원의 창

---

33) 이러한 추론은 발굴조사과정에서 조사단과 검토위원 사이에서 논의된 것으로 알고 있다.
34) 高麗大學校 考古環境硏究所, 2007, 『牙山 葛梅里(Ⅲ地域)遺蹟』.
35) 大阪府立彌生文化博物館, 2002, 『王の居館を探る』, p.22.
36) 李亨源, 2005, 「三國-高麗時代 열쇠·자물쇠의 變遷 및 性格」, 『百濟硏究』 41, p.152의 표3, 4 참조.

(下長 유적)

(北新町 유적)

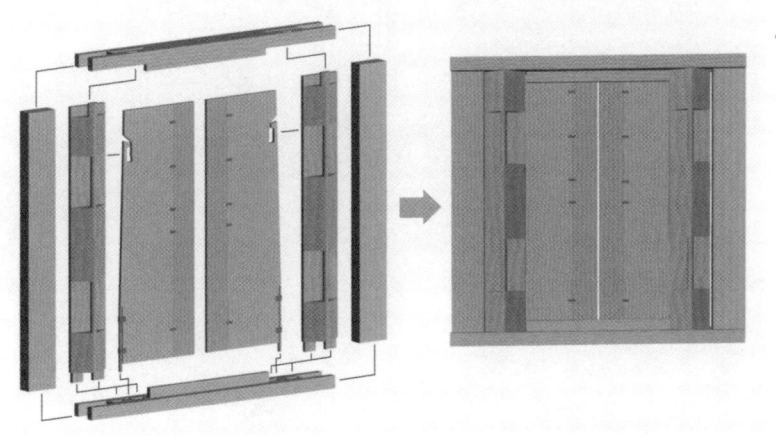

(下長 유적)　　　　　복원도

도면 9. 일본 고분시대 목제 문 각종

고가 아닌 국가권력과 관련된 창고의 존재는 교역, 공납, 조세 수취 등의 과정을 거쳐 집적된 물품의 보관을 여실히 보여주기 때문이다. 현재 백제 지역에서 출토된 열쇠, 자물쇠 중 가장 이른 시기의 것은 풍납토성 출토품인데 이 점 역시 물류의 집중처로서 풍납토성의 위상을 잘 보여준다.

VI. 생산기술의 외적 자극

1. 외래 기술과 외래 공인

일본 키나이(畿內) 지역의 고분시대 후기는 한반도계 공인(工人)과 기술이 대거 유입된 시기이다. 그 흔적은 토기생산, 철기제작은 물론이고 유리생산, 말의 사육, 횡혈식석실분의 축조, 벽주건물(壁柱建物)의 건립, 판축(版築)과 부엽공법(敷葉工法)을 활용한 토목공사 등 다방면에서 확인되고 있다.

문제는 이들 새로운 요소의 압도적 다수가 한성기 및 웅진기 백제와 밀접한 관련을 맺고 있다는 점이다. 백제로서는 사비기, 일본으로서는 아스카시대에 나타나는 제와술(製瓦術)의 전래와 사찰 건립 기술자의 파견에 선행하는 형태의 흐름이 이미 있었던 것이다.

이른바 "도래계(渡來系) 문물의 유입"이라고 표현할 수 있는 이 현상에 대해 일본 학계의 연구경향은 다양한 편차를 보이는데, 선진문화를 수용하는 일본 측의 주체적 입장을 강조하는 경향이 주류를 이룬다.[37] 이러한 흐름은 다시 몇 가지로 나뉘어져서 백제에서 공인을 헌상하였다거나, 임진왜란 당시의 도공 납치와 마찬가지로 한반도에 출병한 왜병에 의해 한반도의 공인이 납치되었다는 주장으로까지 이어지게 된다. 그 결과 5세기 이후 한반도계 선진문물이 키나이(畿內)

---

[37] 이러한 경향은 한반도에서 일본열도로 이어지는 문화, 기술, 사상의 흐름을 일방적인 것으로 설명하는 우리 학계 일각의 주장과 마찬가지로 국수주의적 편향성을 보이는 것이 사실이다.

에 존재한 것은 사실이지만, 이들 도래계 공인들은 재래 호족들의 지배 하에서 생산에 종사하는 기술적 노예 수준이었다는 주장으로 이어지게 된다.

여기에서 대두되는 문제는 선진기술의 도입과 공인집단의 유입이 정치사회적으로 어떠한 의미를 품고 있는지에 대한 종합적인 검토가 필요하다는 것이다. 백제의 경우 웅진기에 종전과는 다른 형태의 기와와 전돌이 제작되기 시작하고, 그 계기는 "梁官瓦(品)爲師矣" 명(銘) 전(塼)에서 보듯이 중국 남조 양(梁)의 직접적인 영향이다.

이 경우 상정되는 경로 중 가장 가능성이 높은 것은 남조 양의 와공(瓦工)이 백제에 와서 백제의 와공(瓦工)들에게 새로운 기술을 전수하고 임기를 채운 후 떠나가는 형태이다. 이러한 추론은 기와제작 이외 여타 분야에서의 기술, 학문전수의 양상, 그리고 백제가 왜에 제와술(製瓦術)을 전수할 때의 상황을[38] 참고하여 도출된 것이다.

고대 일본에서 백제계 도래인과 도래계 기술에 대한 의존도 못지않게, 백제의 입장에서는 중국계 이주민과 기술에 대한 의존도가 높았던 셈이지만 아직 우리 학계에서 이에 주목한 연구는 보이지 않는다. 그 까닭은 여러 가지가 있겠지만[39] 결과적으로 전통적 기술의 전승과 점진적 발전, 외래 신기술의 영향에 의한 혁신 등 다양한 가능성에 대한 논의가 봉쇄되는 셈이다. 이런 점에서 일본 학계에서 논의되고 있는 도래계 기술과 공인에 대한 논의는 그 내용과 방법론 양자에서 비판할 부분이 많지만 외래계 기술과 공인에 대한 관심 자체는 수용할 필요가 있다.

---

38) 『日本書紀』에 의하면 백제에서는 3명의 瓦博士가 渡倭하여 製瓦術을 전수하였다. 기술을 전수받은 이들은 須惠器 공인들이었음이 초기 기와의 제작기법에 대한 관찰 결과 밝혀졌다.
39) 우선적으로는 중국 자료에 대한 무지를 들 수 있겠고, 보다 근본적으로는 삼국시대 기술 발달사에서 외부의 영향을 애써 축소하려는 태도에서 기인한 것이다.

2. 낙랑-중국계 기술자집단의 역할

우선은 낙랑계 기술과 공인, 학자에 대한 관심이 요망된다. 최근 발굴조사된 화성 기안리유적은 원삼국 후기의 제철, 혹은 철기 생산유적으로 주목받고 있다.[40] 아직 공식적인 발굴조사 보고서가 출간되지 않아 구체적인 양상은 알 수 없으나 유적의 중심연대는 3세기 전반, 혹은 중엽, 성격은 철기를 생산하던 유적이란 점이다.

그런데 이 유적의 가장 큰 특징은 송풍관의 제작기법이나 형태가 낙랑 기와와 혹사(酷似)하다는 점, 출토된 토기의 많은 부분이 형태와 기술면에서 낙랑토기의 영향을 받은 낙랑계 토기라는 점이다. 이러한 사실은 이 곳에서 철기 제작에 종사하던 공인집단이 낙랑(계) 인물일 가능성을 높여 준다. 연대적으로는 이론의 여지가 있지만『삼국사기(三國史記)』백제본기(百濟本紀) 고이왕조(古爾王條)에 의하면 백제는 3세기 대에 낙랑의 변민(邊民)을 습취하고 있는데 이들 중 일부는 자국(自國)에 이식되었을 것이다. 특히 고급 선진기술을 보유하고 있는 공인집단의 경우는 이들의 반환문제가 국제적인 분쟁으로 비화하는 경우를 종종 볼 수 있다.

이런 상황을 고려할 때 화성 지역에서 발견된 낙랑(계) 공인집단의 존재는 자연적인 이주가 아닌 군사적, 정치적 사건의 산물일 가능성이 있다. 이들을 관리한 주체가 화성의 일개 지방 세력인지, 서울 강남의 백제국(伯濟國)인지는 아직 알 수 없으나 차츰 중앙의 권력이 강화되는 추세에 비례하여 외래계 공인집단의 소유를 둘러싼 중앙과 지방의 경쟁과 갈등이 예상된다. 궁극적으로는 중앙권력에 의해 고급 공인집단이 집단적으로 유지, 관리되는 체제로 정착되었을 것이다.

와전문화(瓦塼文化)의 조숙한 도입, 중국 도자기에 대한 과도한 경도, 횡혈식석실분(橫穴式石室墳) 및 부부합장의 수용 등 한성기 백제의 물질, 정신문화가 여타

---

[40] 畿甸文化財硏究院, 2003,『華城 發安里 마을遺蹟·旗安里 製鐵遺蹟 發掘調査』, 現場說明會資料 14.

의 국가들과 달라지는 결정적 이유 중의 하나는 낙랑계 공인(工人), 학인(學人)의 유입에 있었다고 예상된다. 이 점에서 토기, 기와 및 철기, 유리와 귀금속 제작 등 다양한 측면에서 낙랑계 기술의 영향에 대한 지속적인 관심이 필요하다. 최근 발굴조사가 진행된 가평 달전리유적이나 대성리유적이 중요한 이유가 여기에 있다. 낙랑군과 대방군의 축출 이후에는 중국, 특히 강남의 동진과 육조문화에 대한 관심이 필요함은 말할 필요도 없다.

VII. 맺음말

이상 한성기 백제의 생산기술과 유통체계 연구에서 부딪치는, 그리고 앞으로 관심을 가져야 될 몇 가지 주제에 대해 언급해 보았다. 이 분야 연구에서 기본적으로 견지하여야 할 입장은 고고학적 유적, 유물을 정치사적으로만 해석하려는 경향을 극복하는 것이다. 정치사적 해석 일변도로 내려진 기존의 관성적 연구 경향을 재검토할 경우 새로운 면모가 많이 보일 것이다. 한반도 남부에서 자주 발견되는 왜계 문물의 성격에 대해서도 종전의 정치군사적 측면을 벗어나 경제적 측면에 주목하자는 주장이 제기된 바 있다.[41]

아울러 외국의 자료나 연구방법론도 참고할 부분이 많을 것이다. 특히 백제의 경우 낙랑과 중국을 통한 새로운 기술의 보급과 확산이 매우 중요한 주제인 만큼, 한반도에서 일본열도로 전래된 기술이 어떠한 과정을 거치면서 수용, 정착하였는지를 검토하고 이를 역으로 중국(낙랑)과 백제의 관계에 투영해 볼 필요가 있다.

3년간에 걸친 이번 연구 사업에서는 토기와 철기만을 대상으로 삼았으나 이

---

41) 홍보식, 2006, 「한반도 남부지역의 왜계 요소」, 『韓國古代史硏究』 44.

두 가지 분야만으로 백제의 생산기술과 유통체계를 이해한다는 것은 무리이다. 지배계급간에 유통되었을 귀금속 장신구나 중국제 기성품은 물론이고 소금, 건축자재 등 다양한 분야에 관심이 미쳐야 할 것이다.

백제 왕실수공업의 성립과 생산체제

김 창 석*

― 차례 ―

I. 머리말
II. 왕실수공업의 성립
    1. 장인(匠人)과 제작품
    2. 성립 과정
III. 생산체제와 그 변동
IV. 맺음말

*강원대학교 역사교육과

Ⅰ. 머리말

　유통(流通)은 물자, 사람, 정보의 이동과 흐름을 총칭한다. 이 가운데 물자(물품과 자재)는 일정 권역 내의 흐름과 권역 간의 그것으로 나눌 수 있고, 양자는 다시 상향과 하향, 평행의 방향으로 세분할 수 있다. 권역 내 중앙과 지방간의 위세품 하사(威勢品 下賜), 진휼을 포함한 재정 지출 등은 하향, 공납·조세 납부는 상향, 물물교환이나 시장기구를 통한 매매 등은 평행의 유통에 속한다. 권역 간의 경우도 마찬가지로, 예컨대 조공품 진상은 상향, 이에 대한 회사품(回賜品) 하사는 하향, 양 권역간 교역이나 민간 무역은 평행형 유통에 속한다. 그리고 조세 수취품의 일부를 조공(朝貢)하든지, 대외교섭을 통해 입수한 물품을 지역 수장(首長)에게 하사하는 방식에서 보듯이 권역 간 유통은 권역 내 유통과 잇닿아 있다.

　이러한 고대사회의 유통체계와 수공업 생산은 어떤 관계를 맺고 있었을까? 유통구조를 통해 움직이는 물자는 A지점에서 B지점으로 혹은 B지점을 거쳐 C지점으로 혹은 다시 A지점으로 돌아오기도 한다. 이러한 흐름의 방향과 목적지를 결정하는 것은 유통체계 속에서 이를 조직하고 운영하는 사람들의 의도이다. 여기에는 정치·경제·이념적 의도가 복합적으로 작용한다. 그리고 그 실현을 가능케 하는 요인 가운데 하나가 수공업 생산자와 그 생산체계의 문제라고 본다. 이들이 어떤 물품을, 얼마만큼, 어느 정도의 기술 수준에서 생산하고 또 수공업자가 활동하는 수준별 지역 범위에서 이들을 어떻게 파악하여 장악하고, 조직·통제하는가의 문제는 수공업 원료와 그 생산품의 행로(行路)와 직결되고 이는 곧 유통체계가 작동하는 동력의 하나가 되는 것이다.

　수공업 생산은 그 주체에 따라 왕실(王室)·국가(國家) 혹은 관영(官營)·귀족(貴族)·사찰(寺刹)·민간(民間) 수공업으로 구분한다. 이 가운데 왕실수공업(王室手工業)이 고대국가에서는 가장 높은 기술수준을 보유했고 시기적으로도 가장 먼저 체제적으로 정립되었을 것이다. 하지만 백제(百濟)의 경우 관련 자료가 극히 부족하여 그 실상을 파악하기가 쉽지 않고, 특히 왕실수공업 생산체제에 관해서는 본격적인 연구도 이뤄진 바 없다.[1]

따라서 이 글은 백제의 왕실수공업을 대상으로 하여 그 성립 과정(成立 過程)과 생산체제(生産體制)의 변천(變遷)을 시론(試論) 삼아 검토해본 것에 불과하다. 이를 통해서 중앙에서 주요 물품의 생산을 주도해가던 왕권(王權)과 장인(匠人)과의 관계 그리고 수공업 생산 장악을 통한 지방 지배(支配)와 유통구조(流通構造)의 일면을 엿볼 수 있다면 다행이겠다.

II. 왕실수공업의 성립

1. 장인(匠人)과 제작품

고대국가의 왕실(王室)은 직속 수공업장을 경영했고 그 수준도 여타 부문 즉 관영수공업이나 귀족, 사찰[2]이 운영하는 공방보다 높았다. 『삼국사기(三國史記)』가 전하는 신라(新羅) 내성(內省) 소속의 수공업장이 세분된 생산 영역과 기술관원으로 구성되어 있는 것을 보면 짐작할 수 있다. 그런데 백제의 왕실수공업 현황을 전해주는 문헌자료는 극히 적다.

이 가운데 사비기(泗沘期)의 중앙 관부인 22부사(部司)에 대해 먼저 살펴보자.

---

1) 백제의 수공업 생산 전반에 관해서는 다음 연구를 참조할 수 있다.
　白南雲, 1933, 『朝鮮社會經濟史』 一卷, 改造社.
　홍희유, 1979, 『조선 중세수공업사 연구』, 과학백과사전출판사, 평양 ; 1989, 지양사(복간).
　양기석, 2005, 『백제의 경제생활』, 주류성.
2) 사찰 가운데는 왕실이 설립한 것도 있다. 枕流王代 漢城에 개창한 佛寺, 聖王代의 大通寺, 부여의 陵寺 등이 그것이다. 왕실 사찰은 자체 수공업장을 운영하였고 그 기술 수준도 높아서 특히 금속제품의 생산·가공 등은 불교가 지방으로 보급되면서 그 기술이 전파되는 통로 역할을 했을 것이다. 그러나 그 운영의 주체는 역시 해당 사찰이고 생산품도 왕실 所用品이라고 보기 어려우므로 여기서는 검토 대상에서 제외했다.

내관(內官)과 외관(外官)으로 구분된 관부의 내역은 다음과 같다.

> 內官 : 前內部, 穀部, 肉部, 內椋部, 外椋部, 馬部, 刀部, 功德部, 藥部, 木部, 法部, 後宮部
> 外官 : 司軍部, 司徒部, 司空部, 司寇部, 點口部, 客部, 外舍部, 綢部, 日官部, 都市部[3]

내관은 왕실 업무, 외관은 국가의 庶政을 맡고 있었다.[4] 이들의 분장 업무에 관해서는 더 이상의 기록이 없어 자세히 알 수 없지만, 그 명칭을 통해 추정해 보면 내관 가운데 육부(肉部), 마부(馬部), 도부(刀部), 목부(木部) 그리고 외관의 사군부(司軍部), 사공부(司空部), 주부(綢部)가 수공업 관련 관사일 것이다. 육부는 식용 가축에 대한 관리와 도살(屠殺)은 물론 가죽, 뿔 등을 이용한 가공품 제작에도 종사한 듯하다. 마부는 말의 사육과 훈련 그리고 마구(馬具) 제작,[5] 도부는 도검(刀劍)과 철물류 제작, 목부는 궁실(宮室) 건축·수리와 연료(燃料) 공급을 맡았다고 보인다.

외관 가운데 사군부는, 군사(軍事)는 물론 병사들이 사용한 무기와 방어구(防禦具) 제작도 담당했을 것이다. 신라에서 병부(兵部)가 병기 제조를 담당한 것[6]과 마찬가지다. 사공부는 토목·건축 업무, 주부는 직물(織物) 관련 업무를 맡았을 것이다. 도부(刀部)와 사군부(司軍部)의 병기 제작 업무는 역시 전자(前者)가 왕실

---

3) 『周書』 卷49 列傳41 異域 上 百濟. 이 책에서 '內掠部' '外掠部' '後官部'로 적은 것을 학계의 일반적인 견해에 따라 각각 內椋部, 外椋部, 後宮部로 고쳤다.
4) 盧重國, 1988, 『百濟政治史研究』, 一潮閣, 168쪽.
5) 成正鏞, 2003, 「漢城期 百濟馬具의 編年과 그 起源」, 『國史館論叢』 101, 40~46쪽에 따르면 4세기 전반~중엽 경 백제에 鮮卑系 馬具가 처음 도입되었다고 한다. 漢城期에는 마부의 前身에 해당하는 왕실 관사가 馬政을 전담했을 것이다. 기마문화가 처음 들어온 상황에서 말 사육, 마구 제작은 고도의 전문 분야일 수밖에 없기 때문이다. 설화적 내용이지만 夫餘 왕실에서 성장하던 주몽이 養馬에 종사했다는 것도 참고가 된다. 하지만 한성기 후반으로 가면서 마구 생산의 기반이 점차 확대되고 지역적으로도 확산된다고 한다(柳昌煥, 2000, 「百濟馬具에 대한 基礎的 研究」, 『百濟研究』 40, 184·185쪽).
6) 朴南守, 1996, 『新羅手工業史』, 신서원, 154~156쪽.

용이나 의장용(儀仗用)의 특수 무기와 방어구를 만들고, 후자(後者)는 전투용의 병기를 만들었다고 봐야 하겠다.

내관 소속 수공업 관부는 국가 재정(財政) 수입(收入)으로 조달이 어려운 특수·고급 물품을 제조했고 대외교섭시 필요한 증여품(贈與品)도 이곳에서 만들었다. 근초고왕(近肖古王)이 백제를 방문한 왜(倭)의 사절(使節)에게 창고(倉庫)를 열어 여러 가지 진귀한 보물들을 보여주었다고 하는데,[7] 여기서 창고는 내량부(內椋部)의 전신에 해당하는 관부가 관할하던 왕실(王室) 보고(寶庫)로 생각되므로 그 수장품 가운데 일부를 왜국에 증여할 의향을 표시한 것이다. 이들은 왕실 직속 공방의 생산품과 중국 등 외국으로부터 수입한 물품으로 구성되었을 것이다.

사비기(泗沘期)에 도부(刀部)는 왕실 소용의 도검류를 제작했다고 보았는데, 이러한 생산 방식은 이미 한성기(漢城期)부터 시작되었다. 칠지도(七支刀) 명문(銘文)을 통해 이를 살펴보도록 하자.

앞면 : 泰和四年五月十六日丙午正陽 造百練銕七支刀 生辟百兵 宜供供侯王□□□□作

뒷면 : 先世以來 未有此刀 百濟王世子奇生 聖音 故爲倭王旨造 傳示後世[8]

주지하듯이 명문의 판독부터 해석에 이르기까지 논란이 많은 자료인데, 그나마 앞면 내용의 전체적인 맥락에 대해서는 큰 이견이 없다. 즉 '제작 일시－제작품과 재료(방법)－용도－제작자'의 순서로 칠지도에 관한 기본적인 사항을 적어 놓았다. '□□□□作'의 불명자 부분에 칠지도 제작자의 이름이 들어가 있었을 것이다. '作'을 '祥'으로 읽기도 하지만 최근 촬영한 세부 사진[9]을 보면 글자 원

---

7) 『日本書紀』卷9 神功皇后 攝政 46年 3月 "便復開寶藏 以示諸珍異曰 吾國多有是珍寶 欲貢貴國 不知道路 有志無從"
8) 韓國古代社會研究所 編, 1992, 『譯註 韓國古代金石文』 I , 駕洛國史蹟開發研究院, 174·175쪽의 판독문을 기본으로 하되 학계의 견해를 반영하여 일부 글자와 띄어쓰기를 고쳤다.
9) 奈良國立博物館, 2004, 『七支刀と石上神宮の神寶』의 8쪽 사진 참조.

사진 1. 무녕왕릉 출토 은제팔찌(국립공주박물관, 2004, 『도록』, 통천문화사, 38쪽) (중박 200811-470)

편의 '亻' 부분이 홈으로 파여 있음을 확인할 수 있으므로 기존의 판독대로 '作'이 맞다고 생각한다.[10]

칠지도를 만든 장인의 이름은 지워져 알 수 없지만, 어떤 성격의 수공업자일지는 추정이 가능하다. 이 칼은 당시 왕세자(王世子)가 주관하여 만들고 외국의 왕에게 주었으므로 백제 최고의 기술 수준이 집약된 것이다. 왕실 직속 장인의 제작품일 가능성이 높다. 무녕왕릉(武寧王陵)에서 나온 은제 팔찌 명문도 '庚子年二月 多利作 大夫人分 二百卅主耳'라 하여 '제작 시기-제작자-용도(사용자)-중량[11]'을 밝혔다(사진 1). 순서와 내용상 약간의 차이가 있지만 칠지도 앞면의 명문과 비슷한 구성이다. 이 팔찌는 왕비(王妃)에게 제공된 것이므로 다리(多利)라는 장인 역시 왕실 공방 소속으로 보아야 한다.

근초고왕 대부터 백제 왕실 직속의 수공업자를 확인할 수 있었다. 현재로서는 한성기의 도검류 장인과 웅진기(熊津期)의 장신구 장인뿐이지만, 이밖에 제의용(祭儀用) 토기와 고급 직물 등을 생산하는 공방도 분화되어 운영되었을 것이다. 이것을 확대·발전시키고 일부 분야에서는 생산체제에 변동이 생겨 정리된 결과가 위에서 본 사비기의 내관(內官) 조직에 속한 수공업 관련 관사이다. 그렇다고 해서 자료가 남아 있는 근초고왕 대에 왕실수공업이 성립했다고 단정할 수

---

10) '供' '倭' 자의 '亻' 변도 같은 모양을 취하고 있다.
11) 국립부여박물관, 2003, 『百濟의 度量衡』의 88쪽은 '二百卅主'의 '主'를 '銖'의 백제식 표기로서 무게의 단위로 보았다.

는 없으므로 이제 그 성립 과정에 대해 살펴보자.

2. 성립 과정[12]

3세기 중엽 백제(百濟)가 마한(馬韓)의 맹주(盟主) 세력으로 떠오르고 이후 4세기 중엽 집권체제를 갖추면서 수공업 생산도 일대 전환을 맞았을 것으로 예상된다. 왕실수공업의 성립 시점으로 3세기 중엽과 4세기 중엽을 일단 상정할 수 있는 것이다.

우선 구체적인 기록이 전하는 직물(織物) 생산에 관해 살펴보자. 3세기 전반의 상황을 전해주는 『삼국지(三國志)』 위서(魏書) 동이전(東夷傳) 한 조(韓 條)에 따르면 마한 주민들은 누에를 쳐 비단을 짤 줄 알았다고 한다.[13] 마한의 일원인 백제국(伯濟國)도 같은 상황이라고 볼 수 있는데, 그 주요 사용자는 소국(小國)의 수장을 포함한 거수층(渠帥層), 나아가서는 재력(財力)을 갖춘 호민층(豪民層)까지 포함되었을 가능성이 있다. 즉 이 기록이 백제국 최고 수장이 운영하던 직물업에 관한 것이라고 특정하기는 어렵다.

한편 마한인의 복식(服飾)에 대해 같은 책은 옥돌과 구슬을 재보로 여기고 금·은이나 비단실로 수놓은 것을 아름답게 여기지 않았다고 했다.[14] 경기도 연천 삼곶리, 충남 천안 청당동, 충북 청원 송대리유적에서 유리, 금박 구슬 등으로 만든 목걸이 등의 장신구가 출토된 바 있다. 이 중에는 외부에서 교역(交易)을

---

12) 王室手工業이란 개념은 '왕실'과 '수공업'이라는 두 가지 차원을 갖는다. 그리고 王室은 고대국가 체제를 갖춘 이후의 國王과 王族으로 구성된 최고지배자 집단을 가리키므로 왕실수공업의 성립 시점은 古代國家의 성립 시점과 맞물려 파악할 수밖에 없다. 하지만 특정 집단에 의한 수공업 생산의 集中과 專門化가 고대국가가 성립하는 기반의 일부라고 생각하므로, 이하에서는 '왕실'의 성립보다는 '수공업' 생산의 집중·조직화에 초점을 맞추어 왕실수공업의 성립 맥락을 검토하려고 한다.
13) 『三國志』 卷30 魏書30 烏丸鮮卑東夷傳30 韓 "馬韓 在西 其民土著 種植 知蠶桑 作綿布 各有長帥 大者自名爲 臣智 其次爲邑借"
14) 위의 책, "以瓔珠爲財寶 或以綴衣爲飾 或以縣頸垂耳 不以金銀錦繡爲珍"

사진 2. 풍납토성 경당지구 출토 옥 장신구(서울역사박물관 2002, 『도록 풍납토성』, 103쪽)

사진 3. 하남 미사동 출토 유리옥 용범(국립중앙박물관 1999, 『특별전 도록 백제』, 9쪽)

통해 입수한 것도 있을 테지만 경기도 하남(河南) 미사동(美沙洞) 주거지에서 유리옥(琉璃玉) 용범(鎔范)이 나왔으므로 마한의 자체 생산도 이뤄졌다고 보아야 한다(사진 3). 유리옥 용범이 나온 유구는 AD 1~2세기 경에 조성되었는데, 이 주거지가 포함된 취락과 백제국 중심 읍락(邑落)과의 관계는 분명하지 않다. 하지만 4세기 무렵 하남 미사동 취락은 백제국 중심 읍락에 종속되어 경제적 지배를 받게 된다.[15] 이 시기 미사동 취락의 유리옥 생산은 미사동 집단과 위례성(慰禮城) 집단의 연계라는 형식으로 이뤄진 왕실수공업을 상정케 하며, 백제 왕실수공업 성립의 단초를 보여준다고 할 수도 있다. 그러나 미사동 취락의 유리옥 생산을 위례성 집단이 장악하는 시기는 이 유적만 가지고는 추정하기가 곤란하다.[16]

그런데 5~6세기 전반의 상황을 전하는 『위서(魏書)』 백제전(百濟傳)은 그 복식이

---

15) 權五榮, 1996, 「渼沙里聚落과 夢村土城의 비교를 통해 본 漢城期 百濟社會의 斷面」, 『韓國古代史論叢』8, (財) 駕洛國史蹟開發研究院.
16) 유리옥 등 구슬류를 위례성 집단이 자체 생산했을 수도 있다. 하지만 아직 風納土城, 夢村土城에서 이 시기에 사용된 유리옥 용범, 도가니 등 생산 도구는 발견된 바 없다. 풍납토성 경당지구 9호 유구에서 유리 제작용 鐵針, 土製 鎔范, 슬래그가 출토되었지만 이 유구는 한성기 말인 5세기 후반의 것이다(한신大學校 博物館, 2004, 『風納土城 IV – 慶堂地區 9號 遺構에 대한 發掘報告』, 329~341쪽).

고구려(高句麗)와 같다고 했다. 같은 책의 고구려전에 따르면 "삼베, 비단, 가죽 옷을 입고 머리에 절풍(折風)을 쓰며 옆에 새 깃을 꽂는다. 귀천(貴賤)에 차이가 있다. 공적인 모임의 의복은 모두 비단실로 수를 놓고 금·은으로 장식한다"[17]고 했다. 3세기 전반의 마한 시기부터 이미 비단을 짜 입을 줄 알았고 이는 이후에도 이어졌다. 단 비단실로 수를 놓는다든지 금·은으로 장식하는 방법은 3세기 후반 이후 어느 시기엔가 새롭게 사용하게 된 것이다. 그렇다면 이를 통해 마한 소국의 맹주로 백제국이 성장하고 중국 군현(郡縣)과도 접촉하는 과정에서 직조 수공업과 장신구 생산 부문에서 새로운 요소가 출현하는 모습을 확인할 수 있다.

왕실수공업과 관련하여 그 운영 시점을 시사해주는 것이 「광개토대왕릉비문(廣開土大王陵碑文)」의 병신년 조(丙申年 條) 기사이다. 이에 의하면 아신왕(阿莘王)이 396년 백제를 침공한 고구려 측에게 남녀 노비(奴婢) 1,000명과 세포(細布) 1,000필을 바쳤다고 한다.[18] 세포는 항복의 표시로 보냈으므로 결이 고운 고급 삼베였을 것이다. 고구려의 조세 항목을 보아도 포와 세포를 분명히 구분하고 있다.[19] 그런데 정작 백제의 세제(稅制)에 관한 기록에는 양자의 구분이 없이 '포(布)'나 '마(麻)'로만 나와 있다.[20] 기록의 불비 때문일 수도 있지만 현존하는 기록으로만 봐서는 수취한 마를 가지고 왕실 소용품으로 직속 수공업장에서 직조한 것으로 생각된다. 고운 베를 1,000필 정도 대량 생산하려면 개량된 직기(織機)와 함께 세련된 마직(麻織) 기술 등이 필요하므로 역시 왕실 직속의 공인과 공방을 동원했다고 보는 것이 합리적이다.

5세기 초로 비정되는 일본측 기록에 백제 왕이 옷 짓는 기술자를 보낸 것[21]이

---

17) 『魏書』 卷100 列傳88 高句麗.
18) 「廣開土大王陵碑文」 "以六年丙申 王躬率 軍 討伐殘國 (中略) 殘不服義 敢出百戰 王威赫怒 渡阿利水 遣刺迫城 (中略) 而殘主困逼 獻出男女生口一千人 細布千匹 跪王自誓 從今以後 永爲奴客"
19) 『隋書』 卷81 列傳46 高麗 "人稅布五匹 穀五石 遊人則三年一稅 十人共細布一匹 租戶一石 次七斗 下五斗"
20) 『周書』 卷49 列傳41 百濟 "賦稅以布絹絲麻及米等 量歲豐儉 差等輸之"
21) 『日本書紀』 卷10 應神天皇14年 "春二月 百濟王貢縫衣工女 曰眞毛津 是今來目衣縫之始祖也"

나 신라 초기에 왕녀(王女)들이 주관하는 마직 장려 행사를 벌인 것[22]도 이 시기에 백제 왕실의 봉제(縫製) 및 직조 수공업을 방증하는 자료이다. 고급 직물을 생산하고 재봉하여 공식 복장(公式 服裝)을 만드는 수공업장을 4세기 말 이전에 왕실은 보유하고 있었던 것이다.

제철(製鐵) 분야를 보면 3세기 전반까지만 해도 마한(馬韓)은 변한(弁韓)과 교역을 통해 철 소재를 입수하여[23] 철기를 제작했다. 철광석에서 철을 뽑아내는 제련(製鍊) 기술이 미숙하고 양질의 철광산지(鐵鑛産地)도 개발되지 못하여 철 소재를 자급하지 못하고 외부에서 들여올 수밖에 없었던 듯하다. 그런데『일본서기(日本書紀)』에 백제가 왜(倭)의 사신에게 여러 가지 색깔의 비단, 활, 화살과 함께 철정(鐵鋌) 40매를 주었다는 것[24]은 이전과 사정이 달라졌음을 시사한다. 당시는 근초고왕 대로 비정되므로 4세기 중엽에는 백제가 자체 철 생산을 활발히 추진하여 대외교섭용으로 활용할 정도가 되었다고 보아도 좋지 않을까 한다.

근래 발굴된 충북 진천의 석장리(石帳里)유적이 이 시기를 대표하는 제철유적이다. 왜에까지 알려진 곡나 철산(谷那 鐵山)은[25] 그 위치는 알 수 없으나, 당시 원료 산지로서 확보·개발한 철광산의 하나이다. 충북 청주 명암동 유적의 경우 4세기대의 백제 주거지 유적인데 소형 철정편(鐵鋌片)이 출토되었다.[26] 변한 지역에서 철을 현물화폐(現物貨幣)로 쓴 것처럼 이제 백제 주민들이 철정을 실생활에

---

22) 『三國史記』卷1 新羅本紀1 儒理尼師今9年 "王旣定六部 中分爲二 使王女二人 各率部內女子 分朋造黨 自秋七月旣望 每日早集大部之庭 績麻乙夜而罷 至八月十五日 考其功之多小 負者置酒食 以謝勝者 於是 歌舞百戲皆作謂之嘉俳"

23) 『三國志』卷30 魏書30 烏丸鮮卑東夷傳30 韓(弁辰)"國出鐵 韓濊倭 皆從取之 諸市買皆用鐵 如中國用錢 又以供給二郡"

24) 『日本書紀』卷9 神功皇后 攝政46年 3月 "遣于百濟國 慰勞其王 時百濟肯古王 深之歡喜而厚遇焉 仍以五色綵絹各一疋 及角弓箭 幷鐵鋌四十枚 幣爾波移"

25) 『日本書紀』卷9 神功皇后 攝政52年 9月 "丁卯朔丙子 久氐等從千熊長彦詣之 則獻七枝刀一口 七子鏡一面 及種種重寶 仍啓曰 臣國以西有水 源出自谷那鐵山 其邈七日行之不及 當飮是水 便取是山鐵 以永奉聖朝"

26) 國立淸州博物館, 2001,『淸州明岩洞遺蹟 II』, 淸州市.

서 활용할 정도로 철 생산이 발전했음을 보여준다. 이제 자체적으로 생산한 철기(鐵器) 소재(素材)를 이용하여 무기, 농공구 등의 철기 제작도 보다 확대된 형태로 전개되었다. 풍납토성 삼화지구에서 출토된 주조괭이 제조용 용범편은 도성(都城) 안에 철기 제작 공방이 있었음을 보여주는데[27] 이 유물이 나온 구(溝)는 3세기 전반~중반으로 편년된다[28]고 한다.

이를 관영수공업장(官營手工業場)으로 볼 것인지 왕실수공업장(王室手工業場)으로 볼 것인지가 문제인데, 현재로서는 이 시기에 왕실수공업과 관영수공업의 뚜렷한 경계를 찾기가 어렵다. 하지만 초기일수록 전체 수공업 분야에서 왕실수공업이 선도적 역할을 했고 국가체제가 정비되면서 점차 관영수공업이 분화되어 나갔을 것이다. 이런 추세는 재정(財政) 분야에서도 국가 재정시스템이 확립되기 전에 왕실(王室) 재정 부문이 건국(建國) 주도세력(主導勢力)의 경제 기반으로서 먼저 성립하는[29] 등 고대국가 형성기에 일반적으로 나타난다. 근초고왕 대 여러 학인(學人), 기술자와 함께 단야장(鍛冶匠) 탁소(卓素)를 왜국에 보낸 것도[30] 당시 백제의 철기 제작 기술자 가운데 왕권(王權)과 직결된 존재가 있었음을 보여준다.[31] 그러나 4세기 중엽에는 백제가 고구려를 공략하여 대승(大勝)을 거둘 정도로 군사력(軍事力)이 성장한 것으로 보아 왕실수공업 생산품만으로 무기류

---

27) 이남규, 2005, 「백제 철기의 생산과 유통에 대한 시론」, 『백제의 생산기술과 유통체계』, 경기도박물관·한신대학교 학술원, 110쪽.
28) 한신대학교 박물관, 2003, 『風納土城 Ⅲ-삼화연립 재건축 사업부지에 대한 조사보고』, 123쪽.
29) 김창석, 2004, 『삼국과 통일신라의 유통체계 연구』, 일조각, 123~133쪽.
30) 『古事記』中卷 應神天皇 段 5 「亦百濟國主昭古王 以牡馬一疋 牝馬一匹 付阿知吉師以貢上 (中略) 又貢上手人韓鍛名卓素 亦吳服西素二人也」
31) 다만 製鐵業의 경우는 철 소재가 철기 생산을 위한 半製品이므로 '왕실'에서 직접 장악했다기 보다는 '國家' 차원에서 관리·운영했으리라 본다. 더욱이 철광석 산지의 분포와 원료·연료의 운송 거리 등을 생각하면 지배·운영의 방식은 中央과 작업장 소재지의 地域 首長과의 정치적 관계에 따라 결정되었을 것이다. 예컨대 진천 석장리유적의 경우 漢城 지역과 거리도 멀고 토기 양식도 在地的 性格이 강하므로 중앙의 강력한 직접지배가 행해지지는 못했을 것으로 보기도 한다(이남규, 2005, 앞의 논문, 111쪽). 그러나 鐵과 같은 전략 물자의 경우 토기 양식 규제 이전에 製鐵 據點에 대한 장악이 이뤄졌을 가능성이 크다.

나 방어구류를 충당할 수 없었을 테고, 이를 보조하는 관영수공업장(官營手工業場)을 설치·운영했을 것이다.

그렇다면 백제의 왕실수공업은 어느 특정 시점에 일시에 갖추어졌다기보다는 마한(馬韓) 소국 시기부터 선진 기술을 수용하고 전문 장인(專門匠人)들을 포섭하면서 확대된 생산기반을 토대로 하여 점진적으로 성립했다고 생각된다. 그리고 왕실수공업이라고 하여 반드시 왕성 구역(王城 區域)에 그 작업장이 있어야 했던 것은 아니고 인근 지역에 떨어져 있는 경우도 상정할 수 있다. 다만 산재(散在)한 공방(工房)은 효율적인 관리와 공급의 편의를 위해 왕성 내외로 집주(集住)하는 추세였을 것이다. 문제는 공방의 위치나 입지가 아니라 왕실이 그 수공업 조직을 장악하여 지배하는 왕실 중심의 생산체제(生産體制)에 있었던 것이다.

현존하는 자료 조건에서는 미사동 유리옥 용범과 『삼국지(三國志)』 한전(韓傳) 기록을 통해서 구슬류의 장식품 생산이 상대적으로 일찍이 왕실수공업으로 정착했고, 뒤이어 견직(絹織)·고급 마직의 직조 및 봉제 수공업이 왕실수공업 부문으로 조직되었다고 할 수 있다. 흑색마연토기(黑色磨硏土器), 삼족기(三足器) 등 이른바 백제양식(百濟樣式) 토기가 3세기 후반 경에 출현하는 것도[32] 특수 토기를 제작하는 왕실수공업장 운영과 관련이 있으리라 본다.

위의 물품들은 정치·사회적 권위(權威), 전쟁(戰爭), 제의(祭儀) 등 최고 지배집단인 백제 왕실이 독점한 분야와 관련된 것들이다. 그렇다면 외교(外交), 대외교역(對外交易) 등 왕권의 고유 권한과 관련된 수공업 부문도 점차 왕실수공업으로 편제되어 가는 추세에 있었을 것이다. 이 과정에서 4세기 중엽의 근초고왕대(近肖古王代)에 몇 가지 이에 관한 현상을 확인할 수 있었다. 외국에 봉제(縫製)·단야(鍛冶) 장인을 파견하고 철정(鐵鋌), 보검(寶劍) 등 수공업품을 증여했던 것이다. 그렇다면 백제 왕실은 이 시기에 이미 다른 지역 수장과 차별화된 고급 수공업

---

32) 朴淳發, 2001, 『漢城百濟의 誕生』, 서경문화사, 102~116쪽.

생산조직을 갖추고 있었다고 봐야 한다.[33] 그리고 전쟁의 규모가 전보다 확대되므로 전투 장비를 생산하는 관영수공업도 분화되어 성립해 있었을 것이다. 따라서 앞으로 발굴이 진전되어 관련 조사례가 축적되면 분명해지겠지만, 현재의 자료 상황으로는 잠정적으로 근초고왕 대와 그 직전 시기인 4세기 초·중엽을 백제 왕실수공업이 성립한 시점으로 잡아 두고자 한다.[34]

Ⅲ. 생산체제와 그 변동

다시 칠지도(七支刀)로 돌아가 보자. 칠지도는 이름을 알 수 없는 장인이 제작했지만 왜왕(倭王)에게 증여할 목적으로 이 칼을 구상하고 제작을 지시한 사람은 백제의 왕세자(王世子)였다. '제작 지시자-제작자(장인)'의 관계가 드러난다. 5세기 후반으로 비정되는 일본 구마모토켄(熊本縣) 에다후나야마(江田船山) 고분 출토 대도(大刀) 명문은 '전조인(典曹人)-작도자(作刀者)·서자(書者)'의 관계 그리고 사이타마켄(埼玉縣) 이나리야마(稻荷山) 고분에서 나온 철검명은 '장도인수(杖刀人首)-작도자(作刀者)'의 관계를 전해준다. 이 역시 '제작 지시자-제작자'의 관계를 명시하고 있다. 전조인(典曹人)과 장도인수(杖刀人首)의 직무와 성격에 대해서는 논란이 있지만 근년의 연구에 따르면, 전자는 규슈(九州) 출신 호족(豪族)으로

---

[33] 5세기 이후 原州, 天安, 公州, 益山 등지의 거점 지역 수장세력에게 冠帽, 飾履, 裝飾大刀 등 백제 중앙에서 제작한 威勢品이 사여되는 것(李漢祥, 2005,「威勢品으로 본 漢城百濟의 中央과 地方」,『고고학』 4-1, 서울경기고고학회)은 이에 앞서 왕실수공업 체제가 정비되었기 때문에 가능했을 것이다.

[34] 3세기 경 風納土城을 축조할 때도 대규모의 노동력과 築城 기술자가 동원되었음에 틀림없다. 그러나 이러한 土木·建築 분야만으로 왕실수공업의 성립 여부를 판단하기 어렵고, 더욱이 이때 투입한 인력과 기술이 과연 제도적으로 조직된 것인지 확정할 수 있는 자료가 없다. 후술할 4세기대의 博士制는 물론 이러한 王城 축조 경험이 바탕이 되어 성립되었겠지만, 이것이 국가의 공식적인 수공업자 조직·운영 시스템이라는 점에서 앞 시기와 대비된다.

관청의 문서행정을 맡았고, 후자는 토오고쿠(東國)의 호족으로 국왕 친위대의 우두머리라고 하여 각기 지방호족으로서 왜왕에게 나아가 봉사한 인물이라고 한다.[35] 그렇다면 그 지시 혹은 의뢰를 받아 칼을 만든 장인은 해당 지역에서 활동하던 인물일 수도 있겠다. 여하튼 지시자와 제작자 사이에서 지위의 고하(高下)를 엿볼 수 있다.[36]

칠지도의 경우 제작과 증여의 주체가 왕세자였으므로 더욱이 양자의 지배·종속관계는 명확하다. 근초고왕 대 왕실에 국왕 혹은 왕족의 명령·주문에 따라 물품을 제작하는 수공업자 조직이 갖추어져 있었던 것이다. 명문 도검은 에다후나야마 고분 대도의 '서자(書者)'에서 보듯 도신(刀身)에 상감(象嵌)으로 글자를 새겨 넣는 공인도 필요했으므로, 왕실의 도검 수공업은 복수의 수공업자가 공정별로 분업(分業)하는 형태로 제작되었을 것이다. 도검류뿐 아니라 장신구, 복식류, 제기(祭器) 등 특수 용품을 제작하는 수공업자 조직도 마찬가지다. 최고 지배자인 국왕과 왕실의 생활용품은 물론 지배자의 권위를 표현하는 각종 위세품과 대외교섭에 수반되는 증여품을 원활하게 공급하기 위해서는 조직화된 생산체제가 필요했다.

그러나 3세기 후반부터 웅진기가 끝나는 6세기 초에 이르기까지의 수공업 생산체제와 그 방식을 전해주는 국내의 문헌자료는 없다. 그런데 일본측 기록을 보면 백제로부터 문물을 전한 사람들이 두 부류로 나와 주목된다. 아직기(阿直岐), 왕인(王仁), 노리사치계(怒利斯致契)처럼 유교, 불교 등 신학문(新學問)과 종교를 소개한 부류와 농업·수공업 기술을 전파한 부류가 있는데, 후자는 장인이 일군의 기술자 집단을 거느리고 일본으로 건너가기도 했다. 463년 왜(倭)로 건너가

---

35) 篠川 賢, 1988,「鐵刀銘の世界」,『古代を考える雄略天皇とその時代』, 吉川弘文館.
　　佐藤長門, 2004,「有銘刀劍の下賜·顯彰」,『文字と古代日本』1, 吉川弘文館.
36) 稻荷山古墳 철검의 경우 '吾左治天下 令作此百鍊利刀'라 하여 도검 공인에게 제작을 지시·의뢰했음을 밝혔다.

야마토 지역에 정착한 백제 기술자 집단이 대표적이다. 토기, 마구, 비단, 봉제, 가축 사육 및 육류 가공 등의 전문기술자였다. 그런데 이들은 분야에 따라 도부(陶部), 안부(鞍部), 금부(錦部), 의봉부(衣縫部), 육인부(肉人部)로 나뉘어져 있었다.[37] 여기서 '○○부'라 한 것은 일본 고대의 수공업 생산 조직인 품부(品部)를 가리키는데, 그 원형이 이 무렵 성립한 사실을 전하고 있다. 그런데 그것이 백제가 파견한 기술자 집단의 조직체로부터 말미암아 이뤄졌다는 사실이 중요하다.[38] 그리고 그 가운데는 왕실수공업자도 포함되었음에 틀림없다.

그 조직 형태는 신라(新羅)의 예를 통해 추정할 수 있다. 6세기의 신라 금석문인 「울진(蔚珍) 봉평비문(鳳坪碑文)」이나 「경주(慶州) 남산신성비문(南山新城碑文)」을 보면 '입석비인(立石碑人)' '작상인(作上人)' '장척(匠尺)' '공척(工尺)'이 나온다. 이들은 비(碑)를 세우거나 성벽(城壁)을 쌓을 때 참여한 인물로서 넓은 의미의 수공업자 범주에 포함시킬 수 있다. 그 가운데 「울진 봉평비문」의 '입석비인'의 경우 신라 6부(部) 출신의 '박사(博士)'였다.

그런데 백제도 4세기 중엽인 근초고왕 대에는 박사제(博士制)를 시행하고 있었으며, 한자(漢字)와 유학(儒學)에 대한 지식을 이용하여 문서(文書)를 작성하고 사서(史書)를 편찬하는 이들과 함께 기술 직능인들도 박사라고 불렸다.[39] 백제에서 왜에 건너가 활약한 의(醫)·역(曆)·노반(鑪盤)·와박사(瓦博士) 등[40]이 그들이다.

---

37) 『日本書紀』卷14 雄略天皇7年 "由是 天皇詔大伴大連室屋 命東漢直掬 以新漢陶部高貴 鞍部堅貴 畫部因斯羅我錦部定安那錦 譯語卯安那等 遷居于上桃原 下桃原 眞神原 三所 (或本云 吉備臣弟君 還自百濟 獻漢手人部 衣縫部 宍人部)"
38) 品部, 雜戶는 7세기 말에 성립한 율령국가가 官府의 말단에 조직하여 사역하던 기술자 집단으로, 8세기 중엽에 이들을 해방하고 수공업품 공급 방식을 전환하면서 해체된다. 품부와 잡호의 기원은 大和 王權의 토모(伴)와 部民制에서 찾을 수 있으며, 5세기 이래 한반도로부터의 渡來人들이 그 성립에 영향을 미쳤다(狩野 久, 1994, 「古代國家を支えた工人たち」, 『考古學硏究』41-3 및 阿部 猛 外編 1995, 『日本古代史硏究事典』, 東京堂出版, 80~81쪽 참조).
39) 김창석, 2005, 「한성기 백제의 유교문화와 그 성립과정」, 『鄕土 서울』 65, 서울특별市史編纂委員會, 40~43쪽.
40) 『日本書紀』卷19 欽明天皇 14年·同 15年 및 같은 책, 卷21, 崇峻天皇 元年 條 참조.

사진 4. 무녕왕릉 출토 '壬辰年作'명 벽돌(2004, 『국립공주 박물관 도록』 79쪽) (중박 200811-470)

그리고 무녕왕릉(武寧王陵) 축조에 사용한 부재 가운데 '임진년작(壬辰年作)'명 벽돌이 있다(사진 4). 위쪽이 깨져서 완전한 문장을 알 수 없지만 남아 있는 상단부에 '士'자는 분명히 확인할 수 있다. 그렇다면 '壬辰年作' 위에 '博士' 혹은 '瓦(塼)博士'가 쓰여 있었고, 그가 주관하여 만든 벽돌임을 표시한 명문이라 할 수 있다.

따라서 신라 금석문의 예를 가지고 백제 수공업 조직을 유추하는 것은 무리가 있지만, 박사제를 고리로 하여 개략적인 상황은 짐작할 수 있다. 박사로 임명된 수공업자는 그 분야 최고의 전문가이므로 휘하에 자신보다 숙련도가 낮은 장인들을 거느렸고, 유관 분야 수공업장과는 협업도 이뤄졌을 것이다. 박사급 장인 가운데는 중국인(中國人)과 같은 외국인도 있었다고 보인다. 일본측 자료에 한반도에서 건너간 장인을 '漢手人' '新漢' 등으로 표기한 예가 있는데, 백제·가야 계통 인물이 중심을 이뤘지만 이들 나라에서 활약하던 중국계도 속해 있었다고 보는 것이 자연스럽다.

그 이름을 확인할 수는 없지만 4세기 대에 이들을 관리·통제하는 관인(官人) 혹은 관부(官府)도 설치했을 가능성이 높다.[41] 5세기 대 백제가 남조(南朝), 북위(北魏)와 교섭하면서 파견한 사절 혹은 장군호(將軍號)의 제정(除正)을 요청한[42] 인물 중에는 장사(長史), 사마(司馬), 참군(參軍)의 중국식 관명을 띤 경우가 있다. 이들의 직무와 성격에 대해서는 두 가지 견해가 대립하고 있다. 즉 국왕 막부(幕府)의 성원으로서[43] 중국식 장군호와 관명을 사용한 것이 왕권의 성립이나 지방 지배에도 실질적 의미가 있다고 하여 이른바 '부관제 질서(府官制 秩序)'를 상정하는 입장[44]이 있다. 또 하나는 이들이 외교상의 목적을 위한 임시 관직명으로서,[45] 남북조시기(南北朝時期)에 분열되어버린 중국의 지배질서를 주변국에 확대 적용한 허호(虛號)에 불과하다는 이해[46]가 그것이다.

여기서는 이에 관해 자세히 검토할 겨를이 없다. 다만 논란이 되고 있는 중국식 관명(官名)의 현실적 의미 여하와 상관없이 그것을 제수(除授) 받은 존재가 있었고, 그들이 국왕 직속의 속료적(屬僚的) 성격이었음은 분명하다고 생각된다. 그리고 이러한 속료적 존재들 가운데 사비기(泗沘期) 22부사(部司) 중 내관(內官) 12부(部)의 전신(前身)도 있었을 것이다.[47] 국왕의 속료 조직은 4세기 이전부터 존립했다고 보는 것이 합리적이며 이에 의해 왕실수공업도 관리·운영되었을 것이다. 정리해보면, 백제의 왕실수공업은 생산품별로 수공업장이 조직되고, 박사급의 숙련 장인과 하급 장인들로 구성된 수공업자 집단이 하나의 단위가 되어 공방을 운영하는 체제로 생산이 이뤄졌다고 생각된다. 그리고 국왕의 속료

---

41) 신라에서 세분된 왕실수공업 官司를 거느린 內省이 정비되는 것은 7세기 초인 眞平王代이지만, 5세기 무렵에 이미 그 단초가 보인다는 지적(朴南守, 앞의 책, 94~105쪽)도 참고가 된다.
42) 이 시기의 承制假授 제도에 대해서는 金昌錫, 2004, 「高句麗 초·중기의 對中 교섭과 교역」, 『新羅文化』 24, 東國大學校 新羅文化研究所, 5~12쪽 참조.
43) 金翰奎, 1997, 「南北朝時代의 中國的 世界秩序와 古代韓國의 幕府制」, 『古代東亞細亞幕府體制研究』, 一潮閣.
44) 吉村武彦, 1993, 「倭國と大和王權」, 『岩波講座 日本通史』 2(古代1), 岩波書店.
    鈴木靖民, 2002, 「倭國と東アジア」, 『倭國と東アジア』(日本の時代史 2), 吉川弘文館.
45) 坂元義種, 1978, 「五世紀の日本と朝鮮 － 中國南朝の册封と關連して」, 『古代東アジアの日本と朝鮮』, 吉川弘文館.
46) 李成珪, 1996, 「中國의 分裂體制模式과 東아시아 諸國」, 『韓國古代史論叢』 8, (財)駕洛國史蹟開發研究院.
47) 李文基, 2005, 「泗沘時代 百濟 前內部體制의 運營과 變化」, 『百濟研究』 42, 75·76쪽.

조직이 이들 수공업장 조직을 장악하였다. 이러한 생산체제를 기초로 발전한 결과가 사비기의 내관 소속 수공업 관부이며, 왜국(倭國)의 율령체제와 결합해서는 품부(品部)로 변형되는 것이다.

왕실수공업 생산체제는 왕실(王室) 주도로 중국 군현(郡縣), 고구려(高句麗)로부터 선진 기술을 받아들이는 한편 주변 소국과 종족들을 통합하는 과정에서 정비되어간 면이 있었다. 그리고 백제가 고대국가로 성장하면서 지역 수장층과 함께 그에 봉사하던 장인들도 재편해 나갔을 것이다. 왕도(王都)에서 활동하던 장인이라고 하더라도 원래는 백제와 무관한 다른 지역 출신의 인물이 있었고, 그 출신 지역이 백제의 지방 행정구역으로 편제된 뒤에는 중앙(中央)과 지방(地方)의 수공업 생산을 연결하는 매개 역할을 했을 가능성이 있다. 이것은 왕실수공업 자체는 아니지만, 중앙의 왕실(王室) - 뒤에는 관영수공업까지 포함하여 - 을 중심으로 전국(全國)의 장인 조직(匠人 組織)과 생산품의 양식(樣式)·규격(規格) 등을 통제하여 수공업 생산을 전반적으로 규제하던 방식의 하나라고 생각된다.[48]

일본에 있는 우전팔번경(隅田八幡鏡)의 명문을 통해 그 가능성을 탐색해 보자(사진 5). 거울 가장자리를 따라 도드라지게 조각한 銘文은 다음과 같다.

사진 5. 우전팔번경 (東京國立博物館 1999, 『日本の考古』, 106쪽)

癸未年八月日 十大王年 男弟王在意柴沙
加宮時 斯麻念長壽 遺開中費直穢人今州利
二人等 取白上同二百旱 作此竟[49]

---

48) 역으로 중앙에서 장인을 파견하여 기술을 지도하고 양식을 규제하는 방식도 상정할 수 있다. 이를 포함한 다양한 방식을 통해서 기술과 정보가 유통되고, 수공업 생산이 지역적으로 확산되면서도 양식의 통일성은 증대되어 나갔을 것이다.

명문의 해석과 제작 연대, 수수(授受)의 주체 등에 대해서 이견(異見)이 남아 있는 상태이지만, 이 거울은 6세기 전반에 백제의 국왕(國王) 혹은 백제와 관련을 갖고 있던 왜(倭)의 호족(豪族)이 그 최고 지배자에게 보냈다[50]는 것이 현재로서는 가장 합리적인 이해라고 생각된다.

한편 최근에는 무녕왕 대 백제·왜 관계에 대한 심화된 이해를 기반으로 하여, 503년 무녕왕(武寧王)이 일본 가와치(河內) 지역에 거주하던 백제계 도래인(渡來人)과 연결하여 이 거울을 게이타이 천황(繼體天皇)에게 만들어 보냈다는 견해가 제기되었다.[51] 이에 따르면 무녕왕은 개중비직(開中費直)과 예인(穢人) 금주리(今州利) 두 사람을 파견하여 좋은 구리로 이 거울을 만들어 왜왕에게 증여한 셈이 된다. 이들은 무녕왕과 긴밀한 관계를 맺은 인물이었음에 틀림없다. 개중비직이 가와치(河內) 지역에 거주하던 백제계 도래인의 우두머리로서 왜왕(倭王)과의 매개 역할을 맡은 자라면, 금주리는 수공업 관련 직임을 맡아 무녕왕에게 봉사하던 인물로 생각된다.

그런데 금주리는 예(穢) 사람이라 하여 출신 종족명(種族名)을 밝히고 있다. 예족은 동예(東濊) 지역을 포함하여 현재의 강원 영서(嶺西), 경기 북부 지역에 분포하던 고대 종족이다. 원래 이 지역은 낙랑군(樂浪郡)과 대방군(帶方郡)이 장악하고 있었는데, 고구려가 이들을 몰아낸 뒤 백제는 예(濊) 지역을 차지하기 위해 고구려와 상쟁하였다. 금주리는 이 과정에서 포섭된 장인의 후손이든지, 무녕왕 대 고토(故土) 회복을 위해 북진하는 과정[52]에서 백제에 귀부한 예족 인물로 보인

---

49) 판독문은 이견이 있지만 잠정적으로 金英心, 1992, 「隅田八幡畵像鏡」, 『譯註 韓國古代金石文』 I , (財)駕洛國史蹟開發研究院, 183쪽을 따랐다.
50) 金恩淑, 1993, 「隅田八幡鏡의 銘文을 둘러싼 제논의」, 『韓國古代史論叢』 5, 駕洛國史蹟開發研究院.
51) 권오영, 2005, 『무령왕릉 - 고대 동아시아 문명 교류사의 빛』, 돌베개, 273~275쪽.
이러한 이해는 福山敏男, 1934, 「江田發掘大刀及び隅田八幡神社鏡の製作年代について」, 『考古學雜誌』 24-1 및 乙益重隆, 1965, 「隅田八幡神社畵像鏡銘文の一解釋」, 『考古學研究』 11-4 그리고 山尾幸久, 1989, 「隅田八幡畵像鏡が語る日朝關係」, 『古代の日朝關係』, 塙書房에서도 부분적으로 제시된 바 있다.

다. 무엇보다 금속제품을 만드는 수공업에 관계하고 있었던 듯하다. 무녕왕이 우전팔번경 제작에 그를 동원했으므로 적어도 청동 원료의 채취와 선별 그리고 제작에 일가견을 가진 인물이었음이 분명하다. 그런데 금주리는 백제에서 금속 수공업에 종사할 때도 자신의 연고지인 예(濊) 지역과 관련을 맺고 있었던 듯하다. 예 지역의 광산(鑛山)에서 원료를 공급받든지 현지 장인들과 연계를 맺고 반제품(半製品)을 공급받거나 기술 지원 혹은 통제를 가하는 것이다. 금주리가 백제에 포섭된 뒤에도 '예(穢=濊)인'으로서의 정체성을 유지한 근거가 여기에 있었고, 이러한 경험 때문에 왜국에도 양질의 구리[53]를 이용한 거울 제작을 위해서 그를 보냈을 것이다.

우전팔번경은 양식상의 특징과 방제경(倣製鏡)의 분포 상황으로 보아 일본에서 제작되었다고 보는 것이 합리적이지만[54] 그 제작에는 백제인이 관여했던 것이다. 한반도에서도 청동기시대에 동검(銅劍), 동경(銅鏡) 등이 제작된 바 있고, 『일본서기(日本書紀)』 신공기(神功紀)에 칠자경(七子鏡),[55] 그리고 『고사기(古事記)』 응신 조(應神 條)에 대경(大鏡)을 백제가 왜에 보낸[56] 기록이 있다. 그 연대나 경위를 기록대로 믿을 수 없지만 실제 4세기 말~6세기 전반의 일본 고분(古墳)에서 7개의 유(乳)가 달린 칠자경(七子鏡)이 출토된 바 있다.[57] 이를 중국제로 볼 수도 있지만, 백제에서 자체적으로 동경을 만들고 이를 일본에 증여했을 가능성을 배제

---

52) 무녕왕 21년(521) 梁에 사신을 보내 "고구려를 격파하고 다시 강국이 되었다"고 자부한 것(『三國史記』 卷26 百濟本紀4 武寧王 21年 "冬十一月 遣使入梁朝貢 先是 爲高句麗所破 衰弱累年 至是 上表 稱累破高句麗 始與通好 而更爲强國")은 부분적일지라도 고토 회복의 결과로 볼 수 있다.
53) 銅鏡의 원료인 '白上同'의 원산지는, 일본에서 자체 생산한 원료로 청동기를 만든 것이 7세기 이후라고 하므로(金恩淑, 1993, 앞의 논문, 342쪽) 백제산 혹은 중국산으로 보아야 한다.
54) 金恩淑, 1993, 앞의 논문, 334~341쪽.
55) 『日本書紀』 卷9 神功皇后 攝政 52年 9月 "丁卯朔 丙子 久氏等 從千熊長彦詣之 則獻七枝刀一口 七子鏡一面 及種種重寶"
56) 『古事記』 中卷 応神天皇 段 5 "亦百濟國主昭古王 以牡馬一疋 牝馬一匹 付阿知吉師以貢上(此阿知吉師者 阿直氏等之祖) 亦貢上橫刀及大鏡 又科賜百濟國 若有賢人者 貢上"
57) 樋口隆康, 1972, 「武寧王陵出土鏡と七子鏡」, 『史林』 55-4.

할 수 없다.

또 일본에서 871년 작성한 『안상사자재장(安祥寺資財帳)』을 보면 신라산 완(盌), 잔(盞), 반(盤), 시(匙) 등 백동제품(白銅製品)이 나오고, 남송대(南宋代) 문헌인 『제번지(諸蕃志)』 신라국 조(新羅國 條)는 "민가의 그릇을 모두 구리로 만든다"고 하였다. 한반도에도 청동 원료를 생산하는 광산은 있었고, 황동광(黃銅鑛)이 경기도 포천과 강원도 울진 같은[58] 예(濊)의 고지(故地)에도 분포한다. 따라서 예인 금주리는 이 지역과 연계하여 구리 등을 활용한 금속기 제작에 종사했고, 그 경험을 살려 도일(渡日)해서는 도래계(渡來系) 왜인인 개중비직(開中費直)과 함께 우전팔번경을 만들어 왜왕에게 전달했다고 보는 것이다.

이를 통해 백제의 중앙과 지방을 연결하는 수공업 생산체제의 한 형태를 엿볼 수 있다. 전국에 산재하는 원료 산지를 장악하여 중앙으로 조달하는 데에 중앙에서 활동하는 그 지역 출신 장인(匠人) 혹은 수공업 관부의 관인(官人)을 활용하는 것이다. 원료 조달뿐 아니라 특수한 지역 수공업품을 제작·공급하거나 지방의 수공업자를 통제할 때도 이러한 중앙(中央)-지방(地方)의 연결 시스템은 활용될 수 있다. 이는 수공업품의 제작과 공급이 물자(物資) 유통에 그치지 않고 그 지역에 대한 통제(統制)·지배(支配) 정책과 유기적으로 결합되어 있었음을 시사한다.

6세기 초에 확인되는 이러한 생산체제는 이후 변화한다. 『삼국사기(三國史記)』 지리지(地理志)의 삼국유명미상지분 조(三國有名未詳地分 條)를 보면 '○○성'이란 형식의 지명이 나온다. 그런데 '○○성'이라고 표시된 지역은 수공업품을 생산하여 중앙에 공급하던 특수 촌락으로서 고려 시기(高麗時期) 소(所)의 전신(前身)이라는 견해가 있다.[59] 보검성(寶劍成), 탁금성(濯錦成), 진금성(進錦成)의 경우 그 명

---

58) 後藤 誠, 1943, 『朝鮮特殊鑛物』, 博文書館, 30~33쪽.
59) 홍희유, 1979, 『조선중세수공업사연구』, 과학백과사전출판사, 평양(1989, 지양사 영인 복간), 7~10쪽.

칭에서도 수공업 촌락의 성격이 드러난다. 이들 가운데 영수성(永壽成)은 지금의 충남 청양 운곡면 일대로서『동국여지승람(東國輿地勝覽)』의 영수부곡(永壽部曲)에 해당한다.[60] '○○성'이라고 명명된 촌락의 성격에 대해 위의 견해를 따른다면, 백제의 일부 지방 촌락은 특정 물품을 생산하여 중앙에 납부하는 부담을 지고 있었던 것이다. '영수성'이 통일신라(統一新羅)의 지명일지라도 그 전 백제 시기부터 수공업 촌락이었을 가능성이 있기 때문이다.

이제 이러한 수공업 촌락에 대한 지배는 율령적(律令的) 수취제도(收取制度)와 확충된 지방행정기구(地方行政機構)에 의해 수행된다. 이렇게 국가 차원으로 확대된 생산체제가 언제 형성되었는지는 알 수 없지만 점차 확대되는 추세에 있었음은 틀림없다.『한원(翰苑)』에 인용된『괄지지(括地志)』가 전하는 백제의 중앙 관부명은『주서(周書)』와 달리 내관(內官)에서 도부(刀部)와 마부(馬部)가 빠져 있다. 이를 사실의 누락이 아니라 무왕 대(武王代) 무렵 내관(內官) 조직에 변동이 생긴 것으로 보기도 한다.[61] 그렇다면 유달리 왕실수공업 관련 관사 중 일부가 폐지된 것은, 종래 지방의 원료 산지와 연결하여 왕실에서 직접 생산하던 방식이, 수공업 촌락에서 제작한 완제품을 수취하든지 외관(外官)에서 일부 품목을 만들어 조달하는 형태로 점차 전환되었음을 보여주는 것이 아닐까 한다.

하지만 특수한 기술이 필요한 일부 품목은 여전히 왕실수공업장(王室手工業場)에서 지방과 연결을 가지면서 제작했을 것임은 물론이다. 외국에 알려진 백제의 특산물 가운데 황칠(黃漆)이 있다. 이것은 서·남해의 섬에서 자라는 나무에서 6월에 즙을 짜내는데, 기물(器物)에 칠하면 황금빛이 찬란하여 눈을 뜰 수 없을 정도였다[62]고 한다. 일종의 도료(塗料)였던 셈이다. 당 태종(唐 太宗)이 백제로

---

60) 鄭求福 等, 1997,『譯註 三國史記』4, 韓國精神文化研究院, 381쪽.
61) 李文基, 앞의 논문, 65~71쪽.
62)『新唐書』卷220 列傳145 東夷 百濟 "有三島 生黃漆 六月 刺取瀋色若金"
  『通典』卷185 邊防 百濟 "國西南海中 有三島 出黃漆 樹似小棕樹而大 六月 取汁 漆器物 若黃金 其光奪目"

부터 얻은 산문갑(山文甲)은 금칠이 되어 있었는데,[63] 갑옷 표면에 산 문양을 넣고 황칠을 가한 것으로 보인다. 따라서 무왕(武王) 27년(626) 당(唐)에 보낸 명광개(明光鎧)[64]에도 황칠이 칠해졌을 가능성이 있다. 황칠은 가구·장식품뿐 아니라 갑옷에도 사용할 정도로 용도가 다양한 도료로서, 옻칠과 더불어 방습·방충 효과는 물론 물품의 내구성과 장식성을 높이는데 효과가 있었던 듯하다. 그런데 이 경우는 그 원료가 한정된 지역에서 생산되고 주로 대외교섭용 물품에 칠해졌으므로, 해안에서 나는 황칠 원료를 선별하여 중앙으로 공급하고 이를 여러 물품에 도료로 활용할 때도 중앙의 수공업 조직이 간여했으리라 본다. 이 밖에도 자료는 남아 있지 않지만 이와 같이 특수한 물품의 경우는 여전히 지방에서 공급한 원료를 중앙에서 가공하는 형태로 생산되었을 것이다.

IV. 맺음말

사비기(泗沘期)에 내관(內官) 조직으로 수공업 관사를 구비하고 있었듯이 그 전에도 이들의 전신(前身)이 관장하던 왕실수공업(王室手工業) 조직이 가동되고 있었다. 칠지도(七支刀)와 무녕왕릉(武寧王陵) 출토 은제 팔찌를 만든 장인이 왕실수공업장 소속으로 국왕과 왕실에 봉사하고 있었다.

백제의 왕실수공업은 마한 소국(小國) 시기부터 선진 기술을 수용하고 전문 장인들을 포섭하면서 확대된 생산기반을 토대로 하여 점진적으로 성립되었다. 구슬류의 장식품(裝飾品) 생산이 상대적으로 일찍이 왕실수공업으로 정착했고 견

---

63) 『册府元龜』 卷117 帝王部 親征2 "初 太宗 遣使於百濟 國中採取金漆 用塗鐵甲 皆黃紫引曜色邁兼金 又以五綵染玄金 製爲山文甲 竝從將軍"
64) 『新唐書』 卷220 列傳145 百濟 "武德四年 王扶餘璋始遣使獻果下馬 自是數朝貢 高祖册爲帶方郡王百濟王 後五年 獻明光鎧 且訟高麗梗貢道"

직(絹織)·고급 마직(麻織)의 직조 및 봉제 수공업, 흑색마연토기·삼족기 등 특수 토기(特殊土器) 제조업이 뒤를 따랐다. 외교, 전쟁, 대외교역 등 왕권(王權)의 고유 권한과 관련된 수공업 부문도 점차 왕실수공업으로 편제되어 가는 추세였으니, 4세기 중엽의 근초고왕대(近肖古王代)에는 외국에 봉제·단야 장인을 파견하고 철정(鐵鋌), 보검(寶劍) 등 수공업품을 증여하기도 했다. 백제 왕실은 이 시기에 이미 다른 지역 수장과 차별화된 고급 수공업 생산조직을 갖추고 있었다. 그리고 전쟁의 규모가 전보다 확대되므로 전투장비 생산 부문 등 일부 관영수공업(官營手工業)도 분화되었다. 근초고왕 대와 그 직전 시기인 4세기 초·중엽이 백제 왕실수공업이 성립한 시점이라고 생각된다.

그 생산체제(生産體制)는 박사제(博士制)를 통해 개략적인 상황을 짐작할 수 있다. 박사로 임명된 수공업자는 그 분야 최고의 전문가로서 휘하에 자신보다 숙련도가 낮은 장인들을 거느렸다. 이들을 관리·통제하는 관인 혹은 관부도 설치했으니 장사(長史), 사마(司馬), 참군(參軍) 처럼 중국식 관명을 띠는 국왕 직속(直屬)의 속료적(屬僚的) 존재를 그 후보로 생각할 수 있다. 이러한 국왕의 속료 조직은 4세기 이전부터 존립했으며 이들에 의해 왕실수공업도 관리·운영된 듯하다. 백제의 왕실수공업은 생산품별로 공방(工房)이 조직되었고, 박사급의 숙련 장인과 하급 장인들로 구성된 수공업자 집단이 하나의 단위가 되어 수공업장을 운영하는 체제로 생산이 이뤄졌을 것이다. 그리고 국왕의 속료 조직이 이들 수공업 조직을 장악했다. 이러한 생산체제를 기초로 하여 후대에 발전된 결과가 사비기(泗沘期)의 내관(內官) 소속 수공업 관부이며, 왜국(倭國)의 율령체제와 결합해서는 품부(品部)로 변형된다.

우전팔번경(隅田八幡鏡) 명문을 통해서는 백제의 중앙과 지방을 연결하는 수공업 생산체제의 한 형태를 엿볼 수 있었다. 전국에 산재하는 원료 산지를 장악하여 중앙으로 조달하는 데에 중앙에서 활동하는 그 지역 출신 장인(匠人) 혹은 수공업 관부의 관인(官人)을 활용하는 것이다. 이는 수공업품의 제작과 공급이 물자 유통에 그치지 않고, 그 지역에 대한 통제·지배 정책과 유기적으로 결합되어 있었음을 시사한다.

　이러한 왕실수공업 중심의 생산체제는 이후 변화한다. 일부 촌락(村落)이 특정 물품을 생산하여 중앙에 납부하는 국가적 차원의 수취체계(收取體系)에 입각한 새로운 생산체제를 상정할 수 있다. 무왕대(武王代) 무렵 내관(內官) 조직에 변동이 생겨 왕실수공업 관련 관사 중 일부가 폐지된 것은 이러한 수공업 생산체계의 변화를 반영하는 것이라고 본다. 하지만 특수한 기술이 필요한 일부 품목은 여전히 왕실수공업장에서 지방과 연결을 가지면서 제작했다.

토기

한성백제 토기의 생산기술에 관한 일 고찰
－진천 삼룡리, 산수리가마 출토 토기를 중심으로－

조 대 연*

차례

I. 서언
II. 토기 생산과 관련된 이론적, 방법론적 검토
    1. 토기 생산공정과 관련된 이론적 검토
    2. 생산유적 토기의 분석과 관련된 방법론적 검토
III. 진천 삼룡리, 산수리유적 개괄 및 분석과제 설정
IV. 지질학적 환경
    1. 지형
    2. 지질 개요(자원개발연구소, 1980)
V. 연구방법 및 분석 절차
VI. 분석 결과
    1. 광물학적 분석 결과
    2. 주사전자현미경(Scanning Electron Microscopy) 분석 결과
VII. 고찰 및 결언

* 전북대학교 고고문화인류학과

Ⅰ. 서언

본 논문에서는 한성백제 토기 제작기법의 일반적 특징을 자연과학적 분석 결과 중심으로 개괄적으로 검토하겠으며, 분석대상 유물로서 진천 삼룡리, 산수리 가마 출토 토기를 다루기로 하겠다.[1] 최근 발굴조사가 급증하면서 한성백제시대의 가마유적들이 속속 확인되어 토기생산과 관련된 심도 깊은 논의를 할 수 있는 여건이 조성되고 있으나,[2] 한국고고학에서 토기 생산유적의 유구와 출토 유물을 대상으로 한 체계적인 연구논문들은 아직 드물며, 이들 마저도 가마 구조와 관련 시설물에 대한 고찰, 출토 토기의 변천 양상에 대한 형식학적 연구에 그치고 있는 실정이다. 하지만 이제는 백제토기 제작기술의 발전과정에 대한 본격적인 논의가 필요한 시점이며, 이를 위해서는 토기가마 출토유물의 자연과학적 분석을 통해 토기 제작과 관련된 세부적인 정보를 얻고, 나아가 원료흙의 채취에서부터 소성에 이르기까지, 해당 토기의 생산공정 전 과정을 추적하는 것이 필수적이다.

Ⅱ. 토기 생산과 관련된 이론적, 방법론적 검토

자료에 대한 분석에 앞서 토기 생산과 관련된 이론적, 방법론적 논의들을 간략하게 검토하고, 이를 통해 본 연구의 목표와 방법을 제시하도록 하겠다.

---

1) 진천 삼룡리, 산수리유적 출토 자료 샘플링에 매번 적극적으로 협조해 주신 김근완 선생께 감사드린다.
2) 대표적인 사례로는 공주 귀산리유적(이상엽·오규진, 2000)과 천안 용원리유적(오규진·이강열·이혜경, 1999) 등이 있다.

1. 토기 생산공정과 관련된 이론적 검토

　토기란 자연적으로 존재하는 1차 산물이 아니라, 인간과 물질 사이에서 여러 단계의 상호작용을 거쳐 변화된 2차 가공품이라 할 수 있다. 토기 제작자들은 원료점토의 선별과 채취, 정선, 성형, 표면처리 및 문양 장식, 그리고 소성 및 건조에 이르는 생산의 전 공정을 조율하는데, 이 과정에는 환경적 제약에서부터, 제작자들의 개인적인 선호, 전통, 문화적 상징성, 사회정치적 요소에 이르기까지 다양한 변수들이 개입된다. 따라서 고고학자가 토기 생산과정을 세부적으로 살펴보기 위해서는 토기 제작자들이 생산공정 각각의 단계에서 어떠한 '선택(choice)'들을 했는지 주목할 필요가 있으며, 그 특정한 선택들을 하게 되는 배경을 추적해야 한다. 이렇듯 토기 생산에 관한 논의를 제대로 하기 위해서 토기 생산의 개별 공정들이 어떻게 구성되고 각 공정들 사이의 관계가 어떠한지를 일목요연하게 주지할 필요가 있는데, 이를 위해 본 논문에서는 chaînes opératoires[3]라는 개념을 이용하기로 하겠다.

　Chaînes opératoires는 프랑스 사회학에서 유래된 용어로 하나의 물품을 제작하는데 있어, 그 생산공정이 특정한 순서로 연결된 일련의 행위, 동작들로 이루어졌음을 지칭한다. 이것은 또한 생산과 관련된 일련의 선택들이 어떠한 순서로 연결되었는지를 논의하는 '방식'을 의미하며, 한편으로 이러한 생산공정이 제작자들의 사회적 활동과 긴밀하게 연결되어 있음을 암시하고 있다. Chaînes opératoires에 대한 검토와 평가는 고고학자들로 하여금 개별 유물에 대한 고립적인 연구를 탈피하여, 각 생산공정 단계에서 당시 제작자들이 취해야 했을 기술적 선택과 그 선택의 맥락을 검토하게끔 유도하며, 유물과 유구의 상호관련성

---

[3] 여기서는 개념상의 차이에도 불구하고 chaînes opératoires를 life cycle(一生)과 사실상 동일한 의미로 사용하겠다.

과 고고학적 유물, 유구의 공간적 배치양상을 새로운 차원에서 접근하도록 해준다.

2. 생산유적 토기의 분석과 관련된 방법론적 검토

앞서 살펴보았듯이 생산유적에서 출토된 토기를 분석하는데 있어서는 토기의 제작, 성형, 소성 등 다양한 생산공정들을 종합적으로 검토해야 하는데, 이를 한 번에 아우를 수 있는 사실상 유일한 자연과학적 분석방법은 토기암석학(ceramic petrology)이므로, 본 논문에서는 개별 공정들의 쟁점사항을 광물학적 분석과 결부시켜 논의를 해 나가겠다. 토기 암석학은 편광현미경을 이용한 토기 연구를 가리키는 용어로서, 이를 통해 제작기술에 있어서 제 특징을 파악하고 토기 산지를 탐구하는 연구 분야이다. 고고학에서 토기암석학은 형식학적 연구와 더불어 토기 연구의 중요한 분야 중의 하나로서, 1960년대 이래 꾸준히 발전해 오고 있으며, 점차 그 연구의 영역을 생산기술, 산지, 그리고 토기 사용의 문제 등에서 생산전문화, 기술변화, 사회조직의 변화 등 이론적 주제들로 넓혀가며 독자적인 영역을 구축해 나가고 있다. 일반적으로 토기암석학 연구는 대략 다음과 같은 분야들과 관련된다.

첫째, 토기제작에 있어서 바탕흙과 첨가제의 선택과 조정에는 제작자들에 의해 다양한 변수들이 개입되어 있으므로 그 제반 특징을 종합적으로 검토해야만 한다. 광물학적 분석을 통해 바탕흙과 첨가제를 동정·분류하고 이를 지질상·형식학적 분류안, 혹은 화학분석 결과와 비교·검토하여 원료흙 채취와 사용에 내재된 의미를 밝힐 수 있다.

둘째, 토기암석학은 토기 성형기법의 확인에 있어서도 매우 유용한데, 이를 위해 토기편에 존재하는 광물, 암석입자들 뿐 아니라 기포(voids), 점토덩어리(clay pellets) 등의 방향성과 분포패턴을 확인해야 한다.

셋째, 토기암석학은 슬립(slip), 페인트(paint), 혹은 유약(glaze) 등 표면처리 기법을 확인하는데 유용하며, 토기들의 표면처리 양상에 대한 개괄적인 정보를 제공해 준다. 물론 토기암석학만을 이용해서는 슬립 등에 적용된 구체적인 원료를 밝히기는 힘들며 이를 위해서는 추가적인 분석이 필요하다.

넷째, 토기의 소성과정에서 원료흙의 종류, 소성온도, 소성분위기, 소성시간 등 다양한 변수들이 최종생산품에 큰 영향을 미친다. 따라서 육안관찰 결과와 자연과학적 분석을 비교, 종합하여 해당 토기를 구울 때 다양한 변수들이 어떻게 조율되었는지 확인해야 한다(Gosselain 1992 참조). 이와 관련해서 토기암석학을 통해 소성온도 및 분위기에 대한 일차적인 파악이 가능하고 나아가 2차적인 자연과학적 분석방법 채택을 위한 합리적인 근거를 마련할 수 있다.

이상과 같이 토기암석학은 토기 생산기술의 각 공정 연구에 필요한 가장 기본적인 정보를 제공해 주며, 추가적인 자연과학적 분석방법을 선택하는데 있어서 결정적인 기준들을 제공해 준다. 또한 토기암석학은 다른 어떤 자연과학적 분석방법과 비교해서도 비용이 가장 적게 드는 방법인데, 이러한 점에도 불구하고 그간 한국고고학에서는 이 방법이 그다지 적극적으로 활용되고 있지 않은 실정이다. 앞으로 토기암석학은 한국 고대 토기 연구에 있어서 무한한 가능성을 가지고 있으므로 이에 대한 적극적인 고려와 활용이 필요하다.

III. 진천 삼룡리, 산수리유적 개괄 및 분석과제 설정

진천 삼룡리, 산수리유적은 충북 진천군 이월면 삼룡리와 덕산면 산수리 일대에 위치하고 있는 초기 백제시대 대규모 토기가마군으로, 한남대학교에서 1987년도부터 1991년도까지 5차례에 걸쳐 발굴조사를 한 결과 토기가마 20기와 수혈주거지 6기가 확인되었다. 이 유적에서는 한성백제 성립단계의 토기제작에 관련된 직접적인 자료들 - 토기가마, 토제품, 제작공방, 폐기장, 태토와 태토 혼입용 암석, 받침모루 등 - 이 다수 확인되어 당시 토기 제작의 실체를 각인시켜 준 고고학사적 의미를 지니고 있다. 또한 이 유적에서는 가마별로 기종 및 기형의 시기적인 변천과정을 파악할 수 있는 토기자료들이 발굴되어 토기 제작기술의 변화과정을 검토할 수 있는 획기적인 자료라고 평가할 수 있다.

진천 삼룡리·산수리 요지의 편년과 관련하여 최병현은 토기의 형식, 가마의 구조적 특징, 그리고 유구배치 양상을 고려하여 그 상대서열을 6기로 나누어 설정하였으나, 최근 소형가마와 대형가마의 공존 가능성에 유의하여[4] 편년을 다소 수정하여, 기존의 5기와 6기를 통합하여 모두 5기로 구분하였다(최병현 1998). 류기정은 진천유적 출토 토기에 대한 유구별 검토를 통해 시기별 변화과정에 관한 최병현의 논의를 보다 구체화하였다. 그는 출토된 토기들의 기종 구성과 육안 관찰된 제작기법에 대한 검토를 통해 제작기법의 발전과정을 논의하였고, 이를 바탕으로 진천 가마가 크게 1단계, 2·3단계, 그리고 4·5단계의 순으로 변화된 것으로 파악하였다(류기정 2002·2003).[5] 하지만 진천 가마유적의 시간적 위치와 관련하여, 최근에는 1기에서 5기까지의 연대폭을 상대적으로 좁혀 보는 경향이 있으며, 일례로 박순발의 경우 진천 가마 1단계를 원삼국 III-2기, 2~5단계를 한데 묶어 한성백제 I 기로 설정하였다(박순발 2003).

---

4) 최병현은 대형가마와 소형가마의 관계를 동일 가마군 내에서 기능 차이에 따른 선택적 조업에 기인한 것으로 해석하였다.
5) 한편 류기정은 진천유적 생산 토기들을 한강 및 중서부 지방의 12개 유적들에서 출토된 토기들과 비교·검토하여 진천 토기들과의 연관성을 상정하고, 이를 통해 진천 삼룡리·산수리 토기의 유통양상을 분석하였다. 이러한 시도는 진천 가마유적 출토 토기의 시공적 위치를 중서부지방 일대의 중요 유적들의 출토유물과 최초로 비교분석 하고자 했다는 점에서 의미가 있다. 하지만 그는 제작기법, 형태상의 유사성이 진천산(産)임을 밝히는 근거라고 주장하고 있으나, 원칙적으로 특정산지 출토의 토기들이 '유통'되는 것과 특정산지의 전형적인 토기 제작수법 혹은 양식이 '유행'하는 것은 구별되어야 한다. 만일 양자를 동일시하고자 한다면 이를 뒷받침할 적절한 분석이 뒷받침되어야 한다.

이상과 같은 연구성과들을 토대로 이번 분석을 통해 일차적으로 규명해야 할 쟁점사항들을 간추려 보면 다음과 같다. 첫째, 진천유적에서 생산된 토기들이 어떻게 채취, 가공, 완성되었는지 확인한다. 둘째, 진천유적의 초기단계에서 중도식토기와 타날문토기가 공반되는데 이들 토기들의 상이성과 상사성을 자연과학적 분석을 토대로 규명한다. 셋째, 진천유적을 대표하는 토기 기종은 단경호와 심발형토기이며, 여기에 시간이 지나면서 일부 기종이 추가되는 양상을 보이고 있다. 앞서 정리한 대로 이 유적 내에서 세부적인 편년이 가능할지는 의문이나 일단 이를 반영하여 핵심기종을 중심으로 시간이 지나면서 생산제품에 어떤 변화가 보이는지 파악해 보겠다.

IV. 지질학적 환경

1. 지형

진천 삼룡리·산수리유적은 진천군의 중앙부를 남북으로 가로지르는 미호천의 동측 야산 일대에 위치하고 있으며 유적이 위치한 삼룡리와 산수리는 비록 행정구역상으로는 구별되지만 지형적으로는 연속된 환경을 이루고 있다. 주변 지형에 대한 조사는 발굴조사 당시에 발굴단에 의해 어느 정도 이루어졌는데, 최병현은 진천 가마의 태토산지로 미호천변에 위치한 덕산면 산수리의 속칭 '어미지들'을 지목한 바 있다(최병현 1990). 토기 산포지는 이 어미지들을 동, 남, 북 방향으로 펼쳐져 있고, 특히 발굴조사는 되지 않았지만 토기요지와 관련된 것으로 추정되는 유물산포지는 어미지들을 중심으로 반경 약 1.5km 정도 지역에 분포하고 있는 것으로 확인되었다(한남대학교 박물관 1987·1988·1989·1990·1992 참조).

2. 지질 개요(자원개발연구소, 1980)

진천 삼룡리, 산수리 일대의 지질은 편마암류, 섬록암, 퇴적암류 및 암맥류로 구성되어 있으며, 유적 부근은 대체로 화강암, 흑운모편마암과 충적층으로 구성된다(도면 1). 화강암은 유적 일대를 포함해서 주변 지역에 넓게 분포되어 있으며, 다소간의 풍화작용의 결과로 구릉지형을 형성하고 있다.[6] 암상은 대체로 중립질이며, 장석반정이 부분적으로 발달되어 있다. 그리고 입자의 크기도 다소간 변이가 있어서 유적 남측의 조립질화강암과는 점이적인 관계를 보여준다.

	화강암
	충적층
	흑운모편마암
	안구상반상변정 편마암
	규장암맥, 페그메타이트 및 석영맥

도면 1. 진천 삼룡리, 산수리유적 지질도

규장암맥이 암상의 남북방향으로 발달되는 구조선을 따라 관입되어 있다. 구성광물은 석영, 장석, 흑운모 및 소량의 각섬석으로 되어 있다. 흑운모편마암은 유적의 동편 4km 부근부터 남북방향으로 폭넓게 분포되어 있으며, 암상은 중립질로 엽리가 잘 발달되어 있고, 전반적으로 장석의 반상변정이 보이며 지역별로 변이가 있다. 구성광물은 석영, 장석, 흑운모, 그리고 약간의 백운모로 이루어졌으며, 그 밖에 석류석과 장석이 관찰된다. 이 밖에 충적층은 주로 계곡과 하천을 따라 발달되어 있다. 충적층의 대부분은 점토질이며, 일부는 사력층으로서 소규모로 하천의 양안에서만 보인다.

V. 연구방법 및 분석 절차

본 연구에서는 일차적으로 이루어진 광물학적 분석 결과, 2차 분석으로 주사전자현미경분석기법(SEM-EDAX)을 이용하는 것이 타당하다고 판단되어 두 가지 분석을 병용하였다. 분석 대상이 되는 토기시료로는 발굴자인 최병현 교수에 의해 설정된 6단계의 시기 구분을 기준으로 각 단계를 대표하는 아래의 가마들을 대상으로 합계 76점의 유물을 선별하였다(부록참조).[7]

1단계 : 88-1호 가마, 88-2호 가마
2단계 : 89-2호 가마
3단계 : 90-5호 가마

---

6) 이 지역은 진천도폭과 음성도폭이 맞닿는 부분인데, 애초 음성도폭(1976)에서는 화강암이라 하였다가, 진천도폭(1980)에서는 편마상화강암이라 기술하였다. 하지만 가장 최근의 대전도폭(1:250,000)(1996)에서는 최종적으로 화강암이라 정정하였으므로 여기서는 화강암이라 칭하였다.
7) 4단계에 해당되는 유물들은 시료 선별시 보고서 발간 작업중인 관계로 분석대상에서 제외되었다.

5단계 : 87-7호 가마

6단계 : 87-4호 가마

VI. 분석 결과

1. 광물학적 분석 결과

광물학적 분석 결과 진천 삼룡리, 산수리는 그 광물학적 조성이 대단히 동질적인데, 첨가제의 양상과 바탕흙의 특성에 근거하여 다음과 같이 분류하였다.[8]

1) 토기자료에 대한 광물학적 분류[9]

그룹 1. 소(小)입자로 구성된 석영, 운모, 미세 점토덩어리(Fine quartz, fine mica and clay pellets) (사진 1)

이 그룹은 소(小)입자의 석영과 장석과 함께 미세 점토덩어리의 분포가 두드러지며 중(中), 혹은 대(大) 입자는 거의 보이지 않는다. 소(小)입자들의 분급이 일반적으로 양호한(moderately sorted) 것으로 보아, 이 그룹은 자연적으로 존재하는 고운 점토를 이용하여 제작된 것으로 판단되며, 첨가제는 전혀 섞이지 않았다.[10] 이처럼 첨가제를 배제하고 점토만을 이용하여 토기를 빚는 사례는 한성백제 토기의 전반적인 기술체계 내에서 드물며, 이 그룹은 진천 삼룡리, 산수리 유적의 토기 제작수법을 대표하고 있다고 볼 수 있다.

---

8) 본고에서는 광물학적 토기분류에 있어서 윗브레드(Whitbread 1995)의 시안을 이용하였다.
9) 소(小), 중(中), 대(大)입자의 구별은 본 유적 시료들을 대상으로 한 임의적인 분류안에 따른 것으로 여기서 소(小), 중(中) 입자의 경계는 대체로 0.3~0.4mm, 그리고 중(中), 대(大)입자의 경계는 대체로 1.5~1.6mm 내외를 기준으로 하였다.
10) 첨가제를 인위적으로 혼입한 것으로 보아야 하는지에 대해서는 별도의 논의가 필요한데, 여기에서는 Point Count Analysis를 이용하였다.

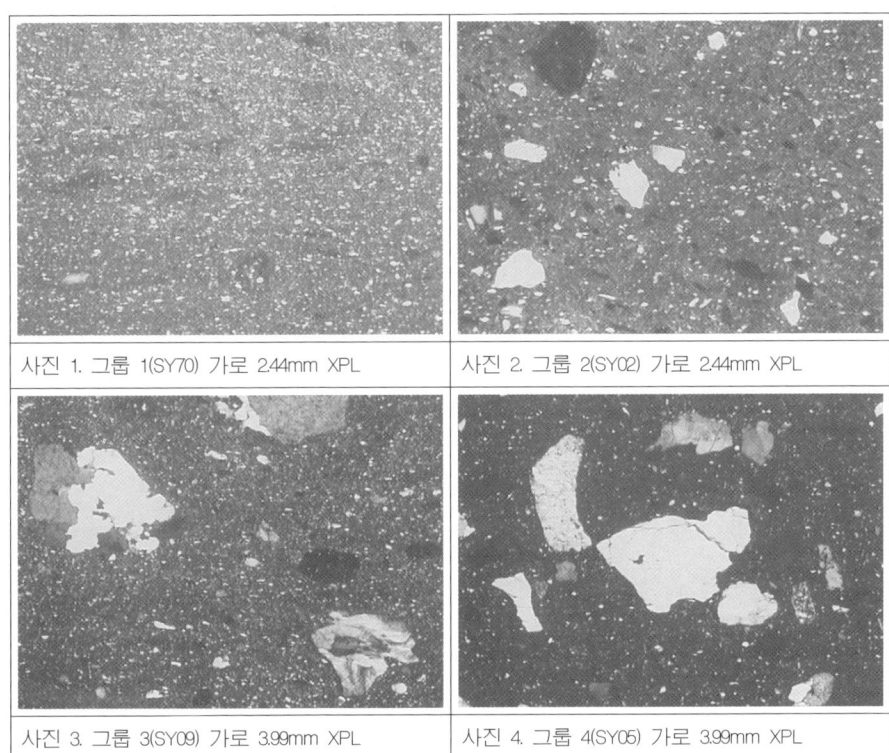

사진 1. 그룹 1(SY70) 가로 2.44mm XPL
사진 2. 그룹 2(SY02) 가로 2.44mm XPL
사진 3. 그룹 3(SY09) 가로 3.99mm XPL
사진 4. 그룹 4(SY05) 가로 3.99mm XPL

그룹 2. 중(中)입자 석영 및 장석: 화강암 계열(Medium quartz and feldspar) (사진 2)

이 그룹은 중(中)입자 혹은 소(小)입자들인 석영과 장석편이 첨가제로 사용되었으며, 첨가제의 크기는 그룹 내에서 다소간의 변이를 보여주고 있다. 입자들의 형태는 비교적 거칠며(sub-angular) 분급도는 어느 정도 양호하지만(moderately sorted) 일부의 시료들은 분급이 불량한 편이다(poorly sorted).

그룹 3. 대(大)입자 석영 및 장석: 화강암 계열(Coarse quartz and feldspar) (사진 3)

이 그룹은 굵은 석영과 장석계의 입자들이 첨가제로 혼입되었으며, 첨가제의 크기는 그룹 내에서 다소간의 변이를 보여주고 있다. 입자들의 형태는 거칠며 (angular) 분급도는 불량한 편이다(poorly sorted). 그리고 바탕흙에 대한 고배율 현미경 관찰 결과 석영, 운모 입자들의 크기와 형태가 그룹 1, 2와 유사하여, 동일한 첨가제가 제작에 사용되었음을 알 수 있다. 광물들은 모두 전형적인 화강암인 것으로 판명되었으며 특히 미사장석(microcline)의 비율이 다소 높은 것이 특징이다. 편광현미경 관찰 결과 이 그룹 토기들의 바탕흙 석영 입자들이 광학적으로 활동적(active)이므로 모두 900℃ 이하에서 소성된 것을 알 수 있다(소성온도에 대해서는 SEM 결과를 통해 아래에서 보다 상세히 논의되었다).

그룹 4. 고화도 소성된 대(大)입자 석영 및 장석: 화강암 계열 (High fired version of group 3) (사진 4)

이 그룹은 굵은 석영과 장석계의 입자들이 첨가제로 혼입되었으며, 이들은 모두 전형적인 화강암으로써 바탕흙의 형태와 입자들의 분포양상 등이 그룹 3과 매우 유사하다. 다만 바탕흙이 광학적으로 비활동적(inactive)이라는 점에서 근본적인 차이가 있는데, 즉, 이 그룹의 토기는 모두 900℃ 이상에서 소성되었다.

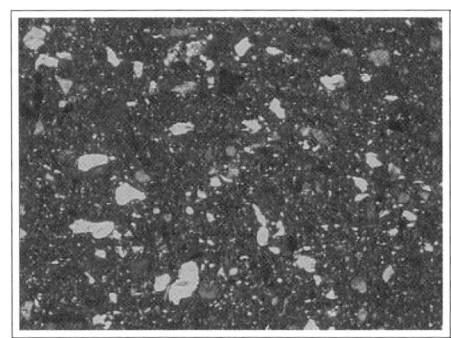 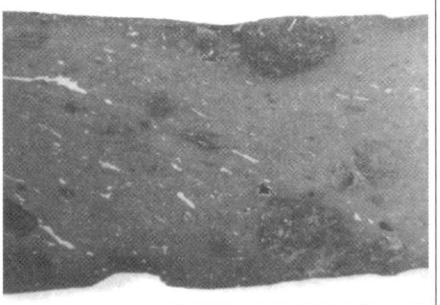

사진 5. 그룹 5(SY62) 가로 3.99mm XPL   사진 6. (SY64) 가로 9.00mm

그룹 5. 중(中)입자 석영 및 장석이 자연적으로 바탕흙에 포함되어 있는 사례
Medium quartz and feldspar with unimodal grain size distribution)
(사진 5)

이 그룹은 진천유적 출토 토기에서 단 한 점만이 확인되었는데, 분석 결과 중(中)입자 혹은 소(小)입자들인 석영과 장석편이 인위적으로 첨가된 것이 아니라, 자연 상태의 바탕흙에 포함되어 있는 사례이다. 따라서 원래부터 거친 성질의 태토를 선택하여 토기를 제작하였다고 판단되는 드문 경우이다. 하지만 이 시료 역시 첨가제의 광물조성이나 바탕흙의 구성에 있어서 다른 그룹들과 근본적인 차이는 없다.

2) 첨가제용 암석편과 태토 분석(87-1호 및 89-1호 주거지 출토품)

토기 제작 공방에서 출토되는 첨가제용 암석편과 태토는 토기반죽 및 성형에 관한 가장 직접적인 정보를 제공해 준다. 특히, 이러한 자료들과 상기한 토기자료들을 비교분석하여 첨가제와 태토를 이용한 작업공정에 대한 구체적인 정보를 얻을 수 있다. 사진 7은 87-1호 작업공방에서 출토된 첨가제용 암석편으로서, 그 광물구성과 조직으로 볼 때 전형적인 미화강암(microgranite)으로 평가된다. 이 암석편은 앞서 설명한 그룹 2, 3, 4 의 첨가제와 직접적으로 관련된다. 오른쪽의 사진 8은 89-1호 주거지에서 출토된 태토로서 대부분 미세한 석영입자들과 운모편들이 분급이 불량한 상태로 분포하고 있으며, 산화철이 부정형한 형태로 많은 비율이 함유되어 있다. 입자들의 미세함과 원마도 등을 고려해 볼 때 이 태토는 별도의 첨가제가 사용되지 않은 것으로 판명된 그룹 1의 토기시료들과 직접적으로 관련되며, 나머지 그룹들과도 그 바탕흙에 있어서 대동소이하다고 볼 수 있다.

이들 87-1호 및 89-1호 작업공방 출토 암석편과 태토는 비록 각각 한 점의 시료에 불과하여 삼룡리, 산수리유적의 첨가제와 바탕흙 이용방법 전모에 대한

사진 7. 암석편   가로 2.44mm XPL   사진 8. 태토   가로 2.44mm PPL

논의를 하기에는 턱없이 부족하기는 하나, 이들 자료는 해당 유적 인근의 지질상 및 분석 토기들과의 뚜렷한 광물학적 동질성을 보이고, 한편 분석 토기시료들에서도 암석편 및 태토와 동일한 내용물이 확인되어서 당시 토기 제작자들이 유적 인근 지역에서 토기 제작용 첨가제와 원료흙을 채취하여 사용하였음을 알 수 있다.

3) 광물학적 분석 결과 검토

광물학적 분석 결과 진천유적 생산토기들은 그 광물조성에 있어서 대단히 동질적인 것임이 확인되었는데, 이는 토기가마 출토토기에서 흔히 관찰되는 현상이다. 그리고 개별 그룹들의 첨가제 및 바탕흙의 사용에 있어서도 유사성이 두드러진다고 볼 수 있다. 이러한 첨가제 및 바탕흙은 유적 주변의 지질학적 정보(화강암과 충적토)와 일맥상통하므로 대부분의 토기들은 유적 인근에서 그 원료를 구했음을 추론할 수 있다. 하지만 이와 관련된 보다 진전된 논의를 위해서는 차후 유적 주변지역에 대한 정밀한 조사와 토양샘플 채취 및 분석을 진행할 필요가 있다.

다음으로 토기 성형기법을 살펴보면 진천유적의 토기는 대체로 테쌓기 기법으로 몸체를 만들었으며 물레성형의 증거는 발견되지 않는다(사진 6참조).[11] 또한 몸체를 마무리할 때 수직으로 정면한 사례가 자주 눈에 띄며, 중도식토기와 타날문토기는 성형기법에 있어 이러한 유사성이 자주 관찰되고 있어 주목된다. 덧붙여 이 유적에서 나오는 중도식토기와 타날문토기는 그 외관의 차이에도 불구하고 바탕흙과 첨가제의 선택과 사용방법, 성형기법은 대동소이하며, 다만 소성온도의 차이가 있을 뿐이다.

한편, 앞서 확인된 광물학적 그룹들은 특정 기종과의 밀접한 연관성을 보여 주목할 만하다. 한 점을 제외한 모든 중도식토기는 그룹 3에 속하며, 다소의 예외는 있으나 심발형토기나 옹은 그룹 2에 속한다. 또한 이 유적의 대표적인 생

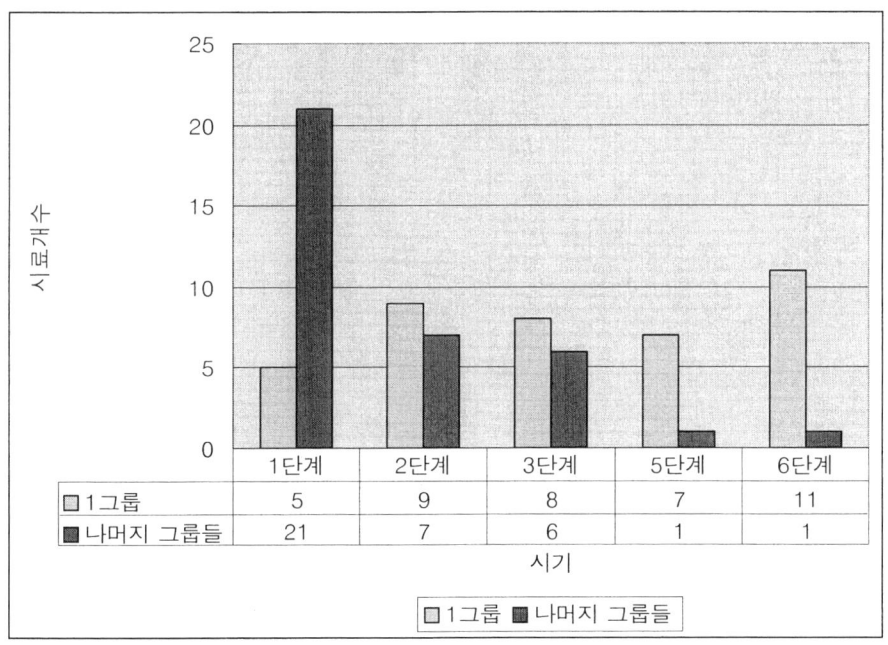

표 1. 진천 삼룡리, 산수리 가마유적 시기별 1그룹/나머지 그룹들 출현빈도 비교

---

11) 여기서는 코티(Courty 1995 · 1998) 등과 윗브레드(Whitbread, 1996)가 제시한 기준에 의해 몸체성형시 회전력의 채용 여부를 확인하였으나 그러한 증거는 발견되지 않았다.

산기종인 단경호류는 대개 그룹 1에 속한다.

이러한 광물학적 분석 결과를 통시적으로 살펴보면, 시간이 지나면서 그룹 1의 비율이 높아지는 것이 보인다. 즉 그림 2에서 1단계의 시료들 중에는 그룹 1의 비율이 매우 낮으나 시간이 가면서 점진적으로 증가하다가 마지막 6단계에 가서는 압도적인 비율을 차지하고 있다. (물론 1단계의 시료들 중에 중도식토기 및 원통형토기가 8점을 차지하고 있어 굵은 첨가제를 함유한 토기의 비율이 높은 것은 분석 전에 어느 정도 예상되었지만, 이들을 제외하더라도 1단계에서 그룹 1 토기의 비율은 매우 낮은 편이다.) 이러한 결과를 달리 요약하다면, 진천유적에서는 첨가제를 사용하지 않고 바탕흙만을 이용해서 토기를 제작한 기법이 시간이 지나면서 그 빈도가 높아진다고 볼 수 있다.

2. 주사전자현미경(Scanning Electron Microscopy) 분석 결과

주사전자현미경 분석(이하 SEM이라 칭함)은 토기 제작기술을 연구하는데 가장 많이 사용되는 자연과학적 분석기법 중의 하나이다. SEM은 토기의 미세형태(micromorphology)를 파악하는데 유용하며, 이를 통해 유리질화(vitrification)의 정도와 조직(texture)의 변화양상을 알 수 있다. 또한 이러한 정보가 SEM 기기에 부착된 EDAX(energy dispersive x-ray analysis) 분석을 통해 화학성분 분석과 결합된다면 바탕흙의 성격과 특징, 소성변수(온도와 분위기), 그리고 표면처리 및 장식에 대한 세부적인 평가가 가능하다. 보다 중요하게는 이러한 SEM의 장점들이 백제토기의 연구과제를 해결하는데 가장 적합하며, 특히 광물학적 분석 결과 소성온도를 규명하는데 SEM 기법의 활용이 매우 유용하다는 것이 확인되어 이 분석을 하게 되었다.

SEM 분석 대상 시료들은 기벽에 대해 세로 방향으로 절단하고 마운트 한 후 분석되었으며, 각각의 샘플들은 특히 그 몸체와 표면을 비교·분석할 수 있게 제작되었다. 소성온도의 평가에 있어서는 마니아티스 등이 도입한 방법과 용어들이 이번 분석에서 채택되었는데(Maniatis 외 1981, Kilikoglou 1994), 토기의 유리질화 정도를 표시하는데 사용된 네 단계의 용어를 한글로 번역하면 다음과 같다: 1) 유리질화가 전혀 보이지 않는 상태(No Vitrification [NV]), 2) 초기 유리질화 상태(Intitial Vitrification [IV]), 3) 유리질화가 상당히 진전된 상태(Extensive Vitrification [V]), 4) 완전한 유리질화 상태(Total Vitrification [TV]). 이와 관련해서 SEM을 이용해 토기 소성온도를 해석할 때 유의해야 할 변수가 몇 가지 있다. 우선 분석대상 시료에서 산화칼슘(CaO)이 차지하고 있는 비율을 확인하는 것인데, 산화칼슘은 소성온도가 높아짐에 따라 토기의 미세조직 변화양상에 지대한 영향을 미친다. 따라서 산화칼슘계와 비(非)산화칼슘계의 토기들의 소성온도 상승에 따른 미세구조의 변화양상에는 차이가 있다.[12] 다음으로 소성분위기 역시 토기의 미세조직 변화에 영향을 미치며, 특히 환원소성의 경우에는 산화철이 융제(flux)로 기능하기 때문에 유리질화 정도가 산화소성에 비해 상대적으로 빠르게 진행되므로(바꾸어 말하면 환원소성 상태에서 토기의 소성이 상대적으로 빨라진다.) 소성온도가 산화소성 할 때와 비교하여 다소 낮게 평가되었다.

　SEM 분석 결과를 광물학적 그룹들과 비교해 정리하면 다음과 같다. 우선 그룹 1의 토기는 그 소성온도에 있어서 그룹 내에 상대적인 변이를 보여주고 있다. 그 사례로서 3개의 시료를 선정하여 살펴보면 다음과 같다. 위의 사진들에서 SY66, SY61, SY70은 순서대로 소성온도의 차이가 드러나고 있다. 우선 SY66(사진 9)의 경우 흑색토기로서 SEM 사진은 전형적인 초기 유리질화 상태(IV)를 보여주고 있으며, 소성온도는 750~800℃에 달한다. 이 토기는 소성분위기 조성과 관련해서 검은색 표면을 살리기 위해서 산화-환원의 순으로 소성되었으며 표면에는 슬립, 마연 등의 별다른 표면처리가 이루어지지 않았다. SY61(사

---

[12] 일반적으로 산화칼슘의 비율이 6% 이하일 때 낮음, 6~10%일 때 중간, 그리고 10% 이상일 때 높음이라고 간주하는데, 진천유적에서는 사실상 분석시료 전체가 비(非)산화칼슘 계열의 토기로 판명되었다.

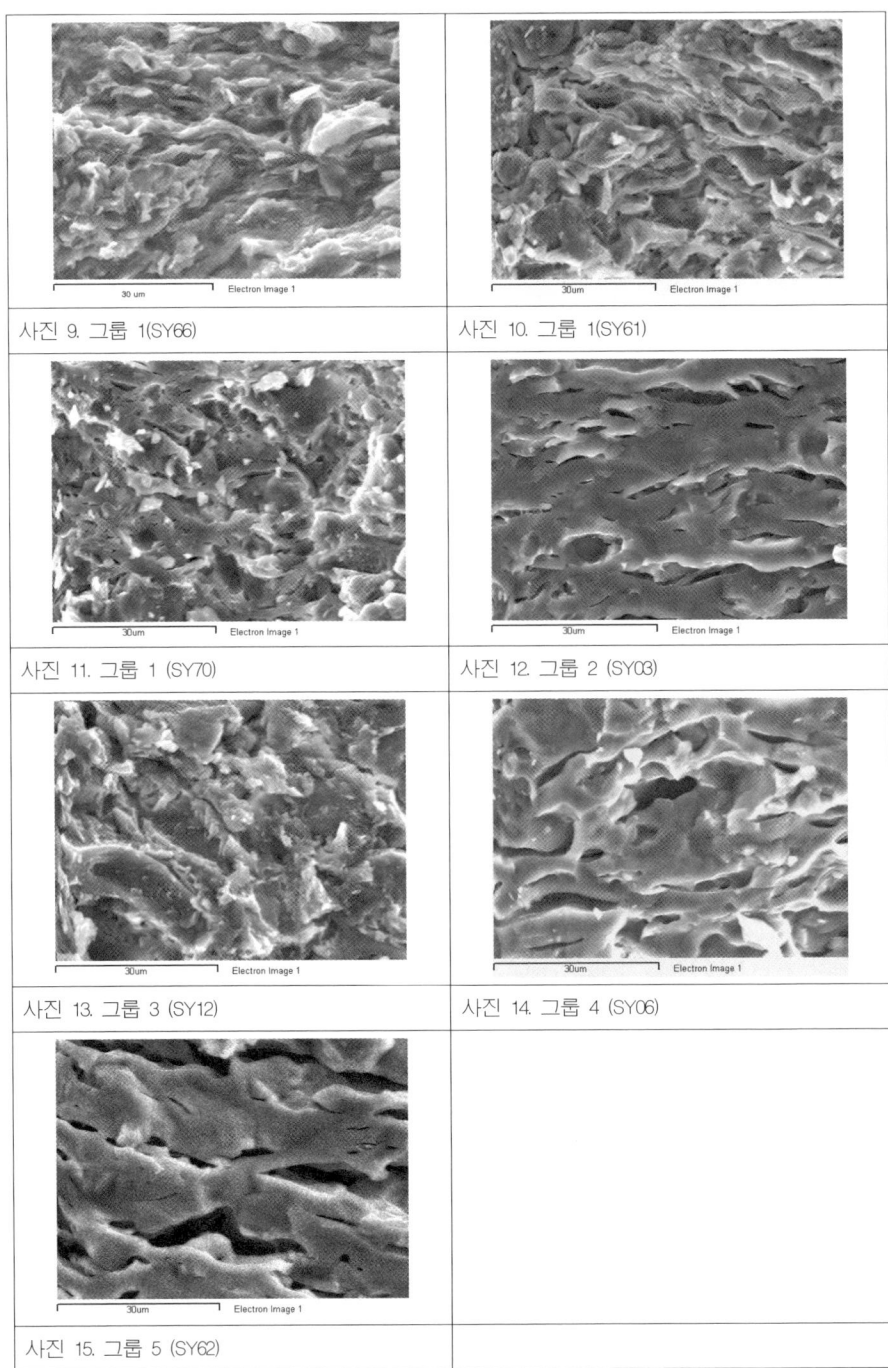

사진 9. 그룹 1(SY66)

사진 10. 그룹 1(SY61)

사진 11. 그룹 1 (SY70)

사진 12. 그룹 2 (SY03)

사진 13. 그룹 3 (SY12)

사진 14. 그룹 4 (SY06)

사진 15. 그룹 5 (SY62)

진 10)은 87-4호 출토 유견개배로서 SY66에 비해 유리화가 다소 진전되어 소성온도는 850~900℃로 평가되었다. 반면 SY70(사진 11)은 적갈색계열의 단경호인데 유리질화가 더욱 진전되어(V) 소성온도가 900~1050℃에 달하는 것으로 평가되어 앞의 것들보다 높다. 적갈색계열의 연질토기는 육안관찰상이나 경도분석으로는 대개 연질로 분류되어 소성온도가 낮은 것으로 간주되지만 위의 사례를 통해 볼 때 반드시 그렇지만은 않은 것을 알 수 있다. 그룹 2의 SY03(사진 12)은 단경호로서 미세조직이 완전한 유리질화 상태를 보여주며(TV) 소성온도는 1080℃ 이상으로 추정되었다. 그룹 3의 경우 88-1호 가마에서 출토된 중도식토기의 경우(SY12-사진 13) SEM 사진 판독 결과 바탕흙에서 유리화의 징후가 거의 보이지 않는데, 이것으로 볼 때 소성온도 750℃ 보다 다소 아래이거나 이에 근접하는 정도이다(NV). 그룹 4의 경우, 소성온도에 있어서 그룹 3과 극명하게 대조되는데 88-1호에서 발견된 호의 경우(SY06-사진 14) 완전한 유리질화 상태를 보여주며(TV), 소성온도는 1080℃ 이상으로 평가되었다. 위의 두 가지 극명하게 대비되는 SEM 분석 결과를 통해 볼 때, 진천유적의 가장 이른 단계에서 이미 기종별로 다양한 소성온도의 토기들이 생산되기 시작했음을 알 수 있다. 마지막으로 그룹 5의 토기 역시(SY62-사진 15) 완전한 유리질화 상태를 보여주며(TV), 소성온도는 1080℃ 이상으로 평가되었다.

　이러한 SEM 분석 결과는 몇 가지 중요한 시사점을 제공해 준다. 첫째, 가마유적의 성립 초기단계에서부터 750℃ 이하에서 소성된 토기와 1080℃ 이상의 고온 소성된 토기가 동시에 출현하고 있다. 또한 마지막 단계에서는 비록 750℃ 이하에서 소성된 토기(주로 중도식토기에 해당됨)는 사라졌으나 여전히 750~800℃, 850~900℃, 혹은 900~1050℃에 해당되는 다양한 소성온도의 토기들이 공존하고 있다. 1080℃ 이상의 고온소성의 기법은 진천유적 존속기간 내내 유지되는 것으로 보인다. 하지만 진천유적에서 가마의 소성온도가 상대적으로 높은 제품이 선호되기 보다는, 소성온도가 특정 기종 혹은 특정 색조의 토기들과 관

표 2. SEM 분석 결과 - 소성온도

시료번호	소성분위기(몸체)	칼슘비율	유리화정도	소성온도(℃)
SY03	환원	비칼슘계열	TV	1080〉
SY06	환원	비칼슘계열	TV	1080〉
SY09	산화	비칼슘계열	IV	800~850
SY12	산화-환원	비칼슘계열	NV	〈750
SY21	산화	비칼슘계열	IV	800~850
SY61	환원	비칼슘계열	V	850~900
SY62	환원	비칼슘계열	TV	1080〉
SY66	산화-환원	비칼슘계열	IV	750~800
SY70	산화	비칼슘계열	V	900~1050
SY73	산화-환원	비칼슘계열	IV	750~800

표 3. SEM 분석 결과 - 화학성분(Compd%)

	SiO_2	Al_2O_3	FeO	Na_2O	TiO_2	MgO	K_2O	SO_3	CaO	P_2O_5
SY03	58.83	23.89	10.39	0.88	1.35	1.32	2.74	0	0.6	0
SY06	68	19.84	4.64	1.73	0	2.13	1.55	1.58	0.55	0
SY09	53.12	27.74	11.94	1.43	1.09	0.51	1.86	0.79	0.3	1.22
SY12	59.07	24.7	11.82	0	1.08	0	1.2	0.91	0	1.22
SY21	52.48	25.52	13.76	0.9	3.78	0.49	1.62	0	0.42	1.03
SY61	65.25	20.26	7.32	0.98	1.28	0.97	2.74	0	0.44	0.61
SY62	63.07	23.1	5.53	2.34	0.82	1.18	2.57	0	0.93	0.46
SY66	61.47	23.09	7.09	1.58	1.19	1.44	1.72	0.89	0	1.53
SY70	68.11	21.08	4.49	1.06	0.92	1.3	1.59	0.44	0.34	0.67
SY73	66.54	20.45	7.11	0.68	1.41	0	2.34	0.3	0.73	0.35

련되어 조절된 것으로 판단된다. 둘째, 흔히 경도분석에 의해 연질토기로 간주되는 적갈색연질토기 중 일부는 기존의 평가와는 달리 900~1050℃ 정도의 고화도에서 생산된 것으로 보인다. 이들은 흔히 회청색경질토기보다 화도가 높은 황색경질토기계열과 구별되며 이와 관련해서는 앞으로 추가적 분석을 통해 세밀하게 살펴 볼 필요가 있다. 셋째, 진천유적에서 나타나는 토기 색조의 차이는 토기의 광물학적 조성 차이에 기인하는 것이 아니고 소성분위기의 조절에 따른 결과라 볼 수 있다. 넷째, 흑색토기의 생산기법은 전적으로 소성분위기의 조절을 통해서 이루어지며 슬립 등 별도의 표면처리 기법을 적용하지 않은 것으로 판단된다. 이러한 소성분위기의 조절은 소성실과 연소실이 분리된 진천가마의 구조적 장점을 활용한 것으로 평가된다.

VII. 고찰 및 결언

진천 삼룡리, 산수리유적에서 출토된 토기를 대상으로 그 제작상의 특징을 개별 생산공정별로 검토해 보았다. 그 결과를 요약하면 다음과 같다.

1. 산지 : 첨가제 및 바탕흙의 분석을 통해 볼 때, 진천유적에서는 토기제작용 원재료를 가마 인근에서 채취하여 사용하였다.
2. 태토와 첨가제의 이용방법 : 초기단계에서는 첨가제를 바탕흙에 적절히 섞어 토기를 제작하였으나 시간이 지나면서 바탕흙만을 이용하여 토기를 제작하는 비율이 높아지게 되었고 이러한 전통은 유적의 폐기단계까지 지속되었다.
3. 성형기법 : 일부 기종의 소형토기를 제외한 대부분의 토기를 제작할 때 테쌓기를 이용하여 몸체를 만들었고, 일부의 사례에서 몸체를 만들 때 수직

      으로 정면하였음을 알 수 있다.
4. 소성기법 : 초기단계부터 750℃ 이하에서 소성된 토기부터 1080℃ 이상의 고온 소성된 토기까지 다양한 온도에서 구워진 토기들이 공존하며, 이는 후기까지 지속되는 것으로 보인다. 그리고 소성온도는 특정 기종 혹은 특정 색조의 토기들과 관련되어 조절된 것으로 보인다. 특히 토기 색조의 차이는 대체로 소성 분위기의 조절에 기인한 것이며, 광물조성의 차이는 발견되지 않는다.

  이상과 같이 진천 삼룡리, 산수리 출토 토기를 대상으로 자연과학적 분석을 시도하여 토기 제작의 각 단계에 걸쳐 나타나는 특징들을 파악할 수 있었다. 특히 첨가제를 사용하지 않은 원료점토 조정단계와 소성분위기 조절에 노력한 소성 단계는 주목할 만하며 진천 가마유적의 독특한 특징이라 할 수 있다. 서두에서 살펴보았듯이 이 유적이 원료흙의 선택에 있어서 유리한 입지에 있었고 양질의 바탕흙을 사용하여 첨가제 없이 토기를 제작할 수 있었던 것으로 보인다. 또한 진천 삼룡리, 산수리유적의 가마 구조의 특징을 통해 소성온도와 소성분위기의 통제가 이전 시기의 가마에 비해 훨씬 원활해졌다는 점은 이미 인지되는 바이다. 흑색토기의 본격적인 생산과 소성분위기의 다양한 변이 역시 당시 제작자들이 밀폐요의 소성분위기 통제에 굉장히 세심한 주의를 기울였음을 알려주는 증거들이다. 이러한 진천 토기 제작기술의 특징들은 한성백제 토기의 생산기술을 논하는데 있어 중요한 시사점을 제공해 줄 수 있을 것이다.

【참고문헌】

[국문]

류기정, 2002, 「진천 삼룡리 산수리요 토기의 유통에 관한 연구(상)」, 『숭실사학』 15, 숭실대학교사학회.

_____, 2003, 「진천 삼룡리 산수리요 토기의 유통에 관한 연구(하)」, 『숭실사학』 16, 숭실대학교사학회.

박순발, 2003, 「한성백제 고고학의 연구현황 점검」, 『한성기 백제고고학의 제문제』(1), 서울경기고고학회.

이상엽·오규진, 2000, 『공주 귀산리유적』, 충청매장문화재연구원.

오규진·이강열·이혜경, 1999, 『천안 용원리유적-A지구』, 충청매장문화재연구원.

자원개발연구소, 1976, 『1: 50,000 한국지질도 음성도폭』.

_____, 1980, 『1: 50,000 한국지질도 진천도폭』.

자원연구소, 1996, 『1:250,000 대전 지질 도폭 설명서』.

최병현, 1990, 「충북 진천 지역 백제토기 요지군」, 『백제시대의 요지연구』, 문화재연구소.

_____, 1998, 「원삼국토기의 계통과 성격」, 『한국고고학보』 38, 한국고고학회.

한남대학교 박물관, 1987, 『진천 산수리 백제토기 가마터 발굴조사 약보고』.

_____, 1988, 『진천 삼룡리 백제토기 가마터 발굴조사 약보고』.

_____, 1989, 『진천 삼룡리 백제토기 가마터 발굴조사(3차) 약보고』.

_____, 1990, 『진천 삼룡리 백제토기 가마터 발굴조사(4차) 약보고』.

_____, 1992, 『진천 삼룡리 백제토기 가마터 발굴조사(5차) 약보고』.

[영문]

Courty, M. A. and V. Roux. 1995. Identification of Wheel Throwing on the Basis of Ceramic Surface Features and Microfabrics. *Journal of Archaeological Science* 22(1): 17~50.

Courty, M. A. and V. Roux. 1998. Identification of Wheel Fashioning Methods: Technological analysis of 4th-3th Millennium B.C. Oriental Ceramics. *Journal of Archaeological Science* 25(8): 747~763.

Gosselain, O. P. 1992. Bonfire of the Enquiries. Pottery Firing Temperatures in Archaeology: What For? *Journal of Archaeological Science* 19(3): 243~259.

Kilikoglou, V. 1994. Scanning Electron Microscopy. In P. M. Day and D. Wilson (eds) *Ceramic Regionalism in Prepalatial Central Crete: The Messara Imports at EMI to EMIIA Knossos, Annual of the British School at Athens*, 89: 1~87.

Maniatis, Y. and M. S. Tite. 1981. Technological Examination of Neolithic-Bronze Age Pottery from Central and Southeast Europe and from the Near East. *Journal of Archaeological Science* 8(1): 59~76.

Whitbread, I. K. 1995. *Greek Transport Amphorae: A Petrological and Archaeological Study*. Fitch Laboratory Occasional Paper 4. British School at Athens.

Whitbread, I. K. 1996, Detection and interpretation of preferred orientation in ceramic thin sections. In T. Higgins, P. Main, and J. Lang (eds) *Imaging the Past: Electronic Imaging and computer Graphics in Museums and Archaeology*, 173~181. Occasional Paper 114, British Museum Press: London.

부록. 분석토기 목록 및 광물학적 그룹

88-1호	광물학적 그룹	88-2호	광물학적 그룹	89-2호	광물학적 그룹	90-5호	광물학적 그룹	87-4호	광물학적 그룹	87-7호	광물학적 그룹
SY01-단경호	2	SY20-중도식토기	3	SY27-동이	1	SY43-단경호	1	SY57-호	1	SY65-단경호	1
SY02-호	2	SY21-고식타날문토기	3	SY28-동이	1	SY44-단경호	1	SY58-호	1	SY66-단경호	1
SY03-단경호	2	SY22-단경호	1	SY29-완	1	SY45-단경호	1	SY59-호	1	SY67-단경호	1
SY04-단경호	1	SY23-단경호	1	SY30-직구호	1	SY46-단경호	1	SY60-호(직구호?)	1	SY68-단경호	1
SY05-호	4	SY24-호	2	SY31-발	2	SY47-호	2	SY61-유견개배	1	SY69-단경호	1
SY06-단경호	2	SY25-호	2	SY32-단경호	1	SY48-단경호	1	SY62-단경호	5	SY70-단경호	1
SY07-호	4	SY26-호	1	SY33-단경호	2	SY49-단경호	2	SY63-단경호	1	SY71-호	1
SY08-중도식토기	3			SY34-단경호	1	SY50-단경호	1	SY64-호	1	SY72-단경호	2
SY09-중도식토기	3			SY35-단경호	1	SY51-단경호	2			SY73-단경호	1
SY10-중도식토기	3			SY36-단경호	1	SY52-흑색토기	1			SY74-호(적구호?)	1
SY11-중도식토기	4			SY37-단경호	1	SY53-옹	2			SY75-동이	1
SY12-중도식토기	3			SY38-호	2	SY54-옹	2			SY76-동이	1
SY13-원통형토기	2			SY39-단경호	2	SY55-옹	2				
SY14-원통형토기	2			SY40-단경호	2	SY56-옹	1				
SY15-옹	2			SY41-옹	2						
SY16-심발형토기	2			SY42-옹	2						
SY17-심발형토기	3										
SY18-완	1										
SY19-동이	3										

"한성백제토기의 생산기술에 관한 일 고찰"에 대한 질문 요지

김성남(부여군 문화재보존센터)

　조대연 선생의 이번 발표 논문은 백제 한성시대 토기 생산기술에 관한 최초이자 본격적인 접근이라 하지 않을 수 없습니다. 그간 백제 한성시대 토기 생산기술에 대한 접근 자체가 많지 않았지만, 그나마 행해졌던 접근도 육안 관찰에만 의존하는 데서 오는 한계 때문에 연구의 큰 진전이 있었다고 보기는 어렵습니다. 더구나 백제 한성양식 토기의 생산과 지역으로의 확대, 지역간 상사성과 상이성의 문제에 접근하는 데서 이론과 방법론적 전제를 무시한 채 연구자의 주관적 육안관찰 결과에 따른 선입견으로 논리적 비약을 무릅쓴, 용감한 견해를 제시하기에 급급한 사례도 없지 않았습니다. 조대연 선생의 이번 연구는 이러한 기존의 연구 행태에 반성을 촉구함과 아울러 그 대안을 모색하는 적절한 본보기라 할 수 있겠는데, 이것은 하나의 귀결이 아니라 장차 풀어야할 산적한 문제에 접근할 하나의 통로이자 출발점임이라는 것도 명심하여야겠습니다.

　본 논문에서는 백제 한성시대 토기 생산기술에 대한 접근의 일례로서 진천 삼룡리, 산수리 토기 요지의 생산 공정을 원료 산지, 바탕흙과 첨가제의 이용 방법, 성형 기법, 소성기법이라는 네 차원으로 나누어 고찰하고, 각각 현지채취 원료, 첨가제 없는 태토 사용의 증가, 테쌓기를 통한 성형, 다양한 온도와 분위기를 이용한 소성으로 요약하였습니다.

　논문의 중점이 토기의 생산기술에 두어졌고, 그것도 진천 지역이라는 단일지역 요지에 한정되어 있어서 분석 및 접근 방법에 신뢰성이 의심되지 않는 한 토론자가 특별히 지적할만한 문제랄 것은 없습니다. 다만 세부적으로 보충 설명이 필요하다고 생각되는 부분이 있고, 기왕에 다른 토기 생산 유적이나 소비 유적에 대해서도 분석을 실행한 바가 있으므로 진천 요지에서의 토기 생산기술뿐만 아니라 타 지역과의 비교라는 두 차원에서 몇 가지 질문을 드리고자 합니다.

1. 본격적인 질의에 앞서 연구의 전제 조건이 되는 우선 진천요지의 토기군이 갖는 위상에 대해 어떻게 생각하는지 묻고 싶습니다. 토론자가 보기에는 진천요지군이 비록 백제 한성시대와 시기적으로 거의 겹친다 하더라도 진천요지 3기군까지는 백제 한성양식 토기와는 전혀 무관하고 4기군부터 백제 한성지역과 공유되는 토기 양식이 일부 나타나기는 하지만 5~6기군에 이르러서야 백제 한성양식을 공유하는 양식의 토기들(난형호, 병, 개배 등) 이 본격적으로 생산되며, 그때에도 백제 한성지역에는 없는 이 지역만의 독특한 양식적 특징을 갖는 토기들도 병존하고 있다고 여겨집니다. 즉 진천요지군이 백제토기의 생산기술을 논함에 있어 그 대표성을 지닐 수 있는가가 문제된다고 보이는데, 진천요지군을 백제 한성양식 토기의 생산기술 문제와 결부하여 연구 대상으로 삼은 이유에 대해 간단한 해명을 부탁드립니다.

2. 태토 선정과 관련된 제작 공인의 선택에서 첨가제를 배제하고 원료 점토 바탕흙만을 이용하는 것이 백제 한성양식 토기의 전반적인 기술체계 내에서 드물고, 진천 삼용리-산수리유적의 토기 제작수법을 대표한다고 하셨습니다. 첨가제를 사용하지 않는 생산 방법에 어떤 이점이 있으며, 불리한 점은 어떤 다른 기술적 요소로 보완이 가능한지, 왜 이 방법이 시간이 지나면서 여러 옵션 가운데서 주된 선택 대상으로 점진적으로 전화되는가에 대해 견해를 밝혀 주시고, 아울러 이와 대비되는 백제 한성양식 토기의 전반적인 기술체계에서 보편적인 태토 선정방법은 무엇인지 구체적으로 지적하여 주셨으면 합니다.

3. 진천요지군 토기의 태토 조성 집단을 첨가물 입자의 크기와 구성 성분에

따라 다섯으로 분류하였는데, 첨가물 구성 성분의 차별성보다는 입자의 크기가 주된 구분 기준인 듯합니다. 대상 중심 기종이 단경호류이며, 다른 기종들은 소수 포함하고 있는데, 단경호류에서 이러한 광물학적 입자 구성 그룹의 차이가 무엇을 의미하는지, 다른 기종들을 포괄할 때 입자 구성의 차이가 토기의 기능적인 범주(기종)와 어떠한 상관관계를 갖는지, 그게 아니라면 기종과 상관없이 다른 생산공정과 연결된 일련의 선택 라인의 차별과 관련된 것인지 등에 대해 좀 더 구체적인 설명이 필요하다고 생각됩니다.

4. 최근 원삼국시대 후기 토기의 생산이나 백제토기의 출현과 관련하여 낙랑토기 제작기술의 영향을 거론하는 연구가 늘고 있습니다. 낙랑토기와 지역의 전통적인 생산기술에서 토기 성형방법의 차이는 테쌓기라는 토기 외형 세워올리기의 공정 단계보다는 토기의 최종적인 외형을 갖추어나가는 과정(2차 성형-조정 및 정면)에서 더 두드러진다고 할 수 있는데, 삼용리-산수리의 이른 단계 요지군과 늦은 단계 요지군의 성형 기법의 차이 유무를 확인하기 위해서는 기형의 조정과 정면에 주안을 두는 분석이 요구된다고 하겠습니다. 광물학적 분석을 통한 이 문제의 접근 가능성 및 실효성을 지적하여 주시고, 아울러 이 부분에서 차이가 인지되었다면 그 내용이 무엇인지 소개를 부탁드립니다.

5. 논문의 내용을 전체적으로 일괄할 때 삼용리-산수리의 토기 생산공정에서는 태토의 선정이나 성형과 관련된 선택 옵션이 비교적 단순하다는 인상을 주는 반면에 소성 과정에서는 다양한 선택이 이루어진 듯합니다. 이는 영남지역에서 원삼국시대 와질토기 생산요지에서는 와질토기 일색, 삼국시대 도질토기 생산요지에서는 도질토기 일색으로 나타나는 점과 매우 대조되는 중서부지역의 현상인 듯합니다. 토기 생산공정에서 이러한 다양성과 단순성의 측면에 대한 나름의 고고학적 해석 복안을 갖고 계신지, 혹 해당 생산요지의 전문화 차원

과 수준(이를테면 특정 기종만을 집중적으로 생산하느냐, 일상 생활용기 전반을 포괄적으로 생산하느냐, 국가나 지역정치체의 정치조직에 부속된 전문장인집단에 의한 상시적-전업적 생산체계냐, 시장원리에 따라 공인이익집단이 그때그때 수요에 부응하는 비상시적-부업적 생산체제냐 등)과는 관련될 여지가 없는지에 대해 견해를 피력해 주셨으면 합니다.

6. 마지막으로 거론할 문제는 타지역 토기 생산방식과의 비교 문제입니다. 이는 첫 번째 문제의 연장선에 있는 문제이기도 합니다. 발표문의 내용을 전반적으로 고려할 때 진천 지역 요지에서의 생산기술은 그 첫 단계로부터 늦은 단계까지 사이에 어떤 단절성이 찾아지기보다 제작기술전통의 연속성이 두드러진다고 사료됩니다. 이는 다음의 토기 산지에 관한 논고와 결부하여 볼 때, 꽤 의미심장한 시사점을 제공합니다. 즉 백제 한성지역과 공유되는 양식이 출현한 이후에도 토기의 생산과 공급체계가 원삼국시대 이래의 현지 토기생산체계의 근본적인 재편을 수반하며 이루어지지 않았다는 추론을 가능케 합니다. 즉 이 지역의 토기 생산과 공급은 기존 체계를 단지 수정-보완-확대하는 차원에서만 어느 정도 변화가 있었을지언정, 설령 이 지역이 백제 국가의 정치적 지배의 영향 하에 놓였다 하더라도 진천요지군이 백제 국가에 직접 부속되어 그 관할 하에 운영되었을지는 의문스럽습니다. 아마도 한성양식 공유 기종의 출현과 보편화도 백제에 의한 정치-행정적 관할의 결과라기보다 사회-경제적 수요 원리에 부응하는 현지 공인집단의 모방 수용의 결과일 가능성을 더 크게 고려해 보아야 하지 않을까 생각합니다. 그렇다면 진천요지군의 토기 생산 공정과 방법, 수요-공급체계를 백제 국가의 중심지역이나 그 인근 지역에 확대, 일반화시켜 보기에 어려움이 따르며, 백제 영역 전반에서의 토기 생산체계는 지역적 특수성과 관할 주체의 다양성이라는 양 측면의 관점을 전제로 하고 접근하는 것이 방법적으로 더 타당하지 않을까 생각합니다.

발표자는 전고에서 경기도 화성 지역의 당하리-마하리 자료를 검토하면서 마하리 단계에 이르러서는 산지가 당하리와 같지 않은 것들을 상당 부분 포함하기 시작한다거나 미사리의 경우 소위 위세품용 토기 집단과 일상용기 집단 사이에 성분분석에 입각한 산지 추정 결과가 정형적으로 이원화되지 않고 각각의 토기 형식들의 생산과 수요 사이의 일대기가 중층적으로 엇갈려 있음을 지적한 바 있습니다. 기왕에 대상 자료 범주에 포함하신 타 지역 토기 자료에 대한 분석 결과에 기초해 범지역적 보편성과 지역적 특수성에 대해 통찰하신 바가 있다면 간략히 그 아우트라인을 설정-요약하여 주십시오.

"한성백제토기의 생산기술에 관한 일 고찰"에 대한 토론문

정대영(한신대학교 국사학과)

　조대연 선생의 발표논문 "한성백제토기의 생산기술에 관한 일 고찰"은 진천 삼룡리, 산수리 가마 출토 토기를 분석대상으로 하여 한성백제 시기 토기 제작과정을 출토유물의 자연과학적 분석을 통해 고찰한 것입니다. 논문에서도 언급한 바와 같이 생산기술과 관련한 기존 연구들이 주로 가마 구조와 관련 시설물 및 출토 토기의 변천양상에 대한 형식학적 연구를 중심으로 전개되었음에 비해 상기 논문은 토기의 생산공정에 대한 세부적인 내용들을 자연과학적 분석 결과를 통해 고찰하였다는 점에서 새로운 방법론적 접근으로 주목됩니다.
　논문은 토기생산과 관련된 이론적, 방법론적 검토를 통해 연구의 목표와 방법을 명확하게 제시하였으며 진천 삼룡리, 산수리유적 출토 토기의 제작상의 특징과 관련하여서는 생산공정을 중심으로 산지, 태토와 첨가제의 이용방법, 성형기법, 소성기법의 4가지 단계별로 분석하였습니다. 분석 결과 토기 제작용 원재료의 현지채취, 첨가제 없는 태토 사용 비율의 증가, 테쌓기를 이용한 몸체성형, 다양한 온도에 의한 소성 등의 특징을 제시하였습니다. 관련 내용과 관련하여 일천한 지식을 가진 발표자는 분석 결과에 대한 새로운 문제제기나 해석보다는 보충 설명을 필요로 하는 이론적 검토를 중심으로 다음의 두 가지의 질문을 드리고자 합니다.

　1. 발표자는 토기 생산공정과 관련된 이론적 검토에서 토기 생산과정을 세부적으로 살펴보기 위해서는 토기 제작자들이 생산공정의 각각의 단계에서 어떠한 "선택"을 했는지 주목하여야 하며 그 특정한 선택의 배경들을 추적하여야 한

다고 명시하였습니다. 이는 개별 유물에 대한 고립적인 연구를 탈피하여 각 생산공정 단계에서 당시 제작자들이 취한 기술적 선택과 유물과 유구의 상호관련성 및 공간적 배치양상을 새롭게 접근하기 위한 이론적 검토라 생각됩니다. 다만 토기 제작자에 의한 생산공정의 단계성과 "선택" 개념이 개별 토기 제작자들에게 시대를 불문하고 보편적으로 존재하는 것인지, 또한 이러한 배경에 대한 추적과정의 결과들이 당시의 실제 사실과 부합하는지에 대해 사례를 통해 보충적인 설명을 부탁드립니다.

2. 발표자는 토기의 제작, 성형, 소성 등 생산공정에 대한 종합적 검토를 위해 편광현미경을 이용한 토기연구로 토기암석학이라는 자연과학적 분석방법을 새롭게 제시하고 있습니다. 이를 통해 제작기술과 관련한 제 특징과 산지, 토기 사용문제를 비롯하여 생산전문화, 기술변화, 사회조직변화 등의 다양한 분야에 대한 연구 가능성을 제기하였습니다. 이와 관련하여 생산전문화, 기술변화, 사회조직변화와 관련한 토기암석학의 외국 연구사례들에 대해 추가적인 설명을 부탁드립니다.

한성양식 토기의 유통망 분석

김장석* · 권오영**

차례

Ⅰ. 서론: 백제의 영역 확장과 한성양식 토기
Ⅱ. 분석
   1. 대상 유적
   2. 분석 토기의 선정
   3. 분석방법론 1: 미량원소 추출을 위한 중성자방사화분석
   4. 분석방법론 2: INAA 결과에 대한 통계분석
Ⅲ. 분석 결과: 한성양식 토기의 출토지와 재지생산 여부
Ⅳ. 해석 및 향후 연구방향

* 경희대학교 사학과
** 한신대학교 국사학과

I. 서론: 백제의 영역 확장과 한성양식 토기

고대국가의 형성 및 영역 확장과정을 설명하는 데에 있어서 고고학적 자료는 중앙과 지방 간의 정치-경제적 복속 또는 영향력 확대 연구에 중요한 정보원으로서의 역할을 하고 있다. 문헌기록에 대한 신빙성에 의문이 제기되고 있는 한성백제의 영역 확장과정의 설명에 있어서도 고고학적 자료의 공간적 분포는 많은 학자들에 의해 주목받고 있다.

고고학 유물의 지리적 분포 확대와 고대국가의 영역 확대과정 간의 관계를 설명할 때 자주 이용되는 메커니즘은 정치적 메커니즘과 경제적 메커니즘으로 양분할 수 있다. 물론 양자는 많은 경우에 있어서 상호 깊은 관련성을 가지고 있지만, 적어도 개념적으로는 구분이 가능하다. 정치적 메커니즘으로는 중앙으로부터의 위세품 사여, 중앙으로부터의 정치적 이념의 이식, 제작 기술의 강제적 이식, 장인집단의 파견, 지방세력의 의도적 모사 등을 들 수 있는데, 강제적이건 자발적이건 간에 상관없이, 지방세력이 중앙세력에 정치적으로 흡수되어 가는 과정이 포함된다. 이에 반해, 경제적인 메커니즘으로는 중앙세력의 경제적 생산-유통망의 독점을 통한 경제적 복속, 정치적인 양상과는 상관없이 경제적인 차원에서의 물자교류, 독립적 장인집단의 순회 등과 같은 양상을 포함한다.

구체적 내용까지 알 수 있는 것은 아니지만, 한성백제의 형성 및 영역 확대과정에서도 이러한 양상이 있었을 것임은 여러 가지의 정황적 증거를 볼 때 분명하다. 이 중 현재 한성백제 영역의 확대과정에 대한 연구는 전자의 입장, 즉 중앙세력의 정치적 전략에 대해 더 많은 초점을 맞추고 있는 듯하다. 현재까지의 연구 결과 이 입장은 대체로 타당할 것으로 생각된다.

이들 중 가장 초점을 받아온 것은 중앙으로부터의 위세품 사여이다. 정치적 위세품이자 경제적 희귀품인 중국제 청자, 환두대도 등 위세품의 분포를 통해 백제의 영역 확장과정을 설명하려는 시도(권오영 1986, 성정용 2000, 박순발 2001) 등은 결국 사여라고 하는 정치적인 행위를 강조하는 것으로서, 중앙에 의한 정치적 전략이 한성백제의 영역 확대과정에서 가장 중요한 역할을 하고 있었다고 보고 있는 것이다. 각종 문헌을 살펴볼 때, 당시 동아시아의 정치질서 속에서 사여가 중요한 정치적 행위였음은 분명하다. 인류학적으로도, 사여가 일종의 빚 관계 (debt relationship)를 형성함으로써 정치적인 질서를 생성하고 유지하는 것에 대한 많은 연구가 있다는 점에서 사여에 대한 주목은 충분히 이해된다.

문제는 이러한 정치적인 해석틀에서 백제의 고고학자료 중 가장 많은 수량을 차지하고 있는 토기를 어떻게 해석할 것인가의 문제는 여전히 풀리지 않고 있다는 점이다. 주지하다시피, 한성백제의 영역 확장과정과 한성양식 토기의 확산 과정은 암묵적으로 동일시되고 있다. 이 경향은 최근 들어 초기 백제 토기에 대한 양식적 연구가 궤도에 오르면서 강화되고 있다고 볼 수 있다. 그런데, 중앙에서 생산과 유통을 독점하였을 가능성이 매우 높은 청자나 환두대도와 같은 고도의 정치적 물품의 해석과는 달리 토기양식의 확산에는 경제적인 측면의 해석이 우선적으로 고려될 필요가 있다.

첫째, 한성양식 토기의 확산은 교역의 결과라는 해석이 가능하다. 이는 물자의 교류에서 정치적인 영향이 배제되고 순수히 상업적인 의미에서 중앙과 지방의 물적교류가 있었다는 점을 상정한다. 하지만, 지방에서 발견되는 토기가 모두 교역의 결과일 가능성은 현재로서는 높아 보이지 않는다. 중앙과 지방의 일대일 교류라는 측면을 반영한다고 보려면 지방양식의 토기, 또는 교역물품이 역시 한성지역에 동등한 비율로 분포하는 것이 정상이겠지만, 고고학적 양상을 볼 때 그런 것 같지는 않다. 이는 적어도 토기에 있어서는 순수히 상업적 의미의 교역이 한성백제의 중앙과 지방 사이에 존재하지는 않았을 것이라는 점을 추정할 수 있게 하는 근거이다.

둘째, 지방에서 만약 위세품의 사여와 같이 중앙정부가 영역 확장과정에 적극적으로 개입하였고, 이것이 경제적인 측면까지 확대되었다면, 한성백제가 물자생산과 유통망을 독점적으로 관리함으로써 경제적으로 지방에 대한 지배력을 확대해 나아갔고, 그 정치적 결과물이 영역의 확장이었다는 해석 역시 가능하다. 이를 좀더 적극적으로 해석하자면, 지방에서 발견되는 이른바 한성양식의 토기는 중앙에서 제작되어 지방에 분배된 것으로서, 그 과정에서 지방에 대한 정치경제적 불균형을 생산하였다는 것이다. 이 메커니즘은 세계 여러 지역의 고대국가 형성과정에서 발견되는 전략으로서, 원론적 타당성은 충분히 인정될 수 있다.

한성양식 토기의 확산은 순수하게 양식만의 확산으로 설명할 수도 있다. 즉, 백제의 영역 확장과정에서 의도적이건, 비의도적이건 한성양식 토기를 이식함으로써 영역 내의 여러 정치세력을 정치적 또는 문화적으로 흡수하여 나아갔다는 해석이 가능하다. 또한 재지정치세력이 정치적인 의도로 한성양식의 토기를 모사하였을 가능성도 존재한다. 이들 가능성은 경제적이라기 보다는 정치적 메커니즘의 일종으로 보아야 할 것이다.

위와 같은 양상을 볼 때, 한성양식 토기의 확산에는 순수한 상업적 의미와는 별도로 정치적인 측면이 일정 부분 내포되어 있었음이 인정된다. 하지만, 이들의 다양한 메커니즘 중 어떤 것이 한성백제의 영역 확장과정을 가장 구체적으로 설명할 수 있는가에 대한 연구는 아직 많지 않다. 이들 메커니즘이 비록 고고학적으로는 동일한 양상을 지니고 있지만, 세부적으로 이를 해석할 수 있는 방안은 여러 가지이며, 각각은 한성백제 영역 확장과정에서 중앙과 지방의 사회정치적 관계에 대하여 서로 다른 의미를 지니고 있다는 점에서 이에 대한 연구는 필요하다.

그러나 현재의 자료를 통해 이를 단적으로 변별해 낼 수 있는 방법을 찾기는 쉽지 않을 것으로 생각된다. 특히, 토기에 대한 양식적 구분만을 통해서 해법을 찾기는 더더욱 어려울 것이다. 필자들은 이를 해결할 수 있는 방안의 하나로 지방에서 발견되는 한성양식의 토기가 중앙에서 지방으로 직접 이동하였는지의 여부를 판단함으로써, 위에 제시된 수많은 가설 중 가능성이 높은 가설을 추려내는 것이 문제해결의 첫 단계라고 생각한다.

고고학적으로 토기의 직접이동 여부를 판단하기 위해 가장 보편적으로 이용되는 방법은 토기의 산지 추정이다. 이를 위해 본 연구에서는 한성백제의 중앙과 지방에 분포하고 있는 한성양식 토기 내에 포함되어 있는 미량원소의 분석을 행한다. 본고에서 채택하는 최상위가설은 "백제의 영역 확장과정에서 한성양식 토기의 중앙으로부터 지방으로의 직접적 이동이 있었을 경우, 지방에서 발견되는 한성양식의 토기는 한성에서 발견되는 토기와 동일지점에서 생산되었을 것이다"라는 것이다. 만약 토기의 산지 추정에서 위의 가설이 성립되지 않는다는 것이 확인된다면, 적어도 토기에서는 사여나 생산-유통의 독점이라는 해석을 할 수 있는 여지가 없다는 것을 의미한다.

II. 분석

1. 대상 유적

본 연구에서는 풍납토성, 몽촌토성, 석촌동 고분군, 용인 수지, 화성 마하리, 화성 당하리, 하남 미사리, 포천 자작리, 고양 멱절산, 파주 주월리, 청주 신봉동, 홍성 신금성의 12개소의 백제 유적을 대상으로 분석이 진행되었다. 분석대상 유적의 선정은 다음과 같은 원칙에서 이루어졌는데, (1) 한성백제의 주 영역인, 서울, 경기 북부, 경기 남부, 충청 지역을 모두 포괄할 수 있도록, (2) 유적의 연대에 대한 연구가 많이 축적되어 유적 간의 동시기성을 충분히 담보할 수 있도록, (3) 유적 내 토기의 화학적 변이상을 충분히 관찰할 수 있을 만큼의 수량을 확보할 수 있도록 선정되었다.

2. 분석 토기의 선정

토기산지추정에 필요한 정확한 샘플링과 한성양식, 지방양식, 외래계 토기의 추출을 위해 기존 토기자료에 대한 재검토가 우선적으로 시행되어야 하는 것은 필수적이다. 이를 위해, 기발간 보고서 및 논문의 재검토, 그리고 각 협력기관 및 박물관에 소장중인 유물의 실견을 통해 기존의 형식분류안을 종합하여 각 형식을 구분하였다. 이를 바탕으로 우선적으로 토기양식의 시공간적 배열을 통해 각 형식의 동시기성과 중앙양식, 각 지방의 재지계 토기를 기존 분류의 기준이 되는 외관상의 특징을 통해 구분하였다.

이런 과정을 통해 설정된 형식과 토기 양식에 따라 분석에 필요한 토기시료를 샘플링하였다. 본 연구에서 채택한 샘플링의 원칙은 각 유적별로 형식과 양식에 따라 최소 5점을 무작위 추출하되, 기형을 파악할 수 있을 만큼 잘 남아 있는 토기 중 복원되지 않는 개체를 우선적으로 선택하였다. 토기편 중, 기형과 형식을 파악할 수 없는 것들은 본 연구의 목적상 샘플로 이용되지 않았다. 재지 생산이 확실한 토기, 즉 일상용기(심발형토기, 시루, 장란형 토기 등)를 우선적으로 포함하고 그와 동수 또는 적절한 양의 한성양식의 토기를 채집하였다. 여기에는 삼족기, 고배, 개배, 뚜껑, 직구단경호, 흑색마연토기 등이 포함되었다. 이런 과정을 통해 위의 12개 유적에서 총 315점의 토기가 선정되었다(별첨 목록 참조).

3. 분석방법론 1 : 미량원소 추출을 위한 중성자방사화분석

채집된 토기시료의 산지 추정을 위해 본 연구에서는 미량원소 분석이 이용되었다. 미량원소(원자량 50 이상)는 지구상에 극히 적은 양만이 존재하고, 그 분포에도 지역적 편차가 매우 심하다. 따라서 미량원소는 흙을 주재료로 하는 토기의 제작기술과 그 변화과정(즉 제작과정상의 의도적 첨가제 혼입 여부 및 첨가제 종류의 변화 등)과 같은 변수의 영향을 거의 받지 않을 뿐더러, 광물질의 종류에 상관없이 동일지점에서 채집된 흙에는 유사한 양이 함유되어 있기 때문에, 토기 산지 추정에 가장 적합한 변수로 인정되고 있다. 본 분석에서는 각 유적 출토 토기가 어떤 미량원소로 구성되어 있으며, 그들의 상대적인 관계는 어떠한지, 이를 통해 각 유적 출토 토기가 동일한 산지에서 제작되었는지, 아니면 각각의 유적에서 자체적으로 제작되었는지를 밝히는 데 주안점이 두어졌다.

채집된 토기의 미량원소 추출을 위해 본 연구에서 채택한 방법은 중성자방사화분석(INAA: Instrumental Neutron Activation Analysis)이다. 중성자방사화분석법은 분석 시료를 원자로의 중성자로 충격하여 방사선동위원소로 변화시키고, 그 결과 시료에서 나오는 β선 또는 γ선을 측정함으로써 목적하는 원소 또는 핵종의 존재량을 정량적(定量的)으로 조사하는 방법이다. 이 방법은 검출정밀도가 극히 높아, 다른 분석법으로는 불가능한 미량분석을 할 수 있으므로 널리 응용된다. 따라서 이 분석법을 이용하여 토기를 분석할 경우, 화학성분에 따른 토기의 상사성과 상이성을 파악할 수 있고, 차후 통계분석을 거쳐 궁극적으로 제작 산지에 대한 추정이 가능하다. 시료의 화학적 성분을 검출하여 수량화할 수 있는 분석법은 중성자방사화분석법 외에도 PIXE(Proton Induced X-ray Emission), ICP-MS 등이 개발되어 있는데, 본 연구에서 중성자방사화분석법을 선택한 이유는 원소검출시간이 오래 걸리고 상대적으로 시료의 선가공이 필요하며 분석단가가 높다는 단점에도 불구하고, 현재 개발되어 있는 분석방법 중 가장 안정적으로 정확한 미량원소 수치를 검출해낸다는 점 때문이었다(Hein 외 2002). 분석에는 그리스 국립자연과학연구소의 기기를 이용하였다.

이번 연구에서 채택한 중성자방사화분석을 통한 분석절차는 다음과 같다. 우선 토기 샘플들을 절단한 후 다이아몬드 휠을 이용하여 표면의 오염을 제거한 후 토기샘플들과 비교대상인 스탠다드(standard) 각각 130mg을 폴리에칠렌 바이알속에 밀봉하였다. 바이알들은 그리스 고고학연구소의 스위밍 풀 리엑터에서 45분간 방사선에 쬐였는데 파워 2.7×1013 n/cm^2 · sec의 중성자 속에서 한 번에 10개의 샘플과 스탠다드들이 분석되었다. 이번에 채택된 스탠다드는 국제원자력기구(International Atomic Energy Agency)에서 공인한 표준물질 SOIL-7이다.

일단 방사선을 쬔 후에는 토기 샘플들과 스탠다드들은 각각 두 번에 걸쳐 계측하였는데, 첫 번째로 상대적으로 단기간만 살아남는 방사성핵종(radionuclides)들에 대해 계측하였고(Sm, Lu, U, Yb, As, Sb, Ca, Na, La), 그 뒤 3주가 경과한 후에 상대적으로 오랜 기간 살아남는 방사성핵종들에 대해 계측하였다(Th, Cr, Hf, Cs, Tb, Sc, Rb, Fe, Ta, Co, Eu).

본 분석의 목적 중 또 다른 하나는 차후 연구에 이용될 기본적인 데이터베이스를 구축하는 것이었다. 따라서, 한 샘플당 가급적 많은 미량원소를 추출하고자 하였다. 중성자방사화 분석을 통해 검출된 각 시료의 분석 결과는 별첨 표에 정리되어 있다.

4. 분석방법론 2 : INAA 결과에 대한 통계분석

INAA분석을 통해 얻어진 미량원소 잔존 결과치는 통계적으로 분석되었다. 본 연구에서 추출한 미량원소의 종류가 매우 많고, 결과해석에 이들 변수가 동시에 고려되어야 하기 때문에 다변량 통계기법(multivariate statistical methods)의 사용은 필수적이다. 미량원소의 분포를 통계적으로 처리하는 이유는, 토기 내 잔존 미량원소의 양이 절대적인 수치가 아니라, 상대적인 비교를 통해 해석되어야 하는 대상이기 때문이다. 즉, 동일한 지점의 동일한 태토를 이용하여 토기제작이 이루어졌다고 하더라도, 미량원소의 토기 내 잔존량은 항상 동일한 것이 아니라, 상당부분의 편차를 가지고 존재한다. 따라서, 동일한 지점에서 채취된 태토를 가지고 제작된 토기 내 미량원소 잔존량의 편차범위가 어떻게 되는지를 우선적으로 파악하여 잠정적으로 패턴을 간취하고 군집을 설정한 후, 다른 지점에서 제작된 토기와 그 분포 범위에서 차이를 보이는지를 상대적으로 판단하여야 하는 것이다.

본 연구에서는 다변량 통계방법 중, 판별분석(discriminant analysis)이 채택되었다. 이는 이 방법이 (1) 변수간의 상관관계가 어느 정도까지 양식적, 형식적, 시기적 판별능력을 갖는지를 확인하기에 가장 용이한 방법이라는 점, (2) 분석을 통해 추출된 여러 미량원소 중, 각 산지를 구분하는 데에 가장 효율적인 원소는 어떤 것인지를 파악하는 데에 가장 효과적이라는 점이 우선적으로 고려되었다.

III. 분석 결과 : 한성양식 토기의 출토지와 재지생산 여부

한성양식의 토기에 대한 유통망을 복원하기 위해 산지 추정을 할 경우, 고려해야 할 첫 번째 사항은 단순히 한성양식 토기가 서울에서 제작되어 모든 지방 유적으로 분배되었는가의 여부가 아니라, 한성양식의 토기가 직접이동을 통해 분배되었을 가능성이 높은 유적과 그렇지 않은 유적을 선별하는 일이다. 이는 미량원소분석의 해석이 통계적이며, 그 해석 결과는 확률적으로 인식되어야 하기 때문이다. 따라서, 우선적으로 가능성이 낮은 유적을 찾아내어 분리해 내는 작업이 선행되어야 한다.

토기는 그 속성상 이동시의 파손률이 높은 물자로서, 이동거리와 시간이 커질수록 파손률이 높아짐은 자명하다. 그렇다면, 서울 지역에서 멀리 떨어진 유적일수록 서울 지역에서 제작된 토기가 분배되었을 가능성은 낮아진다. 분석대상 유적 중 여기에 해당할 가능성이 가장 높은 유적은 서울로부터 거리가 가장 먼 청주 신봉동유적과 홍성 신금성유적이다. 특히, 청주 신봉동유적의 한성양식 토기는 양식적으로는 한성양식과 유사하지만, 세부적인 양식분석에 의할 경우 재지에서 제작되었을 가능성은 일찍이 제시되어 왔다. 따라서 분석은 신봉동유적의 토기의 미량원소의 분포가 통계적으로 한성에 가까운 곳에서 제작된 토기와 차별성을 지니는지를 파악하는 것부터 시작되었다.

그림 1과 2에서 보이듯, 풍납토성과 몽촌토성의 토기는 서로 간에 구분할 수

없이 동일한 분포를 보이고 있는 데에 반해, 신봉동유적과 신금성 출토 토기는 그 대열로부터 이탈하고 있다. 특히 신금성의 경우, 재지계토기와 한성양식의 토기는 동일하게 분포하고 있어 한성양식의 토기라 할지라도 재지에서 제작되었음을 알 수 있다. 즉 신봉동유적과 신금성유적에서 출토된 토기는 확률적으로 볼 때, 재지에서 자체제작된 것으로 보는 것이 타당하다. 판별분석 결과, 신봉동과 서울 지역 출토 토기를 가장 확실하게 구분해주는 원소는 안티몬(Sb)이었는데, 신봉동유적에서 제작된 토기는 안티몬의 비율이 다른 지역에 비해 훨씬 높게 나타났다. 또한 이테르튬(Yb)과 은(Eu)의 비율 역시 서울지역에 비해 차별적으로 나타나고 있어, 신봉동 토기가 자체적으로 제작된 것은 매우 확실한 것으로 나타났다.

신금성 출토 토기 역시 판별분석을 통해 서울 지역의 토기와 다른 성분으로 구성되어 있는 것이 확인된다. 그 이유는 한성양식의 여부에 상관없이, Lu(루테튬)/Yb(이테르튬)의 비율이 서울 지역의 토기보다 높게 분포하고 있기 때문이다. 이 결과는 회귀잔차분석을 통해서도 마찬가지로 나타나고 있어서 신빙성이 매우 높은데, 결국 신금성 출토 한성양식 토기도 서울에서 제작되어 운반된 것이 아니라, 현지에서 제작된 것으로 보아야 한다는 것을 의미한다.

이와 같이 충청도 지역의 한성양식 토기는 그 양식이 서울 지역에서 나타난 토기와 유사한 것이 사실이지만, 서울에서 제작되어 이동한 것이 아니라, 재지에서 자체제작된 것으로 해석하는 것이 가장 타당하다.

서울과 인근 경기 지역에 위치하고 있는 유적 중 가장 위치상으로 근접한 곳은 하남시 미사리유적(풍납토성으로부터 8km)과 용인 수지유적(몽촌토성으로부터 25km)이다. 이 두 유적은 풍납토성 및 몽촌토성과 동일수계(미사리-한강; 수지-탄천) 상에 위치하고 있다는 점에서 한성양식의 토기가 직접 이동하였을 가능성, 즉 동일한 제작산지를 공유하고 있었을 가능성이 상대적으로 높다. 직접이동 여부를 판단하기 위해 판별분석을 통해 이들 유적 출토 토기를 분석하였다. 그림 10

과 11에서 보이듯, 이들 유적의 토기는 서로의 분포가 상당부분 중복되고 실제로 판별분석법에 의해 통계적 유의성을 찾는 것이 불가능하였다. 이 양상은 일상용기와 한성양식의 토기 모두에 적용되는 결과였는데, 이는 적어도 풍납토성, 몽촌토성, 용인 수지, 하남 미사리 유적의 토기는 모두 동일한 산지에서 제작되어 분배 또는 유통되었음을 의미하는 것으로 생각된다. 여기서 주목되는 것은 이러한 양상이 한성양식의 토기이건, 일상용기이건 간에 상관없이 해당된다는 것이다. 즉 이 지역의 토기는 양식에 상관없이 동일한 지점의 태토와 혼입물을 사용하였다는 것을 의미하는 것으로, 차후 백제 토기의 분배-유통망 복원 연구에 중요한 단서를 제공할 것으로 기대된다.

한편, 한강 이북의 유적에서 출토된 한성양식 토기들은 한강 이남 경기도 유적과는 달리, 몽촌토성이나 풍납토성 출토 토기와는 다른 분포양상을 보인다. 그림 12에서 보이는 바와 같이, 미사리나 수지의 토기가 풍납토성이나 몽촌토성 출토 토기와 성분 구성상 분리가 불가능한 데에 반해, 포천 자작리, 고양 멱절산, 파주 주월리유적의 토기는 일상용기나 한성양식 토기 모두 분리가 가능하다. 멱절산의 경우에 대한 구체적인 분석 결과를 보면, 서울 및 인근 한강 이남 경기 지역의 유적과 상이한 판별분석 결과를 보이고 있는데, 이는 역시 루테르튬과 이테튬 간의 비율에서 차이를 보이고 있기 때문으로 생각된다(그림 15, 16). 이 결과에 대한 회귀잔차분석 결과를 보더라도 멱절산 출토 한성양식 토기와 서울 지역 토기를 구분하는 가장 중요한 기준은 이들 두 원소간의 비율 차이이다. 이러한 양상은 포천 자작리, 파주 주월리 출토 한성양식의 토기에서도 마찬가지로 발견된다. 즉 이들 세 유적의 경우, 동일유적에서 출토된 재지계 토기와 한성양식의 토기가 구분되지 않는 반면, 서울 지역 및 한강 이남지역의 한성양식 토기와는 확연히 구별되고 있다. 이는 한강 이북의 백제유적에서 발견되는 한성양식의 토기가 각 유적에서 독자적으로 제작되고 있었다는 점을 의미한다.

이러한 양상은 매우 흥미로운 것으로서, 한강을 통해 풍납토성과 한강 이북의 유적이 일종의 동일유통망 또는 사여 관계를 지니고 있었을 것으로 생각해오던 생각과 배치되는 것이다. 이를 좀 더 적극적으로 해석한다면, 한강 이남의 한성백제세력과 한강 이북의 세력은 동일한 토기유통망을 공유한 것이 아니라, 독자적인 생산체계를 구축하고 있었다는 결론, 또는 풍납토성과 몽촌토성을 핵으로 한 한성백제의 유통망 구조가 한강 이북지역을 배제하고 있었다는 결론으로 귀결되는 것이다.

충청지방의 신금성과 신봉동의 경우에도 독자적으로 한성양식의 토기가 제작-소비되었다는 위의 분석 결과를 감안한다면, 한성백제의 중심지였던 서울 강남지역의 토기의 직접적 유통 범위는 반경 최대 25킬로미터의 범위를 가지고 있었던 것으로 보인다.

본 분석의 또 하나의 수확 중의 하나는 서울 지역에서 출토된 토기는 루테르튬과 이테튬의 비율이 특징적으로 다른 지역과 차이가 난다는 점이다. 이들 두 원소는 대체로 정비례하지만, 그 비율에 있어서 서울 지역에서 발견되는 토기는 다른 지역에서 제작된 토기와 차이를 보이기 때문에 앞으로의 연구에서 서울지역에서 제작된 토기를 비교적 손쉽게 구분할 수 있게 만드는 성과를 거두었다는 점에서 의의를 둘 수 있다.

IV. 해석 및 향후 연구방향

위의 분석 결과는 한성백제 토기의 유통범위는 국지적이었으며, 한성양식의 토기가 정치적 사여 또는 생산-유통 독점의 주대상은 아니었다는 점을 시사한다. 사여라고 하는 고도의 통치행위가 실제로 한성백제의 영역 확장과정에 일정한 역할을 담당했을 가능성은 여전히 존재하지만, 적어도 한성양식의 토기를 정치적 사여의 대상으로 판단할 수 있는 가능성은 희박하다. 마찬가지로 한성

백제의 확장과정에서 전략적 물자의 생산과 유통에 대한 경제적 독점이 있었는지는 알 수 없지만, 설사 있었다 하더라도 그 대상이 토기는 아니었다고 할 수 있다. 토기는 장거리 운송시 파괴 또는 손상될 가능성이 높다는 점에서 하나의 정치적 위세품으로 보기는 힘들다는 점과, 반드시 한성양식의 토기를 분배함으로써 정치적 목적을 달성할 필요까지는 없었을 것이라는 점에서 위의 분석 결과는 타당성을 지니고 있다.

전형적인 전략적 물자인 철기의 경우를 보더라도, 이러한 양상은 어느 정도까지 뒷받침된다. 철기는 토기에 비해 이동성이 오히려 좋고 좀더 국가적 독점이 필요한 고급기술임은 자명하다. 그럼에도 불구하고 최근의 발굴성과를 따르자면, 이 시기의 철기 역시 한성에서 제작되어 지방으로 분배된 것이 아니라, 여러 지역에서 자체 제작되고 있었을 가능성이 높아지고 있다. 즉 철기의 유통 자체는 국가가 관리하고 있었다고 하더라도 그 생산지가 반드시 한성이지는 않았던 것이다.

그렇다면 토기에 있어서 한성양식의 확산을 설명할 수 있는 다른 메커니즘을 찾을 필요가 대두된다. 토기의 직접이동을 배제한 상태에서는, 다음과 같은 설명안이 가능할 것이다.

1) 아이디어의 이식
2) 재지집단의 적극적 모사
3) 전문장인집단이 있었다면, 이들의 파견
4) 경제적 목적을 가지고 있는 독립 장인집단의 존재 및 이들의 순회

이들 중 본고에서는 제4의 경우를 설명안에서 제외하고자 한다. 순수하게 경제적인 목적을 가지고 있는 독립적 장인집단이 있었다고 한다면, 한강을 통해 손쉽게 접근할 수 있는 파주, 고양 등의 서울 인접지역을 배제하였다는 가설은

다른 가설에 비해 설득력이 상대적으로 떨어지기 때문이다.

　나머지 첫 번째부터 세 번째까지의 가설을 고고학적으로 변별하기는 힘들다. 그럼에도 불구하고, 이들 가설이 공통적으로 내포하고 있는 사실은 한성양식 토기의 확산에 일종의 정치이념적 의도가 개입되어 있다는 점이다. 이는 한성양식 묘제의 확산 및 위세품의 사여와도 유사한 양상을 보이고 있는 듯 하다. 박순발(2000, 2001)은 횡혈식 석실묘의 확산을 중앙의 입장에서는 지방 수장층을 중앙으로 편입함으로써 토착 공동체를 와해시키는 전략으로, 지방 수장층의 입장에서는 재지사회에 대한 위상 강화수단으로 보고 있다. 중앙으로부터의 위세품 사여 역시 이러한 정치적 측면이 있을 것임은 당연하다. 토기에 있어서 한성양식의 확산 또는 이식은 수장층에 대한 포섭에서 한 단계 더 나아가, 지방 토착민까지 일상의 차원에서 동화시키려는 노력이 개입되어 있었음을 시사한다. 한성양식의 확산이 중앙의 적극적 개입의 결과인지, 지방 재지세력의 의도적 모사 결과였는지 현단계에서는 파악이 힘들기 때문에 차후의 연구과제로 남겨둔다고 하더라도, 한성백제의 영역 확장과정에 문화적, 이념적 동화과정(emulation 또는 enculturation)이 어떤 형태로든 포함되어 있었음은 확실한 것으로 생각되며, 토기의 양식은 이 과정에서 중요한 역할을 하고 있었을 것으로 생각된다.

　즉 한성양식 토기의 확산은 유통망 장악을 통한 지방에 대한 경제적 편입이라기 보다 이념적, 정치적으로 지방세력을 포섭하기 위한 수단으로 이해되어야 한다. 한성양식 토기를 지방에서도 자체 생산함으로써, 이념적으로 중앙에 동화시켜 국가질서에 편입시키는 전략이었다고 볼 수 있는 것이다.

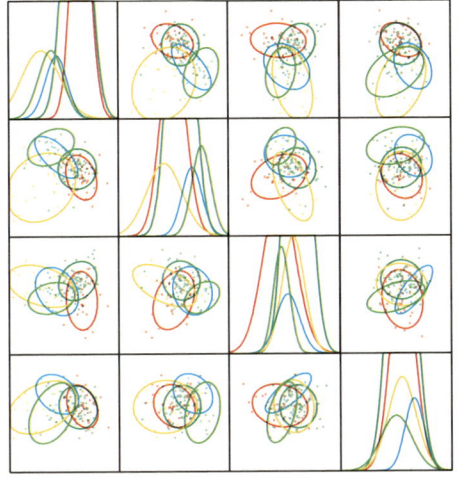

그림 1. 신봉동, 신금성 및 서울 지역 토기 판별분석결과 1 (모든 판별함수를 포함).

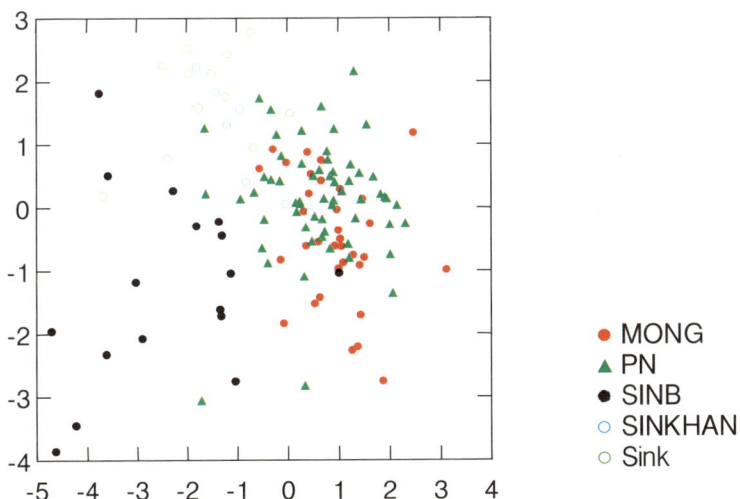

그림 2. 신봉동, 신금성 및 서울 지역 토기 판별분석결과 2 (판별력이 가장 큰 함수 둘을 선택했을 경우; MONG=몽촌토성, PN=풍납토성, SINB=신봉동, SINKHAN=신금성 한성양식, sink=신금성재지).

한성양식 토기의 유통망 분석 _ 113

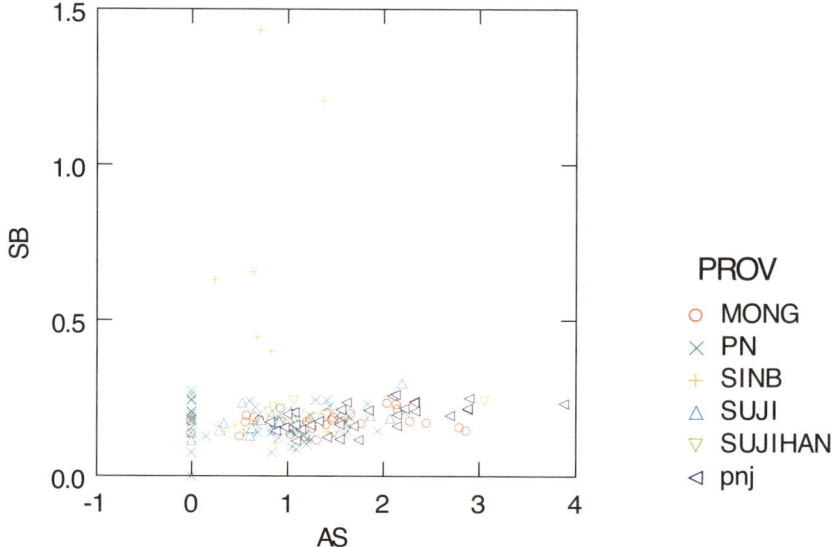

그림 3. 서울 지역 출토 토기와 신봉동 출토 토기의 Sb, As 함유량 비교 (MONG=몽촌, PN=풍납, SINB=신봉동, SUJI=수지, SUJIHAN=수지 한성양식, pnj=풍납동 일상용기)

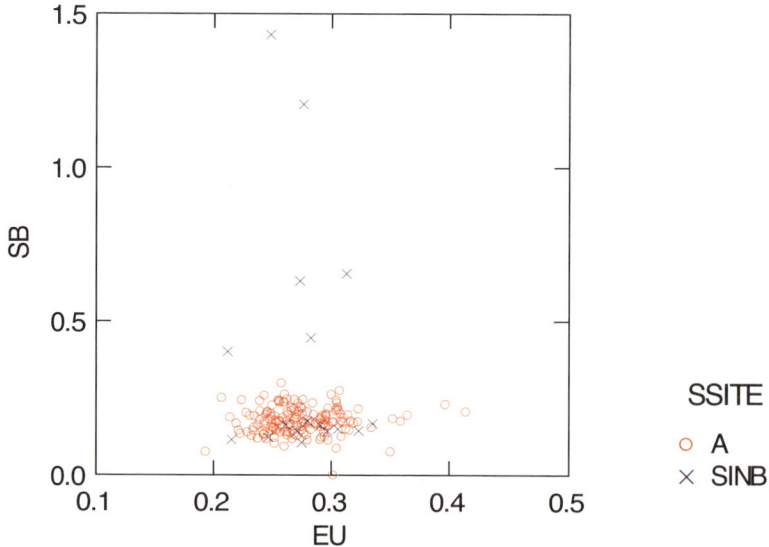

그림 4. 서울 지역 출토 토기와 신봉동 토기의 Sb 함유량 비교 (A=서울지역, SINB=신봉동)

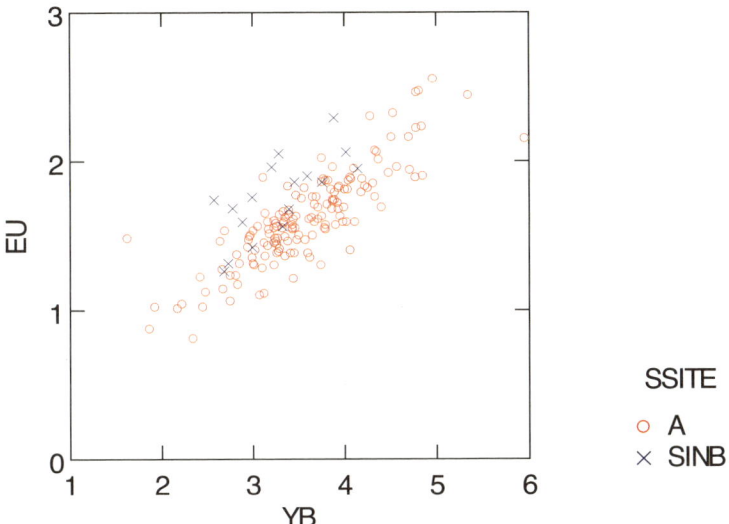

그림 5. 신봉동 출토 토기와 서울 지역 토기의 이테르튬(Yb) 대 은(Eu) 비율 (A=서울지역 토기, SINB=신봉동)

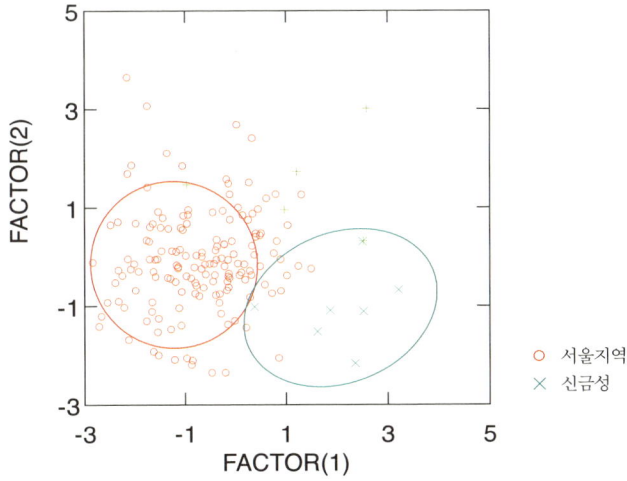

그림 6. 서울 지역 출토 토기와 신금성 출토 토기의 판별분석 결과

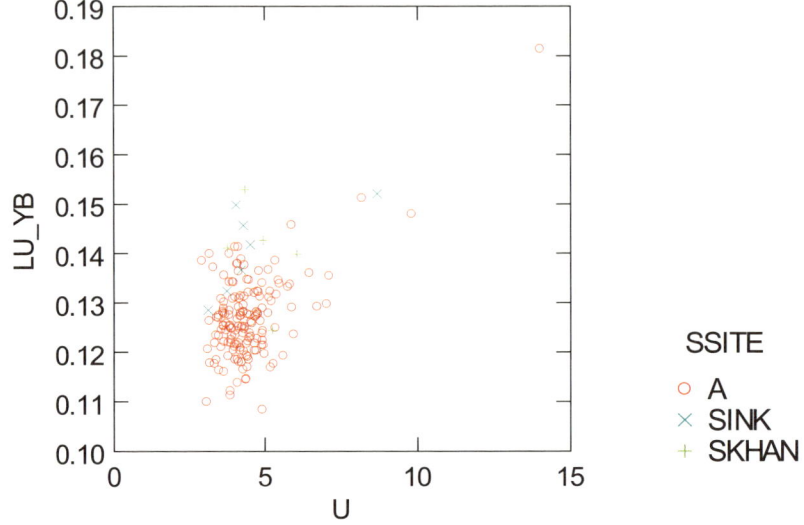

그림 7. 신금성 출토 한성양식, 신금성 출토 재지계토기, 서울 지역 토기의 루테튬(Lu)/이테르튬(Yb) 비율 비교 산포도 (A=서울지역, SINK=신금성 재지계, SKHAN=신금성 한성양식)

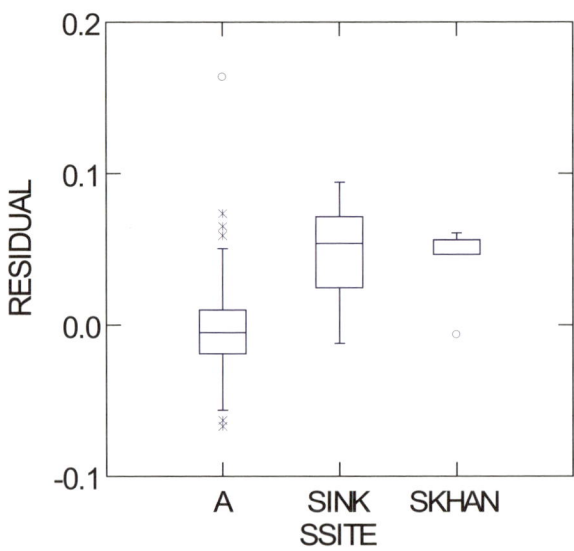

그림 8. 신금성 출토 한성양식, 신금성 출토 재지계토기, 서울 지역 토기의 루테튬/이테르튬 비율과 우라늄의 회귀 잔차분석 결과 분포도(A=서울지역, SINK=신금성 재지계, SKHAN=신금성 한성양식)

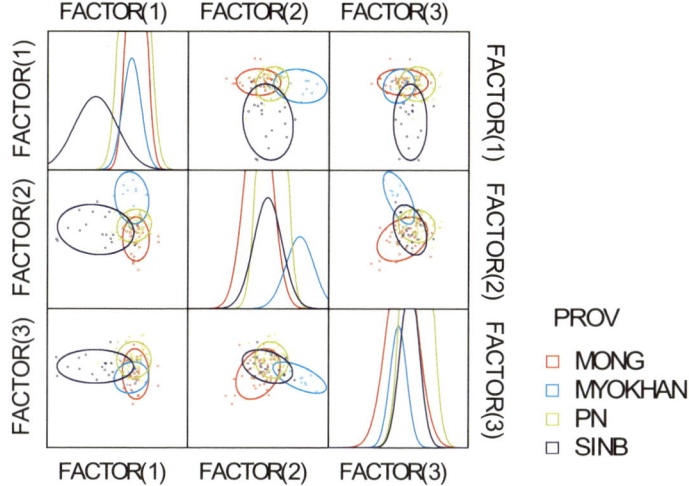

그림 9. 청주 신봉동, 고양 멱절산 및 서울 지역 출토 한성양식 토기 판별분석 결과 (MONG=몽촌토성, MYOKHAN=멱절산, PN=풍납토성, SINB=신봉동)

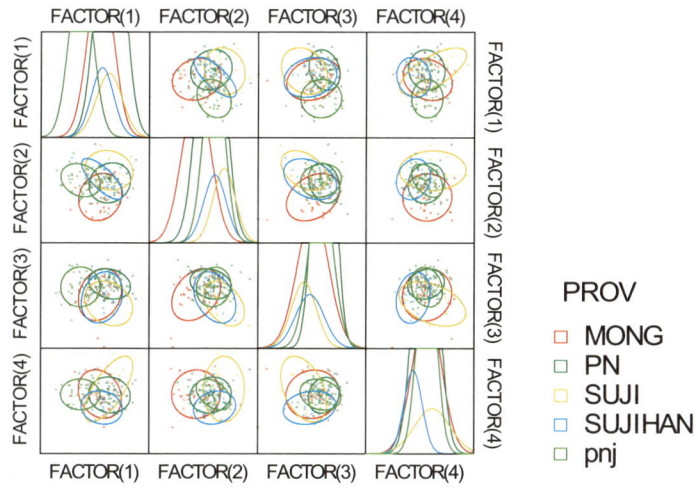

그림 10. 몽촌토성, 풍납토성, 수지 출토 각종 토기의 성분의 판별분석 결과 (MONG=몽촌토성, PN=풍납토성, SUJI=수지 재지계, SUJIHAN=수지 출토 한성양식, 풍납토성 출토 일상용기)

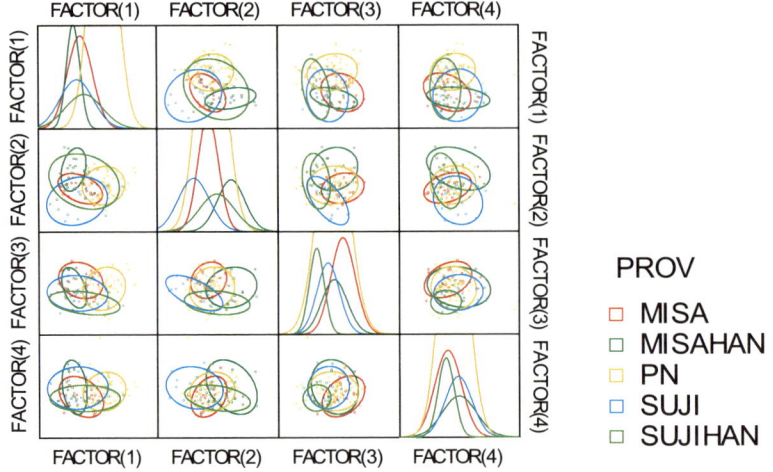

그림 11. 풍납토성, 하남 미사리, 용인 수지 출토 토기의 판별분석 결과 (MISA=미사리 일상용기, MISAHAN=미사리 한성양식 토기, PN=풍납토성, SUJI=수지 일상용기, SUJIHAN=수지 한성양식 토기)

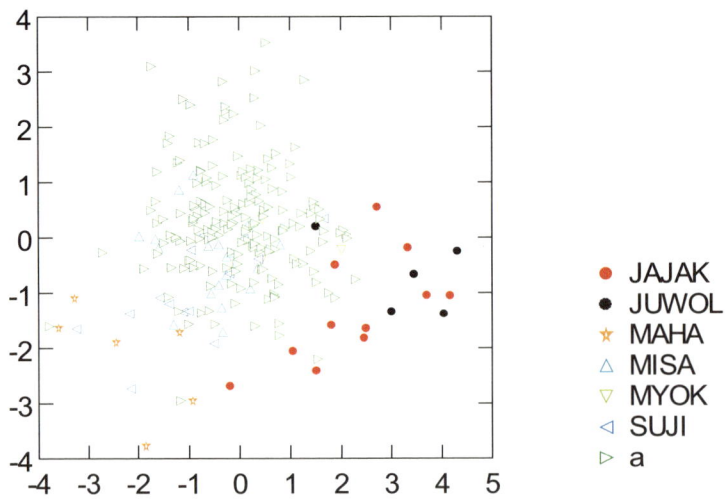

그림 12. 서울 및 인근지역 한성양식 토기에 대한 판별분석 결과 (JAJAK=자작리, JUWOL=주월리, MAHA=마하리, MISA=미사리, SUJI=수지, A=풍납동+몽촌토성)

Canonical Scores Plot

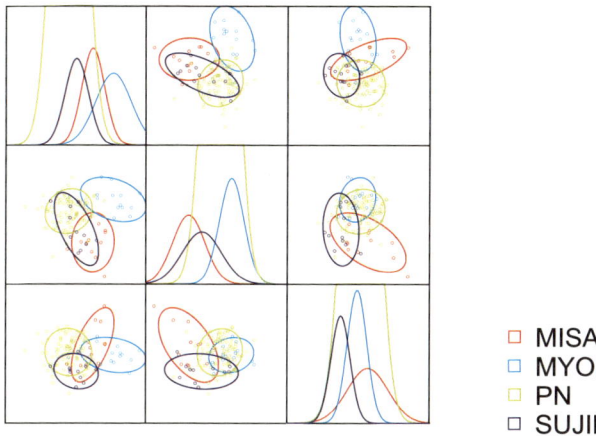

- MISAHAN
- MYOKHAN
- PN
- SUJIHAN

그림 13. 멱절산 유적 한성양식과 인근 유적 출토 한성양식 토기에 대한 판별분석 결과 (MISAHAN=미사리, MYOKHAN=멱절산, PN=풍납, SUJI=수지)

Canonical Scores Plot

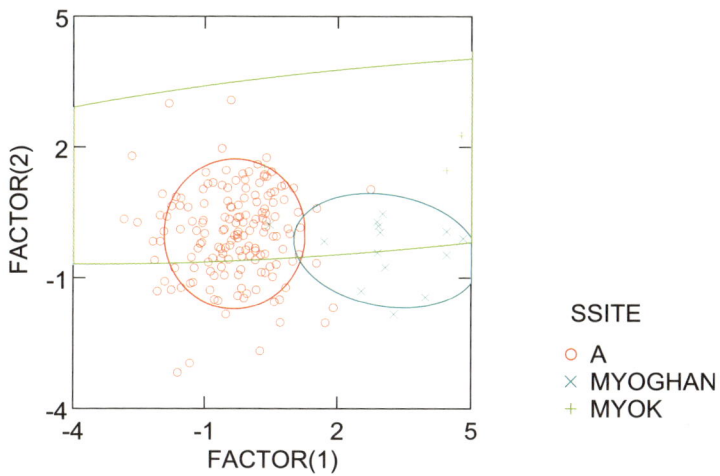

SSITE
- ○ A
- × MYOGHAN
- + MYOK

그림 14. 서울 지역의 토기와 멱절산 출토 토기에 대한 판별분석 결과 2 (A=풍납+수지+몽촌+미사리, MYOKHAN=멱절산 한성양식, MYOK=멱절산 재지)

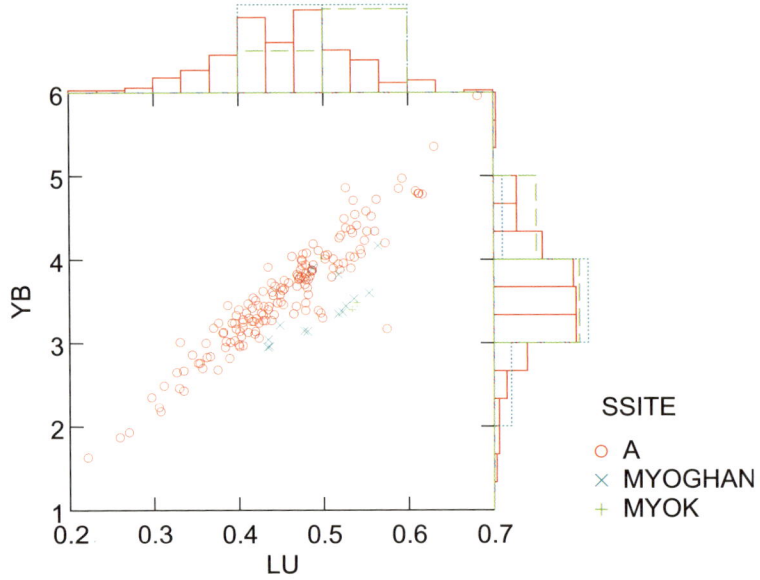

그림 15. 서울 지역 토기와 몽촌산 토기의 이테르튬과 루테튬 분포도 (A=풍납+수지+몽촌+미사리, MYOKHAN=몽촌산 한성양식, MYOK=몽촌산 재지)

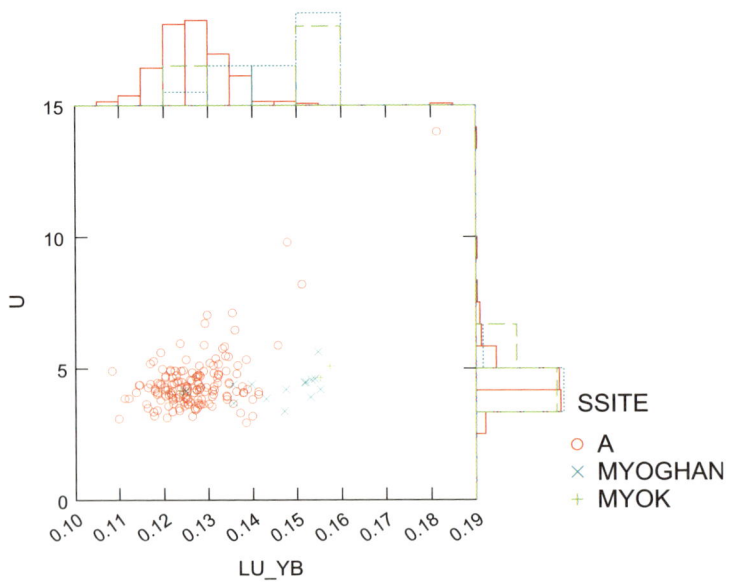

그림 16. 서울 지역 토기와 몽촌산 토기의 우라늄(U)과 이테르튬(Yb)/루테튬(Lu) 분포도 (A=풍납+수지+몽촌+미사리, MYOKHAN=몽촌산 한성양식, MYOK=몽촌산 재지)

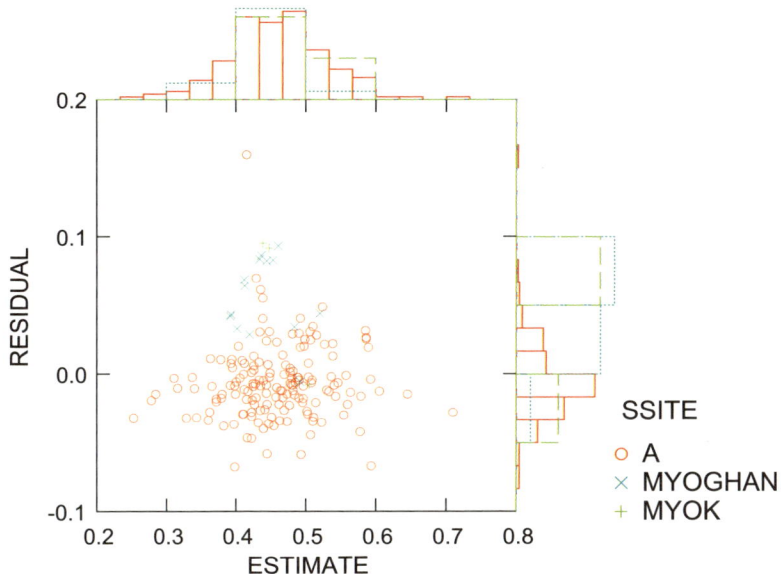

그림 17. 그림 16에 대한 회귀잔차분석 결과

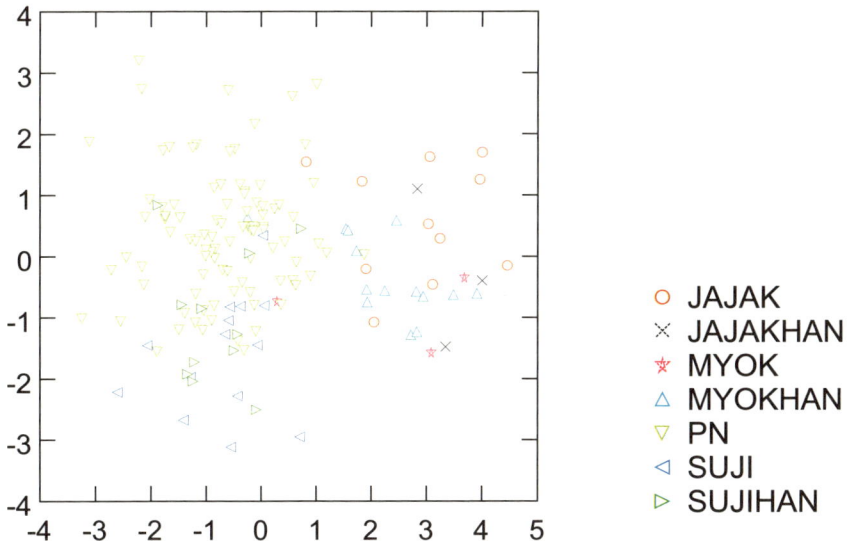

그림 18. 서울 및 인근 유적 출토 한성양식 및 재지계 토기에 대한 판별분석 결과. 최대 판별변수만 사용 (JAJAK=자작리 재지, JAJAKHAN=자작리 한성양식, MYOK=멱절산 재지, MYOKHAN=멱절산 한성양식, PN=풍납, SUJI=수지 일상용기, SUJIHAN=수지 한성양식토기)

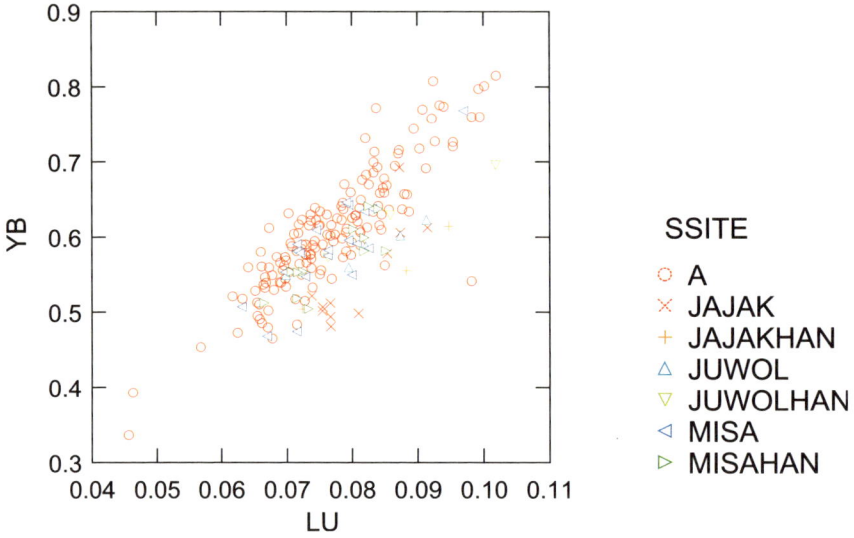

그림 19. 서울 및 인근지역 유적 출토 토기의 루테튬(Lu)/이테르튬(Yb) 비율 비교 산포도 (A=풍납+몽촌, JAJAK=자작리 재지, JAJAKHAN=자작리 한성양식, JUWOL=주월리 재지, JUWOLHAN=주월리 한성양식, MISA=미사리 일상용기, MISAHAN=미사리 한성양식)

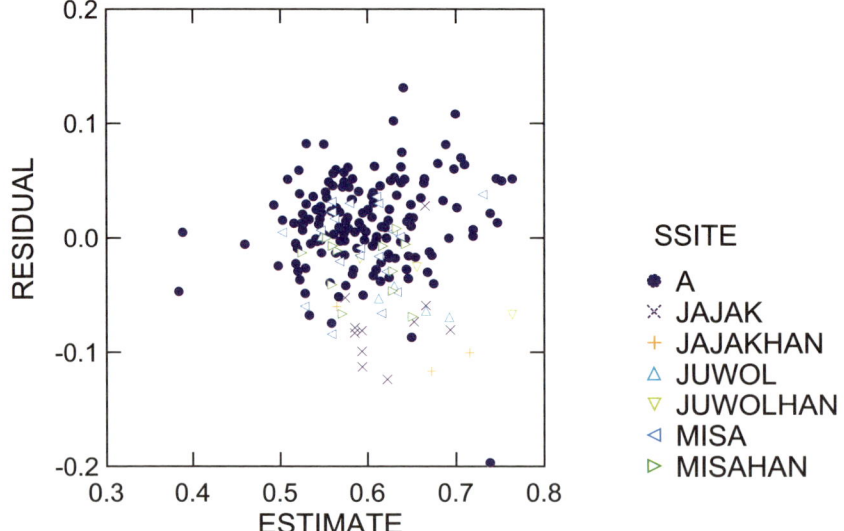

그림 20. 서울 및 인근지역 출토 토기 내 루테튬과 이테르튬에 대한 회귀잔차분석 결과 1 (A=풍납+몽촌, JAJAK=자작리 재지계, JAJAKHAN=자작리 한성양식, JUWOL=주월리 재지계, JUWOLHAN=주월리 한성양식, MISA=미사리 일상용기, MISAHAN=미사리 한성양식)

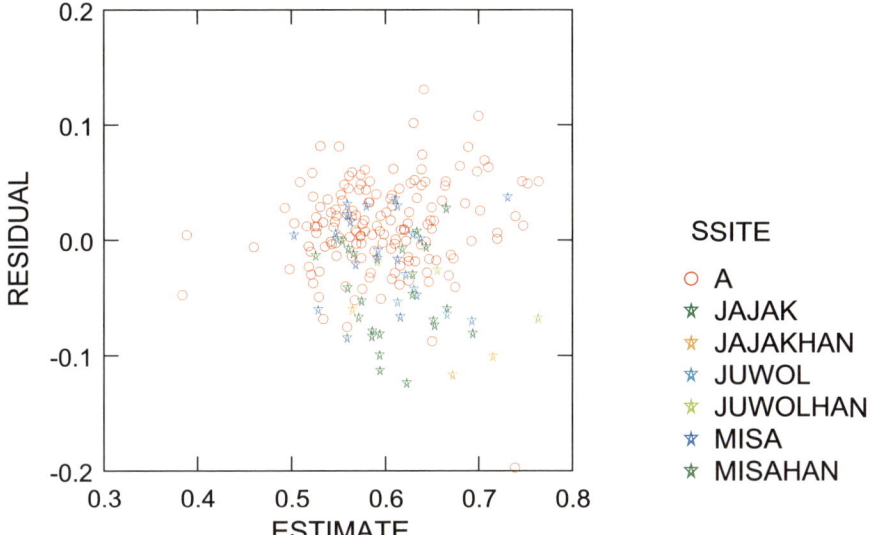

그림 21. 서울 및 인근지역 출토 토기 내 함유 루테튬과 이테르튬에 대한 회귀잔차분석 결과 2 (A=풍납+몽촌, JAJAK=자작리 재지계, JAJAKHAN=자작리 한성양식, JUWOL=주월리 재지계, JUWOLHAN=주월리 한성양식, MISA=미사리 일상용기, MISAHAN=미사리 한성양식)

▶ 분석 토기 목록

Sample	유적명	출토맥락	기종	Sm	Lu	U	Yb	As	Sb	Ca	Na
KUM1	고대 미사리	13호 주거지	흑색마연고배	8.72	0.45	4.5	3.29	10.2	1.07	0	0.7153
KUM2	고대 미사리	325호 구	직구단경호	9.21	0.494	4.28	3.77	5.53	1.28	0	0.725
KUM3	고대 미사리	33호 주거지	단경광구호	8.64	0.436	3.71	3.35	6.53	1.29	0.6592	0.802
KUM4	고대 미사리	204호 토광	뚜껑	6.92	0.4	3.92	2.84	8.82	0.934	0.4017	0.8771
KUM5	고대 미사리	204호 토광	뚜껑	8.79	0.462	5.03	3.61	4.26	1.62	0	0.5524
KUM6	고대 미사리	32호 주거지	유견반형토기	9.44	0.492	3.94	3.79	8.53	1.11	0.6583	0.7293
KUM7	고대 미사리	32호 주거지	뚜껑	11.4	0.585	4.59	4.54	8.94	1.12	0	0.7319
KUM8	고대 미사리	32호 주거지	뚜껑	9.3	0.5	4.64	3.8	6.87	1.13	0	0.5112
KUM9	고대 미사리	32호 주거지	광구단경호	7.94	0.463	4.17	3.18	12.3	1.55	0	0.6461
KUM10	고대 미사리	6-7호 야철지	뚜껑	7.13	0.428	4.1	2.92	10	1.2	0	0.584
KUM11	고대 미사리	605호 야철지	광구소호	7.39	0.434	4.19	3.29	12.9	1.13	0	0.6363
KUM12	고대 미사리	607호 야철지	개배편	10.2	0.541	4.59	3.91	5.25	1.17	0	0.804
KUM13	고대 미사리	32호 주거지	호	9.76	0.556	5.5	3.94	1.6	1.4	0	0.6751
KUM14	고대 미사리	32호 주거지	심발형토기	6.36	0.403	3.56	2.67	11	1.11	0	0.5942
KUM15	고대 미사리	32호 주거지	호 연질	9.67	0.52	5.57	3.57	8.32	1.45	0.5467	0.6207
KUM16	고대 미사리	32호 주거지	심발형토기	7.31	0.394	3.45	2.75	0	1	0	0.5892
KUM17	고대 미사리	32호 주거지	호 경질	4.77	0.311	3.32	2.33	11.3	0.805	0	0.9048
KUM18	고대 미사리	32호 주거지	호 경질	8.36	0.484	4.37	3.91	7.93	1.46	0	0.7503
KUM19	고대 미사리	32호 주거지	호 경질	9.44	0.504	4.71	3.9	5.64	1.4	0	0.7377
KUM20	고대 미사리	32호 주거지	반형토기 (흑색마연)	10.9	0.536	3.93	4.42	8.11	0.968	0.5601	0.7384
KUM21	고대 미사리	32호 주거지	호 경질	10.7	0.521	4.96	4.25	2.3	1.13	0	0.6141
KUM22	고대 미사리	32호 주거지	호 연질	7.17	0.404	4.52	3.03	3.51	1.26	0.5166	0.7605
KUM23	고대 미사리	32호 주거지	호 연질	7.44	0.436	3.46	3.54	4.51	0.926	0	0.5656
KUM24	고대 미사리	32호 주거지	호 연질	7.89	0.414	3.62	3.32	5.89	1.2	0	0.7785
KUM25	고대 미사리	32호 주거지	호 연질	7.49	0.381	3.36	2.87	6.12	0.596	0	0.9813
KUM26	고대 미사리	32호 주거지	호 연질	7.17	0.406	4.09	3.26	10	1.3	0	0.6487
KUM27	고대 미사리	32호 주거지	장란형토기	7.83	0.409	3.64	3.34	9.94	0.953	0.4337	0.4786
KUM28	고대 미사리	32호 주거지	장란형토기	7.49	0.362	3.54	2.87	7.43	0.819	0	0.893
KUM29	고대 미사리	32호 주거지	장란형토기	7.05	0.389	3.18	3.08	6.46	0.842	0	0.6602
KUM30	고대 미사리	32호 주거지	호 연질	9.43	0.442	3.49	3.39	3.93	1.12	0.4899	0.8705
KUM31	고대 미사리	32호 주거지	호 연질?	10.1	0.513	4.25	3.91	10.8	1.14	0.7051	0.5956
KUM32	고대 미사리	32호 주거지	장란형토기	7.17	0.406	3.63	2.97	8.24	0.758	0.527	0.7644
SC1_2505	서울대 석촌동	석촌 4 Fl.	직구단경호	8.97	0.477	4.54	3.78	10.8	1.2	0.5	0.747
SC1_2506	서울대 석촌동	석촌 5 남쪽 파괴 지역	직구단경호	9.44	0.502	4.33	4.01	11.7	1.58	0	0.574
SC1_2507	서울대 석촌동		직구단경호	7.66	0.449	3.85	3.58	6.2	1.29	0.652	0.862
SC1_2508	서울대 석촌동	86년 석촌 121 / 5호분 남쪽 파괴지	직구단경호 (경질)	9.26	0.532	5.38	4.04	7.63	1.44	0	0.649
SC1_2509	서울대 석촌동		흑색마연	9	0.505	4.93	4.06	8.11	1.1	0.465	0.69

K	La	Ce	Th	Cr	Hf	Cs	Tb	Sc	Rb	Fe	Zn	Ta	Co	Eu
1.8662	49.1	100	19.9	120	7.49	4.78	0.895	17.9	92.2	3.625	91.2	1.62	10.5	1.45
2.193	60.2	120	21.7	109	6.73	8.88	0.919	18.7	142	4.8968	137	1.56	22.9	1.74
2.2472	57.1	111	20.1	108	6.14	8.44	0.826	18.4	145	4.0982	127	1.36	21.2	1.72
2.0804	40.3	83.1	17.6	106	7.54	6.28	0.734	16	97.6	3.4495	72.7	1.36	10.2	1.3
2.0579	61.8	125	21.6	102	6.86	11.5	0.926	20	148	3.5721	104	1.53	20.7	1.5
2.0378	59.9	121	22.6	113	0	9.71	0.975	20.4	139	4.2649	146	1.39	18.3	1.93
2.1341	71.7	139	23.4	119	6.36	7.92	1.27	20.5	131	4.0587	133	1.37	16.2	2.22
2.101	59.3	118	22	106	8.39	6.95	0.898	18.3	114	4.0278	116	1.55	19.7	1.47
2.6797	49.1	114	19.7	105	7.56	11.6	0.874	20.1	137	5.8623	110	1.65	17.1	1.61
2.3218	47.8	101	21.6	0	6.78	8.58	0.734	18.6	123	5.3872	124	1.64	15.7	1.38
2.0488	45.3	94.3	18.5	101	0	4.88	0.797	18.3	86.4	6.0232	91.9	1.6	16.3	1.32
2.4397	67.6	148	27.2	108	8.89	9.43	1.01	19.5	160	5.8212	148	1.6	22.5	1.76
2.6406	59.6	133	26.2	87.2	10.5	13.4	1	19.2	169	4.2623	113	1.86	10.4	1.57
1.9003	39.8	84.1	18.3	119	7.74	9.52	0.721	18.5	120	4.9869	98.5	1.7	13.9	1.19
1.9572	56.5	127	24.8	106	0	13.4	1.18	21	156	4.4526	95.8	1.8	10.9	1.88
2.082	45.9	109	20.2	113	8.47	8.9	0.924	18.8	124	5.0231	102	1.54	13.8	1.45
1.8785	28.5	61.5	14.9	82.9	6.48	3.89	0.447	12.7	92.1	3.4504	53.6	1.16	5.09	0.914
1.8039	54.9	119	18	95.6	9.01	10.6	0.928	15.2	149	4.5899	82.9	1.57	18.8	1.54
1.8673	58.7	120	19.4	95.7	8.1	10.2	1.1	16.5	143	5.3245	85	1.52	22.7	1.79
2.2311	70.4	146	25.3	136	6.18	8.01	1.33	21.1	142	4.3572	139	1.42	16.2	2.22
2.2995	64.9	127	22.2	123	8.47	10.1	1.17	17.5	156	2.5419	87.9	1.68	9.33	2.09
2.3252	51.9	109	20.9	78.7	6.46	8.81	0.815	14.1	149	2.2546	79.6	1.35	9.59	1.32
1.8711	48.7	105	19.2	113	6.54	8.12	0.894	17.3	136	4.1336	112	1.11	14.8	1.72
2.1702	52.7	109	21	114	6.11	8.15	0.876	18.4	138	4.1834	136	1.36	21.2	1.67
1.7931	62.6	125	19.3	101	7.13	3.09	0.682	13.9	74.1	2.1231	61.9	1.29	4.19	1.34
1.6031	44.1	96.8	19.2	109	7.31	8.18	0.773	18.7	105	5.136	104	1.5	15.8	1.44
1.7021	51.2	86.4	16.9	97.3	6.93	6.75	0.908	16.1	114	4.6501	103	1.27	14.9	1.7
2.0776	50.5	105	19.4	82.6	0	6.69	0.785	13.3	130	3.1985	72.4	1.32	9.55	1.34
1.7311	48.6	96.9	18.8	0	9.1	3.03	0.734	15.1	78.4	3.8288	93.8	1.43	8.49	1.37
2.1343	61.8	113	18.2	95.7	8.87	6.85	1.11	14.8	107	1.978	70.4	1.35	6.06	2.04
2.0324	61.9	127	21.2	118	7.97	8.76	1.13	18.2	142	4.6659	111	1.49	15.1	1.96
1.6917	43.2	98.2	21.2	84.4	7.77	5.53	0.692	15.8	107	3.2178	79.5	1.56	9.44	1.28
2.42	55.1	115	17.6	91	6.86	10.2	1.25	15.9	149	4.68	86.7	1.47	13.3	1.88
1.76	54.9	123	19.6	136	6.41	13.7	1.11	23.2	150	4.85	79.3	1.59	13.8	2.03
1.86	51	105	17.3	98.2	6.55	9.82	1.07	16.5	115	3.18	60.8	1.37	11.4	1.52
2.12	58.3	126	19.6	90.8	8.48	11.2	1.2	16.1	145	3	105	1.69	9.7	1.83
1.97	54.9	108	19.9	89.4	7.26	10.5	1.02	15.9	124	2.95	0	1.7	7.28	1.69

Sample	유적명	출토맥락	기종	Sm	Lu	U	Yb	As	Sb	Ca	Na
SJ2_2613	한신대 수지		광구단경호	8.29	0.482	4.72	3.76	4.8	1.23	0.916	0.905
SJ3_2614	한신대 수지		고배	10.1	0.549	7.03	4.23	5.94	1.25	0	0.89
SJ4_2615	한신대 수지		삼족기	10	0.512	4.76	4.01	7.5	1.22	0	0.767
SJ6_2617	한신대 수지		고배	9.47	0.488	4.28	3.94	9.08	1.3	0.583	0.789
SJ7_2618	한신대 수지		광구단경호	8.71	0.484	4.18	3.8	4.86	1.26	0.792	1.08
SJ9_2620	한신대 수지		뚜껑	8.82	0.44	3.88	3.61	8.89	0.903	0	0.862
SJ102626	한신대 수지		고배	7.13	0.453	4.15	3.46	5.75	1.31	0	0.704
SJ122623	한신대 수지		뚜껑	8.63	0.474	4.32	3.8	11.4	1.23	0	0.738
SJ142625	한신대 수지		삼족기	9.24	0.478	4.13	3.7	9.12	1.27	0.555	0.774
SJ202631	한신대 수지		호	7.96	0.51	5.45	3.79	3.11	1.4	0.696	0.722
SJ222634	한신대 수지		호	10.3	0.47	5.95	3.8	2.17	1.1	0.309	0.867
SJ262638	한신대 수지		호	7.51	0.432	4.45	3.27	6.19	1.12	0	0.635
SJ272639	한신대 수지		장란형토기	5.96	0.403	3.56	3.08	8.41	0.753	0	0.846
SJ282640	한신대 수지		장란형토기	8.58	0.416	3.82	3.26	12.4	1.68	0	0.827
SJ292641	한신대 수지		장란형토기	6.81	0.335	3.63	2.67	0	0.513	0	0.666
SJ302640	한신대 수지		장란형토기	8.28	0.499	8.19	3.3	4.25	1.05	0.813	0.905
SJ312643	한신대 수지		장란형토기	9.42	0.469	4.71	3.68	3.7	0.792	0.607	0.53
SJ322644	한신대 수지		시루	8.93	0.443	3.96	3.68	2.96	0.733	0	0.631
SJ342646	한신대 수지	II-1호 주거지	회백색호(연질)	8.32	0.401	7.11	2.96	1.54	0.78	0	0.517
SJ362648	한신대 수지	I-A 유구	경질조족문옹	9.14	0.537	5.76	4.03	6.88	1.37	0.864	0.963
SJ372649	한신대 수지	토기집중매납유구	황갈색연질소호	7.28	0.397	3.83	3.17	9.11	0.939	0.522	0.976
SJ382650	한신대 수지		회색연질호	9.03	0.479	4.07	3.94	6.29	1.2	0	0.842
SJ402652	한신대 수지	토기집중매납유구	뚜껑(황갈색연질)	5.7	0.411	4.32	3.13	15.1	1.2	0	0.901
SJ412653	한신대 수지	I지점	직구단경호(연질파상문)	9.61	0.573	4.8	4.2	8.61	1.54	0	0.732
SJ432655	한신대 수지	I-4 주거지	직구단경호(연질파상)	9.4	0.486	4.13	3.88	8.13	1.18	0	0.745
MC_12440	서울대 몽촌	88-5 Tr. 1 동북 최상부	호 경질	10.1	0.497	9.8	3.36	3.52	0.877	0	0.807
MC_22441	서울대 몽촌	88-1 저 북표 15-20cm	호 경질	10.8	0.471	4.26	3.76	8.61	1.11	0.738	0.757
MC_42443	서울대 몽촌		호 연질	10.4	0.536	4.09	4.71	0	1.1	0	0.793
MC_52445	서울대 몽촌	88-2 저 / 880407 S4E29 동벽하 120	호 연질	8.91	0.48	5.28	4.08	6.5	1.21	0.489	0.536
MC_72447	서울대 몽촌	88-4 저 BMII 50-90	직구단경호	8.99	0.488	4.28	4.19	10.7	1.19	0.804	0.704
MC102450	서울대 몽촌	89 S11W7EW 성토층	장란형토기	7.37	0.331	3.08	3.01	12.1	0.835	0.638	0.578
MC112451	서울대 몽촌	89 S24W4 조선	장란형토기	9.41	0.435	3.86	3.91	17.8	0.899	0.717	0.823
MC122452	서울대 몽촌		장란형토기	7.69	0.392	3.56	3.24	5.88	0.614	0.593	0.593
MC132453	서울대 몽촌		장란형토기	11.3	0.527	4.91	4.86	3.58	1.08	0.614	0.698
MC142454	서울대 몽촌		장란형토기	7.19	0.37	3.49	3.18	11.4	0.872	0.697	0.773

K	La	Ce	Th	Cr	Hf	Cs	Tb	Sc	Rb	Fe	Zn	Ta	Co	Eu
2.18	55.4	122	18.7	99.2	7.62	10.1	1.1	17.5	140	3.06	84	1.53	12.2	1.63
2.36	65.7	135	20.6	101	7.19	12.3	0.928	16.9	193	3.61	107	1.91	15	1.83
2.12	67.5	151	24.7	101	9.12	9.39	1.31	18.1	160	5.2	137	1.67	26.7	1.81
2.01	60.5	120	20.8	105	6.88	8.92	1.05	18.9	151	5.19	146	1.54	24.7	1.82
2.11	55.6	110	18	94.3	7.08	8.89	1.15	16.8	133	2.97	84.3	1.44	11.9	1.57
2.21	56.9	116	24.1	106	8.77	6.83	0.91	15.7	135	4.82	65.9	1.37	16.3	1.38
2.05	46.2	101	19.1	99.9	9.26	8.55	0.919	15.8	117	3.26	79.7	1.6	12.9	1.38
2.05	56.3	109	21.5	105	6.87	6.91	0.92	18.2	112	5.16	122	1.59	19.6	1.54
2.12	58	119	20.4	102	6.59	8.84	1.2	18.5	144	5.07	107	1.42	25.7	1.76
2.19	49.2	108	19.2	89.9	7.62	8.85	0.928	15.6	142	4.02	111	1.68	13.1	1.55
2.93	73.7	143	29.2	84.2	8.13	9.59	1.14	13.3	169	3.25	74.9	1.83	12.9	1.87
1.75	48.7	105	18.2	98.4	13.2	7.7	0.973	16.2	112	3.07	123	1.4	13	1.38
1.88	37	80.5	20.3	93.8	6.6	6.45	0.696	14	108	3.65	0	1.39	9.03	1.1
2.05	57.1	114	20.9	94.8	6.13	5.75	1.04	15.3	110	4.71	86.5	1.23	14.8	1.46
1.64	43.6	94.8	19.8	103	5.82	3.16	0.683	13.5	72.9	4.03	64.6	1.26	10	1.27
2.37	49.1	106	21	73.8	6.23	8.93	0.816	14.9	142	3.18	120	2.1	11.4	1.41
2.33	62.5	138	24.1	116	8.06	7.2	1.02	18.3	120	3.15	76	1.48	10.8	1.71
1.95	57.3	125	21.3	80.9	7.14	6.7	1.3	15.3	113	3.44	8.57	1.23	10.6	1.59
2.02	65	123	21.9	61.5	8.09	9.38	0.871	11.8	141	1.35	57	2.14	6.83	1.47
2.73	56.3	119	19	104	7.09	11.2	1.13	17.3	165	3.68	112	1.8	14	1.59
2.08	44.4	93.2	19	105	5.87	8.18	0.612	17.4	105	4.36	10.6	1.56	15.9	1.43
1.97	57.4	118	21.9	119	6.5	7.24	1.05	19.3	124	5.15	154	1.8	24.5	1.68
1.93	34.4	74.7	18	110	7.32	4.11	0.64	16	84.3	4.78	94.8	1.51	11.6	1.11
2.41	59.9	129	22.4	123	6.6	9.85	0.808	20.6	152	5.78	173	1.48	27.1	1.88
2.05	60.9	125	22.3	110	6.66	8.34	1.12	18.6	136	5.38	175	1.55	28.9	1.74
2.76	64.7	130	26.7	62.1	10.9	9.68	0.843	12.6	194	3.23	138	2.52	9.38	1.62
2.81	66.5	134	23.4	122	7.44	9.21	1.13	17.7	178	4.4	214	1.34	18.5	2.02
2.03	64.7	146	22	117	6.13	8.84	0.856	20.3	155	4.14	221	1.63	20.6	2.16
1.94	55.8	109	19.6	78.8	12.3	6.8	0.944	13.2	115	2.85	151	2.15	12.6	1.88
2	59.3	121	20.9	98.3	8.11	9.14	0.735	17.2	152	4.94	134	1.46	20.2	1.79
1.54	47.4	96.3	16.6	83	4.89	6.28	0.711	13.6	116	3.15	62.8	1.23	11.2	1.53
2.22	60.8	123	22.5	70.8	8.34	5.9	0.943	13.2	139	3.31	114	1.23	17.6	1.57
1.68	51.7	106	19.5	0	7.71	5.67	0.917	16.3	104	4.76	134	1.48	16	1.45
2.87	69.3	126	20.1	72.9	6.21	10.3	1.21	15.4	177	2.31	89.9	1.57	8.83	1.9
2.99	45.7	94.4	15.9	79.9	5.33	6.19	0.827	14.3	120	3.44	72.2	1.25	9.61	1.54

Sample	유적명	출토맥락	기종	Sm	Lu	U	Yb	As	Sb	Ca	Na
MC152455	서울대 몽촌	89 S10W? 기단 건물지	심발형토기	7.97	0.423	3.88	3.45	10.4	0.979	0	0.642
MC162456	서울대 몽촌	89 S13W4EW 벽층	심발형토기	9.95	0.494	4.3	4.11	6.89	1.01	0.604	0.631
MC172457	서울대 몽촌	"89 S11W6-2, 4 성토층"	심발형토기	13.4	0.682	4.37	5.96	9.68	0.847	0.723	0.705
MC182458	서울대 몽촌		심발형토기	9.1	0.487	3.73	3.87	8.01	1	0	0.88
MC192459	서울대 몽촌		심발형토기	8.43	0.412	3.88	3.3	9.92	1.18	0.667	0.574
MC202460	서울대 몽촌	S5E29III Fl. 1-2	직구유견반형토기	11.5	0.609	4.85	4.82	12.3	1.49	0.526	0.577
MC232463	서울대 몽촌	85 SE5-30EWII	삼족기	8.55	0.479	4.23	3.83	10.1	1.08	0.55	0.844
MC262466	서울대 몽촌	88 S5E29	고배	11.8	0.525	5.19	4.49	5.09	1.28	0	0.73
MC272467	서울대 몽촌	88 2-저 남벽하	광구단경호	8.99	0.475	4.2	3.93	5.82	1.35	0.95	0.945
MC322468	서울대 몽촌	88-6 저 바닥	직구유견반형토기	11.4	0.612	4.41	4.79	9.48	1.33	0.943	0.675
MC342472	서울대 몽촌	88-4 저장공	뚜껑	8.11	0.405	3.47	3.19	8.47	0.927	0.942	0.675
MC422471	서울대 몽촌		직구단경호	9.08	0.454	4.04	3.65	0	0.789	0	0.73
MC442482	서울대 몽촌	88 S14E21-III 판축토내	고배	8.47	0.459	3.91	3.72	10	1.42	0.858	0.784
MC472484	서울대 몽촌	88-1 저	뚜껑	9.91	0.473	4.14	3.88	8.7	1.04	0.834	1.02
MC482488	서울대 몽촌		직구단경호	7.93	0.429	3.83	3.34	17.7	0.982	0	0.788
MC492489	서울대 몽촌	88-1 저	뚜껑	8.92	0.479	4.21	3.76	0	0.906	0.644	0.725
MC502490	서울대 몽촌	88-4 저	삼족기	11.8	0.593	4.39	4.97	12.2	1.42	1.02	0.685
MC532494	서울대 몽촌	89 S11W7EW	직구단경호	9.35	0.474	4.02	4	12.8	1.28	0	0.785
MC552496	서울대 몽촌	89 S?W6E1	직구단경호	8.38	0.45	4.91	3.49	4.48	1.28	0	0.785
MC572498	서울대 몽촌	88 S2E17-18	고배	8.28	0.439	4.14	3.72	8.05	1.15	0.652	0.685
MC592500	서울대 몽촌	88-1 저 서반 절개	뚜껑	8.61	0.512	4.83	3.9	11.6	1.15	0.979	0.789
MC602501	서울대 몽촌	S5E3 주거지	개배	10	0.527	4.71	4.38	7.45	1.36	0.787	0.838
MC612502	서울대 몽촌	88-4 저	고배	9.04	0.519	4.66	4.26	12.2	1.39	0.303	0.951
MC632504	서울대 몽촌	89 S8W6	대각	7.09	0.354	4.29	2.76	2.64	0.881	0	0.727
99PN2656	한신대 풍납(99)	9호(3층-최상층)	개배 1	9.95	0.502	4.49	4.05	6.67	1.37	0	0.774
99PN2657	한신대 풍납(99)	9호(3층)	개배 3	11.1	0.535	4.91	4.32	6.6	1.12	0	0.789
99PN2662	한신대 풍납(99)	9호(3층)	고배 경질 1	9.55	0.561	6.71	4.34	0	1.56	0.663	0.787
99PN2668	한신대 풍납(99)	9호(3층)	고배 연질 2	12.1	0.617	5.89	4.78	9.18	1.13	0	0.817
99PN2669	한신대 풍납(99)	9호(3층)	고배 연질 3	10	0.551	4.66	4.58	0	1.2	0.797	0.792
99PN2671	한신대 풍납(99)	9호(3층)	고배 흑색마연 1	8.27	0.45	4.48	3.66	7.57	0.745	1.23	1
99PN2672	한신대 풍납(99)	170호(3층)	대부호	10.1	0.42	5.83	3.14	0	1.28	0	0.607
99PN2677	한신대 풍납(99)	9호(3층)	뚜껑 경질 5	10.5	0.563	5.61	4.72	12.6	1.47	1.04	0.966
99PN2680	한신대 풍납(99)	9호(3층)	뚜껑 연질 3	11.2	0.538	4.46	4.54	11.7	1.28	0.76	0.539
99PN2683	한신대 풍납(99)	9호(3층)	뚜껑 연질 5	7.3	0.405	3.39	3.28	4.96	0.849	1.28	0.643

K	La	Ce	Th	Cr	Hf	Cs	Tb	Sc	Rb	Fe	Zn	Ta	Co	Eu
2.16	51.2	97.5	15.2	90.5	7.73	7.27	0.796	14.4	114	3.58	139	1.36	12.9	1.61
2.31	66.7	130	20.7	0	6.81	7.79	1.08	16	139	3.25	118	1.42	12.4	1.95
2.49	94.4	169	21	72.3	7.98	8.53	1.42	13.7	151	3.13	142	1.61	14.4	2.15
2.29	59	115	18.6	82	6.21	6.85	1.1	15.2	130	3.88	59.1	1.41	12.4	1.68
2.66	57	115	16.6	89	7.15	8.97	0.771	14.3	132	3.67	106	1.39	12.9	1.64
2.45	70	147	23.3	123	6.29	9.87	1.29	21.6	154	4.75	212	1.56	23.3	2.47
2.12	53.6	105	18.3	94.5	7.24	7.42	0.968	17.3	122	3.14	0	1.54	8.12	1.87
2.57	74.9	146	22.3	83	7.19	11.1	1.35	16.7	177	4.81	124	1.65	11.9	1.92
1.96	53.8	108	16.7	91.3	7.76	9.37	1.3	16.8	122	2.81	153	1.56	12.1	1.72
2.16	70.6	155	22.3	117	2.6	9.56	1.12	20.9	157	5.14	204	1.57	29.6	2.46
1.55	53.4	114	18.5	99.1	7.66	6.53	0.866	15.3	100	3.05	86.5	1.27	11.7	1.51
1.96	61.2	122	20.2	107	6.92	5.98	0.907	16.1	111	3.6	97.2	1.35	10.4	1.62
2.25	56.5	124	18.8	111	6.46	10.3	1.03	18.1	145	4.13	165	1.4	12.4	1.61
1.9	62.9	125	20.8	88.9	9.29	6.77	1.5	16.4	116	4.78	176	1.35	25.5	1.73
2.11	49.4	102	18.5	124	6.83	6.8	0.924	16.7	112	4.86	134	1.44	17	1.58
1.42	58.9	121	20	104	8.15	6.28	1.29	16.5	103	3.25	39.7	1.35	12.9	1.86
2.38	75.6	156	23.7	136	6.15	9.67	1.58	22	164	4.59	202	1.56	25.2	2.55
2.37	60.7	126	21.7	107	6.96	9.17	1.1	18.5	165	6.25	177	1.57	32.8	1.69
2.37	55.5	117	21.4	99.2	8.83	9.08	0.76	16.9	152	5.02	153	1.52	18.9	1.47
2.2	53.7	161	19.9	104	8.75	9.05	1	17.6	136	3.54	67.6	1.62	52	1.69
2.2	54.4	111	18.7	98.7	7.03	8.5	1.15	17.1	126	3.28	42.1	1.52	14.5	1.74
2.46	63.9	133	21.7	108	7.58	10.7	1.44	19.5	170	5.12	188	1.5	22	2.01
2.48	58	117	18.5	94.9	6.78	10.7	1.09	17.4	135	5.04	79.4	1.58	15.2	1.82
3.07	56.7	115	19.1	0	9.69	7.7	0.685	9.36	162	1.83	48.4	1.84	5.54	1.06
2.24	63.4	138	21.5	107	6.82	10.5	1.38	18.5	173	5.6	145	1.51	30	1.87
2.31	71.1	151	26.2	113	9.02	8.46	1.59	19	150	7.04	186	1.5	30.6	1.85
2.62	58.8	125	21.5	95.5	8.36	12.6	1.05	17.5	159	4.08	28.6	1.72	12.4	1.76
2.54	77.9	165	29.2	107	9.3	9.14	1.42	18.6	155	6.53	201	1.34	27.8	1.89
2.7	63.5	139	23.5	119	7.54	10.4	1.5	20.5	160	5.87	177	1.68	26.1	1.96
2.28	52.5	113	20.2	95.9	6.36	7.35	0.788	16.6	138	3.92	134	1.75	11.7	1.5
3.39	76.7	145	24.3	42.5	8.71	7.5	0.98	9.84	176	1.79	102	1.82	5.6	1.65
2.66	66.4	145	21.7	101	7.14	11.9	1.16	18.6	172	5.26	152	1.72	25	1.94
1.82	70.4	153	21.2	91.9	5.84	11.1	1.25	21.4	135	5.47	163	1.37	12.9	2.32
1.37	46.6	92.1	13.5	111	6.75	5.48	0.776	20.7	91.2	5.35	80.4	1.27	17.5	1.48

Sample	유적명	출토맥락	기종	Sm	Lu	U	Yb	As	Sb	Ca	Na
99PN2688	한신대 풍납(99)	9호(3층)	삼족기 경질 5	10.8	0.463	4.38	4.04	10.4	1.63	0.883	0.991
99PN2690	한신대 풍납(99)	9호(3층)	삼족기 연질 2	11	0.589	4.9	4.85	4.89	1.38	0.86	0.759
99PN2691	한신대 풍납(99)	9호(3층)	심발형토기 1	8.28	0.411	3.4	3.47	4.9	0.805	0.491	0.642
99PN2693	한신대 풍납(99)	9호(3층)	심발형토기 3	15.6	0.631	4.23	5.35	5.79	0.528	0.866	0.731
99PN2694	한신대 풍납(99)	9호(3층)	심발형토기 4	11.2	0.397	3.79	3.33	4.73	0.883	0.479	0.72
99PN2696	한신대 풍납(99)	9호(3층)	장란형토기 1	7.53	0.376	3.65	3.24	6.78	0.985	0.804	0.98
99PN2697	한신대 풍납(99)	9호(3층)	장란형토기 2	7.26	0.385	3.48	3.02	5.49	0.773	0.341	0.62
99PN2700	한신대 풍납(99)	9호(3층)	장란형토기 4	8.23	0.436	4.09	3.44	3.79	0.827	0.763	0.736
99PN2702	한신대 풍납(99)	9호(3층)	직구단경호 1	8.25	0.544	4.65	4.12	0	1.24	0	0.757
99PN2703	한신대 풍납(99)	9호(3층)	직구단경호 2	8.25	0.482	4.47	3.58	7.69	1.33	0.652	0.784
99PN2706	한신대 풍납(99)	9호(3층)	직구단경호 5	10.6	0.552	4.68	4.34	4.48	1.09	0	0.669
99PN2710	한신대 풍납(99)	9호(3층)	호 경질 4	9.77	0.545	5.48	4.07	0	1.5	0	0.708
99PN2714	한신대 풍납(99)	9호(3층)	호 연질 2	9.37	0.524	5.17	3.96	4.91	1.05	0	0.635
99PN2717	한신대 풍납(99)	9호(3층)	호 연질 5	10.4	0.469	4.74	3.82	5.79	0.99	0.676	0.717
99PN2722	한신대 풍납(99)	97년 삼화지구 (3층)	황갈색 유사도기 5	9.78	0.519	6.61	3.72	6.61	1.5	0.506	0.834
99PN2723	한신대 풍납(99)	97년 삼화지구 (3층)	황갈색유사도기 6	8.18	0.465	6.39	3.38	9.75	1.16	0	0.688
99PN2725	한신대 풍납(99)	101호(2층)	뚜껑 2	8.22	0.4	3.34	3.4	0	1.01	0.933	0.582
99PN2727	한신대 풍납(99)	101호(2층)	뚜껑 4	8.47	0.481	4.2	3.66	10.1	1.3	0.611	0.443
99PN2728	한신대 풍납(99)	101호(2층)	뚜껑 5	6.94	0.405	4.13	2.97	7.16	0.798	1.25	0.515
99PN2729	한신대 풍납(99)	101호(2층)	마연 직구호 1	8.48	0.446	4.28	3.48	8.26	1.56	0	0.469
99PN2730	한신대 풍납(99)	101호(2층)	마연 반형토기 2	7.17	0.4	3.83	2.98	13.5	1.25	0	0.578
99PN2731	한신대 풍납(99)	101호(2층)	마연 직구 단경호 3	7.66	0.382	3.8	3.13	0	0.693	0.593	0.896
99PN2732	한신대 풍납(99)	101호(2층)	심발형토기 1	7.86	0.427	3.42	3.36	4.43	0.883	0	0.759
99PN2733	한신대 풍납(99)	101호(2층)	심발형토기 2	8.61	0.417	3.19	3.54	0	0.677	0.865	0.798
99PN2738	한신대 풍납(99)	101호(2층)	장란형토기 2	9.22	0.405	3.57	3.25	5.13	0.681	0.829	0.847
99PN2742	한신대 풍납(99)	101호(2층)	장란형토기 5	7.05	0.221	3.66	1.63	5.3	0.419	0.674	0.976
99PN2744	한신대 풍납(99)	101호(2층)	직구단경호 2	8.55	0.441	4.02	3.57	0	1.58	0.535	0.603
99PN2746	한신대 풍납(99)	101호(2층)	직구단경호 4	8.74	0.472	3.91	3.78	7.86	1.23	0.965	0.575
99PN2752	한신대 풍납(99)	101호(2층)	호 연질 1	8.25	0.442	4.75	3.34	8.36	0.793	0.649	0.792
99PN2753	한신대 풍납(99)	101호(2층)	호 연질 2	8.37	0.327	3.48	2.65	0	0	0.928	0.911
99PN2755	한신대 풍납(99)	101호(2층)	호 연질 4	8.27	0.429	4.02	3.27	0	1.34	0	0.834
99PN2756	한신대 풍납(99)	101호(2층)	호 연질 5	8.98	0.439	3.93	3.27	4.83	0.652	0.694	0.704
99PN2757	한신대 풍납(99)	101호(2층)	중도식토기	6.89	0.395	5.21	3.03	5.36	1.02	0	0.997
99PN2758	한신대 풍납(99)	101호(2층)	중도식토기	9.9	0.381	3.66	3.12	6.89	0.901	0.899	0.785
99PN2763	한신대 풍납(99)	101호(2층)	중도식토기	6.81	0.389	4.1	2.82	7.74	1.13	0.343	0.583
97PN1892	한신대 풍납(97)	2층	장란형토기	9	0.418	3.62	3.26	6.32	0.562	0	0.9316
97PN1893	한신대 풍납(97)	2층	호	10.8	0.557	4.53	4.52	6.34	1.14	0.956	0.7849

K	La	Ce	Th	Cr	Hf	Cs	Tb	Sc	Rb	Fe	Zn	Ta	Co	Eu
2.11	68.7	147	25.3	69.5	6.8	9.22	1.05	18.6	146	5.8	158	1.39	30.6	1.81
2.1	66.5	139	20.2	81.3	6.18	9.95	1.22	20.1	149	4.04	165	1.42	12.9	2.23
2.34	53.9	109	18.8	61.8	6.81	7.2	0.965	16.4	122	3.55	109	1.35	13	1.55
1.76	119	150	21.1	68.6	10.2	7.74	1.58	13	122	2.18	136	1.59	7.03	2.44
2.06	70.7	144	29.2	63.9	6.48	7.68	0.954	15	117	3.31	64.2	1.25	12.7	1.55
2.15	46.7	93.5	16.5	53.4	7.1	7.21	0.918	14.5	120	3.36	118	1.53	12.6	1.3
1.75	47.4	100	17.4	67.4	7.61	6.02	0.925	12.6	127	3.12	114	1.33	8.5	1.3
2.03	53.9	109	18.4	93.7	6.01	7.69	1.01	16.2	127	3.14	126	1.34	11.2	1.54
2.12	52.4	117	20.2	104	6.89	9.91	0.953	17.8	148	4.25	79.2	1.59	12.8	1.59
2.4	50.4	107	17.6	88.9	7.11	11.2	1.16	16.8	149	3.51	51.2	1.53	11.9	1.47
2.3	68.5	139	21.7	117	6.32	9.41	1.36	20.2	157	5.2	189	1.41	20.9	2.07
3.45	60.5	111	20.2	86.8	7.44	11.2	1.13	16.6	154	3.34	110	1.45	11.9	1.89
2.07	62.1	123	20.4	93.7	9.38	9.21	0.897	16	132	2.99	42	1.79	9.06	1.63
2.06	73	134	25.3	80	9.09	8.46	1.19	16.7	146	3.07	134	1.5	10.7	1.71
2.14	57	125	24.6	87	6.98	11.1	1.33	18.8	154	3.72	34	1.68	9.52	1.72
2.09	52.9	114	22	78.2	7.4	9.54	0.891	16.2	157	4.28	81.5	1.72	9.61	1.54
1.52	52	112	19.3	122	6.37	7.2	0.942	21.2	115	5.12	69	1.2	13	1.64
1.8	55.6	111	18.3	124	6.62	9.01	0.948	20.9	128	5.28	138	1.3	16.7	1.76
1.4	44.6	97.9	17.1	118	6.42	7.03	0.651	19.7	110	4.05	148	1.25	13.2	1.49
1.94	53.2	115	19.6	129	6.71	10.2	1.16	22.3	139	5.11	91	1.51	17.3	1.77
1.51	42.7	98.6	16.9	120	5.46	8.73	0.788	20.1	126	5.46	117	1.23	13.5	1.5
1.87	50.8	108	20.3	93.7	5.7	8.82	0.835	16.2	145	3.78	88.8	1.66	11.7	1.45
1.84	52	103	17.1	78.8	6.36	8.01	1.29	14.5	115	3.48	89.5	1.28	13.5	1.49
2.67	55.4	117	20.1	83.6	5.39	7.17	1.03	14.4	135	3.06	428	1.26	11.1	1.75
1.63	59.7	115	23	64.2	8.54	5.49	1.13	12.6	111	2.42	31	1.12	8.13	1.48
3.14	50.2	102	16.3	34.6	6.83	4.14	0.507	7.82	129	3.41	100	1.26	7.97	1.48
1.84	54.6	115	18.9	119	7.28	10.5	0.979	21.8	130	4.45	83.8	1.45	16.8	1.82
1.51	53.8	109	18.3	117	6.3	9.33	1.13	21.9	118	5.54	130	1.34	15.6	1.88
2.49	54.8	110	20.9	92.6	5.87	10.4	1.22	16.8	169	5.67	138	1.63	19.8	1.66
2.38	54.8	105	18.9	70	8.11	4.53	0.893	12.8	110	2.34	67.8	1.14	9.35	1.46
2.07	56.1	117	18.7	77.8	9.97	6.54	0.853	13.8	115	3.15	97	1.62	9.63	1.44
2.09	59.8	117	20.6	71.2	5.1	5.37	0.65	13.5	126	2.3	79.2	1.25	7.34	1.56
2.17	45.6	99.8	17.8	66.6	7.1	7.47	0.751	13.2	113	2.2	93.6	1.54	6.78	1.4
1.64	72.4	149	16.3	93.8	9.48	4.75	0.954	15	77	3.09	123	1.19	9.36	1.89
2.38	42.7	105	16	67.6	8.77	6.59	0.555	11.9	111	3.32	68.2	1.27	11.1	1.23
2.1753	62.2	127	22.4	89.4	0	6.08	1.1	15	135	3.1114	107	1.37	9.79	1.58
2.0376	72.9	145	21.5	96.4	0	10.2	1.33	19.6	145	3.3338	116	1.57	11.2	2.16

Sample	유적명	출토맥락	기종	Sm	Lu	U	Yb	As	Sb	Ca	Na
97PN1895	한신대 풍납(97)	2층	마연 반형토기	7.97	0.424	3.94	3.24	9	0.786	0.764	0.6388
97PN1896	한신대 풍납(97)	2층	장란형토기	7.33	0.384	3.65	2.95	5.23	0.758	0.5497	0.8744
97PN1900	한신대 풍납(97)	2층	심발형토기(고식)	11	0.521	4.95	4.29	8.63	1.14	0.8282	0.8237
97PN1901	한신대 풍납(97)	2층	중도식토기	7	0.362	3.63	2.83	10.3	0.944	0.7005	0.7256
97PN1902	한신대 풍납(97)	2층	중도식토기	8.27	0.357	4.79	2.7	9.97	0.668	0.75	0.9463
97PN1904	한신대 풍납(97)	2층	중도식토기	8.83	0.421	4.76	3.29	11.3	0.849	0	0.8253
97PN1905	한신대 풍납(97)	2층	마연 직구호	9.3	0.54	4.92	4.41	11.4	1.44	0.8842	0.4335
97PN1906	한신대 풍납(97)	2층	호 연질	8.28	0.468	6.46	3.44	4.06	0.83	1.2005	1.0346
97PN1908	한신대 풍납(97)	2층	호 경질	8.99	0.575	14	3.17	0.883	0.744	0.2	0.9461
97PN1910	한신대 풍납(97)	2층	호 경질	8.27	0.454	4	3.75	3.25	1.3	0.6168	0.6657
97PN1911	한신대 풍납(97)	2층	호 연질	8.66	0.475	4.43	3.99	3.79	0.951	0	0.6699
97PN1912	한신대 풍납(97)	2층	호 경질	9.98	0.533	4.44	4.36	0	1.17	0	0.6119
97PN1913	한신대 풍납(97)	2층	호 경질	9.93	0.518	5.13	3.95	11.1	0.991	0.7308	0.84
97PN1915	한신대 풍납(97)	2층	호 경질	9.47	0.533	5.12	3.9	5.78	1.11	0	0.7572
97PN1916	한신대 풍납(97)	2층	호 경질	12	0.613	5.11	4.79	0	1.41	0	0.8164
97PN1919	한신대 풍납(97)	2층	호 연질(고식)	10	0.494	5.88	3.39	7.6	1.04	0	0.7197
97PN1920	한신대 풍납(97)	2층	중도식토기	6.69	0.419	4.42	3.11	11	1.35	0.4767	0.5432
97PN1921	한신대 풍납(97)	2층	중도식토기	7.27	0.416	4.01	3.42	7.03	0.962	0.6145	0.8583
97PN1922	한신대 풍납(97)	2층	중도식토기	8.11	0.479	4.12	3.39	5.46	0.902	0.6557	0.8307
97PN1923	한신대 풍납(97)	2층	중도식토기	6.71	0.39	4.29	3.01	5.33	0.811	0.624	0.7887
97PN1925	한신대 풍납(97)	2층	중도식토기	7.04	0.409	4.39	3.36	11.1	1.36	0	0.7261
97PN1927	한신대 풍납(97)	2층	중도식토기	6.68	0.387	3.86	3.45	11	1.13	0.5992	1.035
97PN1928	한신대 풍납(97)	2층	장란형토기	7.72	0.395	3.35	3.24	0	0.731	0.7488	0.7238
97PN1929	한신대 풍납(97)	2층	직구호 마연(?)	8.04	0.476	4.42	4.07	0	1.12	0	0.6512
97PN1931	한신대 풍납(97)	2층	심발형토기(고식)	7.77	0.429	4.09	3.62	9.54	0.796	0.8839	0.8396
97PN1932	한신대 풍납(97)	2층	시루	7.92	0.401	3.69	3.14	11.9	0.886	0.5824	0.9242
97PN1933	한신대 풍납(97)	2층	호 경질	8.15	0.465	4.22	3.35	7.53	0.643	0	0.8201
97PN1934	한신대 풍납(97)	2층	호 연질	9.72	0.52	4.91	3.88	4.24	1.41	0	0.6507
97PN1865	한신대 풍납(97)	1층	심발형토기(고식)	11.2	0.479	4.32	3.48	5.95	0.615	0.6995	0.6099
97PN1866	한신대 풍납(97)	1층	중도식토기	6.07	0.375	3.83	2.68	12.2	0.905	0	0.7052
97PN1867	한신대 풍납(97)	1층	중도식토기	6.85	0.345	3.12	2.86	5.98	0.528	0.3999	0.7028
97PN1868	한신대 풍납(97)	1층	중도식토기	4.65	0.297	3.17	2.35	11.3	0.973	0.5171	0.7878
97PN1870	한신대 풍납(97)	1층	중도식토기	5.5	0.306	3.3	2.23	8.66	0.843	0	0.627
97PN1871	한신대 풍납(97)	1층	중도식토기	4.47	0.259	2.93	1.87	11.9	0.715	0	0.6377
97PN1872	한신대 풍납(97)	1층	중도식토기	4.99	0.27	3.18	1.93	5.34	0.71	0	0.5846
97PN1875	한신대 풍납(97)	1층	호 연질	5.98	0.308	4.02	2.18	6.54	0.502	0	0.6441
97PN1876	한신대 풍납(97)	1층	중도식토기	8.96	0.486	4.57	3.86	5.98	0.972	0.4476	0.8176
97PN1877	한신대 풍납(97)	1층	중도식토기	6.97	0.335	4.08	2.43	4.56	0.734	0.2	0.8076
97PN1879	한신대 풍납(97)	1층	중도식토기	6.72	0.366	3.64	2.84	7.29	0.692	0.6058	0.6141
97PN1880	한신대 풍납(97)	1층	중도식토기	5.81	0.33	3.97	2.46	9.09	0.922	0	0.6043

K	La	Ce	Th	Cr	Hf	Cs	Tb	Sc	Rb	Fe	Zn	Ta	Co	Eu
1.6795	51.4	103	16.7	123	0	7.02	0.972	19.9	117	4.3804	111	1.28	24.1	1.6
2.535	45.2	86.8	16.4	60	0	5.95	0.837	12.5	123	2.8385	86	1.12	12	1.42
2.8395	68.1	141	18.3	0	0	10.1	1.33	18.2	145	3.545	101	1.4	13.1	2.3
1.8924	43.3	85.6	15	82.2	0	5.17	0.829	13.4	109	4.6078	79.6	1.24	12.5	1.37
2.2433	57.9	109	21.4	95.2	0	5.37	0.796	12.8	123	3.0224	101	1.25	11.7	1.53
1.8458	59.9	118	20.8	72.7	8.2	5.18	0.884	11.5	101	3.002	85.6	1.25	6.6	1.39
2.1627	58.7	101	19.5	86.7	8.26	10.4	1.1	17	150	4.302	115	1.72	12.5	1.69
2.241	53.1	107	18.6	90.9	8.55	8.48	0.872	13.4	142	2.5136	108	1.51	10.9	1.55
2.6517	57.2	115	21.9	61.7	0	8.31	0.827	11.2	170	2.3307	96.7	2.37	7.6	1.59
1.9818	52.6	82.6	15	105	5.76	7.56	0.763	17.4	115	2.8352	97.5	1.28	15.1	1.3
2.2468	57	108	18.6	90.3	7.47	8.41	0.934	14.5	137	2.2209	89.8	1.34	10.3	1.59
2.3132	68.2	137	23.3	112	7.71	10.7	1.14	19.4	150	3.3396	105	1.53	17.7	2.06
2.1622	59.3	133	21.4	129	0	8.94	1.14	20.6	144	3.8384	114	1.6	12	1.83
2.4509	59.6	123	20.9	105	9.05	10.8	0.994	16.7	153	2.864	90.9	1.68	10.6	1.79
2.4767	74.9	148	26.1	112	7.06	11	1.12	20	181	3.5307	137	1.84	11.3	2.22
2.7307	66.3	138	21.4	113	8.99	11.9	0.938	17.7	175	4.1639	123	1.74	16.3	1.83
2.4981	44.6	87.6	17.3	84.9	8.18	8.43	0.665	14.9	139	3.877	76	1.52	8.64	1.28
1.962	50.9	105	14.6	79.1	8.52	4.89	0.747	12.5	92.7	1.8062	47.9	1.55	5.91	1.38
3.0762	54.6	109	16.8	79	7.36	9.87	0.761	15.2	160	3.4917	129	1.66	11.7	1.46
2.1651	45.8	88.4	14.3	71.6	6.94	6.38	0.655	12.6	109	2.9287	98.9	1.33	11.2	1.31
1.9195	44	93.1	16	83.2	7.69	6.66	0.828	13.3	115	4.3893	90	1.39	15.2	1.36
1.9165	42.3	88.8	16.6	76.4	0	6.42	0.782	12.9	139	2.8153	49.8	1.46	5.79	1.21
2.3722	55.4	106	17.9	81.4	0	5.12	0.864	16.4	115	3.3152	95.6	1.23	10.4	1.55
2.0399	55.2	110	18.9	81.8	8.52	8.63	1.05	14.6	135	3.8421	97.8	1.56	13.6	1.4
1.9808	53.2	103	17.2	110	7.25	5.61	0.911	14.4	115	4.0092	125	1.18	12.6	1.61
2.0376	53	104	19.7	79.2	7.77	8.07	0.827	14.3	155	3.5153	124	1.39	11.8	1.36
2.1558	52.2	114	19.6	86.5	6.82	8.02	0.929	16.2	153	4.8757	121	1.79	17.4	1.59
2.1913	60.9	126	20.1	89	7.03	11.3	1.18	17.5	144	3.3928	119	1.46	11.9	1.96
2.0883	70.3	112	23.5	57.4	8.57	5.06	1.24	11.8	127	2.8932	85.5	1.21	11.8	1.63
1.4885	36.5	81.5	13.6	72.7	5.94	5.69	0.727	11.9	100	3.5643	51.6	1.07	10.2	1.14
1.4819	41.8	86	14.2	86.6	5.81	4.86	0.922	11.5	81.6	1.7844	58.8	1.06	6.58	1.31
1.2725	30.1	60.1	13.6	68.1	6	6.56	0.518	11.3	99.8	3.1455	56.5	1.21	8.47	0.809
1.6049	33.1	63.1	12.9	64.9	5.11	6.72	0	11.6	110	2.3637	49.9	0.973	6.21	1.04
1.2793	25.9	54.8	10.6	58	6.62	4.47	0.578	9.61	70.8	2.34	34.6	0.955	3.81	0.874
1.5605	34	66.2	11.9	70	4.96	6.19	0.546	11	117	1.8107	54.9	0.943	5.2	1.02
2.1613	39.9	78.9	14.8	51.8	4.79	5.43	0.6	8.62	137	2.0145	51.4	1.37	5.77	1.01
2.957	57.2	112	18.9	96.9	7.41	8.21	1.04	16.4	177	2.4527	84.5	1.57	8.99	1.81
2.0086	57.5	70.3	15.3	74	4.66	6.99	0.707	10.9	134	1.4859	66.6	1.24	5.33	1.22
1.7325	40.7	83.1	15.8	70.6	6.26	5.92	0.744	12.3	108	2.1226	52.9	1.24	8.01	1.17
1.5393	38.9	73.9	13.4	59.5	8.89	6.06	0.602	10.1	94.2	2.6454	50.9	1.15	6.17	1.02

Sample	유적명	출토맥락	기종	Sm	Lu	U	Yb	As	Sb	Ca	Na
97PN1881	한신대 풍납(97)	1층	중도식토기	6.94	0.361	4.18	3	8.14	0.927	0	0.765
97PN1882	한신대 풍납(97)	1층	중도식토기	7.85	0.452	3.72	3.63	4.55	0.905	0	0.6272
97PN1883	한신대 풍납(97)	1층	중도식토기	6.64	0.352	4.51	2.76	11.9	0.896	0.5936	0.6866
97PN1884	한신대 풍납(97)	1층	중도식토기	5.61	0.312	3.63	2.49	8.59	0.766	0.2	0.7105
97PN1885	한신대 풍납(97)	1층	중도식토기	8.25	0.424	5.34	3.06	6.59	0.865	0.5731	0.9954
97PN1887	한신대 풍납(97)	1층	중도식토기	8.5	0.43	5.34	3.44	11.6	0.835	0.2	0.9948
97PN1888	한신대 풍납(97)	1층	중도식토기	7.78	0.435	4.2	3.4	4.21	0.891	0	0.7129
97PN1889	한신대 풍납(97)	1층	중도식토기	7.98	0.42	4.98	3.51	8.69	0.932	0	0.9712
MH1830	서울대 마하리	주거지	기와	5.69	0.33	2.88	2.42	6.11	0.623	0	0.6956
MH1831	서울대 마하리	주거지	기와	8.28	0.483	4.18	4.09	6.02	1.11	0	0.4832
MH1832	서울대 마하리	주거지	기와	11.6	0.451	3.69	3.82	6.22	0.891	0.3594	0.549
MH1833	서울대 마하리	주거지	기와	9.33	0.384	3.61	3.12	10.9	0.916	0.2	0.5641
MH1836	서울대 마하리	주거지	장란형토기	8.08	0.379	2.89	3.25	3.45	0.46	0.7646	0.387
MH1838	서울대 마하리	주거지	장란형토기	8.05	0.417	3.64	3.13	4.98	0.483	0	0.6768
MH1839	서울대 마하리	주거지	호	7.09	0.448	5.19	3.38	6.04	0.714	0	0.7895
MH1840	서울대 마하리	주거지	호	6.11	0.321	2.99	2.54	6.39	0.579	0	0.7146
MH1841	서울대 마하리	주거지	호	8.17	0.453	5.12	3.21	1.61	0.761	0	0.4078
MH1842	서울대 마하리	주거지	호 경질	7.3	0.444	4.38	3.36	3.38	0.963	0	0.6799
MH1843	서울대 마하리	주거지	호 경질	7.95	0.481	5.89	3.37	10.3	1.73	0.6692	0.9549
MH1844	서울대 마하리	주거지	호 연질	10.5	0.492	3.71	3.87	6.43	1.03	0	0.544
MH1845	서울대 마하리	고분군 3호 목관	난형호	4.6	0.345	3.21	2.6	12.9	1.03	0	0.8983
MH1846	서울대 마하리	고분군 28호 석곽	난형호	8.41	0.459	6.1	3.14	8.15	1.06	0	0.8924
MH1847	서울대 마하리	고분군 동쪽구릉 정상부	장란형토기	5.48	0.342	3.65	2.63	8.16	0.782	0	0.5781
MH1848	서울대 마하리	고분군 28호 석곽	구형호	8.56	0.52	4.14	4.62	3	0.941	0	1.0269
MH1849	서울대 마하리	고분군 14호 석곽	난형대호	7.12	0.433	4.48	3.19	5.99	1.17	0	0.7785
MH1850	서울대 마하리	고분군 22호 석곽	심발형토기	7.28	0.352	3.48	2.69	3.6	0.558	0	0.5923
MH1851	서울대 마하리	고분군 22호 석곽 서쪽 도랑	옹	6.75	0.358	3.36	2.73	0	0.827	0	0.7543
MH1852	서울대 마하리	고분군 11호 석곽	심발형토기	6.29	0.329	3.65	2.48	4.33	0.597	0	0.7205
MH1853	서울대 마하리	고분군 8호 목관	직구단경호	7.58	0.502	4.5	3.64	5.3	0.705	0	0.5422
MH1854	서울대 마하리	"고분군 17, 18호 석곽 사이"	대옹	9.08	0.477	4.18	3.62	4.76	0.91	0	0.6908
MH1855	서울대 마하리	고분군 29호	심발형토기	8.44	0.466	3.81	3.4	7	1.12	0	0.7727
MH1856	서울대 마하리	고분군 8호 석곽	심발형토기	7	0.406	3.42	2.87	6.12	0	0	0.6865
MH1857	서울대 마하리	고분군 17호 석곽	난형호	7.83	0.456	4.47	3.27	4.49	1.16	0	0.4912
DH1743	한신대당하리	주거지	심발형토기	9.57	0.443	3.01	3.47	2.56	0.455	0.6994	0.5038
DH1744	한신대당하리	주거지	호 연질	6.4	0.363	3.52	2.64	7.57	0.658	0	0.6972

K	La	Ce	Th	Cr	Hf	Cs	Tb	Sc	Rb	Fe	Zn	Ta	Co	Eu
1.7079	46.2	88.9	14.5	75.8	5.99	5.87	0.736	13	101	2.3707	51	1.14	7.29	1.35
2.5741	49.6	83.2	14.3	71.4	5.46	6.3	0.819	12.3	114	1.6165	65.4	1.2	6.83	1.35
1.5645	43.3	78.6	12.4	72.1	6.08	4.94	0.576	11.2	79.7	2.8391	61.8	1.15	9.13	1.23
2.0764	39.1	73.8	12.4	56.6	0	4.94	0.583	9.58	93.3	2.6044	42.7	1.03	7.62	1.12
2.3032	71.3	88.7	18.4	80.2	0	8.12	0.906	13.4	139	1.8276	73.7	1.53	7.21	1.56
1.7492	52.8	99.4	17.2	0	6.3	7.5	0.851	13.8	121	3.128	64.7	1.29	8.9	1.57
1.9734	50.9	101	17	86.5	6.55	7.07	0.909	14.8	117	2.0141	80.6	1.35	7.36	1.67
2.2436	55.5	105	19.5	72.4	6.19	8.16	0.882	13.4	135	3.1848	101	1.57	13.1	1.5
2.3079	40	77.6	22.4	101	6.77	4.97	0.588	12.2	115	3.2257	53.3	1.17	9.58	1.16
2.3588	58	126	18.6	88.6	10.3	5.87	1.13	14.1	117	4.4604	98	1.75	27.6	1.55
2.4428	73.5	146	23.4	84.9	9.8	5.65	1.27	16.2	126	5.1214	127	1.74	14.5	2.09
1.9002	56.1	119	19.7	91.4	8.24	6.15	1.2	16.2	126	5.4018	111	1.6	18.8	1.79
1.5966	51.7	98.9	16.4	109	7	3.35	1.06	20.6	84.3	4.1411	132	1.26	14.8	1.58
1.6131	51.3	110	26	106	6.62	2.65	0.857	17.8	80.7	3.5526	96.9	1.64	10.3	1.31
1.528	43.9	86.6	20	129	8.56	2.68	0.84	14.5	74.6	2.5794	88.2	1.72	10.5	1.44
1.8194	47	80.8	23.8	73.7	7.7	6.86	0	13.2	134	3.5514	83.3	1.2	10.5	1.07
1.8019	56.3	115	21.9	111	7.57	7.41	1.15	15.4	135	5.1766	114	2.17	21.9	1.38
1.863	46.2	93.2	17.7	97.5	7.51	7.47	0.912	14.8	116	6.867	111	1.59	21.3	1.45
2.0991	46.4	96.7	22	97.9	7.32	13.1	0.915	19.6	163	4.4803	72.8	1.74	8.64	1.47
2.2204	66.5	135	21.4	85.7	10.2	6.63	1.15	17.5	136	5.3114	133	1.64	15.3	1.9
2.1037	31.3	56.4	15.5	72.4	7.11	7.47	0.679	13.4	124	4.8513	57.8	1.33	9.9	0.975
2.1141	55.2	112	21.6	71.3	8.99	8.88	0.805	14.9	159	4.4705	89.7	1.89	16.6	1.71
2.2119	29.6	64.1	18.1	82.9	7.77	7.02	0.576	13.7	138	2.8784	81.3	1.33	11.2	1.08
1.8614	55.1	114	20.7	93.3	10.1	7.98	1.11	16	124	2.5018	79.7	1.67	8.76	1.54
1.9638	44.7	91	19.6	93.5	6.82	7.6	0.929	17.5	127	3.3299	107	1.72	10.1	1.52
1.7378	47.9	91.9	20.5	83.8	9.2	3.8	0.838	14.4	89.5	4.2827	85.2	1.48	16.9	1.31
2.1104	46.5	92.7	15.3	91.4	10.7	5.74	0.692	13	96.8	2.8322	78.3	1.42	11.1	1.5
2.2164	38.7	76.1	19.9	77	8.86	1.97	0.649	11.9	85.1	2.5884	68.8	1.31	6.94	1.2
1.0853	39.5	89	21.3	123	6.27	1.21	0.971	22.9	45	3.4374	84.1	1.48	10.7	1.68
2.0042	57.9	118	21.9	92.7	7.72	6.47	1.19	15.1	127	3.3141	93.9	1.5	14.2	1.55
1.5288	52.7	109	18.4	88.1	7.21	7.75	1.06	15.2	99.6	3.406	78	1.53	11.3	1.66
1.7059	42.3	80.6	17.9	77.7	5.31	5.05	0.885	14.1	90.7	3.4906	65.4	1.12	10	1.32
1.612	43.2	93.7	20.7	87.3	6.14	8.24	1	16	101	4.0428	64.9	1.66	7.8	1.67
2.1074	60.5	119	18.3	89.1	8.48	4.38	1.05	18.2	97.5	3.4173	107	1.15	14.2	1.94
1.7932	38.1	80.1	17.2	93.7	7.12	4.84	0	12.6	93.9	2.6709	53.5	1.21	6.98	1.21

Sample	유적명	출토맥락	기종	Sm	Lu	U	Yb	As	Sb	Ca	Na
DH1745	한신대당하리	주거지	호 연질	7.1	0.363	2.49	2.78	4.22	0.538	0.5428	0.7422
DH1746	한신대당하리	주거지	심발형토기	7.36	0.431	3.64	3.18	5.1	0.695	0.4687	0.8093
DH1747	한신대당하리	주거지	심발형토기	10.4	0.561	4.58	4.24	0	0.58	0	0.8071
DH1748	한신대당하리	주거지	장란형토기	8.66	0.502	4.05	3.76	4.42	0.844	0	0.7093
DH1749	한신대당하리	주거지	장란형토기	6.73	0.379	3.41	2.86	5.49	0	0.8966	0.8829
DH1750	한신대당하리	주거지	호 연질	7.84	0.409	4.93	3.04	6.67	0	0	0.801
DH1752	한신대당하리	주거지	호 연질	9.5	0.498	3.58	3.71	7.95	1.14	0	0.6168
DH1753	한신대당하리	주거지	호 연질	7.78	0.505	3.92	3.73	6.37	1.28	0.7095	0.9189
DH1754	한신대당하리	주거지	호 연질	7.76	0.5	4.25	3.71	5.98	1.28	0	0.9429
DH1755	한신대당하리	주거지	호 연질	8.99	0.482	6.48	3.44	7.7	1.21	0	0.5148
DH1756	한신대당하리	주거지	호 경질	12.1	0.535	4.76	4.03	9.05	1.39	0	0.3932
DH1757	한신대당하리	주거지	호 경질	7.61	0.423	3.87	3.1	4.56	1.02	0	0.8167
DH1758	한신대당하리	주거지	호 경질	8.92	0.461	3.92	3.4	11.5	1.24	0	0.7738
DH1759	한신대당하리	주거지	호 경질	10.9	0.53	4.21	4.15	6.57	1.45	0	0.9997
DH1760	한신대당하리	주거지	호 경질	8.91	0.468	4.65	3.88	11.8	1.18	0	0.9777
DH1761	한신대당하리	주거지	호 경질	11.9	0.511	7.75	3.66	0	1.29	0.7312	0.8858
DH1762	한신대당하리	주거지	호 경질	12	0.599	4.71	4.62	16.4	1.59	0	0.8222
DH1763	한신대당하리	주거지	옹 연질	7.59	0.435	5.11	3.2	3.56	0.813	0.5901	0.7213
DH1765	한신대당하리	주거지	옹 연질	8.06	0.427	4.08	3.23	4.01	0.952	0	0.6639
MJ01	먹절산 (경기도박)	S0E2 표토	흑색마연직구 유견반형호	7.521	0.4486	4.397	3.212	8.367	0.753	1.418612695	0.645814
MJ02	먹절산	S0E2 암회색점토 (II층)	흑색마연뚜껑	9.261	0.5267	3.909	3.443	9.648	0.869	1.086774171	0.748875
MJ03	먹절산	N0E2 암갈색1호 적석	삼족기	7.997	0.5179	3.681	3.817	8.043	1.004	1.461746525	0.783231
MJ05	먹절산	S1E1 적석유구	삼족기	8.508	0.4977	4.148	4.022	5.360	1.139	1.411953683	0.901848
MJ06	먹절산	S1E2 표토	삼족기	8.844	0.4867	4.153	3.897	6.567	0.945	1.211246724	0.617127
MJ09	먹절산	S2E1 서벽	광구단경호	9.468	0.5362	4.471	3.528	10.399	1.020	1.219504257	0.511990
MJ10	먹절산	S0E0 표토	광구단경호	7.964	0.4808	4.575	3.138	9.574	1.305	1.138719477	0.634568
MJ11	먹절산	S1E1 적석유구	직구단경호	9.328	0.5228	4.203	3.369	6.551	0.948	1.155469358	0.878900
MJ12	먹절산	S1E1 적석유구	고배	9.696	0.5540	4.604	3.598	6.056	0.935	1.176262961	0.653544
MJ15	먹절산	S3W0 1호주거지	뚜껑	10.316	0.4771	4.461	3.146	5.771	0.840	1.05455521	0.783762
MJ18	먹절산	S0E0 표토	뚜껑	9.528	0.5178	5.631	3.347	6.692	0.952	1.090180246	0.566716
MJ19	먹절산	S0E2 암회색점토(II층)	장란형토기	10.271	0.4348	3.847	3.041	3.943	0.734	1.083469117	0.816923
MJ20	먹절산	S0E2 명색점토(II층)	시루	9.199	0.5645	4.388	4.165	3.357	0.955	1.077984765	0.451112
MJ22	먹절산	S2E2 Test trench	심발형토기	10.196	0.5400	4.643	3.479	6.494	1.010	0.863222698	0.532775
MJ26	먹절산	S8E1 표토	심발형토기	8.092	0.4363	4.203	2.958	3.464	0.575	1.004926108	0.65029
MJ28	먹절산	S1E1 표토	동이형토기	9.500	0.5345	5.083	3.396	5.552	1.140	1.056609708	0.584428
MJ30	먹절산	S0E2 명갈색점토(II층)	장란형토기	8.519	0.4342	3.363	2.950	4.346	0.749	1.109502196	0.781294

K	La	Ce	Th	Cr	Hf	Cs	Tb	Sc	Rb	Fe	Zn	Ta	Co	Eu
2.3219	44.1	85.9	15.3	93.3	5.12	4.21	0.772	14.7	133	3.1836	105	1.15	12.9	1.58
1.9145	47.2	97.1	18.4	87.8	7.4	6.38	0.937	15.1	115	4.3573	97.1	1.35	17	1.38
2.4246	66.7	117	21.9	116	13.6	4.76	1.11	13.6	93.8	2.6274	79.8	1.56	7.87	1.81
2.0683	57.5	117	21.7	77.1	7.86	6.37	1.04	15.9	114	3.3083	90.7	1.49	10.5	1.48
2.3799	43.2	88.7	20.3	89.7	6.07	5.4	0.712	14.5	108	3.9067	96.7	1.29	12.6	1.16
2.205	47.7	90.1	17.8	92.4	7.83	5.85	0.9	13.3	113	3.1	78.9	1.33	10.1	1.56
2.829	62.3	130	26.1	106	11.4	5.96	1.18	16.2	138	4.4397	97.3	1.59	14.8	1.57
1.9192	45.2	101	19.6	123	7.18	7.25	1.08	18.4	112	3.3493	94.3	1.52	11.6	1.61
2.1589	47.2	106	19.5	121	7.34	7.73	1.22	18.5	121	3.3788	87.4	1.48	9.05	1.54
2.0153	55.2	107	24.6	100	7.53	10.3	1.25	17.3	160	5.1847	99	1.81	13.8	1.63
2.4043	83.9	145	21.8	114	6.4	12.6	1.61	20.5	171	4.5902	130	1.6	12.5	2.37
2.1341	50.1	103	18.6	95.7	10	8.23	0.97	15.5	123	2.5884	76.2	1.45	11.7	1.52
2.2407	59.9	114	21.9	97.7	8.48	8.7	0.837	17	158	5.5036	111	1.46	17.8	1.74
1.9175	72.6	145	19.2	101	6.66	10.8	1.37	17.5	137	3.2659	75.2	1.44	10.5	2.18
1.8129	56.8	112	18.3	99.6	6.75	10.8	1.37	16.9	148	5.646	106	1.7	18.1	1.81
1.756	90.1	183	37.5	90.9	7.2	11.1	1.28	16.3	163	2.7534	89.4	1.93	9.88	2.31
2.0203	75.3	158	23.6	104	7.39	11.8	1.59	19.2	163	4.6963	102	1.64	14.2	2.25
2.2743	47.9	95.1	16.1	98.2	6.75	7.37	0.994	14.2	122	2.5759	111	1.4	10.5	1.4
1.8478	49.1	103	19.9	99.6	7.44	7.61	0.928	16.5	145	2.9732	91.1	1.59	10	1.49
	46.30	94.233	16.597	124.799	5.798	7.281	0.859	18.431	113.17	3.85188672	86.09	1.242	10.422	1.527
	54.83	109.975	20.754	111.275	7.556	7.379	1.070	16.864	123.34	4.61437305	98.08	1.298	12.643	1.670
	51.67	96.233	17.638	120.867	6.935	7.885	1.018	16.593	108.34	5.86781211	115.11	1.485	13.145	1.570
	51.59	103.417	18.839	125.978	6.982	7.697	1.034	19.159	105.52	3.60598359	107.32	1.528	11.465	1.530
	55.38	103.878	18.356	98.164	8.553	9.145	1.088	15.933	146.81	3.2297459	79.44	1.457	10.717	1.657
	61.45	123.129	21.832	132.059	6.801	8.921	1.104	20.035	144.75	5.33504063	129.42	1.392	19.180	1.801
	49.19	99.349	17.677	119.128	6.577	9.990	0.923	17.892	141.96	4.37596094	138.67	1.403	18.548	1.527
	57.92	112.592	20.675	120.952	5.756	7.903	1.150	18.676	138.79	4.42324688	138.56	1.421	17.957	1.746
	63.64	124.281	21.762	126.134	8.088	7.761	1.176	18.553	134.47	4.03566172	159.10	1.322	22.168	1.750
	78.48	152.179	25.709	123.992	7.818	6.477	1.156	16.776	116.66	3.06518418	73.77	1.328	9.280	1.601
	62.90	118.979	19.431	77.546	8.913	11.537	1.105	13.761	149.65	3.36291211	83.03	1.330	10.555	1.819
	63.73	130.280	21.328	83.942	8.089	7.059	1.017	15.567	146.25	3.79919531	142.11	1.736	11.127	1.505
	56.05	112.925	19.253	129.395	9.138	8.349	1.344	17.639	142.83	4.62983164	112.11	1.313	14.399	1.779
	59.63	116.027	17.386	106.275	7.833	6.886	1.193	15.049	123.38	4.20181172	108.18	1.220	18.098	1.987
	50.34	101.331	19.532	82.518	7.053	5.710	0.952	13.652	108.58	2.47211406	70.75	1.350	8.360	1.347
	58.48	117.689	20.132	125.012	7.059	10.573	1.151	17.591	142.42	2.56279844	90.30	1.470	8.227	1.784
	56.59	113.853	19.433	95.230	5.759	6.910	0.958	14.460	115.68	2.39001699	77.75	1.200	8.928	1.652

Sample	유적명	출토맥락	기종	Sm	Lu	U	Yb	As	Sb	Ca	Na
JJ01	자작리(경기도박)	89	뚜껑	7.919	0.4823	4.586	3.827	2.299	1.125	1.303238916	0.98453
JJ03	자작리	지표	기대	8.839	0.5130	4.866	3.224	2.779	1.072	1.134626257	0.57588
JJ05	자작리	60	경질무문토기	8.118	0.4107	5.034	2.645	5.291	0.645	0.991896847	1.15185
JJ06	자작리	827	경질무문토기	5.208	0.3798	3.654	2.337	4.257	0.928	1.076938489	0.83572
JJ16	자작리	93	시루	7.659	0.4068	4.176	2.715	2.920	0.643	1.139903241	1.28383
JJ17	자작리	127	원저호	8.801	0.4372	3.698	3.088	6.781	0.513	1.023830285	0.83039
JJ18	자작리	625	심발형토기	10.489	0.5192	4.989	3.483	2.782	0.575	0.883058422	1.01768
JJ19	자작리	618	심발형토기	8.419	0.3743	2.928	2.606	2.904	0.433	1.2269046	0.75504
JJ20	자작리	624	심발형토기	12.594	0.5983	5.998	4.005	1.958	0.622	0.835998829	0.91336
JJ22	자작리	120	원저호	7.514	0.4334	3.699	2.715	3.145	0.747	0.938776687	0.58772
JJ23	자작리	2호주거지내부	단경호	5.421	0.3793	4.059	2.569	8.259	1.017	1.319860331	0.87922
JJ24	자작리	2호주거지내부	경질무문토기	5.992	0.3509	4.170	2.332	5.633	0.749	0.990986789	0.80877
JJ25	자작리	2호주거지내부	경질무문토기	9.902	0.5251	5.487	3.641	3.537	0.837	1.220109214	0.37252
JJ26	자작리	2호주거지내부	흑색마연토기	6.693	0.4431	5.040	2.874	8.684	1.276	1.217717035	0.87512
JJ27	자작리	2호주거지내부	대옹	8.185	0.4922	4.216	3.384	7.291	1.055	1.53107202	0.8153
JW02	주월리(경기도박)	96PJ 5-7(7-8)	직구단경호	8.751	0.4955	4.254	3.544	13.434	1.206	1.235632487	0.68932
JW05	주월리	96PJ 지표	뚜껑	8.250	0.5048	4.068	3.439	7.325	1.027	1.45763096	1.17716
JW06	주월리	97 주월리 가-3Tr	뚜껑	8.810	0.4811	4.512	3.606	10.937	1.187	1.562326808	0.73554
JW08	주월리	96PJ (8-2)	광구단경호	8.320	0.5591	4.551	3.818	5.579	1.154	1.273242596	0.67095
JW09	주월리	?	광구단경호	8.903	0.5310	5.660	3.891	3.271	1.148	1.284350525	0.71932
JW16	주월리	96PJ 8	심발형토기	6.129	0.3476	3.167	2.728	4.797	0.676	1.183490473	0.93494
JW17	주월리	96PJ 8(8-5)	심발형토기	6.120	0.3813	3.624	2.680	6.039	0.568	1.083880413	0.90975
JW18	주월리	96PJ 8 아궁이	심발형토기	10.732	0.5391	5.394	3.709	5.901	0.641	0.97374737	0.94796
SK12	충남대 신금성		뚜껑	8.486	0.4922	3.765	3.489	5.729	0.925	1.419234805	0.76079
SK16	충남대 신금성		뚜껑	7.887	0.4255	4.343	2.783	8.642	0.732	1.722864575	0.63681
SK20	충남대 신금성		고배 or 삼족기?	9.378	0.4734	5.247	3.803	8.373	1.184	1.091966942	0.77908
SK21	충남대 신금성		고배?	9.467	0.5694	6.056	4.072	3.398	1.023	1.258433716	1.02240
SK25	충남대 신금성		고배 or 삼족기?	10.483	0.5160	4.941	3.619	4.967	1.101	1.156892117	0.60534
SK29	충남대 신금성		평저호	8.884	0.5118	4.212	3.745	5.577	1.109	1.689515903	1.00489
SK31	충남대 신금성		호	9.294	0.5635	8.680	3.705	5.284	0.959	1.500175948	1.04290
SK32	충남대 신금성		호	7.994	0.4323	3.740	3.265	7.017	0.771	1.651687632	0.90596
SK33	충남대 신금성		동이	7.758	0.4803	4.282	3.298	7.827	0.677	1.765572443	0.80651
SK35	충남대 신금성		옹	5.962	0.3549	3.121	2.761	3.863	0.622	1.390203048	0.76298
SK36	충남대 신금성		호?	8.393	0.5153	4.513	3.635	3.229	1.103	1.485916816	0.58825
SK38	충남대 신금성		호	8.772	0.5628	4.042	3.756	3.327	0.912	1.223796929	0.47517
SK01	충남대 신금성		흑색마연토기호	7.24	0.41	4.46	3.29	6.72	0.969	1.27	0.690
SK04	충남대 신금성		흑색마연토기 단경호	8.22	0.458	5.02	3.67	2.89	0.871	0.919	0.84

K	La	Ce	Th	Cr	Hf	Cs	Tb	Sc	Rb	Fe	Zn	Ta	Co	Eu
	49.28	95.606	15.926	103.528	6.917	11.251	1.155	16.336	144.71	2.4021082	72.49	1.369	9.134	1.514
	58.78	112.166	23.016	83.157	8.485	10.213	1.181	15.814	147.45	2.83513633	83.75	1.466	9.538	1.546
	57.10	98.603	22.138	76.906	5.967	8.074	0.907	12.739	143.90	2.29800137	74.39	1.543	6.497	1.401
	38.23	72.465	17.795	91.115	8.481	8.387	0.762	14.120	131.01	2.55192656	57.71	1.417	6.687	0.971
	50.84	94.681	17.012	98.359	6.081	7.782	1.075	13.893	139.77	2.36464336	67.91	1.225	8.428	1.418
	65.06	107.740	21.339	90.343	7.956	6.810	0.948	14.460	164.28	3.56552305	73.27	1.619	9.319	1.483
	74.76	142.999	17.911	139.038	4.640	7.827	1.268	15.708	146.03	1.97533008	101.77	1.313	6.824	1.973
	55.34	105.761	15.685	93.361	7.318	3.926	0.888	16.537	97.46	3.32286133	85.97	1.008	10.990	1.517
	72.82	132.267	18.663	101.507	6.085	6.954	1.580	13.628	156.77	1.91950605	105.25	1.655	6.392	1.868
	49.62	100.586	21.212	90.165	8.114	6.751	0.843	13.614	153.52	2.76388477	86.29	1.220	10.045	1.341
	30.77	64.990	16.683	110.671	5.724	8.814	0.640	16.222	110.15	2.77673047	46.42	1.370	5.466	1.021
	36.84	74.394	18.948	73.786	5.325	4.967	0.715	11.627	126.87	2.38463926	80.00	1.337	6.860	1.116
	73.77	121.139	26.695	85.824	8.404	8.285	1.374	16.530	136.49	2.70457324	82.89	1.642	9.306	1.762
	36.19	76.783	18.277	101.834	6.049	7.916	0.804	17.582	111.53	3.45737656	50.03	1.436	8.950	1.350
	57.78	107.867	17.186	96.047	4.839	11.489	0.996	20.786	156.47	3.61612266	205.16	1.248	18.648	1.712
	52.70	103.515	21.002	110.987	6.391	10.651	1.058	18.520	130.78	3.40366289	96.70	1.413	12.479	1.653
	49.25	100.398	19.637	113.715	6.681	8.990	1.026	17.674	123.12	2.62507754	72.68	1.385	8.134	1.586
	54.88	107.526	20.817	108.336	6.181	11.315	1.087	18.380	143.56	3.53444805	109.46	1.367	12.345	1.706
	50.60	94.330	18.026	90.089	8.568	9.050	1.096	15.648	139.49	3.25431875	78.48	1.678	12.729	1.530
	54.51	133.906	19.326	95.996	8.576	9.408	1.128	16.553	146.26	3.43239063	87.43	1.756	14.921	1.621
	37.85	71.531	14.792	99.778	5.801	6.083	0.792	15.979	127.35	2.0018918	86.54	1.148	7.839	1.238
	37.81	72.540	13.216	88.601	5.105	6.681	0.787	14.928	140.49	1.8785332	67.92	1.040	7.119	1.215
	62.22	114.253	19.143	109.975	5.844	7.004	1.453	14.872	147.31	2.10698145	96.74	1.488	4.984	1.574
	52.05	104.062	16.960	92.228	6.991	9.856	1.148	19.029	129.78	3.74033633	78.12	1.376	14.481	1.870
	53.16	97.228	20.055	126.087	7.216	8.299	0.920	17.082	143.04	4.24825352	81.00	1.512	12.007	1.483
	58.70	112.403	19.834	102.410	7.503	10.501	1.153	15.889	146.40	3.50831953	80.97	1.533	10.448	1.664
	61.52	117.700	24.113	105.484	11.906	8.357	1.203	14.560	141.28	2.56140156	73.94	1.756	8.517	1.564
	61.59	110.934	19.529	97.959	6.911	11.082	1.263	16.089	150.10	2.77162266	73.07	1.393	7.890	2.097
	53.11	104.697	16.829	102.043	6.766	10.070	1.328	18.122	128.29	2.89573906	87.63	1.403	12.783	1.767
	57.92	109.931	18.484	95.703	7.802	9.365	1.156	16.708	133.25	3.60349883	87.82	1.415	17.483	1.718
	48.14	95.745	13.856	88.578	6.777	7.118	1.030	15.689	118.91	3.09324961	66.77	1.058	12.814	1.615
	46.43	90.902	15.564	84.749	7.021	6.150	1.045	14.405	112.97	3.92510234	67.39	1.297	9.185	1.476
	38.45	72.833	12.672	77.414	7.260	5.509	0.795	12.360	102.71	2.44516641	67.23	1.126	6.728	1.285
	50.84	100.030	16.092	85.527	7.777	8.776	1.035	18.563	132.67	5.60036094	86.72	1.374	18.502	1.900
	60.28	106.836	18.589	105.753	8.890	8.910	1.308	17.496	153.24	2.06891504	104.78	1.449	9.022	1.691
1.84	46.7	94.5	17.4	78.4	7.7	7.38	0.898	13.8	126	3.36	85.2	1.53	12.1	1.38
2.62	52.1	104	19.4	0	7.71	7.05	1.01	13.3	156	2.33	85.5	1.35	8.09	1.6

Sample	유적명	출토맥락	기종	Sm	Lu	U	Yb	As	Sb	Ca	Na
SK07	충남대 신금성		흑색마연토기 호?	9.17	0.494	4.24	4.17	3.84	1.03	0.916	1.15
SK08	충남대 신금성		흑색토기(마연?)단경호	9.57	0.491	3.87	4.13	0	0.94	1.04	1.04
SK09	충남대 신금성		흑색마연토기 파수부	7.55	0.438	3.86	3.52	5.47	6.43	1.23	0.74
SK19	충남대 신금성		고배	8.21	0.483	4.5	3.69	6.2	2.01	0.796	1.01
SK26	충남대 신금성		고배	8.74	0.455	5.08	3.51	3.81	0.891	0	1.20
SK28	충남대 신금성		호	7.8	0.468	4.96	3.7	9.62	1.2	0	0.79
SK30	충남대 신금성		호								
SB02	충북대 신봉동	64호 토광묘	토기동체부	8.707	0.4414	4.121	2.997	7.413	1.103	1.161094651	0.83370
SB08	충북대 신봉동	59호 토광묘	토기동체부	7.646	0.4420	5.363	2.736	4.194	0.507	0.974984158	1.04950
SB10	충북대 신봉동	85호 토광묘	토기동체부	8.382	0.4402	5.739	2.784	3.019	0.823	1.231016312	0.99342
SB14	충북대 신봉동	11호 토광묘	개배	9.720	0.4851	5.220	3.287	2.216	0.913	1.292676935	0.78993
SB01	충북대 신봉동	6호 토광묘	토기구연부편	10.7	0.475	8.07	3.6	3.64	0.95	0	1.00
SB03	충북대 신봉동	64호 토광묘	개배편	7.19	0.382	4.67	3	4.08	8.19	0	0.88
SB04	충북대 신봉동	56호 토광묘	토기구연부편	7.58	0.35	5	2.69	3.63	0.675	0	0.86
SB05	충북대 신봉동	8호 토광묘	손잡이달린 큰잔구연부편	9.99	0.483	4.78	4.02	9.78	0.989	0	0.63
SB06	충북대 신봉동	47호 토광묘	토기몸통편	8.9	0.475	5.22	3.76	1.77	1.03	0.585	0.85
SB07	충북대 신봉동	57호 토광묘	토기구연부편	8.98	0.443	6.04	3.33	8.2	0.816	0	1.0
SB09	충북대 신봉동	59호 토광묘	토기몸통편	9.91	0.323	4.39	2.58	3.55	3.64	0.642	1.20
SB11	충북대 신봉동	1호 석실분 관대	토기몸통편	8.85	0.424	5.9	3.4	2.93	1.05	0.557	0.99
SB13	충북대 신봉동	37호 토광묘	손잡이달린 큰잔구연부편	11.6	0.711	25.5	3.21	0	0.972	0.968	1.1
SB19	충북대 신봉동	지표수습	개배편	10.7	0.531	5.8	4.15	1.76	4.5	0	0.78
SB25	충북대 신봉동	6호 토광묘	토기저부편	11.4	0.488	7.9	3.46	4.52	2.94	0.811	1.4
SB28	충북대 신봉동	지표수습	손잡이달린 큰잔구연부편	11.3	0.513	5.67	3.89	11.4	10	0.57	0.71
SB30	충북대 신봉동	1호 토광묘	심발형토기 구연부편	10	0.432	6.79	2.89	6.24	3.01	0	1.1

K	La	Ce	Th	Cr	Hf	Cs	Tb	Sc	Rb	Fe	Zn	Ta	Co	Eu
2.1	59.4	114	17	98.5	8.79	8.23	1.04	17.1	144	3.8	114	1.54	17.1	1.74
.15	54.7	114	16	92.9	9.42	5.75	1.11	19.3	115	3.24	106	1.43	17.4	2.08
.03	45.8	98.2	15.8	74.9	6.44	8.48	1.09	17.4	139	3.48	86.3	1.42	12.6	1.73
2.1	50.1	104	18.1	91.1	7.11	8.37	1.09	18.4	110	3.64	101	1.59	15.7	1.64
.42	53.1	108	19.8	98.4	6.5	10.5	1.15	19.6	162	3.76	102	1.71	13.2	1.74
.09	47.1	98.4	16.8	89.1	6.62	11.1	1.06	16.5	138	4.12	79.2	1.43	8.36	1.51
	62.02	121.509	17.722	92.826	7.287	9.208	1.080	14.456	150.18	2.9602127	105.67	1.326	14.410	1.758
	44.05	84.081	17.465	60.522	6.546	5.940	0.924	9.839	148.28	1.48106797	67.87	1.459	5.180	1.312
	55.95	102.472	17.557	81.946	8.529	7.008	0.973	12.867	143.09	2.27236484	82.53	1.518	9.636	1.684
	62.18	124.802	17.842	99.634	8.034	8.648	1.284	14.728	152.10	2.50941641	103.95	1.352	11.658	2.051
.39	74.2	114	22.1	62.6	8.62	6.72	1.1	12.4	141	2.38	80.2	2.21	7.99	1.9
.59	47.5	96.8	19	86	8.53	7.33	0.895	13.9	138	2.95	106	1.64	13.1	1.42
.51	51.7	99.9	23	66.7	8.61	8.11	0	11.5	154	1.72	129	1.81	6.2	1.26
.03	58.7	136	20.8	101	7.72	10.8	1.14	17.2	161	4.08	127	1.58	14	2.06
.17	58	117	19.5	88.7	8.17	9.32	0.945	15.3	164	3.26	111	1.53	19	1.86
.41	59.2	108	27.2	66.3	8.86	8.2	0.945	12.5	157	3.29	80.7	1.8	10.2	1.56
.72	78.5	115	30.7	54.7	6.95	5.83	0.939	9.65	152	1.83	65.6	1.52	4.72	1.74
.33	61.7	118	21.3	78.5	7.94	9.42	0.908	15.1	155	3.53	131	1.27	13.2	1.68
.44	55.5	119	130	102	10.3	7.88	1.11	15.4	174	3.46	117	1.73	12.1	1.96
.84	73.2	155	28.3	107	12.1	10.6	1.12	17.5	183	2.56	81.3	1.96	9.07	1.95
.09	78.6	126	24.3	83.8	8.03	7.58	1.06	14.7	163	2.56	103	2.18	8.88	1.86
.08	65.3	165	24.2	123	8.47	13.6	1.18	20.8	198	4.95	142	1.62	15.3	2.29
.87	86.3	115	31.3	121	10.5	11.1	0.856	14.6	215	4.08	92.5	2.09	12.9	1.59

【참고문헌】

D'Altroy, Terence N., and Timothy K. Earle, 1985, Staple finance, wealth finance, and storage in the Inka political economy. Current Anthropology 26(2): 187~206.

Gosden, Chris, 1989, Debt, production, and prehistory. Journal of Anthropological Archaeology 8: 355~387.

Hein, A., Tsolakidou, A., Iliopoulos, I., Mommsen, H., Buxeda i Garrigos, J., Montana, G. and Kilikoglou, V. 2002. Standardisation of elemental analytical techniques applied to provenance studies of archaeological ceramics: an inter laboratory calibration study. The Analyst: 127, 542~553.

Helms, Mary W., 1993, Craft and the kingly ideal: Art, trade, and power. University of Texas Press, Austin.

Hirth, Kenneth G., 1996, Political economy and archaeology: Perspectives on exchange and production. Journal of Archaeological Research 4(3): 203~239.

Kim, Jangsuk, 2001, Elite strategy and the spread of technological innovation: the spread of iron in the Bronze Age societies of Denmark and southern Korea. Journal of Anthropological Archaeology 20: 442~478.

Rice, P. M., 1987, Pottery Analysis: A Sourcebook. University of Chicago Press, Chicago.

_____, 1996a, Recent ceramic analysis: 1. Function, style, and origins. Journal of Archaeological Research 4(2): 133~163.

_____, 1996b, Recent ceramic analysis: 2. Composition, production, theory. Journal of Archaeological Research 4(3): 165~202.

최몽룡·신숙정·이동영, 1996, 『고고학과 자연과학 -토기편-』, 서울대학교 출판부.
_____, 2000, 『흙과 인류』, 주류성.
한남대학교 박물관, 1993, 『百濟 土器 窯址 特別展』 圖錄.
輕部慈恩, 1971, 『百濟遺蹟の硏究』, 吉川弘文館.
武末純一, 1991, 『土器からみた日韓交涉』, 學生社.
熊海堂, 1995, 『東亞窯業技術發展與交流史硏究』, 南京大學出版社.
中國硅酸鹽學會, 1982, 『中國陶瓷史』.
조선기술발전사편찬위원회, 1996, 『조선기술발전사』 1~5, 과학백과사전종합출판사.

황기덕, 1984, 『조선 원시 및 고대 사회의 기술발전』, 과학 백과사전출판사, 평양.
강원표, 2001, 「百濟 三足土器의 擴散과 消滅過程 硏究」, 高麗大學校 碩士學位論文.
강인구, 1973, 「錦山의 古墳과 土器類」 『百濟硏究』, 4.
권오영, 1988, 「4세기 백제의 지방통제방식 일례」, 『한국사론』 18.
_____, 1988, 「考古資料를 중심으로 본 百濟와 中國의 文物交流 -江南지방과의 관계를 중심으로-」, 『震檀學報』 66.
_____, 2002, 「풍납토성 출토 외래 유물에 대한 검토」, 『백제연구』 36.
김성구, 1990, 「扶餘의 百濟窯址와 出土遺物에 대하여」, 『百濟硏究』 21.
김양옥, 1987, 「硬質無文土器試論」, 『崔永禧博士回甲記念韓國史學論叢』.
김영원, 1998, 「백제시대 중국 도자의 수입과 방제」, 『백제문화』 27.
김종만, 1991, 「부여 정암리 백제요지 2·3차 발굴조사 개보」, 『고고학지』 3.
_____, 1995, 「충남 서해안지방 백제토기연구 -보령·서천지방을 중심으로-」, 『백제연구』 25.
_____, 2001, 「公州 道川里 出土 百濟土器 小考」, 『國立公州博物館紀要』 創刊號, 國立公州博物館.
박순발, 1987, 『한강유역 백제토기의 변천과 몽촌토성의 성격에 대한 일고찰』, 서울대 석사학위논문.
_____, 1989, 「한강유역 원삼국시대의 토기의 양상과 변천」, 『한국고고학보』 23.
_____, 1992, 「百濟土器의 形成過程 -漢江流域을 中心으로-」, 『百濟硏究』 23.
_____, 1995, 「한강유역 원삼국 및 백제토기」, 『The Second Pacific Basin International Conference on Korean Studies: Archaeology Seminar 1994』, 동북아세아학연구회.
_____, 1997, 「백제의 국가 형성과 백제 토기」, 『백제논총』 6.
성정용, 1993, 『漢城百濟期 中西部地域 百濟土器의 樣相과 그 性格』, 서울大學校 碩士學位論文.
_____, 1994, 「홍성 신금성지 출토 백제토기에 대한 고찰」, 『한국상고사학보』 15.
_____, 2000, 「中西部 馬韓地域의 百濟領域化過程 硏究」, 서울大學校 博士學位論文.
신경철, 1998, 「영남의 자료에서 본 전기 마한 토기의 문제 -충북 진천 삼룡리요지 토기의 연대론-」, 『마한사연구』.
신종국, 2002, 『百濟土器의 形成과 變遷過程에 대한 硏究 -漢城期 百濟 住居遺蹟 出土 土器를 中心으로-』, 成均館大學校 碩士學位論文.
신종환, 1997, 「충남 지방 삼한·삼국토기의 변천 -유적의 편년적 상대서열을 제시하며-」, 『고고학지』 8.
심정보, 1988, 「충남지역의 백제요지」, 『백제시대의 요지연구』.

심춘식, 1976,「新羅 百濟 土器의 製作 -물레 成形의 方向에 대하여-」,『考古美術』131.
안승주, 1976,「論山 表井里 百濟古墳과 土器」,『百濟文化』9.
_____, 1979,「백제토기의 연구」,『백제문화』12.
윤용이, 1988,「백제유적 발견의 중국 도자를 통해 본 남조와의 교섭」,『진단학보』66.
이 훈, 1997,『와요의 구조형식 변천』, 공주대학교 석사학위논문.
이난영, 1998,「百濟 지역 출토 中國陶瓷 硏究 -古代의 交易陶瓷를 중심으로-」,『百濟硏究』, 28.
이성주, 1988,「삼국시대 전기 토기의 연구」,『한국상고사학보』1.
이성준, 1988,「原三國 土器 胎土의 類型」,『嶺南考古學』5.
임영진, 1996,「백제 초기 한성시대 토기연구」,『호남고고학보』4.
전경아, 2001,「百濟土器의 施文技法 -4世紀代 中西部 地域 資料를 中心으로-」, 公州大學校 碩士學位論文.
전영래, 1984,「고창 운곡리 백제 요지 발굴보고」,『고창, 아산지구 지석묘 발굴조사 보고서』.
_____, 1987,「익산 신용리 백제 토기 요지」,『고문화』30.
_____, 1988,「전북 고창 운곡리, 익산 신용리 요지」,『백제시대의 요지연구』.
정명호, 1985,「백제 요지에 대한 고찰」,『문산 김삼룡 박사화갑기념 한국문화와 원불교사상』.
정상기, 2001,「天鷄形 注子에 대한 一考察」,『國立公州博物館紀要』 創刊號, 國立公州博物館.
차용걸, 1988,「충북 지역의 백제 토기 유적」,『백제시대의 요지연구』.
최병현, 1988,「忠北 鎭川 地域 百濟 土器 窯址群」,『百濟時代의 窯址硏究』.
_____, 1990,「鎭川 地域 土器窯址와 原三國時代 土器의 問題」,『昌山 金正基博士 華甲記念論叢』.
_____, 1998,「原三國 土器의 系統과 性格」,『韓國考古學報』38.
최석원・이남석・이재황・이현숙・채상정, 2001,「백제시대 흑색마연 토기의 산출과 재현 연구」,『문화재』24.
최성애, 2002,「風納土城 土器의 製作類型과 變化에 대한 一考察」, 漢陽大學校 碩士學位論文.
최완규, 1986,「전북 지방의 백제토기에 대하여」,『고고미술』169・170.
최종규, 1982,「陶質土器 成立前夜와 展開」,『韓國考古學報』12.
_____, 2001,「陶質土器의 表面觀察」,『昌寧桂成新羅古冢群』, 慶南考古學硏究所・昌寧市.
한병삼, 1981,「제작 기술로 본 토기의 변천」,『한국의 미』5, 중앙일보사.

"백제 한성양식 토기의 유통망 분석"에 대한 토론 요지

김무중(고려대학교 한국고고환경연구소)

발표자의 논문은 2004년에 간행된 글의 연장선상에서 작성된 것으로 보인다. 금번 발표한 내용에 대한 토론에 앞서 기왕에 발표된 글의 요점을 정리하여 보면 다음과 같다.

舊稿(2004)에서는 새로운 연구과제로서 고대국가 성장과정에 있어서 교역과 물류의 역할을 연구하는데 고려해야 할 사항으로 ① 물류와 대외교역은 정치적 성격을 강하게 반영하지만, 경제적인 양상도 결코 무시될 수 없으며, 이를 위해서 교역과 물류에 대한 단계적, 분석적 연구가 필요하고, 나아가 물류와 교역의 다중성, 위세경제와 생계전략 운용정략의 차이, 그리고 참가주체와 이들의 정치경제적 전략에 대한 이해가 선행되어야 한다는 이론적인 측면을 강조한 바 있다. ② 또한 ①의 내용을 고고학적으로 검증하기 위한 구체적인 방법으로 유통 및 교역되는 물자의 공간적 이동양상을 파악하기 위하여 유물의 산지 추정 분석을 제시한 바 있다.

연구의 현상으로서 백제의 형성과정에 있어서 간헐적으로 중국도자와 같은 왜래계 토기나 한성양식 토기의 분포가 백제 정치력의 확대과정을 연구하는데 부각된 적이 있으나, 경제행위인 물자의 이동과 정치세력의 성장과정의 관계에 대해서 본격적으로 연구된 바 없다고 적시하고 있다. 즉 특정 정치세력의 질적, 양적 성장을 유물의 지리적 공간분포로 제시하는데 머물러 있을 뿐, 실제로 이들이 중앙세력 확장의 결과인지, 독립 정치체 간의 교역의 결과인지 등의 고대국가 성장과정에 대한 본질적인 연구가 수행되지 못하고 있다고 한다.

따라서 오늘 발표 내용은 위와 같은 방법론과 문제점을 해결하고자 한 것으로 보이는데, 분석 대상은 서울 풍납토성을 비롯한 12개소 유적에서 출토된 토기이다. 분석대상 유적의 선정 기준은 (1) 한성백제 주 영역인 서울, 경기도, 충청남·북도 소재의 유적, (2) 각각의 유적 연대가 동시기성을 담보하고, (3) 토기의 화학적 변이를 충분히 관찰 가능한 정도의 수량(315점) 등이 선정되었다고 한다. 이후 미량원소 추출을 위한 중성자방사화분석(INAA)과 분석 결과에 대한 통계분석을 통해 ① 풍납토성과 몽촌토성, 미사리, 용인 수지 등 서울 지역과 그 인근의 토기는 다른 지역에서 제작된 토기와 차이를 보이는데, 한성양식의 토기이건 일상용기 건 간에 모두 동일산지에서 제작되어 분배 또는 유통된 것을 시사하며, 그 분배 범위는 반경 25km의 범위라는 것이고, ② 주월리, 자작리, 멱절산 유적 등 한강 이북의 토기는 서울 지역과 다른 양상이며, ③ 신봉동과 신금성 출토 토기도 각기 현지에서 자체적으로 제작되었을 가능성이 있다는 성과를 내고 있다.

결국 금번 발표의 요지는 기왕의 연구 성과를 통해 상정되어 왔던 가설에 치명적인 문제점을 발견했다는 것인데, 즉 통치행위가 한성백제의 영역 확장에 일정 부분 역할하였을 가능성은 있지만 이를 위해 한성백제양식 토기가 사여대상이 아니었으며, 따라서 한성백제의 확장에 물자유통에 대한 독점이 있었는지 알 수 없지만 설사 있더라도 그 대상이 토기는 아니다. 그러므로 한성백제양식토기(흑색마연토기)를 하나의 위세품으로 상정하고, 문헌기록에 의거 사여나 경제적 독점이라는 것에 과잉초점을 두어 왔다고 비판하고 있다. 특히 토기는 운송시 파괴, 손상 가능성이 높아 정치적 위세품의 하나로 보기 어렵다는 점, 반드시 한성백제양식 토기를 분배함으로써 정치적 목적을 달성할 필요까지는 없었다는 점에 대해 검토하지 않았다는 것을 문제로 삼고 있다. 결론적으로 한성백제양식 토기의 확산 이유를 설명할 수 있는 다른 대안으로 다음과 같이 제시하고 있다. (1) 중앙에서 지방으로 아이디어의 이식, (2) 재지집단의 적극적인 모사, (3) 정치적 목적에 의한 專門 匠人集團의 파견, (4) 경제적 목적을 가지고 있는 독립 장인집단의 존재 및 이들의 순회 등이다.

이상이 발표자가 이전(2004)과 오늘 발표한 논문의 요지이다. 특히 금번 발표는 이론의 적용과 구체적인 분석 결과를 통해 한성백제양식 토기의 확산 이유에 대한 대안(代案)을 제시하고 있어 향후 한성백제 토기를 연구하는데 많은 도움이 될 것으로 생각된다. 토론자는 분석방법과 내용에 대하여 거의 백지에 가깝다고 해도 과언이 아니다. 따라서 토론의 내용도 분석대상 자료의 문제나 분석 결과에 의한 해석 내용, 제시된 대안에 한정하여 진행할 수밖에 없다. 그러한 점에서 발표자의 노력을 폄하(貶下)하고자 하는 것이 아님을 양해하여 주시길 바라며 다음 몇 가지 기본적인 의문점에 대하여 질의하고자 한다.

1. 분석대상 자료에 대하여

발표자가 제시한 대로 서울 풍납토성을 비롯한 12개 유적에서 315점을 분석한 것으로 되어 있다. 문제는 발표자도 지적한 바 있듯이 이들 유적의 출토유물이 동 시기성을 가지고 있는 자료인가 하는 점이다. 지금까지의 편년 연구 성과를 통해 볼 때, 12개소의 유적이 모두 동일한 시점에 각기 다른 지역에 분포하는 유적이 아님은 주지하는 바이다. 따라서 향후 지속될 연구에서는 기왕의 연구를 토대로 하건, 아니면 충분한 검토 후 재 작성된 편년(안)에 의거하든 구체적인 시간성을 담보하고 적절하게 제시할 필요가 있을 것이다. 아울러 막연히 '한성백제양식 토기'라고 제시하고 있지만 어떠한 제작기술을 가진 어떠한 기종을 대상으로 분석하였는지, 구체적으로 어느 단계의 어떤 토기를 가지고 분석한 결과인지에 따라 시기별 변동 양상이 해석될 가능성이 있을 것이다.

2. 생산지와 소비지의 문제와 관련하여

한편 작년에 공표된 2003년도의 심포지엄 내용 중 "……토기의 경우, 산지와 분배의 범위와 같은 것이 문제가 될 정도라면 하나의 제작소는 그 나름대로의 뚜렷한 제작기술체계, 혹은 습관화된 제작공정을 가지고 있다. (중략) 아마 시공단위의 정의를 위한 문화요소의 분석에 집착하는 입장을 염두에 둔……, 형식분류에 의한 인식론의 차이는 기술체계의 이전에 관한 인식에서 문제될 이유가 없다. 토기를 분석하는 작업, 그 자체도 기계적으로 분석하고 통계처리 한다고 되는 것이 아니라 충분한 경험적인 지식과 자료가 축적된 뒤에 그것을 토대로 분석이나 통계적인 방법이 선택되고 절차가 진행될 일……"(이성주 2004)이라는 지적이 있었다. 오늘 발표자의 분석 결과와 해석에 대한 발표는 나름대로 의미있는 작업일 것이다. 그러나 현재 한성백제 토기의 생산과 분배에 대한 연구에서 나타난 가장 큰 문제는 생산지와 소비지의 확인 작업이 이루어지지 않고 있다는 점이다. 그러한 배경에는 토기가마유적의 발견과 조사가 희소하기 때문일 것이다. 특히 서울 지역과 인근 25km 범위내 토기가 동일 성분으로 판단된 결과를 제시하고 있으나, 분석된 결과일 뿐 검증할 수 있는 방안이 있는지 있다면 어떤 방법인지 궁금하다. 따라서 진천 삼용리·산수리요지군의 예처럼 "생산된 토기와 유사한 출토 예의 분석을 통해 3단계에 걸쳐 토기의 유통범위가 확대된다"(류기정 2002, 2003)는 설이 제시된 바 있듯이 생산유적을 중심으로 주변 지역에 분포하고 있는 동일 제작기술과 동일 양식 토기에 대한 분석을 통해 검증될 가능성이 있기 때문이다.

3. 대안(代案)의 제시와 관련하여

앞서 요약한 것처럼 한성백제양식 토기의 확산 이유를 설명할 수 있는 다른 대안으로 (1) 중앙에서 지방으로 아이디어의 이식, (2) 재지집단의 적극적인 모사, (3) 정치적 목적에 의한 전문 장인집단(匠人集團)의 파견, (4) 경제적 목적을 가지고 있는 독립 장인집단의 존재 및 이들의 순회 등을 들고 있다. 아마도 물자가 직접 이동하는 경우, 기술만 이동하는 경우, 원재료만이 이동하는 경우, 양식

만이 전이되는 경우 등으로 제시한 모델의 결과일 것이다. 이 중 독립 장인집단의 존재 및 이들의 순회라는 것은 어떠한 경우를 말하는 것인지 보충설명이 필요할 것 같다. 혹 (3)의 정치적 목적에 의한 전문 장인집단의 파견이 관(官)에 의한 것이라면, 반대의 의미로 민간(民間, 적절한 표현이 아니지만 官의 반대 의미)의 상인을 지칭하는 것인지?

이 외에도 서문에서 "……중앙에서 제작된 물품이 지방에서 발견되는 경우……", "……한성양식의 토기는 중앙에서 제작되어 지방에 분배된 것으로서……" 등의 표현이 보인다. 아마도 혼동된 것이 아닌가 한다. 지금까지의 연구 성과를 보면 중앙에서 제작하여 지방으로 분배되었다고 보는 경향은 아닌 것 같다.

【참고문헌】

金壯錫, 2004, 「물류시스템과 對外交流의 정치경제학에 대한 考古學的 接近」, 『漢城期 百濟의 물류시스템과 對外交涉』.
이성주, 2004, 「물류시스템과 對外交流의 정치경제학에 대한 考古學的 接近에 대한 토론문」, 『漢城期 百濟의 물류시스템과 對外交涉』.
柳基正, 2002, 「鎭川 三龍里·山水里窯 土器의 流通에 관한 硏究(上)」, 『崇實史學』 15.
_____, 2003, 「鎭川 三龍里·山水里窯 土器의 流通에 관한 硏究(下)」, 『崇實史學』 16.

김장석, 권오영의 "한성양식 토기의 유통망 분석"에 대한 토론문

홍영의(숙명여대 한국사학과)

　이 주제는 한성양식 토기의 확산에는 순수한 상업적 의미와는 별도로 정치적인 측면이 일정부분 내포되어 있음을 설정한 뒤에 이들의 다양한 메커니즘 중 어떤 것이 한성백제의 영역 확장과정을 가장 구체적으로 설명할 수 있는가에 초점을 두고, 지방에서 발견되는 한성양식의 토기가 중앙에서 지방으로 직접 이동하였는지의 여부를 지방에서 발견되는 한성양식의 토기는 한성에서 발견되는 토기와 동일지점에서 생산되었을 것으로 검증하고 있다.

　이를 위하여 풍납토성, 몽촌토성, 석촌동 고분군, 용인 수지, 화성 마하리, 화성 당하리, 하남 미사리, 포천 자작리, 고양 멱절산, 파주 주월리, 청주 신봉동, 홍성 신금성의 12개소의 백제 유적을 대상으로 분석을 진행하였다.

　이러한 유적에서 출토된 토기 유물에 대하여 우선적으로 토기양식의 시공간적 배열을 통해 각 형식의 동시기성과 중앙양식, 각 지방의 재지계 토기를 기존 분류의 기준이 되는 외관상의 특징을 통해 구분하였다. 이런 과정을 통해 설정된 형식과 토기 양식에 따라 분석에 필요한 토기시료를 샘플링하였다. 본 연구에서 채택한 샘플링의 원칙은 각 유적별로 형식과 양식에 따라 최소 5점을 무작위 추출하되, 기형을 파악할 수 있을 만큼 잘 남아있는 토기 중 복원되지 않는 개체를 우선적으로 선택하였다. 토기편 중 기형과 형식을 파악할 수 없는 것들은 본 연구의 목적상 샘플로 이용되지 않았다. 재지 생산이 확실한 토기, 즉 일상용기(심발형토기, 시루, 장란형 토기 등)를 우선적으로 포함하고 그와 동수 또는 적절한 양의 한성양식의 토기를 채집, 여기에는 삼족기, 고배, 개배, 뚜껑, 직구단경호, 흑색마연토기 등이 포함되었다. 이런 과정을 통해 위의 12개 유적에서 총 315점의 토기가 선정되었다.

분석방법은 미량원소 추출을 위한 중성자방사화분석, INAA 결과에 대한 통계분석을 이용하였다. 그 결과 Lu(루테튬)/Yb(이테르븀)의 성분에서 청주 신봉동, 신금성 유적 등 충청도 지역의 한성양식 토기는 그 양식이 서울 지역에서 나타난 토기와 유사한 것이 사실이지만, 서울에서 제작되어 이동한 것이 아니라, 재지에서 자체제작된 것으로 해석하였다. 또한 멱절산 출토 한성양식 토기와 포천 자작리, 파주 주월리 출토 한성양식의 토기는 동일 유적에서 출토된 재지계 토기와 한성양식의 토기가 구분되지 않는 반면, 서울 지역 및 한강 이남지역의 한성양식 토기와는 확연히 구별되고 있다. 이는 한강 이북의 백제유적에서 발견되는 한성양식의 토기가 각 유적에서 독자적으로 제작되고 있었다는 점을 의미한다.

그러나 풍납토성, 몽촌토성, 용인 수지, 하남 미사리유적의 토기는 모두 동일한 산지에서 제작되어 분배 또는 유통된 것으로 보인다. 이러한 양상은 한강을 통해 풍납토성과 한강 이북의 유적이 일종의 동일 유통망 또는 사여 관계를 지니고 있었을 것으로 생각해오던 생각과 배치되는 것이다. 이점은 한강 이남의 한성백제세력과 한강 이북의 세력은 동일한 토기유통망을 공유한 것이 아니라, 독자적인 생산체계를 구축하고 있었다는 결론 또는 풍납토성과 몽촌토성을 핵으로 한 한성백제의 유통망 구조가 한강 이북지역을 배제하고 있었다는 것을 말한다. 따라서 한성백제 토기의 유통범위는 국지적이었으며, 한성양식의 토기가 정치적 사여 또는 생산-유통 독점의 주대상은 아니었음을 말하는 것이다. 그럼에도 불구하고 한성백제의 영역 확장과정에 문화적, 이념적 동화과정(emulation 또는 enculturation)이 어떤 형태로든 포함되어 있었을 것이며, 토기의 양식은 이 과정에서 중요한 역할을 하고 있었을 것으로 보았다.

이러한 입론에 따라 세 가지를 질문하려고 한다.

1) Lu(루테튬)/Yb(이테르븀)의 두 원소간의 비율 차이가 포천 자작리, 파주 주월리 출토 한성양식의 토기와 서울 지역 및 한강 이남지역의 한성양식 토기와는 확연히 구별되고 있다고 보고, 한강 이북의 백제 유적에서 발견되는 한성양식의 토기가 각 유적에서 독자적으로 제작되고 있었다는 점을 의미한다고 보았다. 즉 한강 이남의 한성백제세력과 한강 이북의 세력은 동일한 토기유통망을 공유한 것이 아니라, 독자적인 생산체계를 구축하고 있었다는 결론 또는 풍납토성과 몽촌토성을 핵으로 한 한성백제의 유통망 구조가 한강 이북지역을 배제하고 있었다는 것이다. 물론 한강을 중심으로 한강 이북과 한강 이남 유적의 토기를 두 원소의 차이를 통해 분석하였다고 하더라도 한성백제의 범위가 반경 최대 25킬로미터의 범위를 가지고 토기의 직접적 유통범위를 설정한 것은 너무 축소된 경향이 있다. 국가와 수도의 통치범위, 그리고 동일한 문화권으로 보아야 하는 동일한 양식을 한강 주변의 12개 유적에 국한한 때문은 아닌가?

2) 한성양식 토기를 지방에서도 자체 생산함으로써, 이념적으로 중앙에 동화시켜 국가질서에 편입시키는 전략이었을 것이라는 점에 일면 수긍하기 어려운 점이 있다. 물론 한성양식 토기에 한정했다는 점은 인정할 수 있어도 이에 대한 시기적 편차는 없었겠는가 하는 점이다. 유행의 패턴은 동일한 시기의 중앙에서 가능한 것이고, 지방의 경우는 시기적 차이를 보이는 것이 아닌가 한다.

3) 또한 ① 아이디어의 이식, ② 재지집단의 적극적 모사, ③ 전문장인집단이 있었다면, 이들의 파견, ④ 경제적 목적을 가지고 있는 독립 장인집단의 존재 및 이들의 순회 등 4가지의 패턴은 결국 가설을 통한 것임에도 불구하고, 4)의 것에 대해 순수하게 경제적인 목적을 가지고 있는 독립적 장인집단이 있었다고 한다면, 한강을 통해 손쉽게 접근할 수 있는 파주, 고양 등의 서울 인접지역을 배제되었을 것이라는 점과 ①, ②, ③의 경우 고고학적으로 변별하기는 힘들다는 것

을 말하고, 한성양식 토기의 확산에 일종의 정치이념적 의도가 개입되어 있었다고 말하는 점은 설득력이 약하다. 물론 한성양식 묘제의 확산 및 위세품의 사여와도 유사한 양상을 보이고 있다는 근거(박순발 논문)을 통하여 접근하고 있지만, 사실 고도의 건축이나, 금속제 제련은 토기와 다른 기술이 필요한 것이며, 그것은 결국 숙련된 전문 장인(기술자)의 확보와 중앙의 관심이 있어야 가능한 것으로 보인다. 그러므로 한성양식 토기의 중앙 주변과 지방으로의 확산은 시간적, 주기적 차이, 교통로(유통망)의 확보로부터 점차 확산되어 가는 것으로 보는 것이 더 설득력이 있을 것으로 보인다.

토기의 유통을 통해 본 백제와 가야의 교섭
-산청 묵곡리고분군 출토 토기를 중심으로-

김장석* · 이상길** · 권오영*** · 정용삼**** · 문종화*****

차례

Ⅰ. 문제의 소재
Ⅱ. 산청 묵곡리고분군
   1. Ⅰ지구 1Grid
   2. Ⅰ지구 2Grid
   3. Ⅱ지구
Ⅲ. 중성자방사화분석에 의한 성분원소 분석
   1. 분석의 목적 및 시료선정
   2. 중성자방사화분석
   3. 분석 결과에 대한 통계분석
Ⅳ. 백제 토기의 유통에 나타난 가야와의 관계
   1. 백제 토기 부장의 배경
   2. 백제와 소가야 사이에 진행된 교섭의 단면
Ⅴ. 맺음말

---

* 경희대학교 사학과
** 경남대학교 역사학과
*** 한신대학교 국사학과
**** 한국원자력연구소
***** 한국원자력연구소

Ⅰ. 문제의 소재

이 글을 작성하는 데에는 아래의 4가지 사건이 계기가 되었다.

백제 도성에서 발견된 가야 토기

1999년부터 2000년에 걸쳐 발굴조사된 서울시 풍납토성 경당지구에서는 여러 점의 가야 토기가 출토되었다. 기종은 뚜껑, 고배대각 등이 주류인데 전체적인 형태와 문양을 볼 때 서부 경남, 특히 소가야권과 연관된 것으로 추정한 바(權五榮 2002) 있다. 이러한 발견에 힘입어 이웃한 몽촌토성의 토기자료를 재검토한 결과 역시 이 유적에도 수점의 가야 토기가 존재함을 알게 되었다. 결국 한성기 백제의 심장부라고 할 수 있는 서울 강남의 도성에 무슨 이유인지 알 수 없으나 상당한 양의 가야 토기가 반입되었음이 분명해졌다. 한성기백제 중앙에 이입된 외래 물품 중 신라나 고구려산이 보이지 않는다는 점과는 극히 대조적이다.[1]

가야 지역에서 발견된 백제 토기

대전-진주간 고속도로의 건설에 수반한 발굴조사 과정에서 산청 옥산리와 묵곡리 일대 5세기 대 고분에서 일반적인 이 지역 토기와는 다른 일군의 토기군이 확인되었다. 이 토기들은 서부 경남, 혹은 소가야계[2] 토기도 아니며, 이 지역

---

1) 몽촌토성이나 풍납토성에서 출토된 외래물품 중 수적으로 가장 많은 것은 중국산 도자기류이다. 그 다음은 정확한 통계치는 없으나 충청·전라산 지방 물품과 가야 유물의 순서이다. 기이한 현상은 일본열도산 물품이 몽촌토성 출토 개배 1점에 불과하다는 점이다. 종전 풍납토성 경당지구에서 출토되어 하니와(埴輪)로 추정된 유물은 이번 기회를 빌려 토제 연통으로 수정한다.
2) 경남의 서남부에 분포하며 고령이나 함안과는 구분되는 고유한 양식의 토기들을 부르는 명칭은 사천·고성식, 진주식, 고성식, 진주·고성식, 소가야식 등 다양하게 불리우고 있으며 소가야라는 용어로 이들 지역 전체를 통칭하는 것은 옳지 않다는 지적(河承哲, 2001, pp.73~74)은 정당하지만 일단 이 글에서는 소가야계라고 통칭한다. 소가야계 토기는 다시 단성권, 의령원, 진주권, 고성권으로 4분되므로(朴升圭 2000), 묵곡리를 비롯한 산청 지역의 유적은 단성권에 포함된다.

에 이입되는 대가야계 토기도 아니었다. 오히려 백제 토기의 범주에 포함시켜야 할 것으로 판단되었다(朴天秀 1999, 趙榮濟·柳昌煥·宋永鎭 2002).

전남 동부에서 발견된 가야 토기

대가야의 진출과 함께 전북 동부지역에 대가야 토기가 확산되는 양상은 이미 논의되어 왔으나 최근에는 전남 동부지역, 구체적으로는 여수, 순천, 광양, 보성 등지에서도 가야산, 혹은 가야의 영향을 받아 현지에서 제작된 토기가 다량 발견되었다. 아라가야 토기는 4세기 4/4분기~5세기 전반의 어느 시점에 물품만의 이입으로 끝난 반면, 소가야와 대가야는 비교적 장기간에 걸쳐 인간집단의 직접 이주를 떠올릴 정도로 강한 영향을 끼치고(李東熙 2005), 일부 흐름은 영산강 유역에까지 미친다. 그 시기는 한성 말에서 웅진기에 해당된다.

고흥 길두리고분의 발견

2006년 초 전남 고흥 길두리 안동고분에서 금동관(金銅冠)과 식리(飾履), 철제 판갑(板甲)과 투구 등의 유물이 도굴되지 않은 채 발견되었다(林永珍 2006, 林永珍 2007). 이 고분의 축조배경과 피장자의 성격에 대해서는 다양한 논의가 있지만, 당시로서는 백제의 직접적인 영향력이 미치기 힘든[3] 고흥반도에서 백제 중앙에서 제작된 것으로 판단되는 장신구가 세트로 발견된 원인에 대한 해명이 핵심이다.

언뜻 분산적인 것처럼 보이는 위의 4가지 사건은 5세기 경 백제 중앙과 지방, 영산강, 전남 동부, 가야 제국(諸國)이 전개한 복잡한 교섭의 흔적이다. 그 구체상을 밝히기 위한 작업의 일환으로 산청 지역 가야고분에서 출토된 백제계 토기가

---

3) 백제 중앙세력의 지배력이 섬진강 유역 및 그 주변으로 미치기 시작하는 것은 5세기 말 이후로 추정된다(이영식 2006).

어떠한 정치사회적 맥락에서 등장하는 지를 검토하는 것이 이 글의 목적이다.

이 글을 작성하는 데에 필요한 자료의 정리를 맡아 준 김미영 선생을 포함한 경남대학교 박물관의 연구원 여러분과 분석 작업을 보조한 이미선(한신대학교 박물관)에게 고마움을 표한다.

II. 산청 묵곡리고분군

묵곡리유적(默谷里遺蹟)은 경남 산청군 산청읍 묵곡리 397번지 일대에 위치하는 유적으로, 대전-진주간 고속도로 건설과 관련하여 1996년 경남대학교 박물관에서 발굴조사하였다. 이 유적은 남강(南江)의 상류인 경호강변(鏡湖江邊)의 충적대지 하안단구 상에 위치하고 있다. 유적의 주변은 1970년대에 경지정리가 되어 지금은 모두 논으로 경작되고 있는데, 유적은 지금의 경작면 1~3m 아래에서 확인되었다.

구 분		유구의 성격	비 고
I 지구	1 Grid	청동기시대~삼국시대 - 儀禮空間, 自然流路	100×30m
	2 Grid	청동기시대 생활유적 - 주거지, 高床家屋, 野外爐址	100×30m
II 지구		청동기시대 주거지, 삼국시대 분묘	100×40m

발굴조사한 면적은 약 10,000㎡로, 조사범위의 폭은 도로건설구간인 30~40m이고 전체길이는 350m 정도이다. 전체유적을 자연지형과 유구의 성격에 따라 2개 지구로 나누었고, I 지구는 다시 2개 Grid로 구분하였다.

1. Ⅰ지구 1Grid

현 경작면에서 1~3m 깊이에 위치한다. 폭 6~10m의 자연류로(自然流路)가 경사면을 따라 나 있고, 그 주위에 폭 2m 내외, 깊이 30cm 내외의 좁은 구(溝)가 형성되어 있다. 구(溝) 속에는 무문토기 · 단도마연토기 등의 토기류와 방추차 · 토주(土珠) 등의 토제품, 각종 석기, 옥(玉) 등의 유물이 꽉 채워져 있는데, 유물은 대부분 파쇄(破碎)된 상태이다.

2. Ⅰ지구 2Grid

현재의 경작면에서 1~2m 깊이에서 청동기시대 유구가 확인되었다. 이곳은 청동기시대 생활(주거)공간으로, 송국리형 원형주거지 5기와 9동의 굴립주(掘立柱)건물, 야외노지 등이 조사되었다. 2호와 3호 주거지의 타원형 수혈 속에서 석기박편, 석제품, 옥편 등이 다수 출토되었고, 모든 주거지에서 대석(臺石)으로 보이는 평평한 돌이 놓여져 있었다. 굴립주(掘立柱)건물 역시 주거지와 동시기로 판단되며, 주거지보다는 약간 높은 곳에 위치하고 있다.

3. Ⅱ지구

주로 삼국시대 분묘가 밀집 조성된 지역이다. 빗살무늬토기가 일부 수습되었고 청동기시대 주거지도 있기는 하나 대부분 파괴되었다. 이곳은 북동쪽에서 경호강쪽으로 뻗어 내려오는 나지막한 구릉의 말단부에 해당되는 곳으로, 하천에 의해 퇴적된 모래로 덮여 있다. 40×50m의 범위 내에서 모두 86기의 분묘가 조사되었다. 분묘는 구릉의 위쪽으로 계속 연결되어 조영되었음이 확인되었는데, 이번 조사에서는 구릉의 말단부만이 대상이 되었다. 확인된 유구는 토광묘(土壙墓) 53기, 석곽묘(石槨墓) 29기, 횡구식(橫口式)석실묘(石室墓) 4기이다. 조사범위 가운데에서는 구릉의 위쪽에 주로 토광묘(土壙墓)가 조성되어 있고 구릉 아래쪽에 석곽묘와 석실묘가 축조되어 있는데, 양자가 중복되는 경우가 많다.

1) 土壙(木棺)墓

모래땅을 파서 묘광을 만들고 목관을 안치한 후 보강토를 채우거나 보강석을 놓은 것이 보통이다. 생토가 모래여서 묘광은 대개 비스듬하게 파여져 있었다. 바닥은 밤자갈을 깔거나 모래면을 그대로 이용하였다. 유구의 크기는 대체로 160×140cm 정도, 깊이 15cm 정도가 보통이다. 내부에서는 고배, 호, 광구소호 등의 토기류와 철부, 철겸, 철촉, 도자 등의 철기류가 출토되었다.

2) 石槨墓

천석(川石)을 이용하여 축조한 수혈식의 석곽이다. 최하단석은 넓고 평평한 돌을 세워서 쌓고 그 위에 냇돌을 눕혀서 축조하였다. 2례를 제외한 대부분의 유구에서 개석은 확인되지 않았다. 유물은 주로 양 단벽 쪽에 부장되었는데, 바닥 전체에 판석을 깔거나 유물부장 공간에만 판석을 깔았다. 내부에는 대가야계 토기와 사천·고성·진주 지역에서 보이는 토기가 부장되고 있다. 철기는 소량으로 철겸, 철부(소형 포함), 철촉, 도자 정도이며, 철제 이엽환두대도(二葉環頭大刀) 1점과 소환두대도(素環頭大刀) 2점이 출토되었다.

3) (橫口式)石室墓

평면 형태는 장방형이며, 한쪽에 치우쳐 얇은 판석을 깔아 시상(屍床)으로 이용하였다. 전체적으로 토광이나 석곽에 비해 축조된 레벨이 높으며, 석곽과 중복되어 있는 경우도 있다. 토기병 1점이 출토된 외에 유물은 출토되지 않았다. 구조로 보아 횡구식인 것으로 판단된다.

삼국시대 분묘에서 출토되는 토기는 육안관찰로 소가야계, 백제계, 대가야계 등으로 구별된다. 이러한 토기상(土器相)은 서로 약간의 시차를 가지며, 분묘의 구조와도 관련이 있다. 소가야계 토기들은 이 지역의 재지 토기로 이해되며 모든 유구에서 공통적으로 출토되고 있다. 분묘의 구조로 보아 토광묘-석곽묘-석실묘의 순서로 조영되었으며, 토광묘에서는 주로 백제계 토기가, 석곽묘에서는 대가야계 토기가 공반된다.

도면 1. 산청 묵곡리유적 유구배치도

III. 중성자방사화분석에 의한 성분원소 분석

1. 분석의 목적 및 시료선정

본 분석은 산청 묵곡리 출토 소가야, 대가야 및 백제계 토기 내에 함유된 미량원소를 추출하여 각 양식의 제작산지가 동일한지를 판별하기 위해 시도되었다. 이를 통해 서로 다른 양식의 토기가 혼재하고 있는 양상, 즉 소가야 세력권 내로의 대가야계 및 백제계 토기의 유입이 외부로부터 완제품의 직접적 수입인지, 양식적 모방이나 아이디어의 유입에 의한 자체제작인지, 아니면 주민 유입의 결과인지를 해석하는 데에 기초적인 정보를 제공하고자 하였다.

이를 위해 우선적으로 경남대학교 박물관 소장 산청 묵곡리고분군 출토 토기 중 출토맥락이 확실하고 기형을 통해 양식적으로 계통 판별이 가능한 토기를 일차적으로 선정하였으며, 양식적으로 계통파악이 불분명한 토기 일부도 분석에 포함시켰다. 분석대상 토기는 소가야계 19점, 대가야계 8점, 백제계 10점 등 총 37점이며, 이들 토기에서 분석시료를 채취하여 중성자방사화분석(Instrumental Neutron Activation Analysis : INAA)을 행하였다. 시료분석은 한국원자력연구소에서 행하였으며, 분석결과는 다변량분석을 통해 통계적으로 처리되었다.

2. 중성자방사화분석

1) 중성자 조사 및 감마선 측정

토기 시료는 막자사발을 이용하여 분쇄한 후, 오븐에서 100℃에서 2시간 동안 건조시켰다. 중성자 조사를 위하여 약 100㎎의 건조된 분말시료를 특수 제작된 석영 vial에 넣어 준비하였다. 시료의 방사화를 위해 한국원자력연구소의 하나로 연구용 원자로(원자로 출력 : 30 MWth) 동위원소 생산용 조사공인 IP-4번 조사공을 이용하여 1시간 동안 준비된 시료를 조사하였다. IP-4번 조사공은 중성자방사화분석용 NAA #1 조사공과 원자로 노심으로부터의 거리가 유사한 곳에 위치하여 비슷한 중성자 스펙트럼을 갖는 것으로 판단된다. 즉 일반적인 핵종에 대해 열중성자에 의한 방사화율이 열외중성자보다 절대적으로 높은 특성을 갖고 있어 절대분석법을 적용한 방사화분석법의 신뢰성(상대오차 15% 미만)을 확보할 수 있는 강점이 있다. 또한 시료의 조사 위치에 따른 방사화율의 차이를 결정하기 위하여 Fe-wire(IRMM, 순도 99.9%)를 각 시료와 동시에 조사하여 중성자속을 결정하였다.

조사된 시료의 특정 방사성 핵종으로 부터 방출되는 특성 감마선을 계측하여 각 원소의 방사능 계수율을 측정하였다. 방사능 계측에 사용한 고순도 게르마늄 반도체 검출기(EG&G ORTEC, 25% relative efficiency, FWHM 1.85 keV at ^{60}Co의 1332 keV, peak to Compton ratio 45 : 1)는 10cm 두께의 납으로 차폐시켜 자연 방사선 및 외부 방사선의 영향을 최소화하였고, 데이터 수집 및 해석을 위한 16k-Multichannel Analyzer(MCA)와 personal computer에 연결하였다. 또한 에너지 및 검출효율은 인증된 표준 복합선원(Isotope Products Laboratories, ML 7500 series)을 사용하여 교정하였다. 감마선 계측시의 불감시간은 냉각시간 및 측정위치를 조절하여 10% 이하로 유지하였으며, 검출기에서 발생한 펄스 중에 pile-up된 신호는 주 증폭기의 pile-up rejector에서 자동적으로 차단되어 MCA에 전달되지 않게 구성되었다. 또한 검출이 가능한 원소들의 분석품질관리와 보정을 위하여 미국표준과학연구원(NIST)의 인증 표준물질, NIST SRM 2711-Montana Soil을 도자기 시료와 동일한 실험조건에서 분석하였다. 표 1에 본 시료들의 분석조건을 요약하였다.

Measurement order	Cooling time	Counting time	Nuclides detected (Gamma-ray energy, keV)
1st	5 days	2000 sec.	^{153}Sm(103), ^{177}Lu(208), ^{175}Yb(396), ^{82}Br(554), ^{76}As(559), ^{24}Na(1368), ^{42}K(1524), ^{140}La(1596)
2nd	longer than 13 days	5000 sec	^{141}Ce(145), ^{233}Pa(312), ^{51}Cr(320), ^{181}Hf(482), ^{131}Ba(496), ^{147}Nd(531), ^{134}Cs(795), ^{160}Tb(879), ^{46}Sc(889), ^{86}Rb(1076), ^{59}Fe(1099), ^{182}Ta(1221), ^{60}Co(1332), ^{152}Eu(1408), ^{124}Sb(1691)

표 1. 중성자방사화분석의 분석 조건

2) 성분 원소의 정량방법

측정된 스펙트럼을 분석하여 각 핵종으로 부터 방출되는 특성 감마선의 알짜 초당 계측수(cps)를 산출하고 아래의 방사능 생성식(1)과 표 2의 핵적 특성을 적용하여 함량계산을 수행하였다. 이를 위하여 Labview로 자체 개발한 함량계산 전산 프로그램을 사용하였다.

$$A = cps/(\varepsilon_p \cdot \gamma) = \sigma_0 \Phi_{th} \theta(\omega/M) N_A S D C \tag{1}$$

여기서, A : 생성물로부터 측정된 특정 핵종의 방사능, Bq

cps : 특정 감마선(전 에너지) 피크의 초당 계측수

ε_p : 특정 감마선(전 에너지) 피크의 절대 검출효율

γ : 특정 감마선의 방출율

σ_0 : 측정 핵종에 대한 중성자속도 2200m/sec에서의 방사화단면적, cm^{-24}

Φ_{th} : 열 중성자속, $n/cm^2 s$

θ : 방사화 된 동위원소의 자연 존재비

ω : 정량된 원소의 양, g

M : 정량하려는 원소의 원자량, g/mole

N_A : 아보가드로 상수, 6.023×10^{23} mole^{-1}

S : 포화인자, [1-exp(-λt_i)] ; t_i는 조사시간

D : 붕괴인자, exp(-λt_d) ; t_d는 붕괴시간(냉각시간)

C : 계측시간동안의 핵종붕괴의 보정인자, [1-exp(-λt_c)/λt_c ; t_c는 계측시간

λ : 방사성 생성물의 붕괴상수

위의 식을 실제 함량계산식으로 다시 쓰면 식(3)으로 정리 된다.

$$\omega = A \cdot M / N_A \; \theta \; \sigma_0 \; \Phi_{th} \; [1-\exp(-\lambda t_i)] \tag{2}$$

여기서, A = cps / ϵ_p γ exp(-λt_d) [1-exp(-λt_c)/λt_c]

$$\omega = \text{cps} \; M / N_A \; \theta \; \sigma_0 \; \Phi_{th} \; \epsilon_p \; \gamma \; [1-\exp(-\lambda t_i)] \cdot \exp(-\lambda t_d) \cdot [1-\exp(-\lambda t_c)]/\lambda t_c \tag{3}$$

위의 식에서 원자량(M), 아보가드로수(N_A)와 동위원소 존재비(θ)는 핵자료집으로 부터 얻을 수 있는 잘 알려진 상수이다. 단면적(σ_0)은 상기의 방사화식과 알려진 원소의 질량 측정을 이용하여 계산하나 보통은 핵 자료집의 문헌 값을 이용한다. 붕괴상수(λ)와 방출율(γ)은 정밀하게 알려져 있으며 문헌 값을 이용한다. 중성자 속(Φ_{th})과 검출효율(ϵ_p)의 결정은 조사공과 시료의 기하학적 위치에 따라 실험적으로 측정한다. IP-4 조사공에서 Fe 선속 모니터를 사용하여 측정된 열중성자 속은 시료의 조사 위치에 따라 $2.92-4.5 \times 10^{13}$/cm$^2 \cdot$ sec의 범

위를 나타내었다. 또한 조사시간, 냉각시간 및 측정시간은 핵종의 반감기와 방사화율을 고려한 실험조건으로 결정된다.

Element	Isotope	Half-life	Isotope abundance	Cross-section (barn)
As	^{76}As	26.32 h	1.0000	3.86
Br	^{82}Br	35.30 h	0.4931	2.58
K	^{42}K	12.36 h	0.0673	1.48
La	^{140}La	40.23 h	0.9990	8.93
Lu	^{177}Lu	6.71 d	0.026	2090
Na	^{24}Na	15.02 h	1.0000	0.53
Sm	^{153}Sm	46.7 h	0.2672	206
Yb	^{175}Yb	4.19 d	0.3184	69.0
Ba	^{131}Ba	11.5 d	0.00106	7.54
Ce	^{141}Ce	32.5 d	0.8848	0.57
Co	^{60}Co	5.27 y	1.0000	37.18
Cr	^{51}Cr	27.72 d	0.0435	15.9
Cs	^{134}Cs	2.06 y	1.0000	29.0
Eu	^{152}Eu	13.4 y	0.4790	5700
Fe	^{59}Fe	44.5 d	0.0029	1.28
Hf	^{181}Hf	42.4 d	0.3522	12.6
Nd	^{147}Nd	10.98 d	0.172	1.40
Rb	^{86}Rb	18.7 d	0.7217	0.48
Sb	^{124}Sb	60.20 d	0.427	4.085
Sc	^{46}Sc	83.8 d	1.0000	27.2
Ta	^{182}Ta	115.0 d	0.9999	21.5
Tb	^{160}Tb	72.3 d	1.0000	25.5
Th	^{233}Pa	27.0 d	1.0000	7.37

표 2. 추출원소의 화학적 특성

3) 표준물질의 분석결과

10개의 인증 표준물질(NIST SRM 2711-Montana Soil) 시료들을 도자기 시료와 동일한 실험 조건에서 분석하였으며 표 3에 정리하였다. 분석된 원소들 중에 As, Ba, Fe, K, Na 및 Sb는 인증 값을 갖는 원소들로서 상대오차가 10% 이내에서 일치함을 알 수 있었고 참고 값을 갖는 다른 원소들도 Yb을 제외하고는 10% 이내의 상대오차를 보였다. 한편 Lu, Ta, Tb은 인증 값과 참고 값이 없어 보정계수를 1로 하였다. 최종적인 토기 시료의 분석 값은 각 원소들에 대한 보정계수를 사용하여 산출하였다.

Element	Certified value	This work	RSD(%)	Relative error (%)	Correction Factor
As	105±8	102.5	4.3	-2.34	1.02
Ba	726±38	727	7.4	0.13	1.00
Br	(5)	4.85	25.9	-2.91	1.03
Ce	(69)	65.7	5.6	-4.82	1.05
Co	(10)	9.32	5.8	-6.76	1.07
Cr	(47)	47.8	5.5	1.75	0.98
Cs	(6.1)	6.52	6.0	6.89	0.94
Eu	(1.1)	1.04	5.1	-5.09	1.05
Fe	28900±600	26594	5.1	-7.98	1.09
Hf	(7.3)	7.59	5.7	3.98	0.96
K	24500±800	24978	8.8	1.95	0.98
La	(40)	38.5	4.3	-3.75	1.04
Lu	-	0.96	9.8	N.A	1.00
Na	11400±300	11401	4.4	0.01	1.00
Nd	(31)	29.6	11.9	-4.36	1.05
Rb	(110)	119.7	6.6	8.81	0.92
Sb	19.4±1.8	18.3	4.4	-5.87	1.06
Sc	(9)	8.86	5.2	-1.53	1.02
Sm	(5.9)	6.16	7.2	4.46	0.96
Ta	-	1.28	12.3	N.A	1.00
Tb	-	0.75	17.9	N.A	1.00
Th	(14)	13.7	5.2	-1.95	1.02
Yb	(2.7)	3.12	9.8	15.72	0.86

표 3. 인증 표준물질의 분석 결과

3. 분석 결과에 대한 통계분석

중성자방사화분석에서 획득된 각 미량원소의 함유량을 대상으로 다변량분석을 행하였다. 계측된 총 23개의 원소 중 분석치의 정확한 산출이 어려웠던 브롬(Br)과 오차가 10%인 이테르븀(Yb), 그리고 오차율이 알려지지 않아 정확한 보정계수를 정하지 못하였던 루테튬(Lu), 탄탈(Ta), 테르븀(Tb)은 다변량분석 변수에서 제외하였다. 일반적으로, 미량원소를 이용한 토기 제작산지 추정시 직면하는 문제 중 하나는 토기가 주변의 토양에 의해 오염되어 성분구성에서 차이를 보일 가능성인데, 이들 토기는 동일한 유적에서 출토되었기 때문에 이 가능성은 없다. 따라서 분석 결과의 신빙성은 매우 높다.

분석치에 대한 판별분석(Discriminant analysis) 및 주성분분석(Principal component analysis) 결과, 백제계 토기와 소가야계 토기는 거의 동일한 미량원소 구성을 보이고 있는 반면, 대가야계 토기는 이들 토기와 다른 성분구성을 가지고 있는 것을 확인할 수 있었다(그림 2, 3). 대가야계 토기와 다른 두 양식의 토기를 구분 짓는 가장 결정적인 원소는 루비듐(Rb), 세슘(Cs), 안티몬(Sb), 칼륨(K)이었는데, 대가야계 토기는 이들 원소의 구성비가 백제계 및 소가야계 토기에 비해 현저히 높은 것으로 나타나고 있다(그림 4, 5). 그렇다면, 산청 묵곡리에서 발견된 대가야계 토기는 재지에서 제작된 것이 아니라 타지에서 제작되어 완제품의 형태로 묵곡리에 유입된 것일 가능성이 높아진다.

백제계 토기와 소가야계 토기가 미량원소의 구성상 구분되지 않았다는 사실은 매우 흥미롭다. 이 결과는 산청 묵곡리 출토의 소가야계 토기와 백제계 토기가 동일한 산지에서 제작되었다는 점을 시사한다.

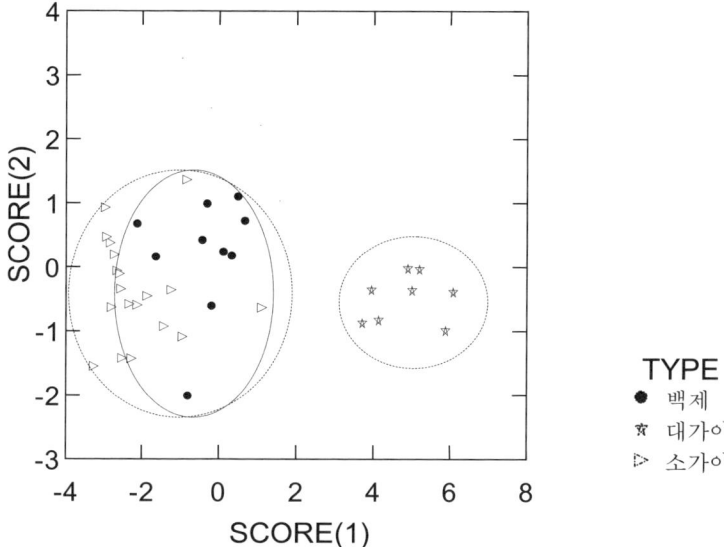

도면 2. 산청 묵곡리 토기 중성자방사화분석 결과에 대한 판별분석 결과

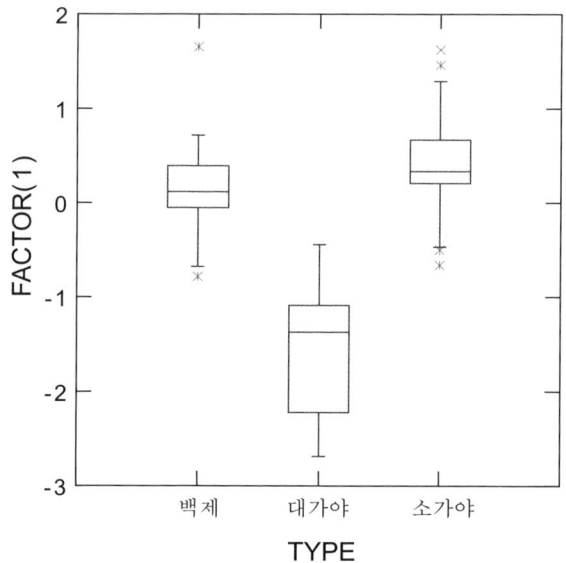

도면 3. 주성분분석에 의해 추출된 제1인자의 분포

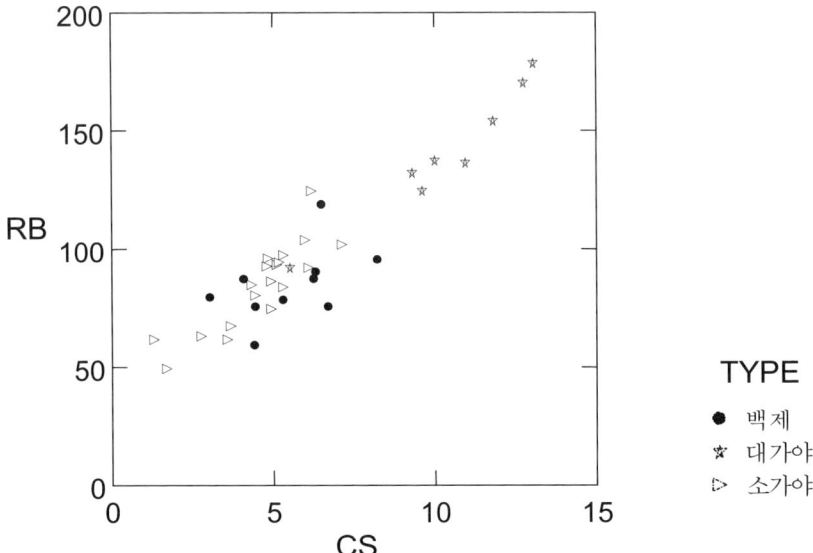

도면 4. 루비듐(RB)과 세슘(CS)의 분포

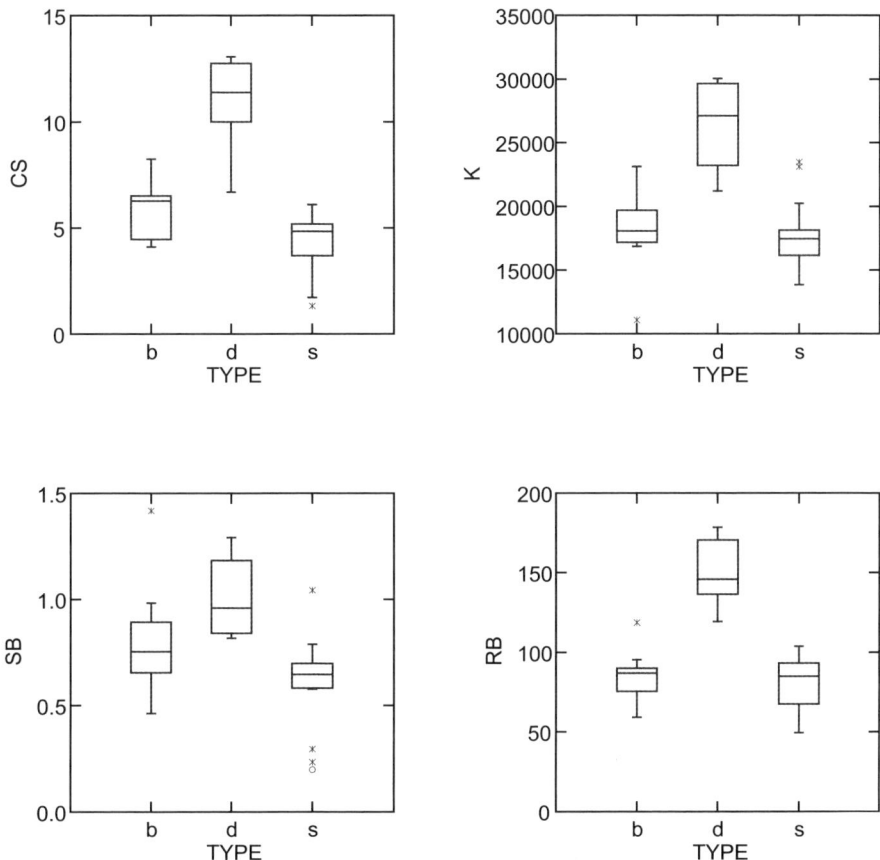

도면 5. 세슘(CS), 칼륨(K), 안티몬(SB), 루비듐(RB)의 양식별 함유량 (b: 백제, d: 대가야, s: 소가야)

IV. 백제 토기의 유통에 나타난 가야와의 관계

1. 백제 토기 부장의 배경
앞의 통계분석 결과를 토대로 다음과 같은 경우의 수를 상정할 수 있다.

재지계와 백제계 토기들은 유적 인근에서, 대가야계는 외부에서 제작되었다(A).
재지계와 백제계 토기들은 외부에서, 대가야계는 유적 인근에서 제작되었다(B).
재지계와 백제계, 그리고 대가야계 모두 외부의 별도 공방에서 제작되었다(C).

묵곡리 토기 중 절대 다수를 점하는 재지계 토기가 외부에서 제작되어 반입되었을 가능성은 매우 낮기 때문에 B의 가능성은 생각하기 어렵다. 소형분이 위주가 되며 위계가 낮은 묵곡리고분 부장품 전량이 외부로부터 반입되어 부장되었을 가능성 역시 없다는 점에서 C의 가능성도 고려의 대상이 되지 않는다. 토기의 중량과 부피를 감안할 때, 이에 소요되는 물류비용을 감당할 정도의 경제력을 가지고 있었다고 보기 어려우며 그럴 필요도 없었을 것이기 때문이다. 그렇다면 A의 가능성이 가장 높아 보인다.

A의 가능성은 다시 두 가지로 세분되는데 외부에서 생산된 것으로 추정되는 대가야계 토기가 대가야의 중심, 즉 고령 일대에서 생산되었을 가능성(A-1)과 산청도 고령도 아닌 제3의 장소에서 제작되었을 가능성(A-2)이다. 이 문제는 선뜻 해결하기 곤란한데 그 이유는 고령을 중심으로 한 광역의 대가야권에서 발견되는 대가야 토기의 산지추정 작업이 이루어지지 않았기 때문이다. 묵곡리 출토 대가야계 토기가 고령에서 발견되는 것들과는 약간의 기형차를 보이고, 기존 대가야 토기의 유통에 대한 연구에서 고령산 토기는 주로 지역 수장묘에 부장된다는 사실을 감안한다면 묵곡리의 대가야계 토기는 고령이 아닌 별도의 지역에서 제작되었을 가능성이 높다.[4] 다만 현재로서는 그 지역이 어디인지 알 수 없

다. 일단 산청 묵곡리 이외의 대가야권에서 제작되었을 것으로 잠정해둔다.

그 다음 문제는 백제계 토기의 부장 배경이다. 앞에서 보았듯이 이 토기들은 재지계 토기들과 함께 제작된 것으로 파악되기 때문에 산청 일대에서 제작되었을 것이다. 외부에서 완성된 토기가 들어왔을 가능성이 배제되기 때문에 우선 백제 토기 제작기술을 소유한 집단이 이 지역에 유입되어, 자체적으로 백제계 토기를 제작하였을 가능성(주민 이주설)을 상정할 수 있다. 백제 중앙에서 원거리에 위치한 산청 지역에서 돌연 출현하는 백제 토기는 주민의 직접 이주 가능성을 높여 준다. 백제계 주민일 경우에는 중앙인, 지방인, 그리고 제3의 주민집단을 상정할 수 있다.

한성 중앙인을 후보에 놓는 이유는 풍납토성을 비롯한 도성지역에서 출토된 소가야계 토기의 존재때문이다. 그럴 경우 백제 중앙과 소가야는 직접적인, 그리고 인적 교류를 실시하였던 셈이다.[5]

지방인의 이주를 상정하는 이유는 서울과 산청이 워낙 원거리란 점, 현재의 대전-진주간 도로를 따라 삼국시대에 이미 산청에서 전북 동부 및 충남 동남부에 이르는 교통로가 개설되어 있었던 점,[6] 금산 창평리 출토 소가야계 토기의 존재(姜仁求 1973, 趙榮濟 1990), 천안 두정동고분 출토 노형토기(爐形土器) 등을 들 수 있다.[7] 이는 백제 중앙과 소가야의 교섭에 남강 상류나 금강 상류역의 백제 지방세력이 개재하였을 가능성을 의미한다(朴淳發 2000). 이러한 추정은 수평구연

---

4) 李熙濬(李熙濬, 1995, p.419)은 고령 이외의 지역에서 고령(대가야) 양식 토기가 발견되는 경우 고령에서 제작되었을 가능성 못지않게 고령 이외 지역의 생산지에서 제작되었을 가능성을 언급한 바 있다.
5) 이성주는 소가야가 일찍부터 백제와 신라 지역은 물론이고 일본 각처와 연결된 교역망을 건설하고 유지하여 왔다고 보았다(이성주, 2000, p.63).
6) 산청 묵곡리와 옥산리유적이 분포하는 남강 상류를 거슬러 올라가면 남원 아영 지역으로 이어지고 금강 유역인 장수, 진안, 금산, 논산으로 이어지게 된다. 가야제국과 백제의 교통로에 대해서는 곽장근의 일련의 연구(郭長根, 1999・2006)가 주목된다.
7) 이밖에 금산 수당리고분에서 출토된 토기 중에는 가야계가 혼재하는데 대가야계로 보는 견해가 있다(成正鏞, 2002).

호의 형태적 특징이 서부 경남지역과 천안, 청주 등 백제 지방에서 공유된다는 점(河承哲 2001 p.74)에서도 뒷받침된다.

백제도 가야도 아닌 제3의 세력을 상정하는 것은 5세기 이후 전남 동부지역에 소가야 문물이 줄기차게 이입되는 상황(李東熙 2005)을 고려한 것이다. 전남 동부와의 다양한 형태의 교섭은 소가야 주민들로 하여금 다양한 정보와 기술에 접할 기회를 증대시켰을 것이며, 그 와중에 백제 토기 제작술을 습득하였을 가능성이 없지 않다. 문제는 전남 동부지역에 한성기에 해당되는 백제 문물의 출토예가 없다는 점이지만 이는 조사의 부족에 기인할 가능성이 있다. 고흥 길두리 고분은 한성기에 백제 중앙이 어떠한 형태이던 간에 이 일대에 영향을 끼치고 있었음을 보여주기 때문이다.

하지만 서부 경남지역의 생활유적에서 백제(계) 주민의 직접 이주를 증명할 자료는 아직 발견되지 않고 있다. 희소성이 높은 고가의 위세품이 이동하는 경우에는 반드시 주민집단의 이주가 공반되는 것은 아니다. 따라서 직접적인 주민 이주를 보여줄 수 있는 자료로는 일상적인 취사기가 유익하다. 예를 들어 한반도계 주민집단의 일본열도 이주에 대한 연구에서는 금공품이나 도질토기의 출토보다는 일상 생활용 자비용기의 발견이 보다 적극적으로 해석되고 있다(酒井清治 2001). 즉 고가의 물품들은 양 지역 간 정치적 목적에서 얼마든지 이동할 수 있지만 결코 귀한 것이 아닌 일상 생활용품들은 주민집단의 직접적인 이주를 입증한다는 견해이다. 이러한 점을 참고할 때, 앞으로 산청 일대에서 백제(계) 자비용 토기의 출토 여부가 주목된다.

이렇듯 백제인의 직접 이주를 입증하기 곤란한 상황에서 산청 재지의 토기 공인이 백제 토기를 모방하여 만들었을 가능성을 상정할 수 있다(모방제작설). 주민의 직접 이주가 아닌 아이디어나 기술의 습득을 주목하는 이 견해의 약점은 왜 소가야 공인이 백제 토기를 모방하게 되었는지, 그리고 소가야와 백제의 토기양식이 혼합되지 않고 동일지역에서 따로 공존하였는지에 대해 제대로 설명하지 못하는 것이 약점이다.

2. 백제와 소가야 사이에 진행된 교섭의 단면

현 상황에서는 묵곡리고분에서 출토된 백제(계) 토기가 현지에서 제작되었을 가능성이 높지만, 그 주체가 백제인인지 가야인인지 확언하기는 어렵다. 다만 몇 가지 주목할 만한 자료가 있다.

우선 묵곡리에 인접한 옥산리고분군의 존재이다. 양 유적은 서로 인접하여 있으며 고분군의 위상도 유사하고, 목곽묘에서 수혈식석곽묘로 이행한 양상도 동일하다. 옥산리고분군에서도 백제계 유물이 출토된 것으로 알려져 있는데 현재 보고된 내용은 백제 유물이 본격적으로 등장하기 이전의 목곽묘에 국한되어 있다(趙榮濟·柳昌煥·宋永鎭 2002).

따라서 옥산리고분군의 백제계 유물에 대한 고찰은 현재로서 불가능하지만 79호분에서 출토된 금박구슬의 존재는 백제와의 관련성을 상징하고 있다. 금박구슬은 원삼국-삼국시대에 걸쳐 한반도 곳곳에서 발견되고 있는데 이른 시기의 것은 낙랑이 확산의 주체로 보이며 가야 지역에 유입된 것들은 백제에서 분배되었거나, 백제를 경유하였을 가능성이 매우 높다. 옥산리의 금박구슬도 예외가 아니다.

이 경우에도 백제와 옥산리 세력의 직접적인 관계의 산물일 가능성과 제3자의 개재를 예상할 수 있다. 제3자를 상정한다면 산청 지역 최고 위계의 고분군인 중촌리고분군을 남긴 세력이 유력하다. 역시 보고서가 미간이어서 구체적인 양상은 알 수 없으나 3호 목곽묘에서 출토된 단봉문환두대도(單鳳文環頭大刀)(安春培 1983)가 주목된다. 그 시기는 묵곡리보다 약간 이를 것으로 판단되는데[8] 이 환

---

8) 하승철(河承哲, 2001)은 중촌리 환두대도를 서남부지역 토기편년 IV단계에, 옥산리와 묵곡리를 V단계 이후에 위치시키고 있다.

두대도가 백제에서 제작된 후 산청 최고 수장의 손에 들어왔을 경로를 고려한다면 옥산리의 금박구슬 역시 이 경로를 밟았을 가능성이 있다.

이렇듯 백제와 산청 지역의 5세기 대 교섭에서 드러나듯이 당시의 국제관계는 매우 복잡한 양상을 보인다.

최근의 조사 성과(李東熙 2005)에 의하면 전남 동부지역에서는 아라가야-소가야-대가야의 순서로 가야(계) 토기가 등장한다. 전북 동부지역에 대가야계 고총이 등장하면서 웅진기 백제와 대가야가 치열한 각축양상을 보이는 것과 달리 여수, 순천, 광양 등지에서는 소가야와 연관된 석관계 석곽묘 및 소가야 토기가 존재한다는 것이다. 구체적인 사례는 보성 조성리, 여수 화장동·죽포리·고락산성, 순천 검단산성·용당동·죽내리·운평리, 구례 용두리 등인데 5세기 전반부터 중엽까지는 교류의 산물로, 5세기 후반 이후는 이 지역이 소가야 연맹체의 일원이 되었다는 것이다.

결국 소백산맥을 넘어오는 대가야와 소가야의 움직임, 이들과 일정한 관계를 맺거나 그럴 가능성이 농후한 전남 동부세력과 영산강 유역 집단의 동향에 대해 한성 백제는 민감할 수밖에 없었을 것이다. 결국 6세기에 접어들면서 대가야세력이 이 지역에 본격적으로 진출하게 되자[9] 무령왕대 백제는 적극적으로 대응하게 된다. 『일본서기(日本書紀)』 계체(繼體) 6년(512)조의 소위 임나4현(任那四縣)[10] 기사, 계체(繼體) 8년(514)조의 대가야 축성기사, 계체(繼體) 23년(529)조의 백제의 하동 확보 등 일련의 사건은 그 산물이다.

---

9) 대가야 토기가 발견되는 지역은 구례 용두리, 순천 죽내리·죽내리성암·운평리·검단산성, 여수 미평동·고락산성, 광양 비평리 등이다.
10) 그 위치는 上哆唎(여수반도), 下哆唎(돌산도), 娑陀(순천), 牟婁(광양)로 보는 견해(全榮來, 1985)가 타당하다.

Ⅴ. 맺음말

 이번 분석작업은 산청 묵곡리 가야고분에서 출토된 총 37점의 토기를 대상으로 한 것이었다. 1개소의 유적에서 출토된 한정적인 시료만을 대상으로 이루어진 작업인 만큼 처음부터 커다란 성과를 기대하기는 어려웠으며 백제와 가야의 교섭에 대한 거시적인 시각을 제시할 성격의 작업도 아니었다. 다만 육안관찰에 의한 양식의 변별이 과학적인 분석작업과 정확히 부합됨으로써 육안관찰의 중요성을 다시 한번 일러준 동시에 과학적인 분석작업이 병행될 때, 시너지효과를 거둘 수 있다는 어찌보면 당연한 사실을 확인할 수 있었다.

 구체적으로는 그동안 막연히 백제 토기, 혹은 백제계 토기로 분류되어 오던 산청 지역 일군의 토기들이 대가야(계) 토기와는 다른 배경에서 제작되었다는 사실을 확인한 것이 중요한 성과이다. 산청 일대의 고분 자료의 소개가 아직 완료되지 않은 상태이기 때문에 더 이상의 추론은 곤란하지만 묵곡리에 매장된 인물 중에 백제계 인물이 포함되어 있을지 여부, 주위에 백제계 이주민들의 집단 거주지가 존재할지의 여부가 초미의 관심사이다.

 이는 단순히 백제-가야만의 문제가 아니라 일본 스에키(須惠器)의 계보문제와도 연동된다. 초기 스에키의 기종 구성과 기형이 소가야를 비롯한 여러 지역의 가야적 요소와 함께, 영산강, 전남 동부를 포함한 광의의 백제계 요소를 포함하고 있는 배경에 대한 설명이 가능할지도 모르겠다. 소가야의 기능이 교역매체적인 측면이 강하다는 추정(박천수 1999 p.105, 山本孝文 2004 pp.188~190)을 참고할 때, 삼국시대 한반도 중부 이남과 고분시대 일본열도 사이에 이루어진 토기의 이동과 제작기술의 이전(移轉)에 관련된 국제적 교섭에 대한 해석의 단초를 여는 작업이 될 수 있을 것이다.

【참고문헌】

姜仁求, 1973,「錦山의 古墳과 土器類」,『百濟硏究』4, 忠南大學校 百濟硏究所.
安春培, 1983,「山淸中村里古墳發掘槪報」,『韓國考古學年譜』10.
全榮來, 1985,「百濟 南方境域의 變遷」,『千寬宇先生還曆紀念韓國史學論叢』.
趙榮濟, 1990,「三角透窓高杯에 대한 一考察」,『嶺南考古學』7, 嶺南考古學會.
李熙濬, 1995,「토기로 본 大伽耶의 圈域과 그 변천」,『加耶史硏究 -대가야의 政治와 文化-』, 慶尙北道.
尹貞姬, 1997,「小加耶土器의 成立과 展開」, 慶南大學校 석사학위논문.
朴天秀, 1999,「器臺를 통하여 본 加耶勢力의 동향」,『가야의 그릇받침』, 국립김해박물관.
郭長根, 1999,『湖南東部地域 石槨墓의 硏究』, 서경문화사.
朴升圭, 2000,「考古學을 통해 본 小加耶」,『考古學을 통해 본 加耶』, 한국고고학회 학술총서 1.
朴淳發, 2000,「加耶와 漢城百濟」,『加耶와 百濟』, 第6回 加耶史 學術會議.
李南奭·徐程錫, 2000,『斗井洞遺蹟』, 公州大學校博物館.
이성주, 2000,「소가야지역의 고분과 출토유물」,『묘제와 출토 유물로 본 소가야』, 국립창원문화재연구소 개소 10주년 기념학술회의.
河承哲, 2001,「加耶 西南部地域 出土 陶質土器에 대한 一考察」, 慶尙大學校 석사학위논문.
酒井淸治, 2001,「日本 初期須惠器의 系譜와 渡來人」,『4~5世紀 東亞細亞 社會와 加耶』, 第7回 加耶史國際學術會議.
權五榮, 2002,「풍납토성 출토 외래유물에 대한 검토」,『百濟硏究』36, 忠南大學校 百濟硏究所.
成正鏞, 2002,「錦山地域 三國時代 土器編年 -百濟와 加耶勢力 사이의 內陸交通路에 대한 理解를 위하여-」,『湖南考古學報』16.
趙榮濟·柳昌煥·宋永鎭, 2002,『山淸 玉山里遺蹟 -木槨墓-』, 慶尙大學校博物館.
山本孝文, 2004,「大伽倻와 榮山江勢力」,『大加耶의 成長과 發展』, 대가야학술총서 2.
李東熙, 2005,「全南東部地域 複合社會 形成過程의 考古學的 硏究」, 成均館大學校 박사

학위논문.

郭長根, 2006,「웅진기 백제와 가야의 역학관계 연구」,『百濟研究』44, 忠南大學校 百濟研究所.

이영식, 2006,「섬진강유역을 둘러싼 백제와의 갈등」,『대가야 들여다보기』, 고령군 대가야박물관 · 계명대학교 한국학연구원.

임영진, 2006,「고흥 안동고분 출토 금동관의 의의」,『한성에서 웅진으로』, 충청남도 역사문화원 · 국립공주박물관.

임영진, 2007,「고흥 길두리 안동고분 출토 금동관의 고고학적 의의」,『충청학과 충청문화』5권2호, 충청남도 역사문화원.

"토기의 유통을 통해 본 백제와 가야의 교섭"에 대한 討論

박천수(경북대학교 고고인류학과)

이 발표는 서울 풍납토성 출토 소가야양식 토기와 소가야권역인 산청 묵곡리 고분군 출토 백제양식 토기를 통하여 백제와 가야의 교섭에 논하고 있습니다. 특히 묵곡리고분군 출토 토기에 대한 자연과학적인 방법을 통하여 그 제작지 파악을 시도한 점에서 주목된다. 그 가운데 재지계토기와 백제계 토기가 재지에서, 대가야계가 외부에서 제작되었다는 결과가 나와 흥미롭습니다.

1. 먼저 산청 묵곡리고분군 출토 백제양식 토기의 기종, 그 시기 그리고 공반된 가야 토기의 양식에 대한 설명을 듣고자 합니다.

묵곡리와 옥산리 출토 백제 토기의 기종이 토론자가 관찰한 바에 의하면 심발형 토기로 기억됩니다. 양 고분군 출토 백제 토기가 사람의 이동과 관련된 자비용기인지에 대한 설명을 듣고자 합니다.

그리고 묵곡리고분군에는 4세기 대 아라가야양식 토기, 5세기 전반 소가야양식 토기, 5세기 후반 대가야양식 토기가 이입되는 것으로 파악됩니다. 백제 토기와 공반된 가야 토기의 양식이 어떠한지 그것에 따라 교섭주체가 달라지기 때문에 이에 대한 보충 설명을 듣고자 합니다.

2. 풍납토성 출토 가야 토기는 기형과 문양으로 볼 때(도면7)의 1, 2는 소가야양식, 6은 창녕양식으로 파악됩니다. 소가야양식 토기는 이전부터 소가야의 활동과 관련하여 주목되어 왔습니다. 그런데 이제까지 그다지 주목하지 못했던 창녕산 토기가 확인되어 매우 흥미롭습니다. 그 이유는 근래 창녕양식 토기가 5

세기 전반 낙동강 하구, 여수 화장동, 장흥 탐진댐 수몰지구, 해남 현산면 일대와 일본열도에서 다수 확인되고 있기 때문입니다. 이 창녕산 토기의 이입 배경에 대한 견해를 듣고자 합니다.

3. 발표문에서 뚜렷하게 의견을 제시하고 있지 않으나 풍납토성 출토 소가야양식 토기가 고성 지역이 아닌 소가야권역의 주변인 순천, 여수 지역 일대에서 제작되어 반입된 것으로 보는 것 같습니다. 그러나 토론자는 풍납토성 출토 소가야양식 토기는 제작기법으로 볼 때 역시 소가야세력의 중심지인 고성 지역산으로 판단됩니다. 왜냐하면 순천, 여수 지역에서는 소가야양식 토기의 제작이 활발하지 않고 대부분 고성 지역에서 이입되며 재지에서 제작된 것은 육안으로 구별될 정도로 조잡한 것이 특징입니다. 또 백제양식 토기가 출토된 묵곡리고분군이 소가야와 백제의 교통로인 남강에 연하여 위치하는 점에서도 그러합니다. 이에 대한 발표자의 견해를 듣고자 합니다.

4. 토론자는 풍납토성 출토 소가야양식 토기와 몽촌토성 출토 스에키(須惠器)의 상관관계에 대해 주목하고 있습니다. 왜냐하면 근래 소가야권역에서 백제지역으로 가는 교통로상에서 스에키(須惠器)가 다수 출토되고 있기 때문입니다. 몽촌토성 출토 스에키(須惠器)가 백제와 왜의 교섭에 의해 이입된 것인지 소가야의 중계를 통한 것인지 이에 대한 발표자의 의견을 듣고자 합니다.

5. 토론자는 5세기 전반 소가야의 활동과 관련하여 문헌에 보이는 포상팔국 전쟁에 주목하고 있습니다. 포상팔국 전쟁의 시기와 그 전쟁 대상에 대해서는 대부분의 문헌사학자들은 그 시기를 3~4세기, 그 대상은 금관가야로 보고 있습니다. 이에 대한 견해가 있으시면 의견을 듣고자 합니다.

6. 발표문에서는 대가야가 섬진강 하구에 진출한 시기를 6세기 전엽으로 보고 있습니다. 그런데 아직까지 이 지역에서 5세기 후엽의 대가야 문물이 확인되지 않아 단정할 수 없습니다만, 일본열도에 대가야 문물이 이입되는 시기가 5세기 중엽이고 그 교역항이 하동으로 추정되는 점에서 대가야의 진출 시기가 소급되는 것으로 파악됩니다. 이와 관련하여 토론자는 5세기 후엽 고흥 안동고분이 출현하는 배경이 대가야 영역인 소위 임나사현인 여수, 순천, 광양 지역을 공략하기 백제의 의도에 의한 것으로 봅니다. 이에 대한 발표자의 견해를 듣고자 합니다.

"토기의 유통을 통해 본 백제와 가야의 교섭"을 읽고

문동석(서울여대 사학과)

  본 논문은 경남 산청 묵곡리 출토의 토기를 과학적인 분석에 의하여 백제계, 소가야계(재지계), 대가야계로 구분하고 그들의 상호관련성을 살펴 본 글이다. 과거 토기분석이 주로 육안관찰에 의해서 행해졌는데, 이번 과학적 성분분석을 통해서 상호교차연구의 필요성을 환기시키기도 하였다. 개별적인 과학분석의 결과에 대해서는 공감을 표하면서 이와 덧붙여 해결해주었으면 하는 문제를 가지고 몇 가지 제기해보고자 한다.

  1) 묵곡리고분 출토 토기에 대한 성분분석을 통해서 살펴본 결과 백제계 토기와 소가야계(재지계) 토기는 많은 공통점을 갖는 반면, 대가야계 토기는 그렇지 않음을 밝혀내었다. 그래서 이들 토기들의 제작배경을 재지계와 백제계 토기들은 유적 인근에서, 대가야계는 외부에서 제작되었다(A). 재지계와 백제계 토기들은 외부에서, 대가야계는 유적 인근에서 제작되었다(B). 재지계와 백제계, 그리고 대가야계 모두 외부의 별도 공방에서 제작되었다(C). 위와 같이 3가지로 제시하였다. 발표자는 이 가운데 (A)의 가능성을 가장 높은 것으로 보았다. 그런데 경우의 수를 가정한다면 '재지계와 백제계, 그리고 대가야계 모두 내부의 별도 공방에서 제작되었다(D)'로 보는 또 하나의 견해가 있을 수 있는데 이에 대한 견해를 듣고 싶다.

  2) 발표자는 (A) 경우를 상정하고, 그렇다면 '백제계 토기가 묵곡리 고분군에 부장된 이유가 무엇일까?'라고 의문을 제기하면서 백제인의 이주나, 백제의 중

간거점을 통한 영향 등을 언급하면서, 재지인의 백제계 토기 모방설을 왜 재지인이 백제계 토기만 모방했는가를 설명할 수 없으므로, 모방설을 논외로 하고 있다. 그러나 모방은 그 모방의 대상이 있으며, 그 모방의 대상은 자신이 동경하거나 또는 영향력 하에 있는 것을 취한다는 점을 상기할 때, 재지인이 대가야계를 모방하지 않고 백제계를 모방했다면 나름의 또 다른 이유가 있다고 생각한다. 이에 대한 견해를 듣고 싶다.

3) 발표자는 묵곡리고분 출토 백제계 토기에 관심을 보인 배경 사건으로 풍납토성에서 발견된 가야 토기, 가야 지역에서 발견된 백제 토기, 전남 동부지역에서 발견된 가야 토기, 고흥 길두리고분에서 발견된 백제 장신구들을 언급하였다. 그렇다면 풍납토성과 전남 동부의 가야 토기와 가야 지역에서 발견된 백제 토기는 산청 묵곡리고분의 토기를 성분분석 한다면 어떠한 결과가 나올 수 있을지 궁금하다.

이상 두서없는 질문을 제기했지만 토론자의 역량이 모자라 억지로 문제를 만들어 문제를 삼았지 않았나 생각됩니다. 이점 양해를 구합니다.

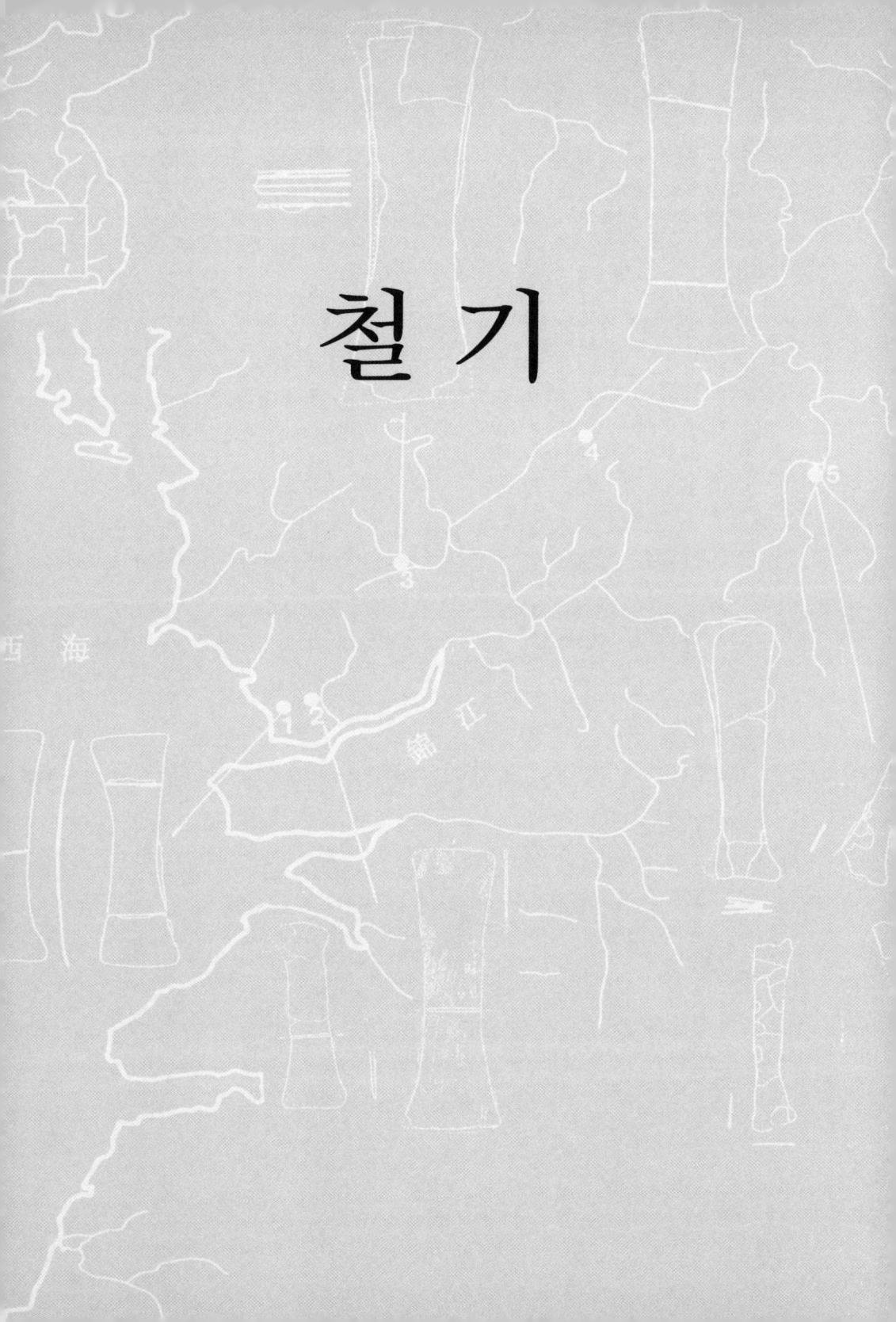

철기

백제 철기의 생산과 유통에 대한 시론

이남규*

차례

I. 머리말
II. 철기의 생산
   1. 철기 소재의 생산기술
   2. 제강(製鋼)
   3. 철기의 제조기술
   4. 철기 생산의 종합적 체계
III. 철기의 유통 -주조괭이와 철정(鐵鋌)을 중심으로-
   1. 주조괭이의 유통
   2. 철정의 유통
   3. 고철의 재활용
IV. 맺음말

* 한신대학교 국사학과

Ⅰ. 머리말

　우리나라 고대의 경제력·군사력 발전에 있어 철기문화가 중요한 기반이 되었던 사실은 일반적으로 인정되고 있으나, 이에 대한 연구는 주로 철기의 형식론, 계통론 및 생산기술 등에 관한 논의가 주류를 이루었고, 생산과 유통에 대해서는 피상적이거나 지엽적으로 다룬 논고(安春培 1995, 李南珪 2004)가 있는 정도이고 체계적으로 접근한 예는 거의 없었다고 해도 과언이 아니다.
　이제까지 고대의 유통에 대해서는 문헌사학적 입장(김창석 2004)과 고고학적 입장(宇野隆夫 1998) 등에서 구체적 사례의 검토와 유형의 분류 등을 시도하였으나, 당시의 가장 중요한 생산·유통 물자라고 할 수 있는 철 및 철기와 관련된 사항만을 집중적으로 다룬 연구는 극히 적다는 점이 문제로 지적될 수 있다.
　본고는 그러한 현황을 타개하기 위한 일환으로서, 백제 지역의 철 및 철기의 생산과 유통에 대한 몇가지 문제점들을 중점적으로 검토, 분석하여 새로운 해석의 시각을 갖는데 목적을 두고 있다.
　우선 철기의 생산공정에 보이는 기술적 사항과 생산체제를 단계별로 구분하여 살펴보고 이를 종합적으로 체계화 하고자 한다. 이에 있어서는 먼저 입지·원료·연료 등과 같은 생산의 기본 요소, 제철·제강의 방식 및 단조철기와 주조철기의 제조기술과 관련된 내용들을 살펴보고자 한다. 또한 도성에서 행한 관영수공업적 생산과 지역세력에 의한 재지적 생산의 공존 양상 등을 다루고자 하며, 이에는 고대 중국의 사례들이 비교자료로 제시될 것이다.
　그리고 이어서 주조괭이와 철정(鐵鋌)을 대상으로한 당시의 철기 유통양상을 한정된 공간적 범위 내에서 검토하고 그 지역성과 단위지역별 생산과 유통의 성격에 대해 추론해보고자 하며, 덧붙여 고철의 재활용에 관련된 사항에 대해서도 간단히 언급하고자 한다.
　물론 이러한 논의를 전개하는 과정에 자료의 부족 등으로 인해 충분한 논거를 제시하지 못하고, 무리한 견해가 제시될 수도 있겠으나, 본 논고는 어디까지나 시론적(試論的) 의미를 갖고 있다는 사실을 미리 밝혀두고자 한다.

II. 철기의 생산

철기 소재의 생산과 철기의 제조에 관한 부분에서 제반 기술에 대해 중점적으로 살펴보고, 생산의 종합적 체계에 관한 부분에서는 제련(製鍊)부터 단조철기와 주조철기가 생산되는 일련의 단계별 공정에 관련된 사항들을 총체적으로 검토해보고자 한다.

1. 철기 소재의 생산기술

1) 철 제련

(1) 제련시설의 입지(立地)

백제의 제철유적 가운데 제련유적으로는 진천 석장리(石帳里)유적(國立淸州博物館 2004, 도면 1·2)과 충주 칠금동(漆琴洞)유적(중원문화재연구원 2006)이 발굴조사되었고, 그보다 이른 시기의 것으로 보이는 화성 기안리(旗安里)유적(畿甸文化財研究院, 2000)의 인근 구릉에서도 제련 폐기물인 유출재 등이 확인된 바 있다.[1]

그런데 석장리유적과 칠금동유적의 입지를 비교해서 살펴보면 상당한 차이를 보이고 있어 주목된다.

넓게 전개된 구릉지대에 7개소의 철재 산포지가 분포하여 대규모의 거점적 제철유적이었음을 보여주는 전자의 유적은 낮은 구릉지대에 위치하고, 주변에

---

1) 발굴된 지역 인근의 구릉에서 流出滓 등의 鐵滓가 채집되어 제련유적이 존재함은 확인되었으나 아직 그 시기와 성격은 불확실하다.

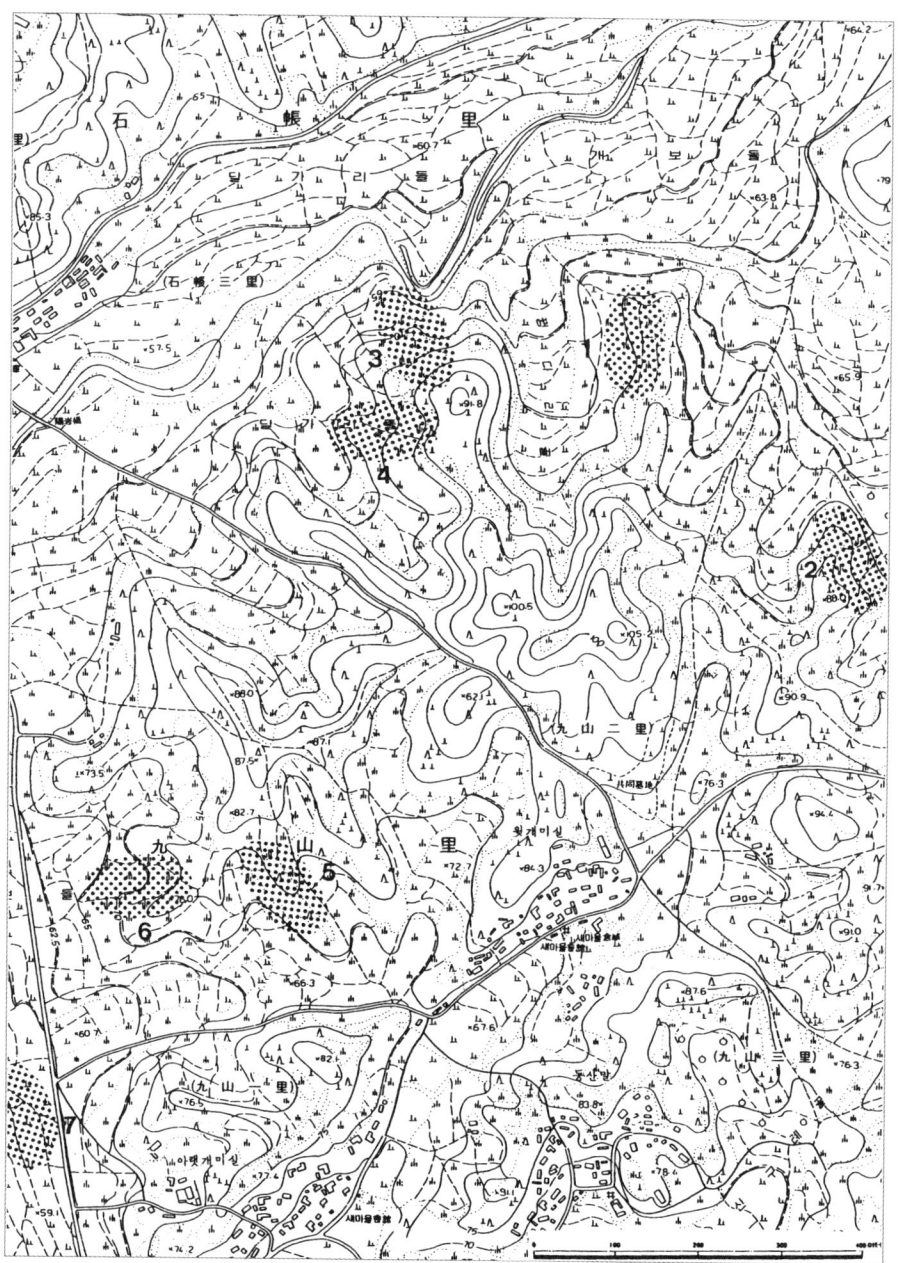

도면 1. 石帳里 제철유적 분포도(1 : 발굴지점)

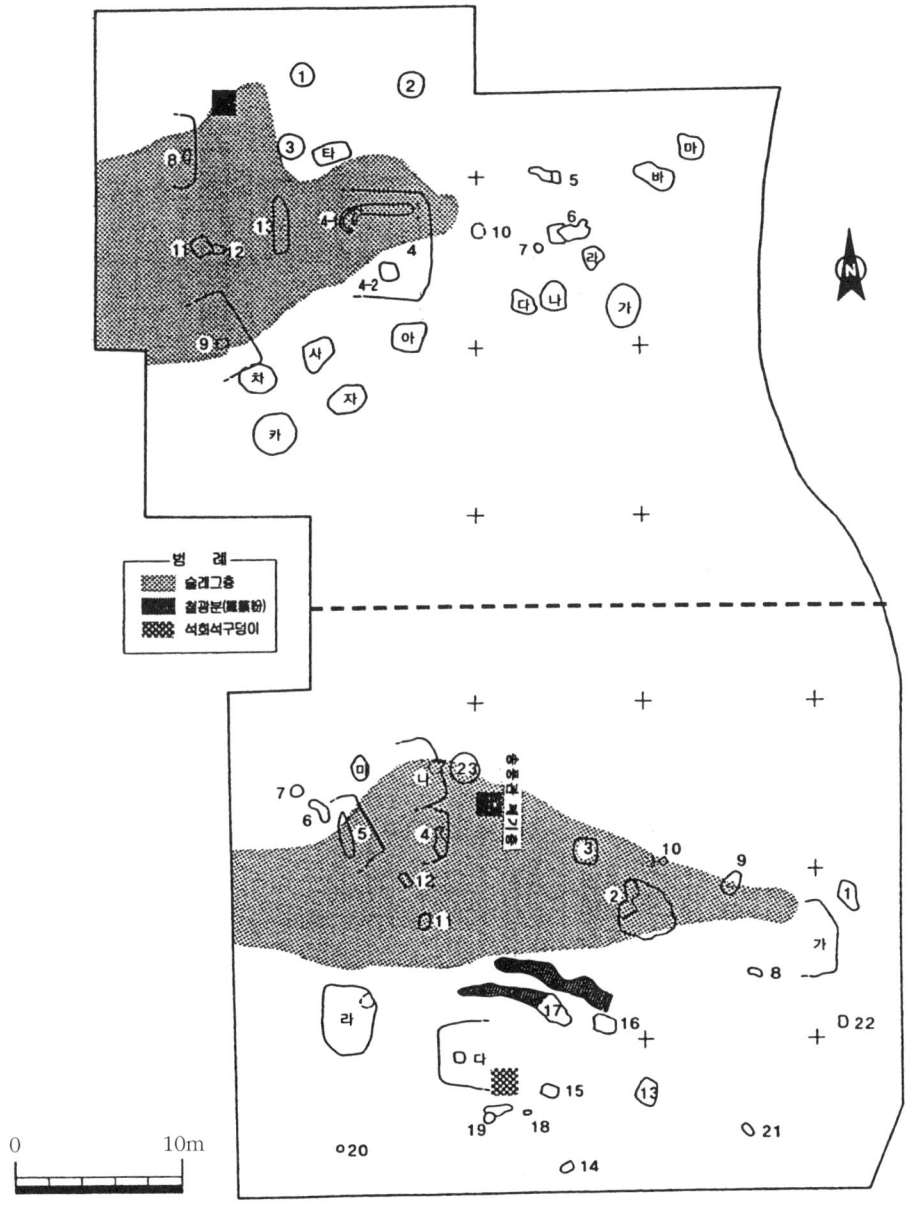

도면 2 石帳里 제철유적 유구 배치도(上 : A區, 下 : B區)

교통에 이용할 수 있는 저명한 강이 발달되어 있지 않고, 작은 하천(閑川)이 존재하는 정도이다. 또한 원료·연료의 산지가 가깝게 있지 않아 이들의 생산과 공급에 있어 장점이 있는 지역이라고 말하기는 다소 어렵다.

일반적으로 철 제련의 입지 선정에 있어 원료(철광석(鐵鑛石) 혹은 사철(砂鐵))보다 운반비용이 더 드는 연료를 보다 많이 고려하는 경향이 있으나,[2] 이 석장리 유적의 경우는 이러한 점이 크게 작용하지 않은 듯한 인상을 받는다. 즉 이 유적은 다량의 목탄을 보다 많이 손쉽게 확보할 수 있는 저명한 산악으로부터 상당히 떨어진 곳에 위치하고 있고, 철광석 산지로부터도 원격지(遠隔地)에 해당하여[3] 연료와 원료의 두 요소를 중요 변수로 할 때 그다지 합리적인 위치라고 하기는 어려울 것 같다.

다만 이 유적의 경우도 그다지 멀지 않은 곳에 미호천(美湖川) 상류가 위치하고 있어 금강 유역권의 여러 지역에 수운(水運)을 이용한 철의 공급이 가능한 입지라는 점이 보다 중시되지 않았나 추정된다.[4]

이와 유사한 3~8세기 제련유적의 입지적 특징에 대해서는 이미 김권일(金權一)도 지적한 바 있는데(金權一 2003), 이러한 경향은 지역에 따라 고려 이후까지도 지속되는 것 같다(忠州博物館 外 1998).

이에 비해 탄금대의 남사면에 우치한 칠금동 제련유적의 경우는 목탄의 생산에는 한계가 있기는 하여도, 인근에 근대까지도 운영되던 철광석 광산이 위치하고 있고, 인접한 달천(達川)이나 남한강을 통해 연료의 공급은 물론 생산품의 유통이 활발히 이루어졌던 것으로 판단된다. 이러한 입지적 장점을 기반으로 이 제련유적에서는 당시 최대규모(직경 1.8m)의 제철로를 설치하여 철의 대량생산

---

2) 예를 들어 일본의 경우 砂鐵을 이용한 타타라製鐵에 있어 '砂鐵七里炭三里'라는 표현이 쓰이고 있다.
3) 旗安里유적의 경우는 인근에 알려진 철광석 산지가 없는 상태이고, 石帳里유적의 경우는 30여 km 떨어진 충주 지역에 풍부한 철산지가 위치한다(忠州博物館 1996).
4) 신라의 철 제련유적인 密陽 沙村遺蹟(國立金海博物館 2001)이나 梁山 勿禁遺蹟(東亞大學校博物館 2000)도 산사면보다 비교적 낮은 구릉을 입지로 선정하여 공통된 양상을 보이고 있다.

을 꾀할 수 있었을 것이다.

(2) 원료(原料)

일반적으로 제련의 원료로 철광석과 사철이 이용되는 것으로 말해지고 있지만 아직 후자가 철 제련유적에서 제대로 확인된 경우는 없다. 발굴 당시 석장리유적에서 사철로 추정하였던 것도 철광석 분말로 판명되었으나, 보고서에서는 두 종류의 원료를 모두 사용한 것으로 서술하고 있다.[5] 물론 장방형의 상형로(箱型爐)인 이 유적의 A-4호로(도면 3)가 일본의 상형제철로와 유사하고 근세 다다라(たたら)에서처럼 사철이나 철광석 분말을 원료로 사용하였을 가능성이 있으나, 정작 이 제련로에서는 그러한 자료가 채집되지는 않았다.

석장리유적의 경우 주 원료인 철광석 가운데 자철광(磁鐵鑛, Magnetite, Fe3O4)이 주로 사용되었고,[6] 지역과 시기가 다르기는 하지만 양산 물금(勿禁, 東亞大學校博物館 2000)이나 밀양 사촌(沙村, 國立金海博物館 2001)의 제철유적에서도 공히 자철광이 출토된 것을 보면 여러 종류의 철광석 가운데 국내에서는 이 종류의 철광석이 제철 원료로 가장 많이 이용된 셈이다. 다만 자철광의 경우는 조직이 치밀하여 환원성(還元性)이 낮으므로 파쇄나 배소(焙燒) 등을 통해 입자를 작게 할 필요가 있는데 석장리유적 B-16·17호 대상유구(臺上遺構) 상면의 목탄과 혼합된 철광석 부스러기와 채집된 철광석 중 분석된 자적철광석(磁赤鐵鑛石)은 그러한 공정의 결과로 판단되고 있다(大澤正己 2005).

한편 석장리 유적 A-4호유구에서 동물뼈와 석회석이 출토되어 이와 같은 칼슘분을 조재제(造滓劑)로 이용하였을 가능성이 높다.[7]

---

5) 이러한 철광석 분말은 충주 칠금동유적의 제련로 옆에서도 출토되었다.
6) 大澤正己·鈴木瑞穗, 2004, 「石帳里遺跡出土製鐵關連遺物の金屬學的調査」, 『鎭川 石帳里 鐵生産遺蹟』, 국립청주박물관.
7) 최근 금속기술연구소에서 분석되고 있는 고대~근세 제철유적의 철재들에서 칼슘분이 상당히 검출되고 있어, 철제련에 있어 造滓劑가 일반적으로 사용되고 있었다고 보아도 큰 무리는 없을 것 같다.

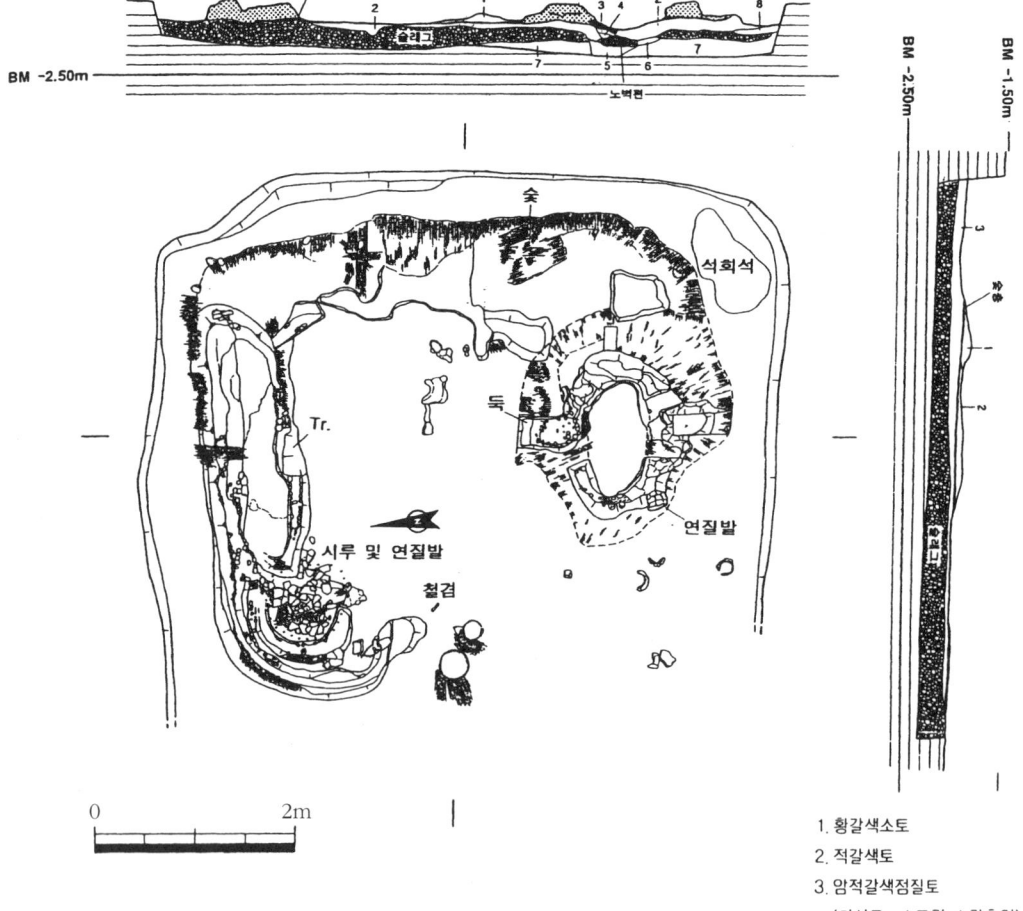

도면 3. 石帳里 제철유적 A-4호로

(3) 연료(燃料)

아직 우리나라에서 고대 제철의 연료로 석탄을 사용한 흔적은 확인된 바 없으며, 이제까지 목탄제철의 유적만 확인되었다. 상술하였듯이 제철 입지의 선정에 목탄의 공급이 원료보다 중요한 요소로 작용하는데, 고대 제철유적의 바로 인근에서 탄요(炭窯)가 확인된 경우는 원삼국시대의 화성 기안리유적(畿甸文化財研究院 2003)과 4세기경에 해당하는 청원 연제리유적(中央文化財研究院 2006) 정도가 알려져 있다.[8]

이 당시의 탄요는 세장방형의 횡구식(橫口式)으로서, 백탄(白炭)을 생산한 것으로 추정되기도 하는데, 경상도·충청도 등지에서 속속 확인되어 현재는 100개소 정도에 달한다(忠淸文化財研究院 2003).

분석된 한 예(강애경 1999)를 보면 당시 목탄 제조에 사용된 나무의 종류는 참나무, 소나무, 상수리나무 등으로서 열량이 보다 많은 쪽이 제철에 선호되었을 것이다.

아직은 구체적으로 밝혀져 있지 않으나, 제철 당시 어느 정도 크기의 목탄을 노 내에 장입하였는지도 중요한 사항인데, 일단은 노 내(爐內)의 온도를 고온으로 계속 유지하기 위해서 가능한 한 작게 파쇄하여 사용하지 않았나 추정되며, 야철지의 유구들 성격으로 보아 장입전 가열은 하지 않은 것으로 판단된다.

(4) 노(爐)의 구조

이제까지 백제의 제련로는 다수가 확인된 석장리유적(國立淸州博物館 2004)과 1기 만이 발굴된 충주 칠금동유적(중원문화재연구원 2006)의 사례들이 알려져 있으

---

8) 다만 기안리유적의 경우 炭窯 주변이 낮은 구릉지대여서 목탄 생산지로 그다지 적합한 입지는 아닌 것으로 판단되며, 주변 삼림의 소모가 빨라 단기간의 조업만 실시하였을 것으로 추정된다. 그리고 石帳里유적 외곽에서도 목탄요 1기가 확인되었으나 반지하식의 원통형 굴 가마여서 다른 시대의 것으로 간주하고 있다.

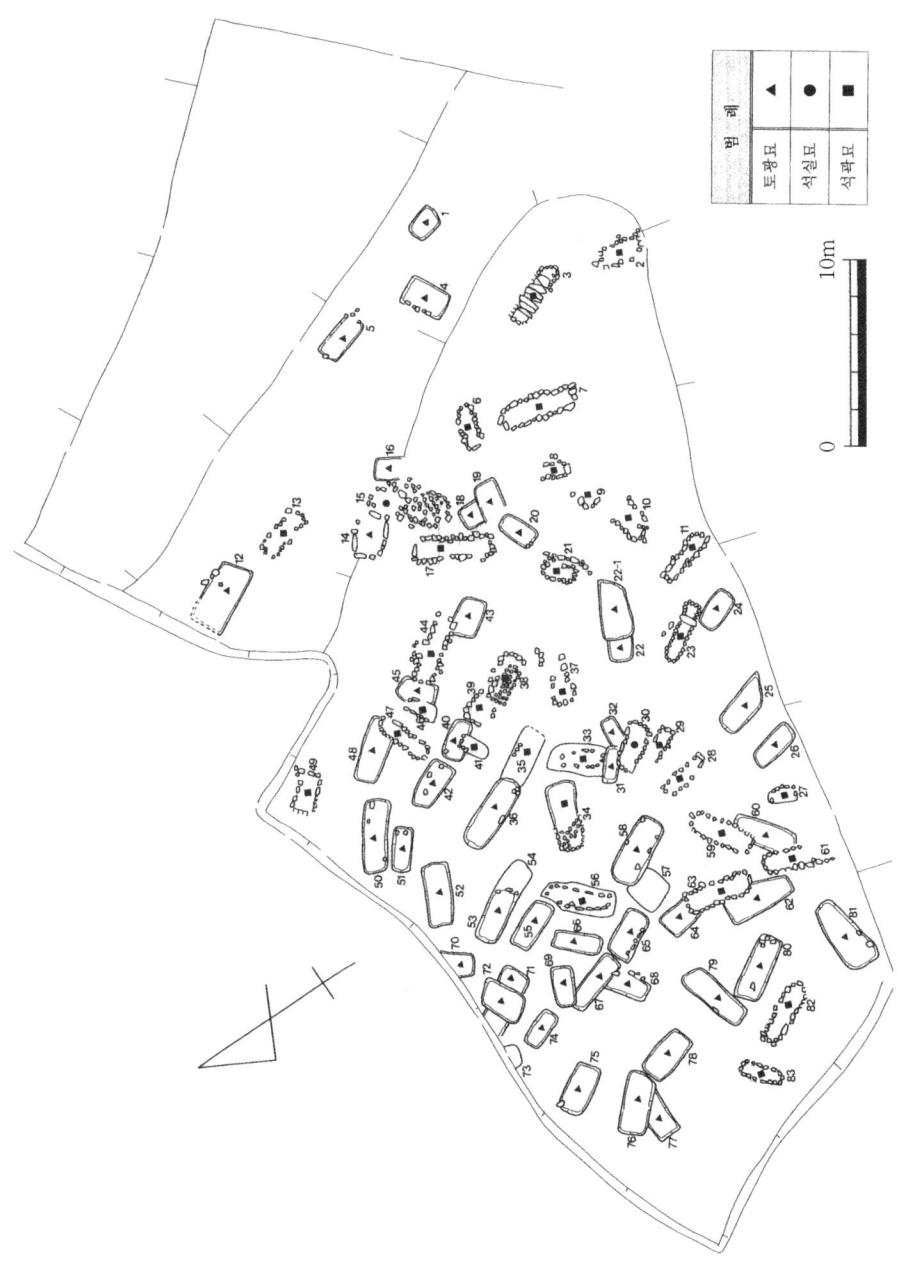

도면 4. 石帳里 제철유적 A-9호로

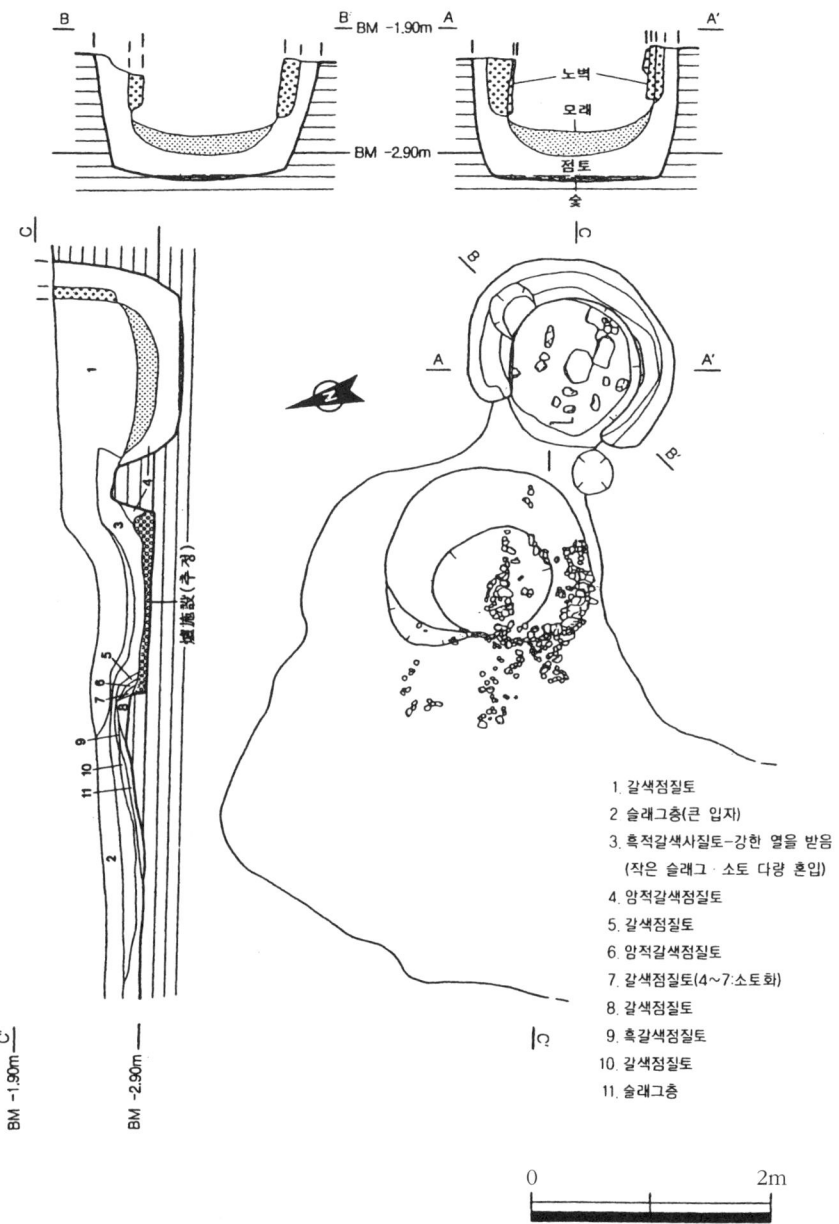

도면 5. 石帳里 제철유적 A-3호로

나 후자의 유적은 아직 정식으로 보고되지 않아 그 성격에 대해서는 전자의 유적을 중심으로 그 성격들을 살펴볼 수밖에 없다.

이곳의 A·B 두 구역(도면 2)에서 확인된 노(爐) 평면형태로는 장방형, 방형, 원형이 있다. 장방형인 A4-1호로(도면 3)는 225×45cm의 크기로서 대형에 속하며, 원형로들도 직경이 1m를 넘는 대형들이라는 점에 특징이 있다. 이 노들은 'ㄷ'자형 구덩이를 파고 지상식(地上式)(A-9호로, 도면 4)으로 설치한 경우와 경사면의 낮은 쪽에 배재부(排滓部)가 있는 반지하식(半地下式)(A-3호로, 도면 5)의 예로 구분된다. 이 유적의 원형로는 그 직경이 1m 내외인데 비해 상기한 충주 칠금동유적의 제련로는 1.8m에 달하는 대형이라는 점이 주목된다.

이들 노의 지하부에는 목탄을 깐 예들이 있으며, 조업 바닥면은 일반적으로 굵은 모래에 약간의 토양을 섞은 후 다져서 만든 층으로 되어 있다.[9]

(5) 송풍(送風)

제철의 성패를 좌우하는 요소가 송풍이지만, 아직 송풍장치와 방식에 대해 구체적으로 밝혀져 있지 않으며, 잔존한 송풍관을 통해 당시 송풍의 일면(一面)만을 알고 있는 정도에 불과하다.

석장리유적에서 출토된 송풍관은 대구경(大口徑, 도면 6-3~5)이 소구경(小口徑, 도면 6-1·2) 보다 상대적으로 많은데, 다른 유적의 사례들에서도 밝혀진 바와 같이 철 제련에는 전적으로 전자가 사용된 것으로 보고 있다. 그 가운데에서도 15~20cm 정도의 대구경(도면 6-3)은 끝부분에 홈이 돌아가거나 턱이진 형태이며, ㄱ자형으로 꺾여 노 내에 삽입하는 방식으로 되어 있는 것들도 보인다.

이러한 대구경 송풍관은 화성 기안리유적에서도 출토된 바 있어 낙랑계통일

---

9) 이로한 방식은 현대 제철로 축조에서도 쓰이는 것으로서, 대단히 높은 고열에 의해 노벽이 팽창하더라도 노의 구조가 변형되지 않는 효과가 있다.

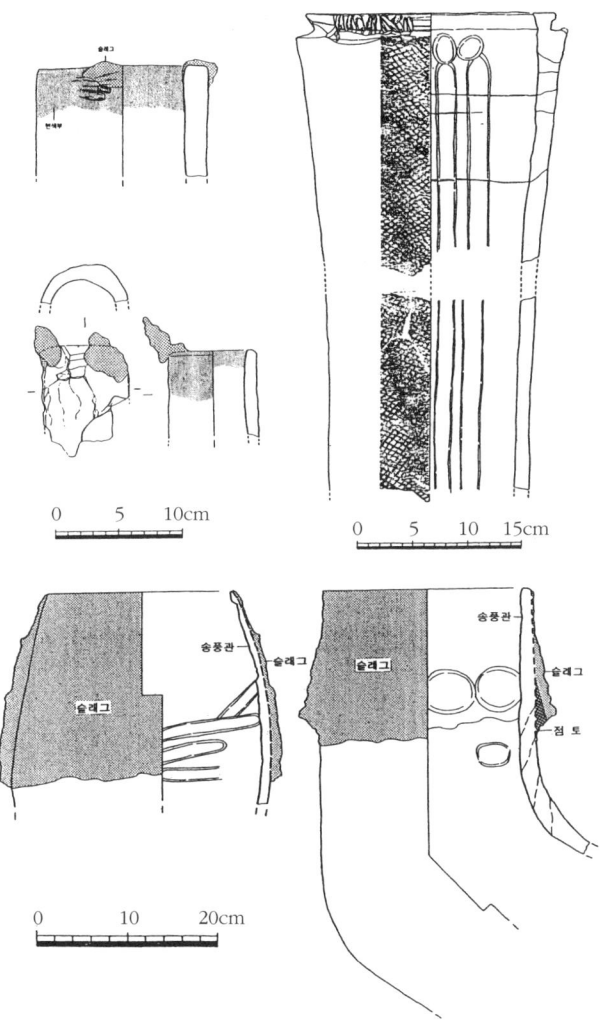

도면 6. 石帳里 제철유적의 송풍관

가능성이 있으며, 경상도 지역의 제철유적인 경주 황성동유적(國立慶州博物館 1999·2000), 밀양 사촌유적(國立金海博物館 2001), 양산 물금유적(東亞大學校博物館 2000) 송풍관도 같은 성격을 보이고 있다.

   석장리의 송풍관과 같은 것들이 진천 삼룡리·산수리 토기가마유적에서도 확인되어, 당시 전문적인 토기생산 집단들이 제조하여 제철장에 공급하였던 당시의 생산고 유통의 일면이 어느정도 파악된 셈이다.

2. 제강(製鋼)

백제의 경우는 신라나 가야와 달리 철기의 제작에 있어 미리 강소재(鋼素材)를 생산하여 사용한 것으로 보는 견해가 제시된 바 있고(박장식 2002), 최근의 분석에서도 그러한 견해가 타당한 것으로 판단되었다.[10]

당시 생산되던 강(鋼)의 종류를 초강(炒鋼)[11]으로 판단하는 견해가 제시되어 있는데(盧泰天 1998·2000), 기술 계통상으로 보아 그 가능성이 가장 높으나, 석장리 유적의 경우 여러 제철로 중에서 그것을 생산하던 노를 구별해내기란 결코 쉬운 일이 아니다.[12] 이에 대한 판단에 있어 중요한 요소는 제강로 주변에 탈탄제(脫炭劑)가 존재하는지의 여부인데, 당시 사철이나 철광석 분말, 혹은 철광석 소편(小片)들이 탈탄(脫炭)의 재료로 사용되었을 것으로 추정된다.[13] 그렇게 볼 때, 다소 무리한 판단일지 모르겠으나, 석장리유적의 여러 노 가운데 주변에서 철광석 분말이 확인된 A-5호로(도면 7-1)와 B-10호로(도면 7-2)가 그러한 초강 생산용의 노였을 가능성이 있어 이에 대한 검토가 필요하다고 생각된다.[14] 이들 두 노는 원형이 아니고 장방형으로 추정되는 것으로서 『천공개물(天工開物)』에 표현된 숙철(熟鐵) 생산용 노가 방형인 점(宋應星(崔炷 譯) 1997)과 유사하다 하겠다.

---

10) 本書의「백제 철기 제조공법의 특성」부분 참조.
11) 銑鐵에 脫炭劑를 넣어 생산한 탄소량 2% 이하의 鋼으로서 중국 前漢代에 개발되었다. 한반도에는 그 기술이 낙랑을 통해 도입되었을 것으로 보여지며, 남한지역에서는 낙랑계 토기가 출토된 화성 旗安里 제철유적의 집단들도 이러한 기술을 保持하고 있었을 가능성이 있다.
12) 보고서에서는 製鍊爐, 精鍊爐 혹은 溶解爐 및 鍛冶爐에 대해서만 언급하였고, 製鋼爐에 대해서는 전혀 고려하지 않았다.
13) 한 때 석회석분을 탈탄제로 간주하기도 하였으나(尹東錫·李南珪 1986), 이는 造滓劑로 보아야 할 것이다. 이에 대해서는 신경환 선생의 조언이 있었다.
14) A-1호로와 B-17호로에서도 철광석 분말이 산재해 있었으나 前者는 다량의 유출재가 쌓여 있어 제련로로, 後者는 焙燒爐로 각각 판단된다.

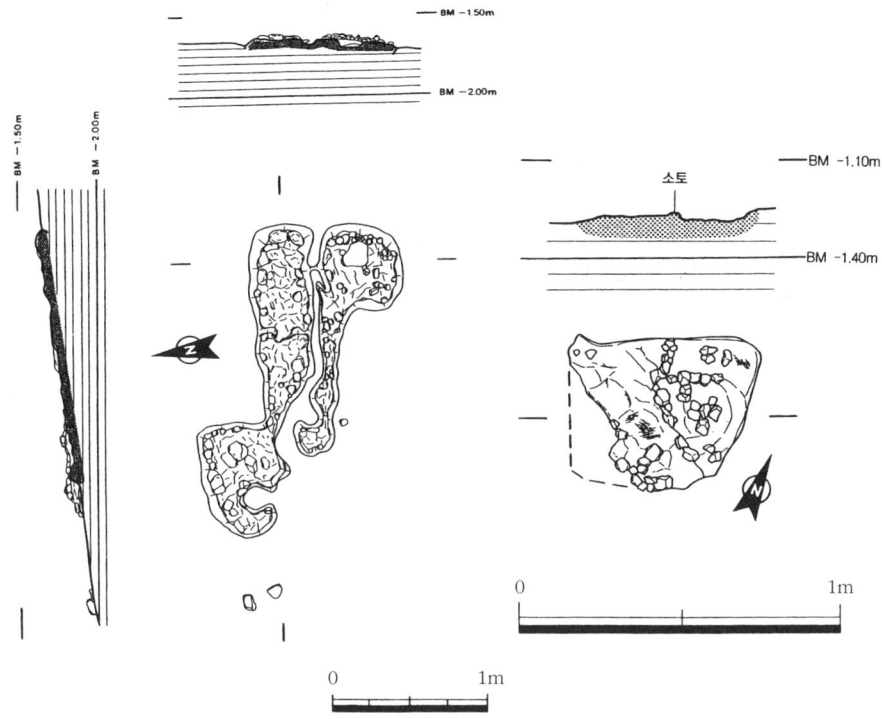

도면 7. 石帳里 제철유적의 추정 炒鋼爐

 이에 대해 아직 불확실한 부분이 있으나, 적어도 백제에서는 초기부터 용선기술(鎔銑技術)이 존재하였고, 이에 탈탄기술만 보유하면 초강(炒鋼) 생산이 가능한 만큼 이미 초강법(炒鋼法)이 구사되고 있었다고 보아도 큰 무리는 없을 것이다. 다만 차후 보다 구체적으로 이와 관련된 노의 성격과 상세한 조업내용을 발굴조사를 통해 밝히는 것이 중요한 과제라 할 수 있다.

 한편, 상술한 바와 같은 제강기술 외에, 지역에 따라서는 저온환원법에 의해 생산된 괴련철(塊鍊鐵)을 가열하면서 정련단조(精鍊鍛造)하여 괴련강(塊鍊鋼)을 생산하는 기술도 동시에 존재하였던 것으로 보여지나 그 비중은 상당히 낮았던 것으로 추측된다.

3. 철기의 제조기술

철기의 제조는 단조철기와 주조철기가 전혀 다른 공정에 의하므로 각각 분리하여 살펴볼 필요가 있다.

1) 단조철기(鍛造鐵器)의 제조기술

백제 지역에 있어 원삼국시대의 주거지들 가운데 단야(鍛冶) 작업을 한 증거가 확인된 예들은 상당수 있으나[15] 4세기 이후의 주거지들 가운데 단야로가 확인된 예는 아직 없는 상태여서 단조철기의 제조 혹은 수리가 보다 큰 단위 취락이나 별도의 공방에서 행하여지지 않았나 생각된다.

상술하였지만 백제 지역의 단조철기 생산과정에 있어 미리 초강(炒鋼)과 같은 강재(鋼材)를 생산하고 이를 소재(素材)로 하여 농공구나 무기를 만드는 방식이 보다 일반적으로 적용되었던 것으로 판단된다. 따라서 대부분의 단야공방에서 1차제련에 의해 생산된 괴련철의 불순물을 제거하는 정련과정은 생략될 수 있었을 것이며, 바로 강소재(鋼素材)를 단야하여 필요한 기물을 제조하였던 것으로 보인다.

분석된 이 지역의 철기들을 보면 침탄, 겹침단조 및 담금질 같은 열처리 기술 등이 구사되고 있었음을 알 수 있으나(尹東錫·李南珪 1985) 고구려 지역에서 보이는 것과 같이 두 가지의 이질적 강종(鋼種)을 합단(合鍛)하거나 주철탈탄강(鑄鐵脫炭鋼)[16]을 사용한 예(崔鍾澤·張恩晶·朴長植 2001)는 아직 확인되지 않았다. 백제 지역에서 후자의 기술이 구사되었을 가능성은 없어 보이나 전자의 기술은 대도(大刀) 등의 제작에 적용되지 않았나 추정되는 만큼 차후 이에 대한 분석조사가 요

---

15) 북한강 유역의 大成里유적(畿甸文化財研究院 2005)·馬場里유적(金元龍 1971), 남한강 유역의 淵陽里유적(國立中央博物館 1998), 그리고 하남시의 渼沙里유적(渼沙里先史遺蹟發掘調査團 1994) 등이 알려져 있다.
16) 철기를 주조한 후 고체 상태에서 고온으로 열처리하여 탈탄한 鋼으로서 중국 전국시대 후기부터 출현하기 시작함(楊寬 1956).

망된다.

2) 주조철기(鑄造鐵器)의 제조기술

백제 지역의 주조철기는 주조괭이[17]와 용인 수지 주거지유적에서 출토된 솥편 정도 만이 알려져 있어 단조철기에 비하면 그 종류와 수가 상당히 적다. 그렇다 하더라도 이에는 상당한 수준의 기술과 조건이 필요하다는 점에서 주목된다.

주지하다시피 주조철기는 용해로에서 생산한 선철(銑鐵)을 용범(鎔范)에 주입하여 제작하는 것으로서 일견(一見) 단순한 공정으로 생각할지 모르겠으나 사실상 단조철기의 제조보다 복잡한 과정과 조건을 요하는 부분들이 있다.

1차 제련 시에 비교적 낮은 온도(1146℃ 정도)에서 철광석을 장시간 가열하여 탄소량이 4.3% 정도에 달하였을 때 선철을 생산하고 바로 옆에서 용범을 이용하여 주조철기를 제조할 수도 있겠으나 이제까지 조사된 제철로의 성격과 그 위치들을 보면 고대에는 일반적으로 철광석을 녹이는 1차 조업인 제련로와 주조철기 생산용의 용해로가 구분되어 있었던 것으로 판단된다.

석장리유적의 경우 다수의 제철로가 발굴되었으나 철기의 주조와 관련된 노는 주변에서 다수의 범심(范芯, 도면 8-2~4)이 수습된 A-6호로(도면 8-1) 1기에 불과하다. 이 노는 파괴가 너무 심해 정확한 형태는 파악이 어려우나 반지하식의 제련로와는 다른 지상식으로서 주변 정황으로 보아 용해로(鎔解爐)일 가능성이 있으며, 조업에 사용된 원료는 1차 제련로에서 생산한 괴련철 혹은 환원괴나 반환원괴[18]가 혼합된 철괴가 될 것이다.

이러한 공정의 분리는 신라의 대규모 주조철기 생산유적인 경주 황성동유적

---

17) 흔히 鑄造鐵斧라 부르고 있지만 일반적으로 내충격성이 없고, 측면이 직각삼각형에 가까운 비대칭의 형태여서 斧의 용도로는 사용될 수 없고, 괭이의 기능을 한 것으로 보아야 할 것이다.
18) 환원괴는 환원이 진행되어 대부분이 메탈성분(Fe나 FeC)으로 된 것을 말하며, 반환원괴는 메탈성분과 Wustite조직(FeOX)이 혼합된 상태의 것을 말한다.

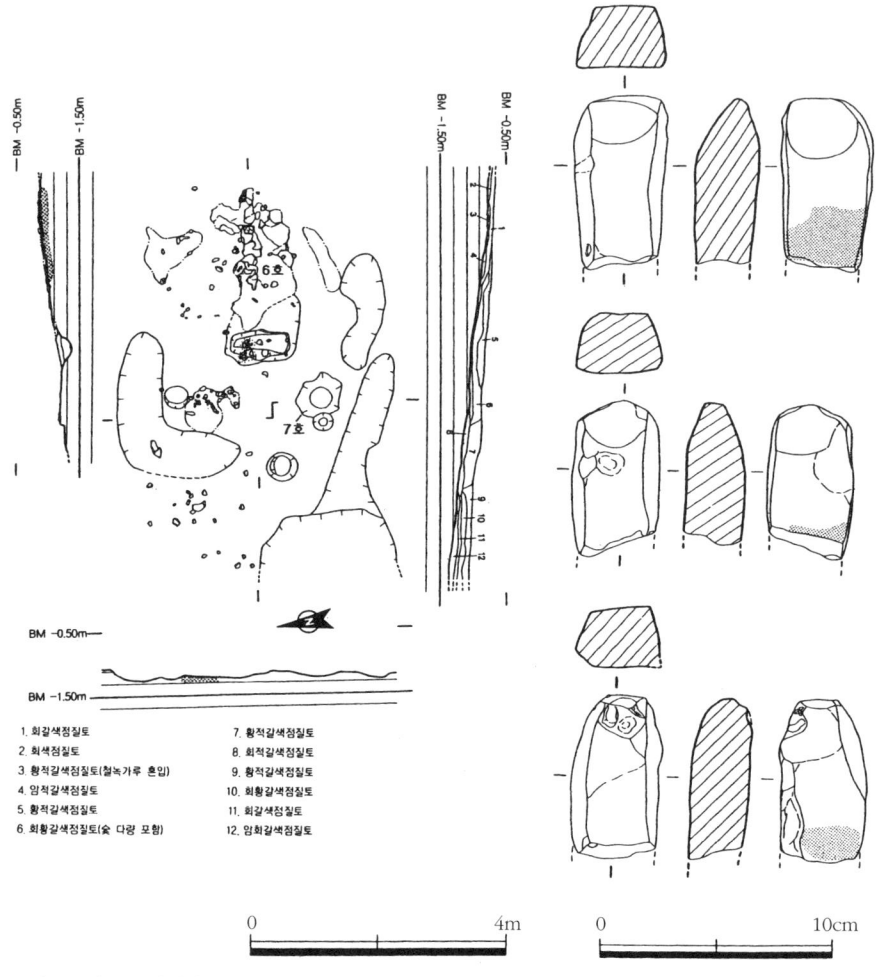

도면 8. 石帳里 제철유적 A-6호로와 范芯

(國立慶州博物館 1999·2000 ; 韓國文化財保護財團 2001)에서도 확인된다. 이 유적의 경우는 제련로(製鍊爐) 없이 용해로 중심의 공방 성격을 보이고 있는데, 1차 제련은 철광석 산지에 가까운 목탄산지에서 실시하고, 철괴를 당시의 도성지역(都城地域)으로 운반해 와서 집중적으로 주조철기를 제조한 것이라 할 수 있다.

이 주조철기 생산공정에서 또 한가지 고려해야 할 사항이 용범의 제작과 공급 문제이다. 이에는 모범(母范) 제작→용범(鎔范)의 성형→용범의 소성(燒成)이라는 일련 공정이 필요하며, 별도의 전문 장인이 담당할 수도 있겠으나 전문적인 토기 수공업자에 의해 제작된 후 주조공방에 공급되었을 가능성도 있다.

철기의 주조에 있어 결점을 줄이기 위해서는 용범 내부의 가스 제거가 최대의 관건이지만 백제 유적에서 출토된 많은 주조괭이들 내부에서 상당한 정도의 공극(空隙)이 발견되고 있어, 당시 이 부분의 문제점에 대해서는 철저하게 인지하지 못하고 있었던 것이 아닌가 생각된다. 이는 주조시 용범을 충분히 건조시키지 못하고 용선(鎔銑)을 주입하여 수분에 의한 기포가 생성된 결과로 보여진다.

그리고 내충격성을 요하지 않는 주조철기의 경우에는 별로 관계가 없겠으나, 농공구로 사용되는 주조괭이의 경우는 자갈과 같이 단단한 물질에 부딪혀도 견딜 수 있을 정도의 강도(强度)와 인성(靭性)을 갖추기 위해서는 전성주철(展性鑄鐵,[19] 혹은 可鍛鑄鐵)의 수준으로 열처리하는 것이 바람직하다. 하지만 최근까지 분석된 유물들 가운데 본격적으로 그러한 과정을 거친 예는 거의 없었으며, 다만 용범 내에서 냉각속도의 차에 의해 일부 흑연화가 진행된 경우가 확인되는 정도였다.

4. 철기 생산의 종합적 체계

철기 소재의 생산에서부터 철기 제품의 제조에 이르기까지의 제공정을 개략적으로 정리하여 圖 1에 제시하였다.

먼저 제련에 있어 고려해야 할 중요사항은 원료와 연료의 확보에 있어 가장 경제적이고 효율적인 입지를 선정하는 일이다. 따라서 고대에 있어 운반비가 상대적으로 보다 많이 드는 목탄의 산지에 과다한 양의 연료가 소모되는 제련로

---

[19] 중국에서는 전국시대 무기부터 주조철기에 구사되던 기술로서 가열을 통해 ledebrite 조직 내의 흑연화를 진행시켜 展性이 생겨 鍛造도 가능하도록 재질을 개선한 鑄鐵.

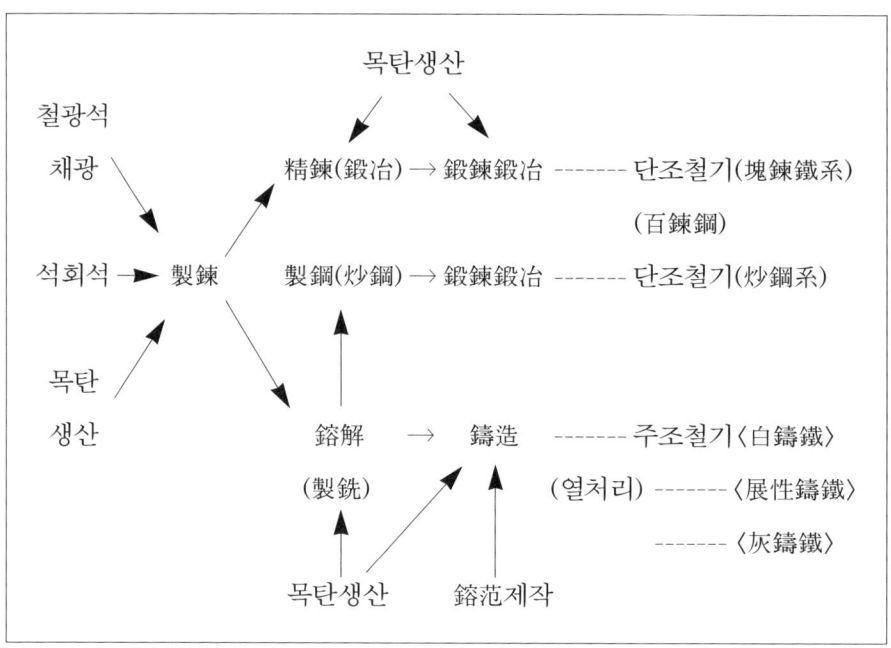

圖 1. 고대 철기 제조공정의 종합적 체계

를 설치하는 것이 가장 이상적인 입지 선정이고, 장기간의 조업시에는 풍부한 삼림을 배경으로 하는 곳이 보다 유리한 셈이다. 하지만 앞서 기술한 석장리유적이나 기안리유적은 나지막한 구릉지대에 위치하고 있어 목탄의 생산에 있어 결코 양호한 위치라고 하기는 어렵다. 하지만 앞서 기술하였듯이 광석의 확보나 교통상의 이점 등이 작용하였을 가능성이 있다.

하여튼 이러한 요건들을 고려할 때 제련은 당시의 도성이나 대규모 거점지역에서 행하기 보다는 제련에 유리한 입지에서 실시하였던 것으로 보이며, 1차 제품을 이용한 2단계 공정에서는 여러 양상이 있을 수 있어 이에 대해서는 단조철기의 생산 공정과 주조철기의 생산 공정을 구분하여 살펴 볼 필요가 있다.

당시의 전체적인 철기의 생산체계를 제련에서 괴련철 혹은 환원괴나 반환원괴가 혼합된 철괴를 생산되고, 이를 1차 소재로 하여 단조철기를 제조하는 공정에서는 초강(일부 정련을 통한 괴련강)의 생산과 같은 제강공정으로 진행되는 한편, 주조철기 공정에서는 제련에서 얻은 철괴를 장시간 가열하면서 탄소량을 증가시켜 선철을 생산하는 용해작업의 분리공정으로 진행되는 만큼 양자를 구분하여 설명할 필요가 있다.

물론 고대부터 노의 내화성(耐火性)을 보다 강화할 수 있다면 제련에서 바로 선철을 생산하고 이를 소재로 하여 바로 주조철기를 제조하거나 탈탄제를 투여하여 초강을 생산하는 연속공정도 가능하였겠지만 백제 지역에 해당하는 진천 석장리유적이나 신라의 경주의 황성동유적을 종합적으로 검토해보면 당시에는 분리공정의 방식이 적용되고 있었던 것으로 보여진다. 예를 들어 석장리유적에서는 제련로와 추정 제강로(A-5호로·B-10호로)가 동일한 지역에 공존하고 있었고, 황성동유적에는 용해로만 존재하여 제련은 타지역에서 실시하여 주조용의 철괴를 도성지역으로 운반해온 것으로 판단된다.

먼저 단조철기를 생산하는 공정 부분부터 살펴보자면, 제강은 석장리유적의 경우에서 보듯이 제련로 주변에서 실시하고 철괴나 철정 등의 형태로 운반하여 도성이나 거점지역의 단야공방에서 수요와 공급의 상황에 맞추어 철기를 제조하였을 것으로 생각된다. 단야로(鍛冶爐)가 확인된 석장리 유적[20]은 거점지역의 한 생산공방으로서 제련→제강→단야의 일관공정이 한 지역에서 행하여졌음을 알려준다는데 중요한 의미가 있는 것이다.

앞서 지적하였지만 원삼국시대에 비해 백제의 주거지 유적들에서는 아직 단야와 관련된 유구가 제대로 확인되지 않고 있다. 대신 도성지역이나 석장리유적 같은 대규모의 생산거점유적에서는 단야로나 단야와 관련된 유물[21](도면 9-2)이 확인된 바 있다. 이러한 점에서 전대(前代)에 비해 철기의 단조작업이 보다 상

---

20) B-8·21호로가 주변에서 단조박편들이 채집되어 鍛冶爐로 추정되고 있다.
21) 풍납토성 삼화지구(한신대학교 박물관 2003)에서 단야로에서 사용한 것으로 보이는 송풍관편이 출토되었다.

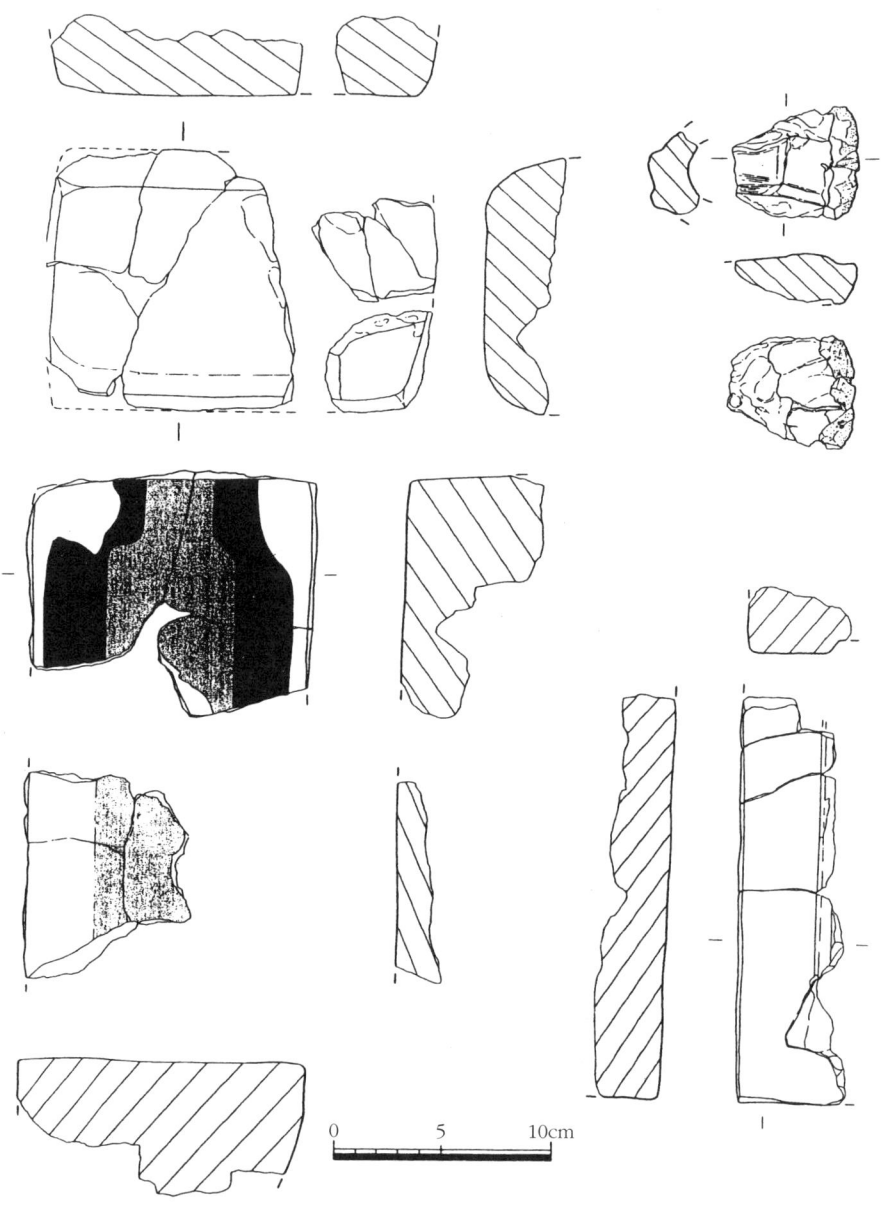

도면 9. 風納土城 삼화지구 출토 鎔范과 송풍관

위의 거점지역에서 집중적으로 실시되었을 가능성이 있다고 생각된다.

한편 주조철기의 생산에 있어 석장리유적에서와 같이 제련에서 단야로 이어지는 단조철기 생산의 일관공정을 행하면서 동시에 주조괭이와 같은 주조철기를 제조하는 조업도 실시한 예가 있기는 하지만, 이곳에서 출토된 관련 유물을 볼 때[22] 경주의 황성동유적처럼 중점적인 생산거점이라고 하기는 어려울 것 같다.

아직 자료가 부족하기는 하나 백제도 신라의 경우와 마찬가지로 주조괭이를 중심으로 하는 주조철기는 도성지역이나 대규모 제철유적에서 집중적으로 생산하여 주변지역에 공급하였을 가능성이 상당히 높다고 생각된다. 이와 관련하여 풍납토성에서 출토된 주조철기 생산 관련 유물로는 삼화지구(한신大學校博物館 2003)에서 출토된 용범편(도면 9-1·3·4)을 먼저 들 수 있는데 형태나 주조흔으로 보아 주조괭이의 제조에 사용된 것으로 추정된다. 그리고 근접한 경당지구(한신大學校博物館 2004)에서 출토된 송풍관편들(도면 10) 가운데 한 점(도면 10-1)은 직경이 13.5cm의 대구경에 속하는 것으로서 경주 황성동의 용해로 주변에서 나온 것들 가운데 일부와 그 직경이 유사하다. 삼화지구와 경당지구는 풍납토성에서도 중앙부에 해당하는 곳으로서, 목탄과 소토들이 다량 매립된 폐기장이 집중 분포하고 있어 여러 생산시설이 위치하던 곳으로 판단되며, 그 가운데 주조철기 생산 공방이나 단야공방이 존재하였을 가능성이 높다. 이에 비해 남측의 발굴지점(국립문화재연구소 2001)에서는 이와 관련된 유물이 전혀 출토되지 않은 점으로 볼 때 풍납토성의 수공업 단지가 주로 중앙부분에 위치해 있었던 것으로 추정된다.

고대 중국의 도성유적 가운데 연(燕)의 하북성 연하도(燕下都)유적(河北省文物研究所 1996, 도면 11)이나 제(齊)의 산동성 제국고성(齊國故城)(郡力 1975, 도면 12)의 경우 내부의 중요한 지점들에 제철장(製鐵場)이 3개소 정도씩 분산 분포하고 있고 다

---

22) 상당수의 范芯이 A-6호로 주변에서 수습되었으나 관련된 爐 1기에 불과하고 外范은 1점도 출토되지 않았다.

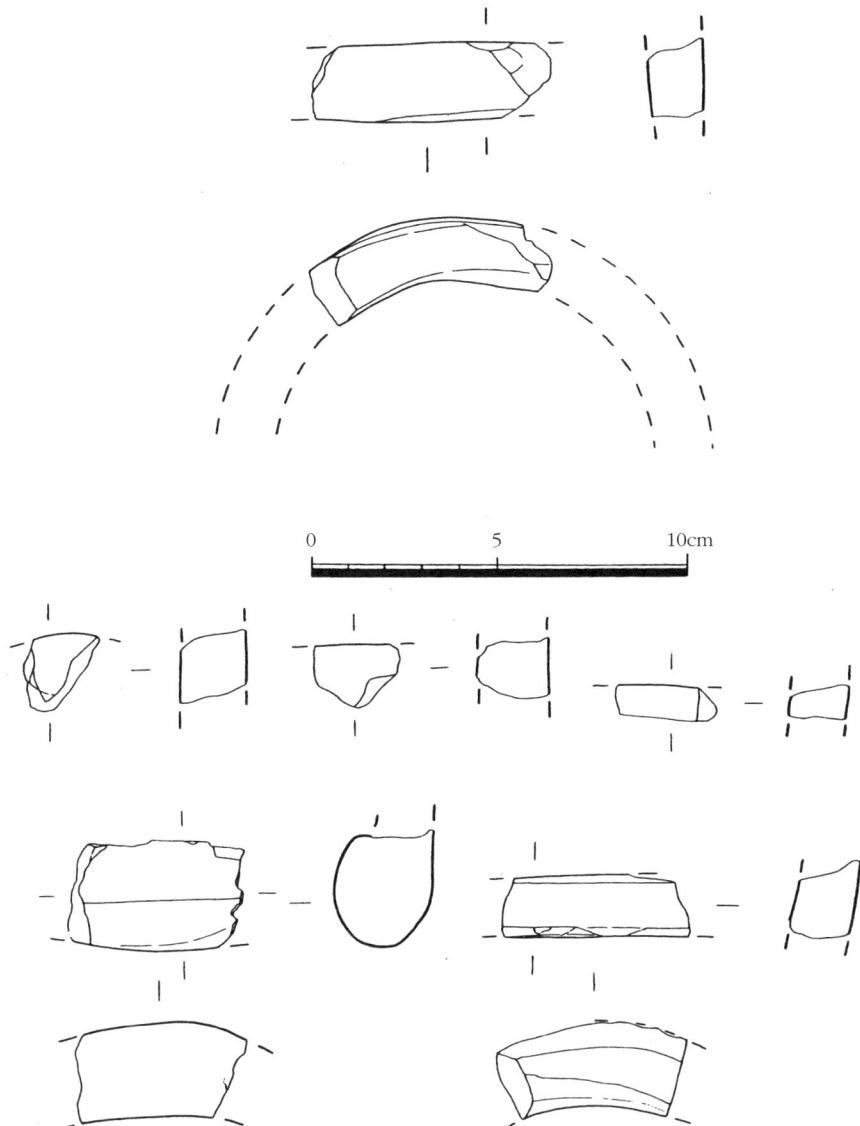

도면 10. 風納土城 경당지구 9호 유구 송풍관편

도면 11. 河北 易縣 燕下都 城址

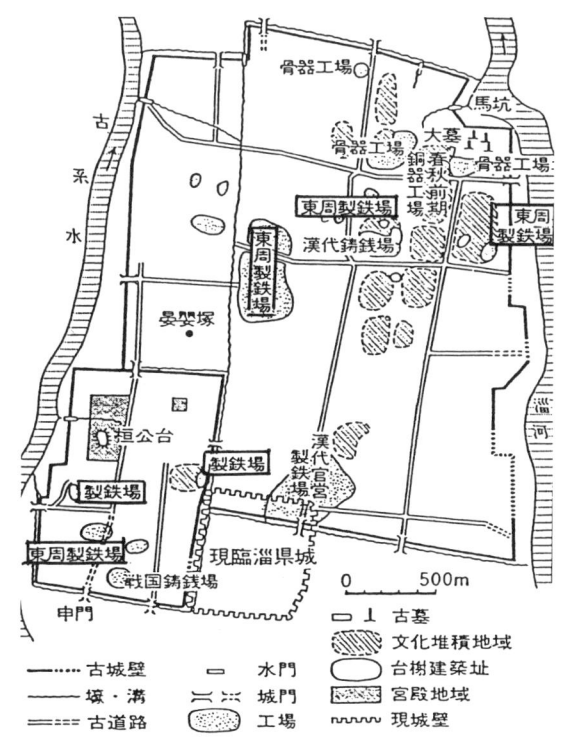

도면 12. 山東 臨淄縣 齊國古城址

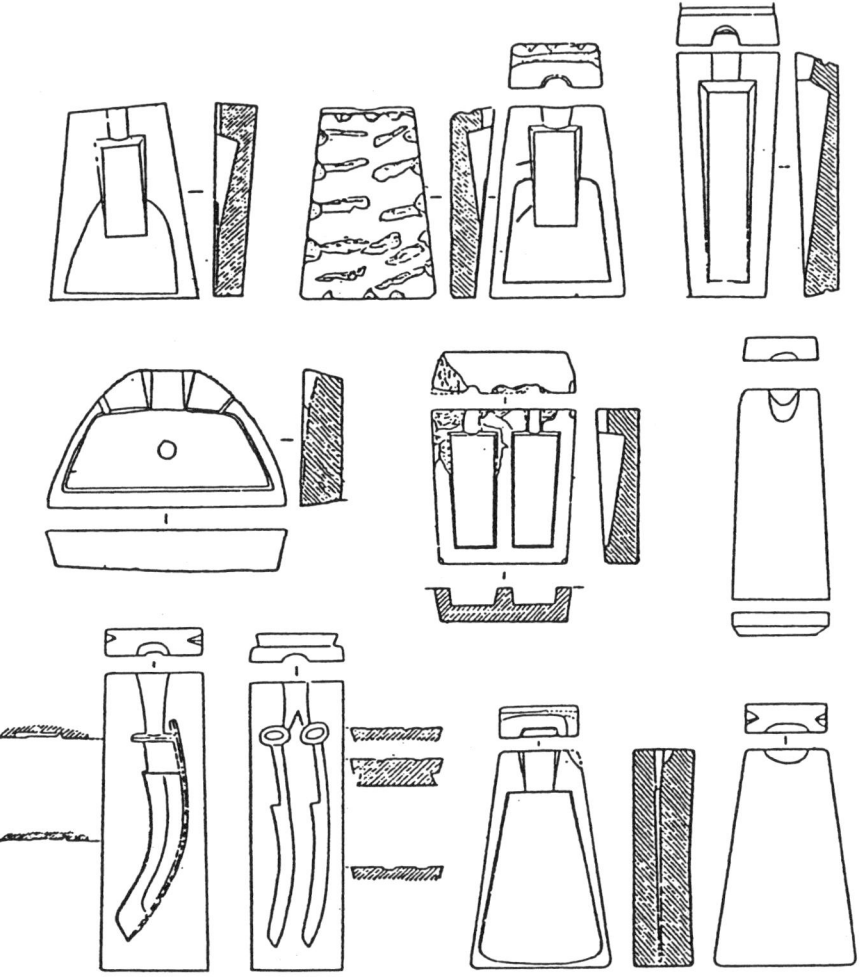

도면 13. 河北 平山縣 靈壽城址 出土 鎔范

종다량의 범(陶范·鐵范·石范)이 출토되었으며, 중산국(中山國)의 도성이었던 영수성지(靈壽城址)(李恩佳 1986)나 한(韓) 지역의 하남성 정한고성(鄭韓古城)(劉東亞 1962)에서도 각종 용범(도면 13)이 채집되었다. 이를 통해 당시 도성 내에서 관영적 수공업 방식에 의해[23] 주조철기는 물론 농공구나 병기류를 비롯한 각종 단조철기들도 중점적으로 생산되어 도성으로부터의 일정 지역에 공급되었던 사실

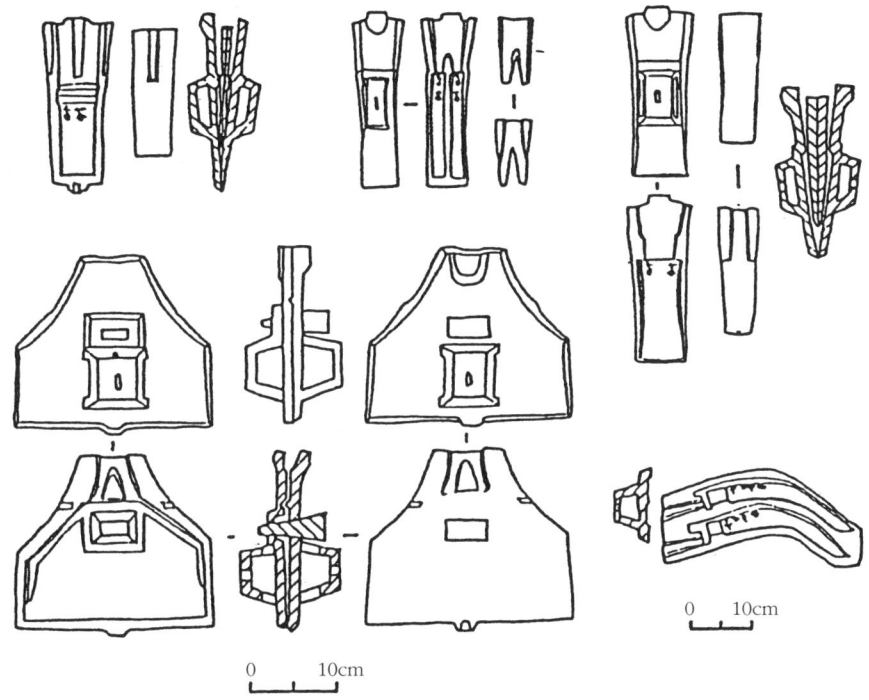

도면 14. 河北 興隆縣 壽王墳 出土 鎔范

을 알 수 있으며, 하북성의 수왕분(壽王墳) 야주(冶鑄)유적(鄭紹宗 1956)이나 하남성의 고성진(告成鎭)유적(中國歷史博物館考古調査組 外 1977)에서 철범(鐵范, 도면 14)이나 도범(陶范)이 다수 출토된 사실은 그와 동시에 주변의 거점지역들에서도 주조철기들이 대량으로 생산되어 그곳 일원에 공급되고 있었음을 알려주는 것이다.

이러한 중국의 사례와 유사하게 백제의 경우도 도성지역에서 관영수공업(官營手工業)[24] 방식에 의해 주조괭이와 같은 주조철기 및 단조철기들을 생산하여 주변지역에 공급하는 체계 외에 진천 석장리의 경우와 같이 지방의 수장이 관장

---

23) 당시 야철업 등이 주로 관영적 방식에 의했던 것으로 말해지고 있다(李成珪 1984).
24) 신라의 경우와 같이 관영수공업과 궁중수공업으로 구분(朴南守 1996)해야 할지는 차후의 검토를 요한다.

하는 철 및 철기의 생산기지에서 주조철기와 단조철기를 생산하여 인근에 공급하는 체계가 공존하고 있었던 셈이어서 고대 한중(韓中) 간에 철기의 생산과 공급의 체계는 상호 동질성을 보이고 있다고 할 수 있다.

다만 여기서 고려해야 할 것은, 과연 그렇다면 중앙세력과 진천 석장리 지역 지방세력 간의 정치·경제적 관계가 어떠한 것이었는가 하는 문제인데, 석장리 유적 토기의 경우 중앙양식과는 다른 재지양식의 성격이 강하여 중앙으로부터 상당히 독자적인 지위와 문화를 유지하고 있었던 것으로 보이는 만큼, 한성백제기에 이 지역까지 중앙의 강력한 직접지배가 행하여지지는 못하였을 가능성이 있으며, 그러한 상황에서 철기의 생산과 공급체계도 이 지역 자체의 독자성을 유지하고 있었을 가능성이 있다.

III. 철기의 유통 -주조괭이와 철정(鐵鋌)을 중심으로-

당시의 모든 철기들을 대상으로 유통양상을 논하는 것이 이상적이나 그러할 경우 논의가 상당히 복잡다단해질 우려가 있다고 보여지기 때문에, 여기서는 제한적인 거점지역에서 생산되고 현재 출토 분포의 범위가 한정된 주조괭이와 철정을 중심으로 논하고자 한다.

1. 주조괭이의 유통

앞서 기술하였듯이 주조괭이는 제조공정상 도성이나 대규모의 거점지역에서 생산되어 일정 범위 내의 지역에 보급된 것으로 판단된다. 현재 이와 관련된 생산유적으로는 서울 풍납토성과 진천 석장리유적이 파악되어 있어 이들 두 유적과 그 주변지역을 논의의 대상으로 하고자 한다.

선사시대와 마찬가지로 괭이 농법이 중요한 농경의 방식이던 삼국시대에 있어 주조괭이의 생산과 공급은 국가의 재정과도 직결되는 사안이었을 것이며, 신라의 경우 그 생산지(경주 황성동 유적)가 당시 도성지역에 위치하고 있다는 사실이 이를 단적으로 말해준다. 아직 자료가 부족하지만 백제의 경우도 풍납토성 같은 당시의 도성 내 혹은 도성에 근접한 지역에 생산공방이 위치했던 것으로 추정되어[25] 이를 중심으로 한 생산과 유통의 양상을 먼저 추론해보고자 하며, 이어서 노 주변에서 범심들이 출토되어 주조괭이를 주조한 것으로 판단되는 유구가 확인된 석장리유적과 금강 유역권의 주조괭이 출토유적들을 중심으로 이 지역의 유통 양상을 살펴보고자 한다.

풍납토성 주변에서도 주조괭이의 유통과 관련하여 먼저 주목되는 유적으로는 6기의 주거지가 발굴된 용인 수지(水枝) 주거지(한신大學校博物館 1998)로서, 5기의 각 주거지로부터 완형 및 파손품들이 2~7점(총 15점)씩 출토된 외에 옹형의 토기 내에 다른 철기들과 함께 9점(파손품5, 편4, 도면 15)이 매납되어 있었다. 이 유적의 시기는 4세기 후반~5세기 초에 해당하는데, 경기도 지역에서 이보다 약간 이른 시기의 백제 유적들에서는 거의 보이지 않으므로 이 철기의 본격적 보급은 4세기 후반경부터가 아닌가 생각되고 있다(李南珪 2002). 이 유적은 대규모 거점취락은 아니지만 당시 백제의 도성지역에서 남측으로 내려오는데 있어 가장 중요한 교통로상에 있어(이남규·권오영·문동석 2004) 그 보급도가 상대적으로 높지 않았나 생각되며, 당시 철제 농공구의 가구별 소유형태를 파악하는데 있어서도 대단히 중요한 자료가 된다. 즉 한성백제기에 있어 농공구가 취락의 공동소유 관리 체계하에 있었던 것이 아니라, 개별 가구에 다수가 보급되고 개별적으로 관리되고 있었음을 엿볼 수 있는 것이다.

이러한 개별 가구당 농공구의 다수 보유는 이곳의 농경생산방식이 씨족공동

---

[25] 몽촌토성에서도 주조괭이가 출토되었으나(서울大學校博物館 1988) 용범 등은 보이지 않아 일단 풍납토성을 중심으로 논하고자 한다.

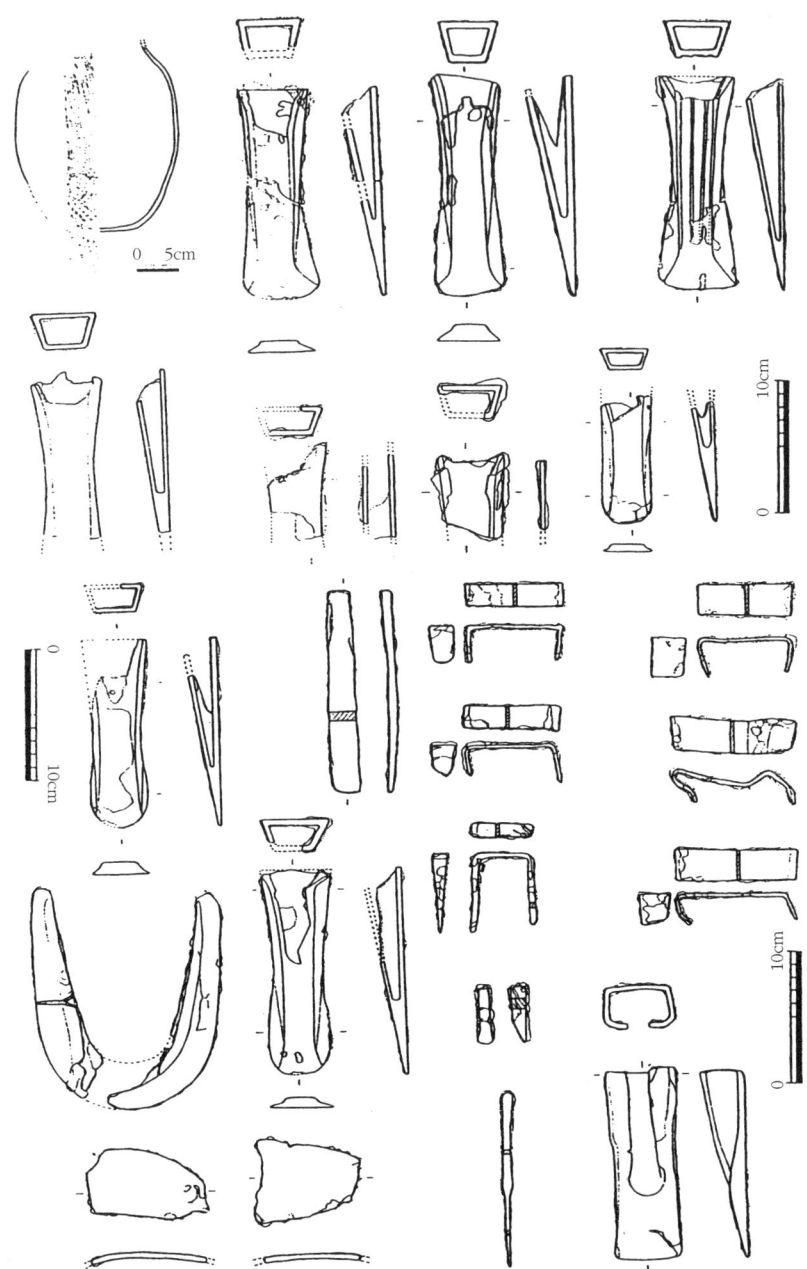

도면 15. 용인 水枝유적 土器 內 일괄 매납 철기

체적인 것이 아니라 소가족 경영체계에 의한 것을 반영하는 것은 아닐까. 만일 그러할 경우 농업생산성은 증대되고 주조괭이와 같은 철제농구의 수요가 증가하여 그에 따른 생산의 증대를 촉발하였을 가능성이 높다.

이렇듯 한 취락 및 개별 가구에 다수의 주조괭이가 보급되어 있는 양상은 파주 주월리(舟月里)유적(京畿道博物館, 1999)과 고양 멱절산유적(경기도박물관 2005)에서도 파악이 된다. 전자의 유적에서는 비록 홍수에 의해 주거지의 대부분이 파괴되고 산란된 상태로 채집되기는 하였지만 보고된 것만 20점 정도에 달하고,[26] 후자의 경우에는 시굴에서만도 다량의 토기들과 함께 3점이 출토되었다. 그리고 시굴에서 4점이 출토된 남한강의 대심리유적(金元龍 外, 1974)도 유사한 경우라 하겠다.

이러한 양상에 비해 미사리(渼沙里)유적의 경우는 상황이 상당히 다르다. 예를 들어 숭실대학교 지점의 경우 6기의 주거지 가운데 주조괭이는 4호에서 2점, 5호에서 편 1점 만이 출토되었고(林炳泰 外 1994), 그 외에 고려대학교 지점에서는 다수의 주거지와 유구들에서 편 9점(尹世英·李弘鍾 1994), 그리고 서울대학교 지점에서는 3기의 주거지에서 편 1점, 저장공에서 1점이 출토된 정도에 불과하다. 이 미사리 지역은 농경의 적지로서 보다 많은 주조괭이의 수요가 있는 곳이나 앞서의 유적들에 비해 상대적으로 그 수가 적은 것은 상당수의 주거지들이 주조괭이가 본격적으로 보급되는 시기 이전에 해당하기 때문은 아닌가 생각된다.

하여튼 4세기 후반 경부터 풍납토성을 중심으로 해서 그 주변의 약 50km 범위 내에서 주조괭이가 다량 보급되는 양상(도면 16)이 보이며, 이는 원삼국시대의 국읍 중심촌간의 교역 단계(金度憲 2002)에서 더 발전하여 도성에서 국가가 주도하는 관영수공업에 의해 생산, 보급되는 유통체계로 한단계 더 진전된 결과가 아닌가 생각된다.

---

26) 현재 일부 보고되지 못한 것들에 대해 추가 보고를 준비중이다.

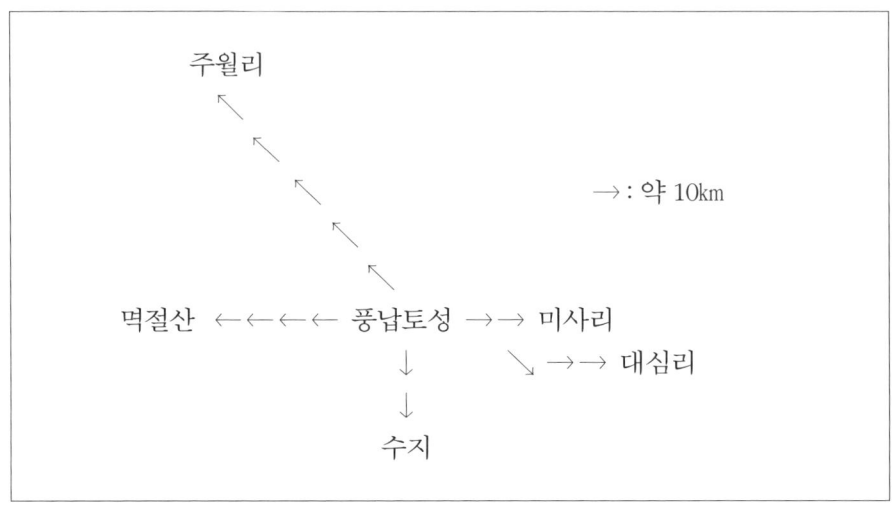

圖 2. 백제 중심지역 일원의 주조괭이 보급 양상

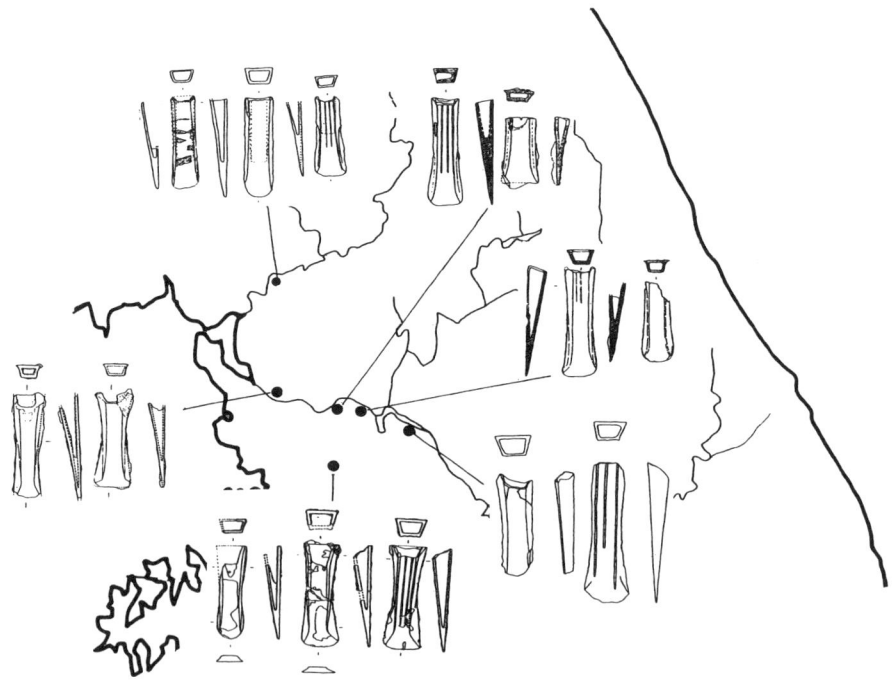

1. 舟月里, 2. 먹절산, 3. 風納土城, 4. 水枝, 5. 渼沙里, 6. 大心里

도면 16. 風納土城 일원 주조괭이의 보급 양상

이에 비해 충청권에서는 주조괭이가 다른 양상으로 출토되고 있어 당시의 중심지역과 대비된다.

상술하였듯이 금강 상류지역에 해당하는 진천 석장리 제철공방에서 주조괭이를 직접 제조, 보급하는 생산공급체계가 있었으나 주변지역 유적들에서의 출토양상은 일부 유적을 제외하고 상당히 미미하다.

금강 상류지역의 경우에는 청주 신봉동(新鳳洞)유적(忠北大學校 博物館 1983·1995·1996)에서 일부 출토되는 정도이며(도면 17-1~7), 천안 지역의 경우는 두정동(斗井洞)의 원삼국시대 주거지에서 1점(도면 17-9)이 출토된 바 있으나(高麗大學校 埋藏文化財硏究所 2001) 그 이후의 유적들에서는 제대로 확인되지 않고 있고, 심지어 4세기 후반 중심의 고분이 130여 기 발굴된 용원리(龍院里)고분군(公州大學校 博物館 2000)에 1점도 부장되어 있지 않다는 사실은 이 지역의 실상을 그대로 반영하는 것이 아닐까 생각된다.

그리고 금강 중류지역의 경우는 분강(汾江)·저석리(楮石里)고분군(公州大學校 博物館 1997)의 일부 무덤에 편(도면 17-10·11)이 부장되는 정도로서, 상기한 신봉동 고분군의 일부 분묘에 다수의 파편을 부장하는 풍습과 함께 장례 과정에서 의도적인 파쇄 행위가 있었을 가능성이 있다.

금강 하류지역의 경우는 상기 유적들 보다 늦은 시기인 5세기 후반경의 군산 산월리 석실분 3기에서 각 1점씩(도면 17-12~14) 출토되었으며(군산대학교 박물관 외 2004), 이것들로 부분 파손품들이다.

이와 같은 금강 유역권의 양상은 모두 분묘 출토품들이어서 부장 유무의 차이에서 기인할 가능성이 없는 것은 아니나, 전반적인 상황을 고려할 때 도성지역에 비해 절대적 생산량이 적었거나 도성 일원과는 달리 통제되고 체계화된 생산과 공급의 체계가 확립되어 있지 않았음을 보여주는 것이 아닐까 생각된다.

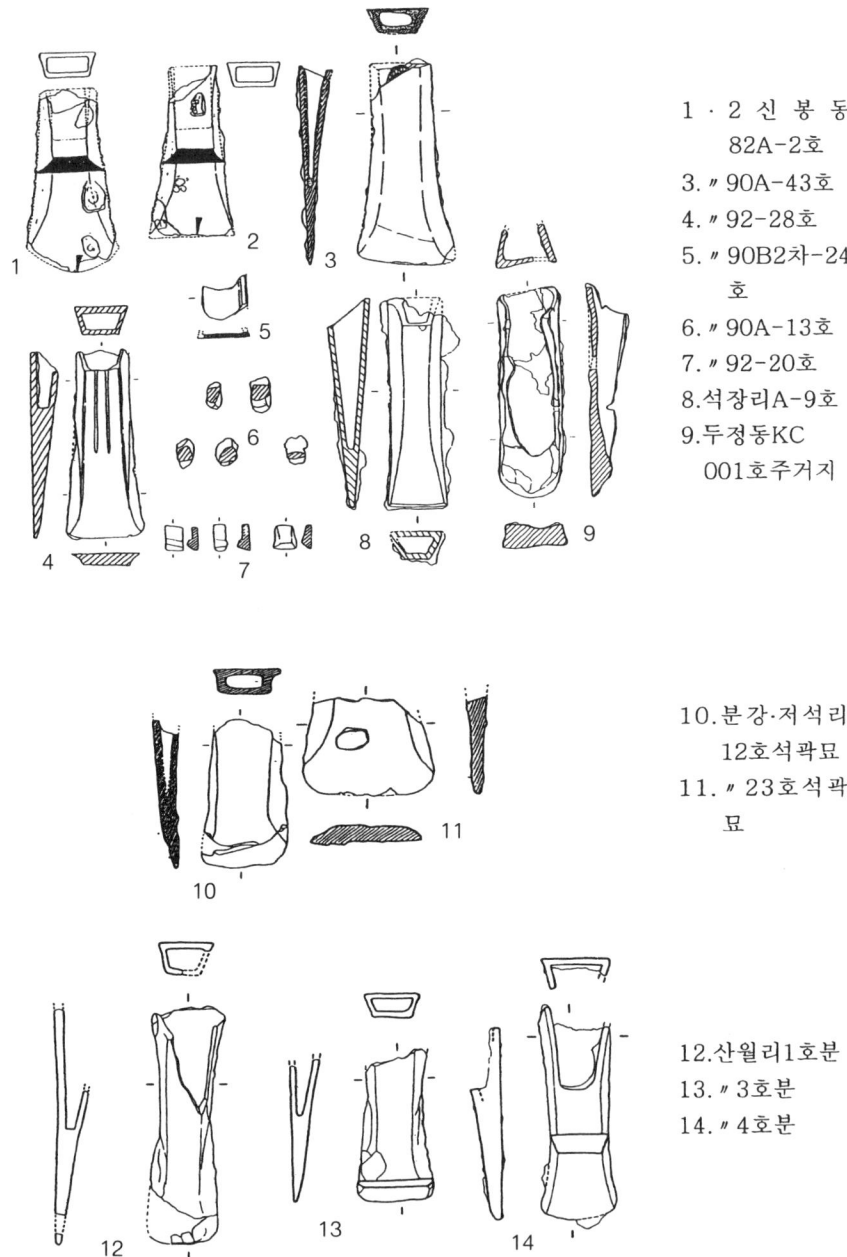

도면 17. 금강유역권의 주조괭이

2. 철정의 유통

철기 유통에 있어 단조철기를 제작하기 위한 소재[27]인 철정에 대한 분석이 대단히 중요한 의미를 갖지만 신라·가야 지역에 비해 백제의 예는 너무 적은 편이다. 근초고왕(近肖古王)이 일본에 철정 40매를 보냈다는 사료(史料)의 내용[28]을 볼 때 한성백제기의 경기도 지역에서도 유통, 사용되고 있었다고 보여지나 출토되는 지역은 충남의 서남부지역과 전남 지역에 집중되는 편중성(도면 18)을 보이고 있는데, 여기서는 충청도 지역 예들을 중심으로 그 출토 양상과 유통에 관련된 사항들을 살펴보고자 한다.

이 지역의 사례는 7개소 정도에 달하며, 서천의 오석리(烏石里)유적(公州大學校 博物館 1996)·봉선리(鳳仙里)유적(충남역사문화연구소 2003), 서산의 명지리(明智里)유적(金永培·韓炳三 1969)·여미리(餘美里)유적(忠淸埋藏文化財研究院 2001), 공주 남산리(南山里)유적(國立公州博物館 2001) 및 대전 구성동(九城洞)유적(韓南大學校 博物館 1997)의 경우는 토광묘 및 석곽묘(봉선리유적 만)에 부장되어 있었으나, 부여 논치리에서는 제사유구 내의 교란된 구덩이에서 출토되었다(신대곤 1999).

대·중·소의 크기로 구분할 수 있는 백제의 이 철정 가운데 금속학적으로 분석된 예는 아직 없는 것 같다. 상술하였듯이 백제 지역의 단조철기 제조공정에 있어 소재로 초강을 먼저 생산하여 사용하는 방식이 일반적으로 쓰이고 있었던 것으로 말해지고 있지만, 아직 백제의 강력한 영향력이 미치기 이전으로 말해지는(金正完 2000) 이 시기의 이 지역 철정들도 초강을 소재로 하였는지는 앞으로 밝혀야 할 과제이다.

여하튼 이 철정은 상당히 넓은 지역에서의 유통을 전제로 하여 상당한 기술을 소지한 대규모의 제철 거점지역에서 생산되었을 가능성이 높은데, 석장리유

---

27) 素材說, 貨幣說 및 두 기능설 등이 있으나 여기서는 詳論하지 않겠다.
28) 『日本書紀』卷9, 神功紀 46年條.

도면 18. 금강유역권의 鐵鋌 출토 현황

적이나 기타의 금강 상류지역에서는 이러한 종류의 철기가 아직 출토되지 않고 있는 상태여서 현재로서는 충청권 서남부지역에 별도의 철 및 철기의 생산 거점지를 상정하지 않을 수 없는 것이다.

필자는 한때 금강 유역권의 철기문화가 하류지역과 상류지역 사이에 낙차(落

差)가 있는 것으로 보기도 하였으나(李南珪 1998) 최근 하류지역에 해당하는 서천 봉선리유적(忠淸南道歷史文化院 2005)이나 군산 산월리유적에서 다량의 철기들이 출토되고 철정의 분포도 이 지역의 예가 많아 생산의 거점지에서 철정은 물론 여러 종류들의 철기들이 제조되고 이를 중심으로 한 일정 범위 내의 유통지역이 형성되어 있었던 것으로 추정된다. 즉 도성지역이나 금강 상류지역과는 다른 별개의 생산과 유통의 단위가 존재하고 있었다는 결론이 되는 것이다.

3. 고철의 재활용

동서고금을 막론하고 철기는 고철이 되어도 폐기되지 않고 여러 방식으로 재활용된다는데 특징이 있다.[29] 예를 들어 단조철기가 파손되면 가열단조하여 새로운 형태의 철제 기물을 만들 수 있고, 주조철기도 탈탄하여 새로이 단조철기를 제조할 수 있는 것이다.

우리나라의 경우 고대의 다른 지역 유적들에서는 이와 관련된 구체적 자료가 출토되지 않았으나, 백제 지역에는 흥미로운 한 예가 있어 소개하고자 한다.

1996년 용인 수지의 백제주거지 발굴에서 발견된 옹형의 토기(도면 15-1) 내부에 22점에 달하는 주조·단조 제품의 철기 및 철기편들이 매납되어 있음이 확인되었다. 이 철기들은 발견 당시 녹으로 엉켜붙어 큰 철괴의 형태로 되어 있었으나 탈염과정에서 하나씩 분리되어 그 성격이 확실히 밝혀졌다.

이 일괄 철기들은 파손된 주조괭이 10점, 솥편 2점, U자형구편(U字形具片) 1점, 유공철부(有銎鐵斧) 1점, 착형철기(鑿形鐵器) 1점, 꺾쇠 6점, 촉(鏃) 1점, 편(片) 1점으로 구성되어 있으며, 이 가운데 일부 철기들은 원형을 유지하고 있어서 그대로 사용이 가능한 것들도 있으나 대부분이 파손되거나 변형된 것들이어서 재활용을 위해 모아놓은 것으로 보아도 큰 무리는 없을 것 같다.

---

29) 따라서 토기와는 달리 성분분석을 통해 산지를 추정하는 작업은 큰 오류를 낳을 수 있다.

앞서도 지적하였지만 경기도 지역의 경우 원삼국시대에 비해 4세기 이후는 단위 취락에 단야시설이 설치되는 비율이 떨어지는 상태로서, 수지 주거지에서도 단야시설이 확인되지 않아 이렇게 모아놓은 철기들은 거점지역의 단야공방으로 가지고 가서 재활용하였을 것으로 추측된다.

아직 한 예에 불과하여 그 실상의 일면 만을 추정하는 수준이나 차후 이와 같은 사례가 증가되면 흥미로운 여러 사실들이 밝혀질 수 있을 것이다.

Ⅳ. 맺음말

백제 철 및 철기의 생산에 있어 무엇보다도 먼저 주목되는 것은 다양한 형태의 노를 이용하여 체계적으로 종합화된 공정 과정에서 다양한 제품을 생산하였고, 특히 초강법(炒鋼法)이라는 제강기술이 일찍부터 구사되어 당시의 동남부지역에 비해 선진적 위치에 있었던 점이 주목된다.

당시 제련에 이어 주조철기와 단조철기를 생산하는 일련의 기술과 공정들을 종합적·체계적으로 정리해봄으로써 당시의 철기 생산에 대한 이해의 폭을 보다 넓힐 수 있게 된 점이 본고의 일차적 의의라 하겠다.

또한 당시 철 및 철기의 생산이 주로 도성이나 성에서 관영수공업 방식으로 행하여짐과 동시에 지방 거점지역에서의 재지적 생산이 공존하기도 하였다는 사실 등을 다루었으며, 그와 관련하여 고대 중국의 몇 사례들을 비교자료로 제시하였다.

또한 한강 유역권과 금강 유역권의 일정 범위 내에서 주조괭이와 철정이 어떠한 양상으로 유통되었는지를 밝히면서 그 지역성과 단위지역별 문제에 대해 추론해 보았다.

이러한 논리의 전개 과정에서 자료의 부족 등으로 인해, 충분한 준거(準據)를 갖추지 못하고 개연적 수준의 견해가 제시된 경우도 적지 않으나, 본고가 시론적(試論的) 의미를 갖는 만큼 차후 자료의 증가에 맞추어 하나씩 검증, 보완해 나가고자 한다.

【참고문헌】

강애경, 1999,「경주 경마장 부지 출토 목탄의 수종」,『慶州競馬場豫定敷地C-1地區』, 韓國文化財保護財團 學術調査報告 第 25冊.
京畿道博物館, 1999,『坡州 舟月里 遺蹟』, 京畿道博物館 遺蹟調査報告 第1冊.
_____, 2005,『고양 멱절산 유적』, 京畿道博物館 遺蹟調査報告 第20冊.
高麗大學校 埋藏文化財硏究所, 2001,『天安 斗井洞遺蹟 -A地區 發掘調査 報告書-』, 高麗大學校 埋藏文化財硏究所 硏究叢書 第11輯.
公州大學校博物館, 1996,『烏石里遺蹟』.
_____, 1997,『汾江·楮石里 古墳群』.
_____, 2000,『龍院里 古墳群』, 公州大學校博物館叢書 00-03.
國立慶州博物館, 1999,『慶州 隍城洞 524-9番地 溶解遺蹟』.
_____, 2000,『慶州 隍城洞 遺蹟 Ⅰ·Ⅱ』.
국립문화재연구소, 2001,『風納土城 Ⅰ』.
國立公州博物館, 2001,『公州 南山里 墳墓群』, 國立公州博物館 硏究叢書 第12冊.
國立金海博物館, 2001,『密陽 沙村製鐵遺蹟』.
國立中央博物館, 1998,『驪州 淵陽里遺蹟』, 國立博物館古蹟調査報告 第29冊.
國立淸州博物館, 2004,『鎭川 石帳里 鐵生産遺蹟』, 學術調査報告書 第9冊.
군산대학교 박물관 외, 2004,『군산 산월리 유적』, 群山大學校博物館 學術叢書 34.
畿甸文化財硏究院, 2003,「華城 發安里 마을遺蹟·旗安里 製鐵遺蹟 發掘調査」, 現場說明會資料 14.
_____, 2005,「京春線複線電鐵 事業區間(第4工區) 內 大成里遺蹟 發掘調査 第2次 指導委員會議 資料」.
金權一, 2003,「南漢地域 古代 製鐵爐에 對한 一 硏究」, 한신大學校 碩士學位論文.
金度憲, 2002,「三韓時期 鑄造鐵斧의 流通樣相에 대한 檢討」,『嶺南考古學』31, 嶺南考古學會.
金永培·韓炳三, 1969,「瑞山 大山面 百濟土壙墓 發掘報告」,『考古學』2, 韓國考古學會.
金元龍, 1971,「加平馬場里冶鐵住居址」,『歷史學報』50·51合輯.

_____, 1974,「楊平郡 大心里 遺蹟發掘報告」,『八堂・昭陽댐 水沒地區 遺蹟發掘綜合調査報告』, 文化公報部 文化財管理局.

金正完, 2000,「忠清 全羅地域 出土 鐵鋌에 대하여」,『考古學誌』第11輯, 韓國考古美術研究所.

김창석, 2004,『삼국과 통일신라의 유통체계 연구』, 일조각.

盧泰天, 1998,「4世紀代 百濟의 炒鋼技術」,『百濟研究』第28輯.

_____, 2000,「백제 지역의 초강기술」,『韓國古代 冶金技術史 研究』, 學研文化社.

東亞大學校博物館, 2000,『梁山勿禁遺蹟』.

朴南守, 1996,『新羅手工業史』, 신서원.

朴長植, 2002,「三國時代 還頭大刀 製作技法에서 確認되는 鐵器 技術體系 比較」,『古代 韓日製鐵技術의 比較』제4차 백제학술회의 발표요지, 충남대학교BK21백제학교육연구단.

孫明助, 1996,「韓半島 中・南部地域 古代鐵器生産技術과 發展過程 研究를 위한 試論 －鐵器 生産遺蹟을 中心으로－」, 東義大學校 碩士學位論文.

_____, 1998,「韓半島 中・南部地方 鐵器生産遺蹟의 現狀」,『嶺南考古學』22, 嶺南考古學會.

申大坤, 1999,「扶餘 論峙里 祭祀遺蹟 發掘調査」,『東垣學術全國大會』, 제2회 국립박물관 동원학술전국대회 발표요지, 한국고고미술연구소.

安春培, 1995,「韓國 古代의 鐵生産과 流通」,『釜山女大史學』10・11合輯.

尹世英・李弘鍾, 1994,『渼沙里』第5卷, 高麗大學校博物館 編, 渼沙里先史遺蹟發掘調査團.

尹東錫・李南珪, 1985,『百濟의 製鐵工程과 技術發展』, 浦項綜合製鐵株式會社技術研究所・高麗大學校生産技術研究所.

_____, 1986,「韓國古代鐵器의 CMA와 EPMA에 依한 研究」,『韓國考古學報』17・18, 韓國考古學研究會.

尹鍾均, 1998,「古代 鐵生産에 관한 一考察」, 全南大學校 碩士學位論文.

李南珪, 1998,「3~5世紀 錦江流域圈 鐵器의 地域的 特性」,『3~5세기 금강 유역의 고고학』, 제22회 한국고고학전국대회 발표요지.

_____, 2002,「漢城百濟期 鐵器文化의 特性」,『百濟研究』36輯, 忠南大學校 百濟研究所.

_____, 2004,「漢城期 百濟 물류시스템과 對外交涉 硏究의 諸問題」,『漢城期 百濟의 물류 시스템과 對外交涉』, 학연문화사.

이남규・권오영・문동석, 2004,「경기 남부 백제유적의 분포양상과 역사적 의미」,『百濟硏究』第40輯.

李東完, 2003,「韓國 古代製鐵에 대한 硏究」, 한신大學校 碩士學位論文.

李成珪, 1984,『中國古代帝國成立史硏究』, 一潮閣.

林炳泰 外, 1994,『渼沙里』第3卷, 崇實大學校博物館 編, 渼沙里先史遺蹟發掘調査團.

任孝宰 外, 1994,『渼沙里』第4卷, 서울大學校博物館 編, 渼沙里先史遺蹟發掘調査團.

中央文化財硏究院, 2006,「오송생명과학단지 조성사업부지내 청원 연제리 유적」현장설명회 자료.

중원문화재연구원, 2006,「충주 칠금동 400-1번지내 문화유적 시・발굴조사 略 報告書」.

崔鍾澤・張恩晶・朴長植, 2001,『三國時代鐵器硏究』, 서울大學校 博物館 學術叢書 10.

충남역사문화연구소, 2003,「舒川-公州間(6-2) 高速道路 建設區間內 文化遺蹟 發掘調査 中 間說明會」.

忠北大學校博物館, 1983,『淸州新鳳洞百濟古墳群發掘調査報告書』調査報告第7冊.

_____, 1995,『淸州新鳳洞古墳群』調査報告第44冊.

_____, 1996,『淸州新鳳洞古墳群-1995年度 調査』調査報告第46冊.

忠州博物館, 1996,『忠州 利柳面 冶鐵遺蹟』, 調査報告 第2冊.

忠淸埋藏文化財硏究院, 2001,『瑞山 餘美里遺蹟』, 忠淸埋藏文化財硏究院 文化遺蹟 發掘報告 第21輯.

忠淸文化財硏究院, 2003,『牙山 鳴岩里 遺蹟(11・3地點)』, (財)忠淸文化財硏究院 文化遺蹟 調査報告 第34輯.

忠淸南道歷史文化院, 2005,『舒川 鳳仙里遺蹟』遺蹟調査報告 18冊.

韓國文化財保護財團, 2001,『慶州市 隍城洞 537-2 賃貸아파트 新築敷地 發掘調査 報告書』學術調査 報告書 第109冊.

韓南大學校博物館, 1997,『大田九城洞遺蹟』韓南大學校博物館遺蹟調査報告 第2冊.

한신大學校博物館, 1998,『龍仁 水枝 百濟 住居址』한신大學校博物館調査報告書 第9冊.

_____, 2003,『風納土城Ⅲ』한신大學校博物館調査報告書 第15冊.

_____, 2004,『風納土城Ⅳ』한신大學校博物館調査報告書 第19冊.

大澤正己, 2005,「鎭川石帳里遺蹟製鐵關連遺物の分析的考察」,『年報 2005年度』, 국립청주박물관.

宇野隆夫, 1998,「原始・古代の流通」,『古代史の論点』③, 都市と工業と流通, 小學館.

郡 力, 1975,「臨淄齊國古城勘探紀要」,『文物』第5期.

宋應星(崔炷 譯), 1997,『天工開物』, 傳統文化社.

楊 寬, 1956,『中國古代冶鐵技術的發明和科學技術發展』, 上海人民出版社.

劉東亞, 1962,「河南新鄭倉城發現戰國鑄鐵器泥范」,『考古』第3期.

李恩佳, 1986,「初論戰國中山國農業發展狀況」,『農業考古』第2期.

鄭紹宗, 1956,「熱河興隆發現的戰國生産工具鑄範」,『考古通訊』1期.

鄭州市博物館, 1978,「鄭州古榮鎭漢代冶鐵遺址發掘簡報」,『文物第』2期.

中國歷史博物館考古調査組 外, 1977,「河南登封陽城遺址的調査與鑄鐵遺址的試掘」,『文物』第12期.

河北省文物研究所, 1996,『燕下都』, 文物出版社.

"백제 철기의 생산과 유통에 대한 시론"에 대한 토론요지

최종택(고려대학교 고고미술사학과)

발표자가 지적하였듯 그간의 철기에 대한 연구는 철기의 형식론과 기원론 및 제작기술 등에 집중되어 왔으며, 고대 철기문화와 사회를 이해하는데 중요한 주제인 생산과 유통에 대한 연구는 매우 부진한 상황이다. 이러한 상황에서 이 논문은 '시론'이라고 하지만 중요한 의미가 있는 것으로 사료된다.

특히, 발표자는 백제지역의 철 및 철기의 생산과 유통문제를 다루기 위해 철기의 생산공정에서 보이는 기술적인 사항을 단계별로 살피고 이를 통해 백제의 철기 생산체계를 복원한 후 이를 토대로 주조괭이와 철정의 사례를 통해 철기의 유통에 대해 검토하고 있다. 이러한 접근방식은 철기의 형태적 유사성과 제작기술에서 보이는 유사성 등을 근거로 교역 또는 영향관계를 논하던 기존의 논의에 비해 진일보한 것으로 판단되며, 향후 이 분야의 연구에 시금석이 될 것으로 기대한다. 토론자는 이 분야에 대해서는 과문한 탓에 세세한 측면에 대한 토론을 하기는 어려우나 토론자의 책무를 다하기 위해 논지 전개를 따라 몇 가지 궁금한 점을 질문하고자 한다.

첫째, 발표자는 철 또는 철기의 생산과 관련된 여러 시설들을 검토한 후 "1차 제련은 도성이나 대규모 거점지역보다는 제련에 유리한 입지조건을 갖춘 곳에서 실시하였던 것으로 보인다."고 판단하는 듯하다. 그런데 앞선 노의 구조에 대한 분석에서는 진천의 석장리 유적의 경우 1차 제련과 제강 및 용해가 동시에 이루어진 것으로 기술하고 있는 바, 발표자는 석장리유적의 위치에 대해서 어떻게 판단하고 있는지 궁금하다.

둘째, 발표자께서는 국내에서 조사된 100여 기의 탄요를 모두 철이나 철기 제작용 연료를 생산하던 시설로 보는 듯한데, 그렇다면 탄요의 분포를 통해 제철 또는 제련유적의 입지를 추론해 볼 수도 있지 않을까?

셋째, 주조철기의 제작과정을 검토하면서 용범은 전문적인 토기수공업자에 의해 제작되었을 가능성을 제시하고 있는데, 실제 토기가마에서 용범이 출토된 사례는 없는 것으로 알고 있으며, 송풍관과 같이 일반적인 부속품이 아니라 철기의 모양과 기능을 좌우하는 용범까지 토기수공업자가 제작할 수 있을까하는 의문이 드는데, 이에 대한 발표자의 의견을 듣고 싶다.

넷째, 주조괭이를 농기구로 단정하고 계신데, 이를 유통을 위한 철 소재로서의 기능을 가진 것으로 볼 수는 없을까요? 만약 그러한 가능성을 염두에 둔다면 백제지역에서 철정의 출토 예가 적은 사실을 이해할 수도 있지 않을까 생각되는데 발표자의 생각은 어떠하신지요?

다섯째, 발표자는 4세기 후반 경부터 풍납토성을 중심으로 주변 50km 범위 내에서 주조괭이가 다량 보급되는 것으로 판단하고 있으며, 그러한 생각의 바탕에는 주조철기의 생산은 도성이나 거점생산지역을 중심으로 이루어졌다는 판단이 깔려있는 것으로 보인다. 그러나 생산지로 추정하는 풍납토성에서는 몇 점의 주조괭이의 용범 외에는 생산시설이 확인되지 않았는데, 근거가 너무 빈약하지 않은가 생각된다. 결국 철 또는 철기의 생산유적의 조사가 절대적으로 부적한 상황에서 철기의 생산체계와 유통구조를 일반화하는 데에는 다소 무리가 따르지 않나 생각된다.

백제 철기 제조공법의 특성

신경환* · 장경숙** · 이남규***

차례

I. 머리말
II. 풍납토성 경당지구 철기유물의 금속학적 분석
    1. 개요
    2. 분석 철기의 성격
    3. 분석 결과
    4. 고찰
III. 용인 수지유적 철기유물의 금속학적 분석
    1. 개요
    2. 분석 철기의 성격
    3. 분석 결과
    4. 고찰
IV. 맺음말

---

* 금속기술연구소
** 금속기술연구소
*** 한신대학교 국사학과

Ⅰ. 머리말

본 연구는 백제 철기의 조직과 성분을 분석하여 당시의 철 및 철기 생산기술을 규명하고자 하는데 있다.

이번에 대상으로 한 철기들은 풍납토성 경당지구 유물 8종 9점, 용인 수지 유적 유물 6종 8점 등 총 18점으로서, 주조철기인 주조괭이 5점 외에는 모두 단조철기들이다. 그 외에도 더 다양한 종류의 철기들을 분석하고자 하였으나 내부까지 산화가 진행되어 분석이 곤란한 예들은 제외하였다.

1980년 이후 우리나라 삼국시대의 철기에 대한 금속학적 연구가 상당히 진행되어 철 및 철기의 생산기술에 관한 많은 사항들이 밝혀진 점은 고무적인 일이라 하겠으나 그간의 분석은 전체의 성격을 잘 모른 체 편(片)을 이용하거나, 철기의 일부분만을 대상으로 하여 철기 하나를 제작하는데 구사된 총체적 기술을 파악하기에는 한계가 있었다. 따라서 이번 분석연구에서는 그러한 결점을 최대한 극복하기 위하여 대상 철기의 부위를 두 곳 이상 선정하여 시료를 채취하였다.

그리고 철기에서 시료가 채취된 부위는 형태 뿐만 아니라 표면의 녹상태까지 원래에 거의 가깝게 복원 처리하여 전시에도 지장이 없도록 한 점도 차후의 분석 작업에 중요한 선례가 될 것으로 생각된다.

특히 금번에 분석된 철기유물은 보존처리 후 정교하게 시료를 채취하였기 때문에 분석을 체계적으로 할 수 있었을 뿐 아니라, 시료 채취 후 유물의 원형을 정확하게 복원할 수 있어서 유물의 보존 관리에도 문제가 없게 되었다.

II. 풍납토성 경당지구 철기유물의 금속학적 분석

1. 개요

한신대학교 박물관이 1999~2000년에 발굴한 풍납토성 경당지구(1999~2000년 발굴)의 철기유물 9점에 대한 분석으로서 이 철기들은 당시의 도성지역에서 제조, 사용되던 철기라는 점에서 그것이 갖는 의미는 크다고 할 수 있다.

철기 유물의 분석에는 화학성분분석을 비롯하여 현미경조직분석, Micro Vickers Hardness 측정, 그리고 SEM(전자현미경) 및 EDX(Energy Dispersive X-Ray Spectrometer)의 방법들이 활용되었다.

화학성분분석에는 진공분광분석기, 프라즈마(ICP)분석기, C/S분석기 및 습식 분석이 시료의 상태에 따라 선택적으로 활용되었다. 현미경 조직은 일반 금속 현미경으로 조직을 위치 별로 촬영한 후에 필요한 부위에 대하여 Micro Vickers 경도를 측정하였다. 그리고 전자 현미경으로 비금속 개재물을 촬영하고 이에 대한 EDX분석을 실시하여 개재물의 화학조성을 확인하였다.

2. 분석 철기의 성격

본 유적에서 분석을 위하여 채취된 시료의 종류는 [표 1]에 나타난 바와 같이 주조괭이, 도자형 철기, 착, 망치형 철기, 꺾쇠, 철정, 촉 및 환형철기 등 8종으로서 주조괭이의 경우는 날부분의 형식이 서로 다른 2점을 선정하여 총 9점이 대상이 된다. 풍납토성 경당지구에서 출토된 철기들은 15종 100여 점으로서 모든 종류를 망라하여 샘플링하려 했으나 산화가 심해 분석이 곤란할 것들이 상당히 있어, 자석반응을 통해 금속 조직이 잘 남아 있을 것으로 예상되는 것들을 선별하였다.

〔표 1〕 풍납토성 경당지구 출토 분석 대상 철기의 종류

유물명	시료번호	출토위치	분석위치	도면번호
주조괭이	P-1	S1E1 1층	인부, 두부	1-8
주조괭이	P-2	S2E1 피트	인부, 두부	1-9
도자형(刀子形)철기	P-3	3구역 1층 유구 상면	인부, 중간, 상부, 관부	1-6
착(鑿)	P-4	176호 유구 옆	인부, 두부	1-7
망치형 철기	P-5	115호 유구 하층	인부, 두부	1-1
촉(鏃)	P-6	1구역 1호 주거지	두부, 경부	1-4
꺾쇠	P-7	31호 유구 내부	족부, 상부	1-2
정(釘)	P-8	5구역 유구 상면	하부, 두부	1-5
환형철기(環形鐵器)	P-9	2구역 1층 유구 상면	일부(단면)	1-3

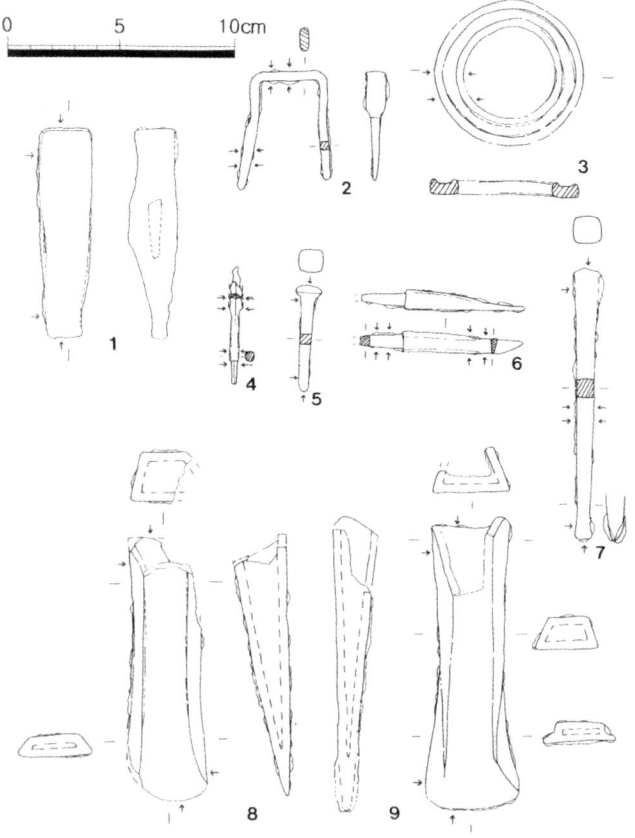

도면 1. 풍납토성 경당지구 출토 분석 대상 철기 (→ : 분석부위)

3. 분석 결과

채취된 시료에 대한 화학성분 분석, 현미경 조사, SEM-EDX 분석 결과는 첨부된 분석표에 있고 그 요약 내용은 [표 2]에 서술된 바와 같다.

[표 2] 풍납토성 경당지구 철기유물의 분석 결과

시료번호	철기종류	화학성분 분석결과	분석위치	금속현미경/SEM 조사결과
P-1	주조괭이	4.33%C의 주철	인부	백주철+방사형흑연(HV546,404)
			두부	백주철
P-2	주조괭이	4.03%C의 주철	인부	백주철+방사형흑연(HV487/540)
			두부	백주철(HV476/481)
P-3	도자형(刀子形) 철기	0.305%C의 저탄소강	인부	Martensite(HV304,327) 개재물; MnS, FeS
			상부	Pearlite+입계Ferrite(HV176) 개재물; Al$_2$O$_3$(FeO)
			상부	Pearlite(HV230,248)
			관부	Pearlite(HV205,252)
P-4	착(鑿)	0.46%C의 중탄소강	인부	Pearlite+입계Ferrite(HV205)
			두부	Pearlite+입계Ferrite(HV112,117) 개재물; SiO$_2$, CaO, Al$_2$O$_3$(MgO)
P-5	망치형철기	0.46%C의 중탄소강	인부	Pearlite+입계Ferrite(HV208) (침탄강화 조직)
			두부	Ferrite+입계Pearlite(HV154,159)
P-6	촉(鏃)	0.07%C의 저탄소강	두부	Ferrite+입계Pearlite(HV161,163)
			경부	Ferrite+입계Pearlite(HV102,161) 개재물; FeO, SiO$_2$, CaO(Al$_2$O$_3$,MgO) MnO, FeO, MgO
P-7	꺾쇠	0.43%C의 중탄소강	족부	Pearlite+입계Ferrite(HV277)
			상부	Pearlite+입계Ferrite(HV201,230)
P-8	정(釘)	0.35%C의 중탄소강	하부	Ferrite+입계Pearlite(HV158)
			두부	Ferrite+입계Pearlite(HV136,163) 개재물; CaO,SiO$_2$,TiO$_2$(MgO),CaO, SiO$_2$, MgO, SiO$_2$, TiO$_2$(Al$_2$O$_3$)
P-9	환형철기 (環形鐵器)	0.24%C의 저탄소강	일부	Pearlite+Banded Structure 외경표면; HV293(냉단조직) 외경돌출부; HV227 내경표면; HV148

4. 고찰

앞에서 분석한 결과를 기초로 하여 풍납토성에서 출토된 철기의 금속학적인 특성과 그 제조 공법을 주조철기와 단조철기로 구분하여 살펴보면 다음과 같다.

1) 주조철기의 제조공법

풍납토성유적의 주조철기 중에 주조괭이 2점(P-1, P-2)이 분석(사진 1~6)되었는데, 화학성분 분석 결과 선철(銑鐵)의 전형적인 공정조성(4.3%C)에 유사하게 나타나고 있다(4.03~4.33%C). 이는 당시의 제철기술이 선철의 공정조성으로 탄소 함유량을 일정하게 관리할 수 있는 수준에 와 있었다고 볼 수 있다.

아니면 적어도 탄소의 과포화 상태(4.3~4.5%C)에서 낮은 용해온도를 관리 할 수는 있었을 것으로 판단된다. 그리고 단순한 백주철($Fe-Fe_3C$)의 조직에서 주조괭이를 만들 수 있었다는 것은 주조하여 특별한 열처리를 하지 않는 즉, 주방(鑄放)상태에서 일정수준의 경도(HV404-546)를 유지할 수 있었다고 판단된다.

그렇게 관리하기 위해서는 일정한 재질의 주형을 사용하여 주조 후에 냉각조건이 일정수준으로 관리되었을 것으로 판단된다.

현미경 조직에서 인부가 열처리를 실시한 흔적이 보인다. 다시 말하여 인부의 조직이 일부의 Cementite(Fe_3C)가 방사형의 흑연(Graphite)으로 변환되어 있다(사진 1). 이는 제품이 단순한 백주철 조직(주조한 상태의 조직)으로는 사용시에 취성(충격에 의하여 쉽게 날이 부러지는 현상)이 있기 때문에 인부에 대하여 경도를 낮추는 열처리가 필요했을 것으로 판단된다.

오늘날의 경우 이에 상응하는 열처리는 완전소둔 혹은 구상화 소둔을 실시하여 취성이 강한 Cementite를 흑연화(黑鉛化)시켜서 조직을 연화시키는 것이다.

그러나 분석에 나타난 바와 같이 불완전한 방사형 흑연이 조금 나타나고 있으므로 당시에는 이러한 열처리는 하지 못하고 보다 간단한 방법을 사용하였다고 판단된다.

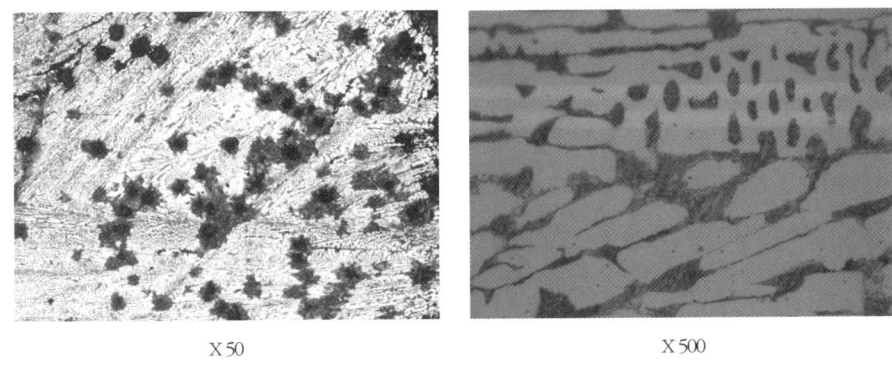

X 50　　　　　　　　　　　　　　X 500

사진 1. 풍납토성 주조괭이(P-1) 인부

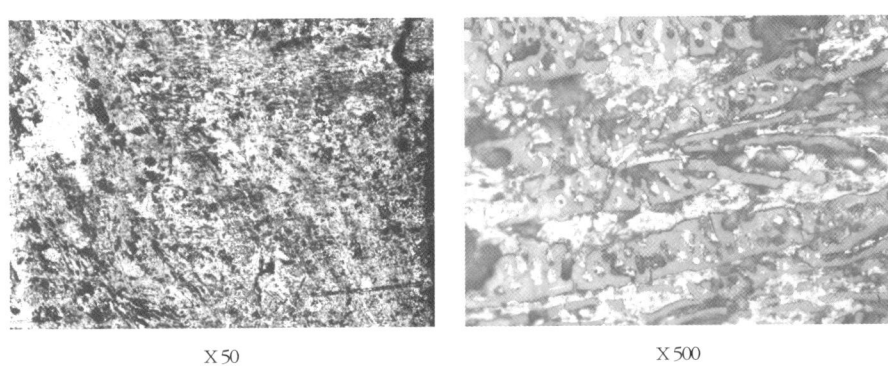

X 50　　　　　　　　　　　　　　X 500

사진 2. 풍납토성 주조괭이(P-1) 두부

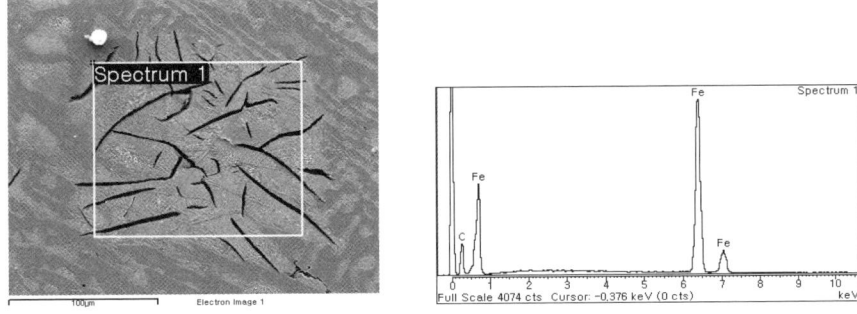

사진 3. 주조괭이 (P-1) SEM-EDX 분석

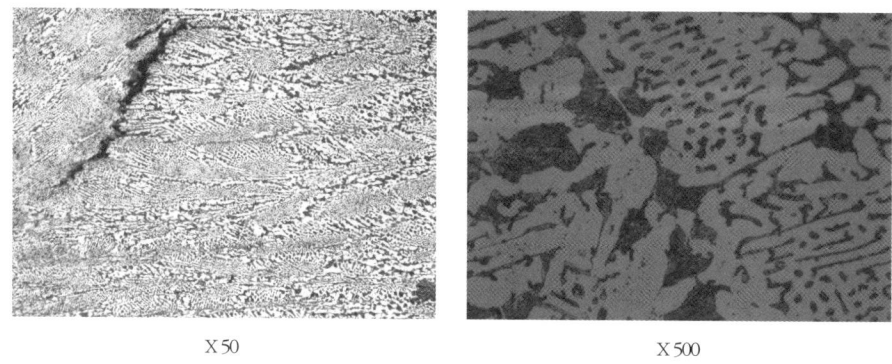

사진 4. 주조괭이(P-2) 인부 금속현미경 분석

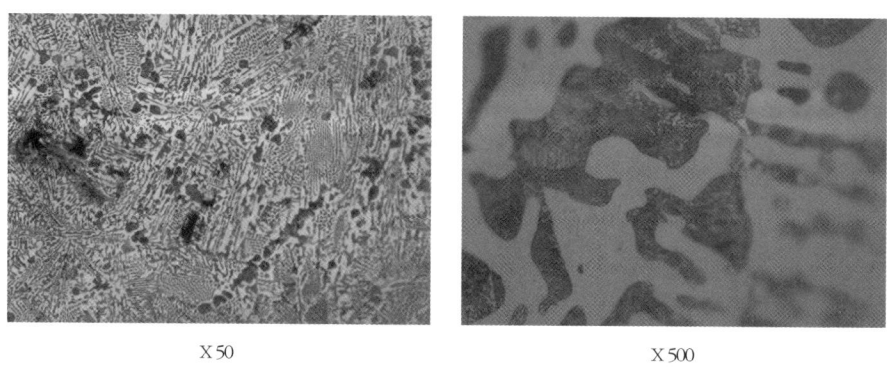

사진 5. 주조괭이(P-2) 두부 금속현미경 사진

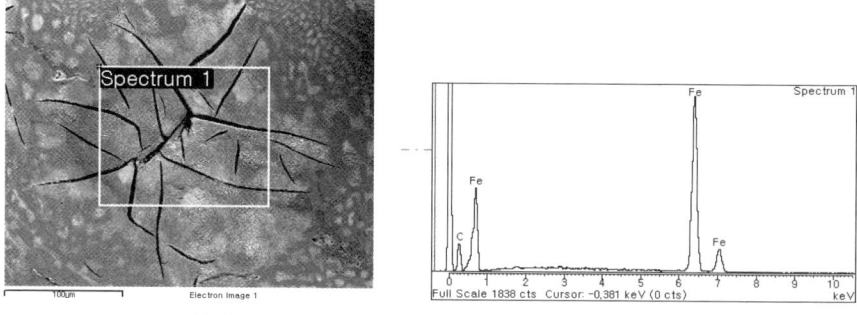

사진 6. 주조괭이(P-2) Graphite 부분 SEM-EDX 분석

그러면 어떻게 주조괭이의 날 부분만 별도로 열처리를 할 수 있었을 것인가? 이는 용선을 주형(鑄型, 금형金型)에 주입한 후 용선이 응고하면 주형을 분리하고 날 부분만을 뜨거운 모래나 흙에 묻어놓은 상태에서 냉각을 시키면 날은 늦게 냉각되고 두부는 빠르게 냉각되어 이와 같은 재질이 쉽게 만들어 질 수 있다고 생각된다.

이와 같은 결과를 고찰해 볼 때 완전한 열처리 공법은 아직 정착되지 않았지만 그 전 단계로서 냉각 속도의 차이에 따라서 재질의 경도 차이가 나고 상대적으로 날 부분에 늦은 냉각속도가 사용 시에 취약성이 개선될 수 있다는 사실을 경험을 통하여 터득하고 있었다고 판단된다.

2) 단조철기의 제조공법
(1) 저탄소계 단조철기의 제조 공법

풍납토성의 단조철기 중에 저탄소계의 유물은 촉(0.07%C/P-6)과 환형철기(0.24%C/ P-9)가 있다. 이들은 화학성분상으로 탄소함량이 0.30%C 미만으로 분석되었기에 저탄소계의 철기로 분류하였다.

현미경 조직으로 판단해 보면 촉(P-6)의 경우 Ferrite기지의 결정입계에 Pearlite가 형성되어 있다. 이는 순철에 버금가는 소재를 반복단조를 통하여 결정을 매우 미세하게 만들었고 또 이러한 반복단련과정에서 침탄 분위기로부터 결정입계로 탄소가 침투되어 Pearlite조직(Ferrite+Fe_3C)을 형성시켰다(사진 7~10).

환형철기(P-9)의 경우는 탄소 함량이 다소 높기는 하지만 이미 무수한 반복단련을 통하여 균일한 Pearlite조직이 미세하게 발달되었다. 그리고 단면조직에 미세한 띠상조직(Banded Structure)가 나타난다. 이는 냉간단조를 하였을 경우에 나타나는 현상이다(사진 11).

이를 보다 확실하게 확인하기 위하여 내경표면, 외경표면 및 외경돌출부에 대한 경도를 측정한 결과 내경표면에 비하여 외경표면과 외경돌출부의 경도가

HV80-140 정도 높게 나타난다.

이는 외경표면과 외경돌출부에 냉간 단조를 통하여 가공경화가 된 것임을 알 수 있다. 또 현미경조직에 나타나는 비금속 개재물을 SEM및 EDX로 확인한 결과 철촉(P-6)의 경우 SiO_2, CaO, Al_2O_3로 분석되어 먼저 용강을 얻은 후에 용재(Slag; 용강을 정련하기 위하여 사용하는 재료)를 사용하여 별도로 정련을 한 흔적을 알 수 있다(사진 9 · 10).

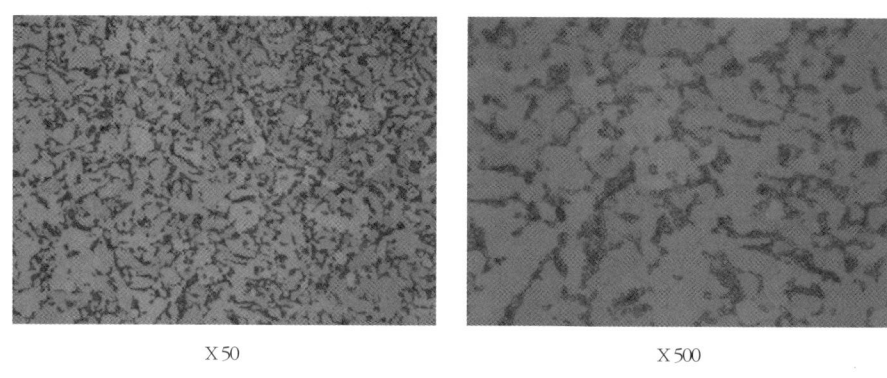

사진 7. 촉(P-6) 인부 금속현미경 분석

사진 8. 촉(P-6) 두부 금속현미경 분석

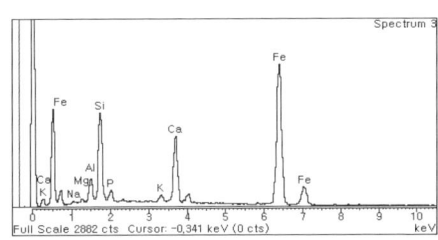

사진 9. 촉(P-6) 비금속 개재물 1 SEM-EDX 분석

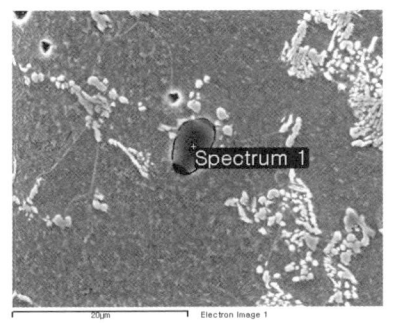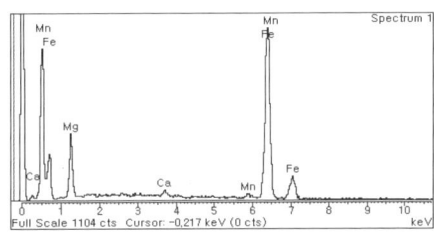

사진 10. 촉(P-6) 비금속 개재물 2 SEM-EDX 분석

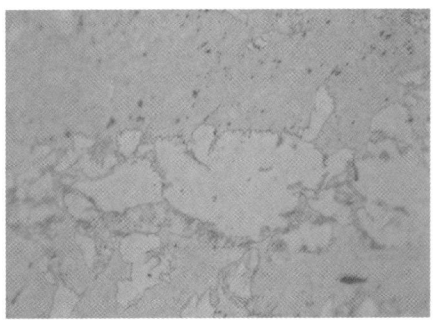

X 50　　　　　　　　　　　　　　X 500

사진 11. 환형철기(P-9) 금속현미경 분석

(2) 중탄소계(中炭素系) 단조철기의 제조공법

풍납토성 단조철기 중에 중탄소계(탄소함량 : 0.030-0.46%C)는 도자형철기(0.305%C/P-3), 착(鑿)(0.46%C/P-4), 망치형철기(0.46%C/P-5), 꺽쇠(0.43%C/P-7) 및 정(釘)(0.35%C/P-8)를 확인할 수 있었다. 이들의 현미경 조직을 확인하여 다음과 같은 결과를 얻을 수 있었다.

이들은 대부분 Pearlite기지에 입계에 Ferrite를 형성하여 오늘날의 중탄소강의 전형적인 조직을 나타내고 있다. 그러나 이들중에 탄소 함량이 낮은 정(0.35%C/P-8)은 저탄소계의 조직인 Ferrite기지에 입계에 Pearlite를 형성하고 있다(사진 25·26).

단조공법상으로 대부분 열간 상태에서 반복 단련하여 그 상태에서 냉각하여 비교적 미세한 조직을 얻고 있다. 그러나 망치형철기(P-5)의 경우 인부(HV211.5)의 경도가 높고 두부의 경도(HV156.7/152.40)가 상대적으로 낮게 나타나는 것은 현미경조직상으로 볼 때 인부를 침탄처리한 결과이다(사진 21). 따라서 이 철기는 몸체를 일반적인 열간 단조 후에 인부에 대하여 별도의 침탄 분위기 가열로에서 추가적인 단련을 하였다고 볼 수 있다.

한편 도자형철기(P-3)는 인부에는 소입 열처리(일명 담금질처리)를 한 경우에 나타나는 Martensite조직이 나타나고 있다(사진 12). 또한 인부의 경도(HV331.1/308.8)는 중간부, 상부 및 관부에 비하여 매우 높게 나타나 소입(燒入)열처리의 가능성을 한층 높여 주고 있다.

이는 철기의 용도에 따라서 인부를 강화할 목적으로 별도의 소입 열처리를 실시하였다고 확증할 수 있다.

SEM 및 EDX로 현미경 조직에 나타나는 비금속 개재물을 확인한 결과 다음과 같은 결과를 얻을 수 있었다.

도자형철기(P-3)가 Al_2O_3, MnO, FeO계(사진 16), 착(P-4)이 SiO_2, CaO, Al_2O_3계(사진 20), 정(P-8)이 CaO, SiO_2, $Al_2O_3(TiO_2)$계(사진 27)로 밝혀지고 있다. 이는 이와 같

은 철기를 제조할 때에 어떠한 조재제(Slag Making Material)를 인위적으로 사용하였는지를 파악하고자 한 것이다. 따라서 풍납토성의 단조철기는 대부분 석회석($CaCO_3 = CaO + CO_2$)과 Alumina(Al_2O_3)를 사용하였던 것으로 판단된다.

그리고 TiO_2계의 사철을 사용한 흔적(정 P-8)이 보인다(사진 27). 한반도의 철기 중에는 사철을 사용한 증거가 별로 많지 않다. 이는 한반도에서 채광되는 원료 철광석 중에는 사철이 많지 않은 것도 이유가 되겠지만 사철을 사용하여 용강을 정련하면 대부분이 산화되어 제거되기 때문이다.

일본 열도의 경우는 사철이 많고 또 철기의 제련방식이 용융정련방식이 아닌

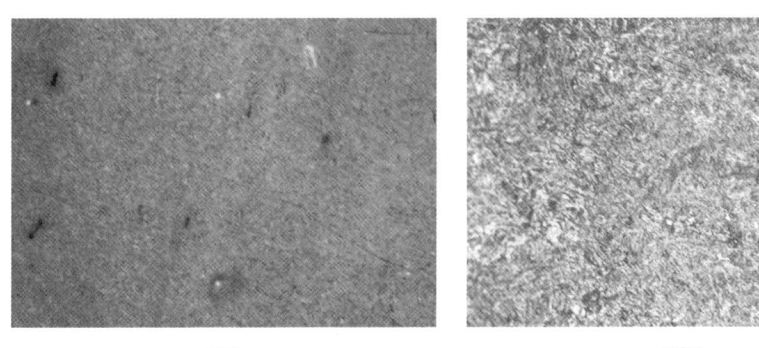

X 50   X 500

사진 12. 도자형 철기(P-3) 인부 금속현미경 분석

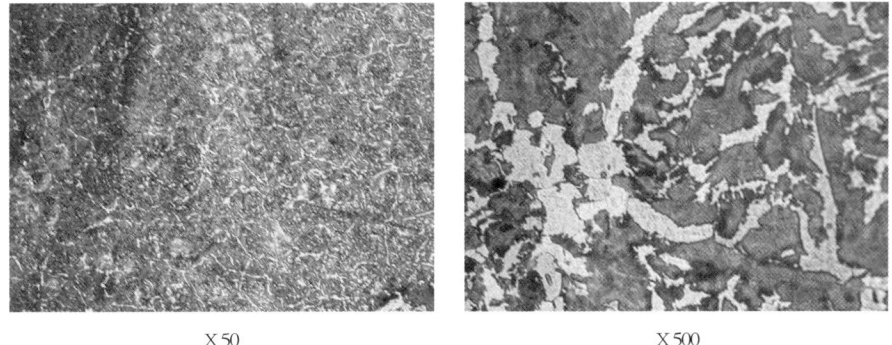

X 50   X 500

사진 13. 도자형 철기(P-3) 중간 금속현미경 분석

상형로에서 환원괴를 만들기 때문에 TiO$_2$가 제거되지 못하고 철기 속에 다량 잔존하게 된다.

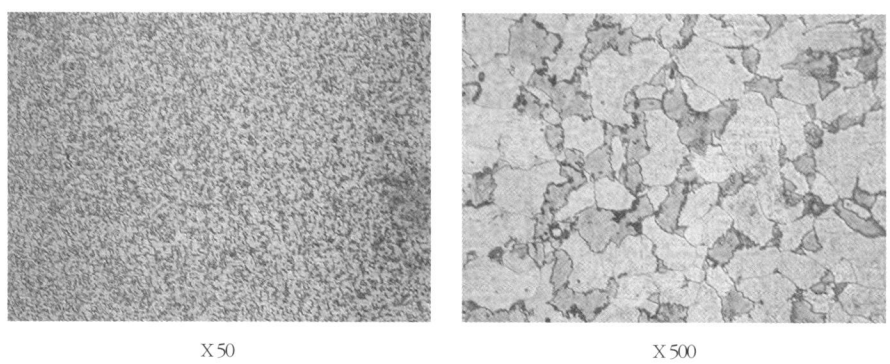

X 50　　　　　　　　　　　　　　X 500

사진 14. 도자형 철기(P-3) 상부 금속현미경 분석

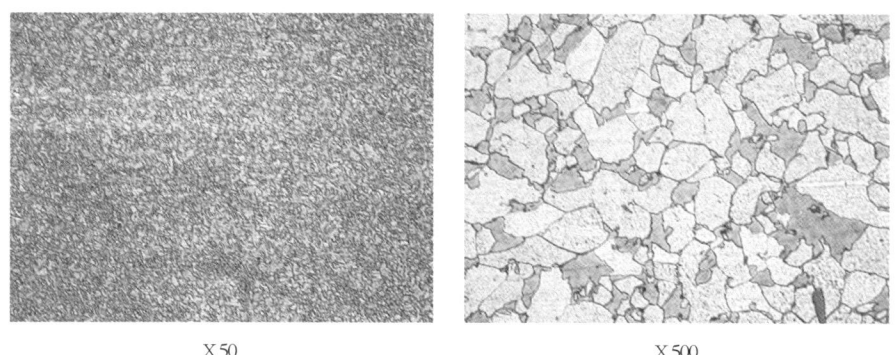

X 50　　　　　　　　　　　　　　X 500

사진 15.도자형 철기(P-3) 관부 금속현미경 분석

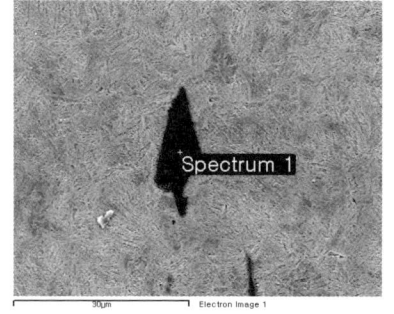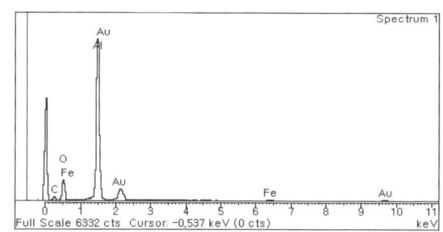

사진 16. 도자형 철기(P-3) 비금속 개재물 SEM-EDX 분석

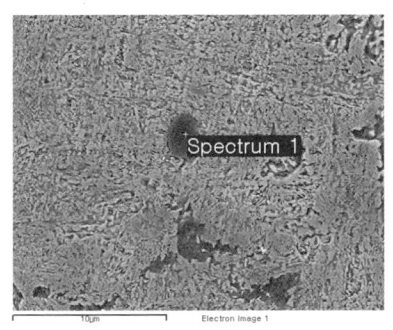 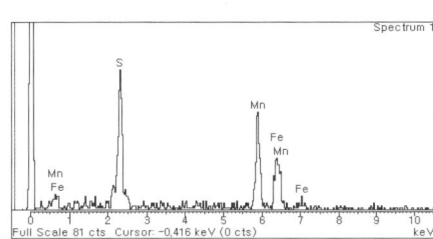

사진 17. 도자형 철기(P-3) MnS 개재물 SEM-EDX 분석

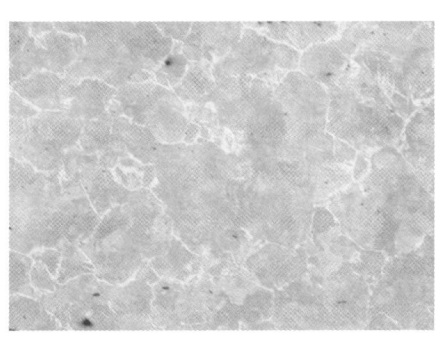 

X 50　　　　　　　　　　　　　X 500

사진 18. 착(P-4) 인부 금속현미경 분석

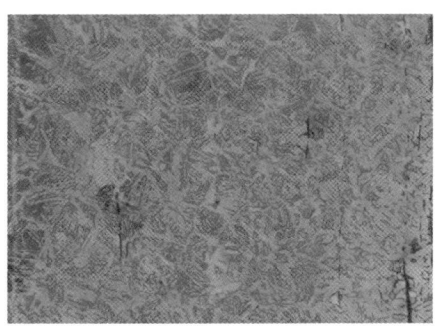 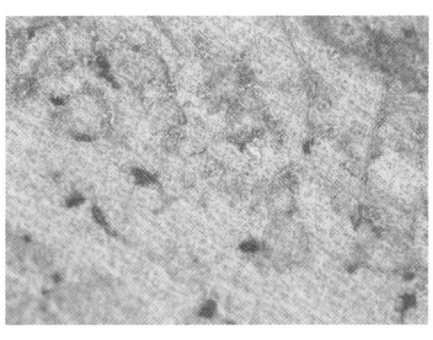

X 50　　　　　　　　　　　　　X 500

사진 19. 착(P-4) 두부 금속현미경 분석

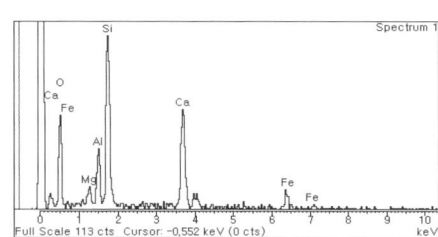

사진 20. 착(P-4) 비금속 개재물 SEM-EDX 분석

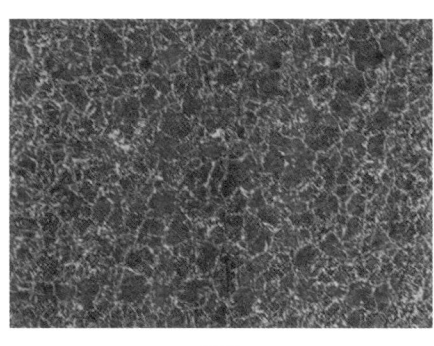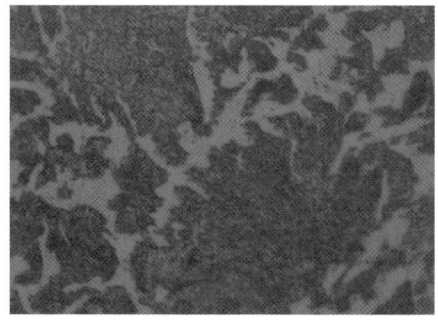

X 50　　　　　　　　　　　　　　X 500

사진 21. 망치형철기(P-5) 인부 금속현미경 분석

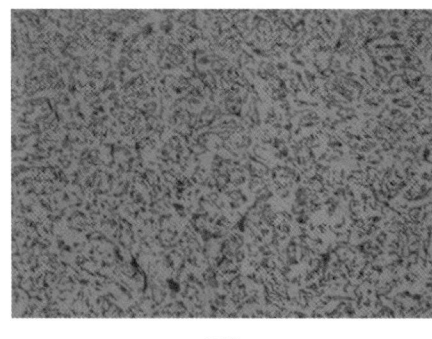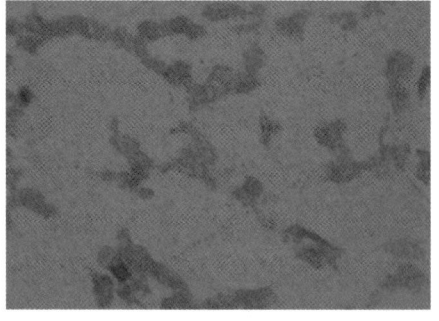

X 50　　　　　　　　　　　　　　X 500

사진 22. 망치형철기(P-5) 두부 금속현미경 분석

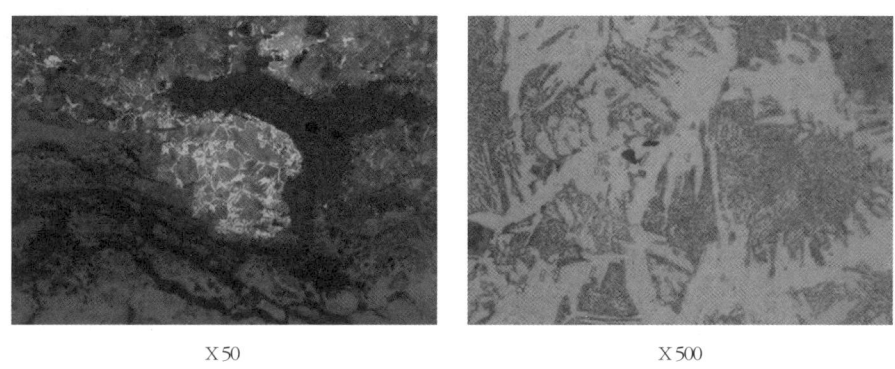

| X 50 | X 500 |

사진 23. 꺽쇠(P-7) 족부 금속현미경 분석

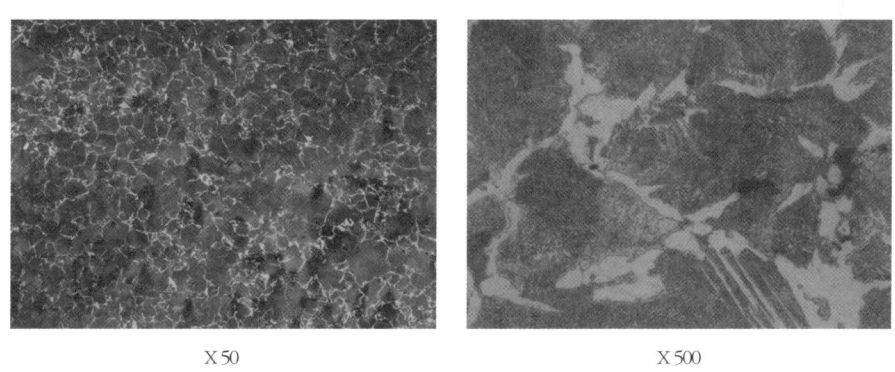

| X 50 | X 500 |

사진 24. 꺽쇠(P-7) 상부 금속현미경 분석

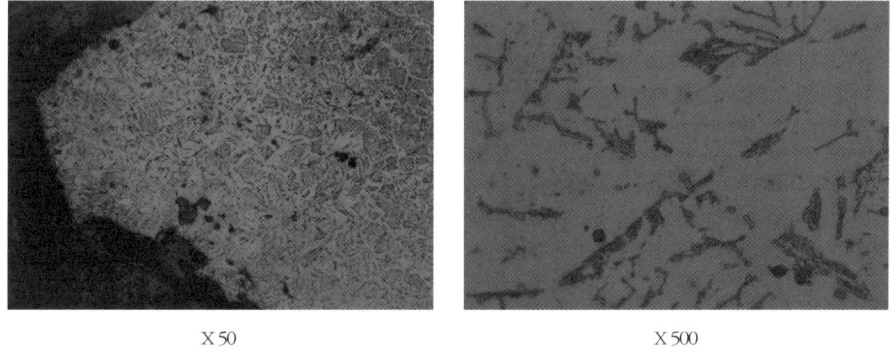

| X 50 | X 500 |

사진 25. 정(P-8) 하부 금속현미경 분석

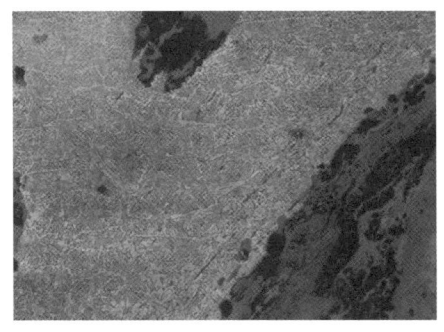 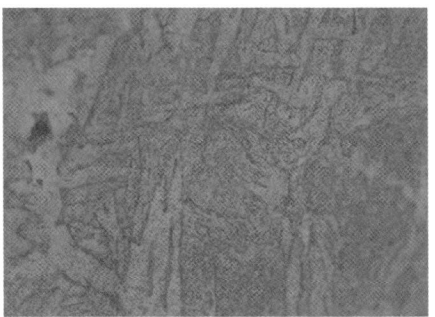

X 50　　　　　　　　　　　　　　　　X 500

사진 26. 정(P-8) 두부 금속현미경 분석

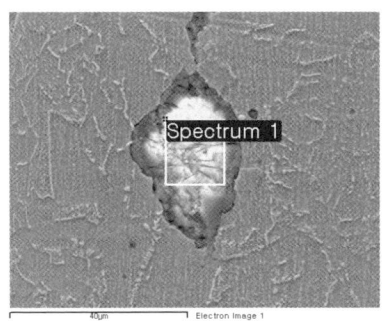 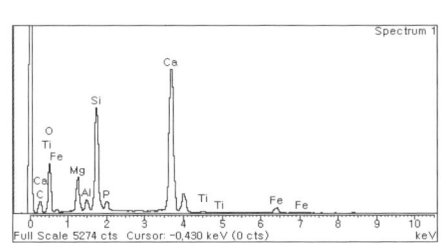

사진 27. 정(P-8) 비금속 개재물 1 SEM-EDX 분석

III. 용인 수지유적 철기유물의 금속학적 분석

1. 개요

용인 수지유적은 1995~1996년에 한신대학교 박물관에 의해 발굴된 4세기 후반~5세기 초의 취락유적으로서 거의 대부분의 주거지들에서 다수의 철기들이 출토되고 옹형의 토기 내에서는 22점에 달하는 각종 철기의 파손품 내지 완형이 들어 있어서 당시 철기의 재활용 양상을 알게 되었다. 이번에 분석된 철기들은 6종 8점이다.

철기 유물의 분석에는 화학성분분석을 비롯하여 현미경조직분석, Micro Vickers Hardness 측정, 그리고 SEM(전자현미경) 및 EDX(Energy Dispersive X-Ray Spectrometer)의 방법들이 활용되었다.

화학성분분석에는 진공분광분석기, 프라즈마(ICP)분석기, C/S분석기 및 습식분석이 시료의 상태에 따라 선택적으로 활용되었다. 현미경조직은 일반 금속현미경으로 조직을 위치 별로 촬영한 후에 필요한 부위에 대하여 Micro Vickers 경도를 측정하였다. 그리고 전자현미경으로 비금속 개재물을 촬영하고 이에 대한 EDX분석을 실시하여 개재물의 화학조성을 확인하였다.

2. 분석 철기의 성격

본 유적에서 분석을 위하여 채취된 시료의 종류는 〔표 3〕에 나타난 바와 같이 주조괭이, 철겸, 철부(有鑿斧), 철촉, 철도자 및 철착으로 분류된다. 이러한 철기들은 이 유적에서는 농구(農具) 3종(주조괭이, U자형구, 鎌) 32점, 공구 3종(有鑿斧, 刀子, 鑿) 8점, 병기 4종(鏃, 槍片, 刀片, 갑옷 小札) 15점, 기타 7종(꺾쇠, 鈑具, 細長方形, 솔片, 鐸, 圓錐形, 指頭狀) 15점 및 철편 등 총 70여 점에 달하는데, 그 가운데 주조와 단조 제품들을 구분하여 1차적으로 선정한 후 자석반응을 통해 금속성분이 잘 남아 있는 것을 최종적으로 선택하였다.

〔표 3〕 용인 수지유적 출토 분석 대상 철기의 종류

철기 종류	시료번호	출토위치	분석위치	도면번호
주조괭이	S-1	토기 내 일괄 출토	인부, 두부	2-1
주조괭이	S-2	토기 내 일괄 출토	인부, 두부	2-2
주조괭이	S-3	토기 내 일괄 출토	인부, 두부	2-3
겸(鎌)	S-4	I-1호 주거지	인부, 배부, 기부	2-5
유공부(有鑿斧)	S-5	토기 내 일괄 출토	인부, 두부	2-4
촉(鏃)	S-6	I지점 구지표	두부, 경부	2-6
착(鑿)	S-7	II-1호 주거지	인부, 중간, 두부	2-8
도자(刀子)	S-8	I-4호 주거지	인부, 배부, 관부	2-7

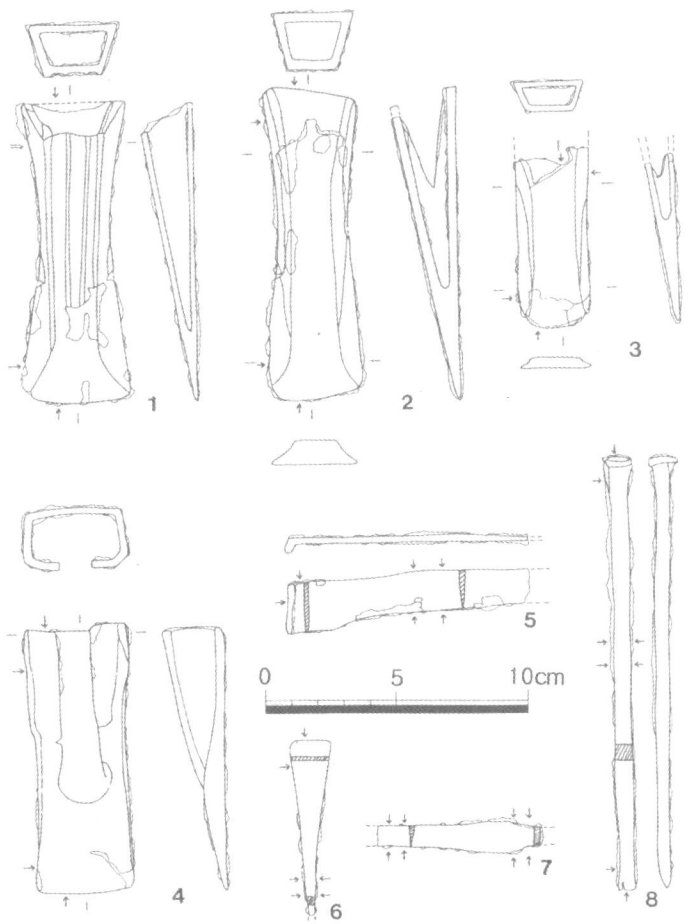

도면 2. 용인 수지유적 출토 분석 대상 철기 (→ : 분석부위)

3. 분석 결과

채취된 시료에 대한 화학성분분석, 현미경조사, SEM/EDX분석 결과는 첨부된 분석표에 있고 그 요약 내용은 〔표 4〕에 서술된 바와 같다.

〔표 4〕 용인 수지 철기유물의 분석 결과

시료번호	철기 종류	화학성분분석 결과	분석위치	현미경/SEM 조사 결과
S-1	주조괭이	4.19%C의 주철	인부	백주철(Hv533/704)
			두부	백주철(Hv637/677)
S-2	주조괭이	4.22%C의 주철	인부	백주철(Hv526/642)
			두부	백주철(Hv451/586)
S-3	주조괭이	4.34%C의 주철	인부	백주철(Hv412/692)
			두부	백주철(Hv554/757)
S-4	겸(鎌)	0.27%C의 저탄소강	인부	Martensite(Hv294) 개재물; SiO_2, CaO, TiO_2(MgO, Al_2O_3) SiO_2, CaO, TiO_2(Al_2O_3), MgO)
			배부	미세Pearlite(Hv109,135)
			기부	조대Pearlite(Hv153,168,178)
S-5	유공부 (有銎斧)	0.40%C의 중탄소강	인부	Pearlite+입계Ferrite(Hv91-127)
			두부	Ferritee+입계Pearlite(Hv100-107) 개재물; SiO_2, TiO_2, CaO(FeO, Al_2O_3) SiO_2, CaO, FeO(MgO), CaO, SiO_2(FeO)
S-6	촉(鏃)	0.49%C의 중탄소강	두부	Pearlite+입계Ferrite(Hv175, 181)
			경부	Pearlite+입계Ferrite(Hv188) 개재물; SiO_2, TiO_2, CaO(Al_2O_3, MgO)
S-7	착(鑿)	0.21%C의 저탄소강	인부	미세Ferrite+입계Pearlite(Hv154)
			중간	조대Ferrite+입계Pearlite(Hv153)
			두부	미세Ferrite+입계Pearlite(Hv150) 개재물; SiO_2, FeO, CaO(Al_2O_3, MgO)
S-8	도자(刀子)	0.39%C의 중탄소강	인부	미세Martensite(Hv525)+냉,온단조
			배부	미세Pearlite(Hv269,336)

4. 고찰

앞에서 분석한 결과를 기초로 하여 수지유적에서 출토된 철기의 금속학적인 특성과 그 제조공법을 주조철기와 단조철기로 구분하여 살펴보면 다음과 같다.

1) 주조철기의 제조공법

용인 수지유적의 주조철기 중에 주조괭이 3점(S-1, S-2, S-3)이 분석되었는데 화학성분분석 결과 선철의 전형적인 공정조성(4.3%C)에 유사하게(4.19~4.34%C) 나타나고 있다(사진28~35).

이는 당시의 제철기술이 선철의 공정조성을 관리할 수 있는 수준에 와 있었다. 아니면 적어도 탄소의 과포화 상태(4.3~4.5%C)에서 비교적 낮은 용해온도를 관리할 수 있었을 것으로 판단된다. 그리고 단순한 백주철(Fe-Fe₃C)의 조직에서 주조괭이를 만들 수 있었다는 것은 용융선철을 주조 후에 그대로 냉각하는 이른바 주방 상태에서 일정수준의 경도(HV412~704)를 유지할 수 있었다고 판단된다.

그러기 위해서는 자연적으로 품질이 균일하게 나타날 수 있는 공법 즉 주형(금형이나 석형)을 사용하였을 가능성이 있다.

다만 현미경 조직상에서 기공(Hole)이 표면 부분에 나타나는 것은 주형의 건조가 충분하지 못했던 것임을 알 수 있다. 주형의 표면에 붙어 있는 수분은 용선을 주형에 주입시에 기화하여 표면에 기공을 형성하게 된다(사진 31).

그러나 Cementite(Fe₃C)를 흑연(Graphite)으로 변환하여 제품의 사용시에 취성을 제어 할 수는 기술은 없었던 것으로 판단 된다. 풍납토성의 주조괭이와 같이 열처리 즉 날 부분에 소둔이나 이와 유사한 서냉공법(천천히 냉각시켜서 경도를 낮추어 취성을 방지하는 기술)은 갖고 있지 않았다고 판단된다.

X 50

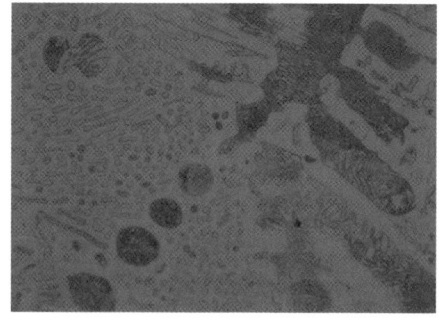
X 500

사진 28. 주조괭이(S-1) 인부 금속현미경 분석

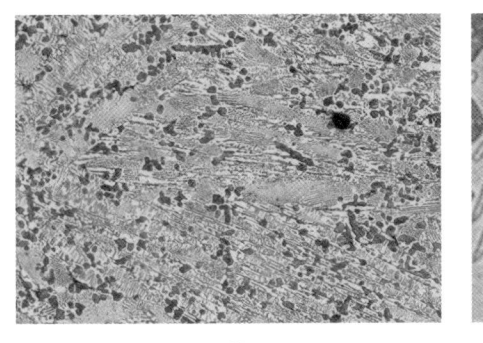 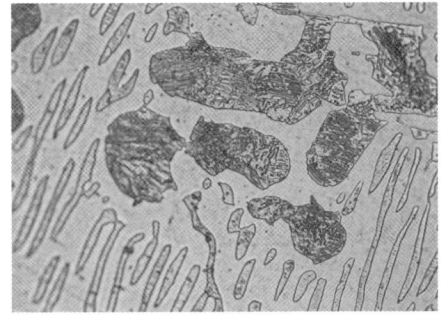

X 50 X 500

사진 29. 주조괭이(S-1) 두부 금속현미경 분석

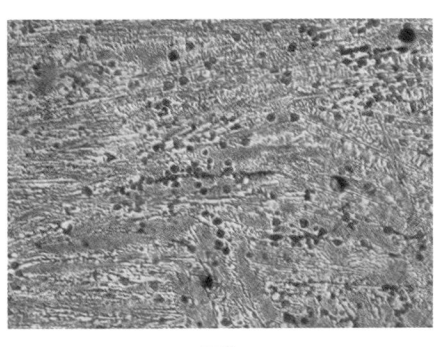 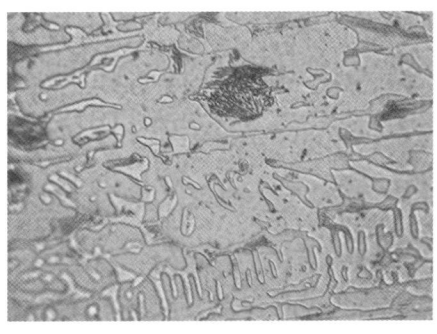

X 50 X 500

사진 30. 주조괭이(S-2) 인부 금속현미경 분석

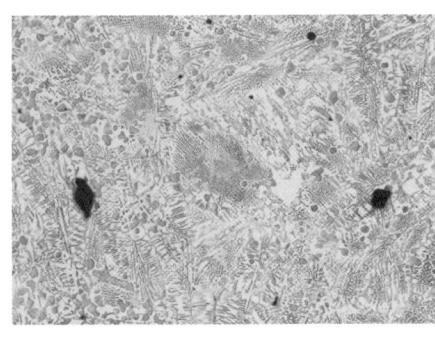 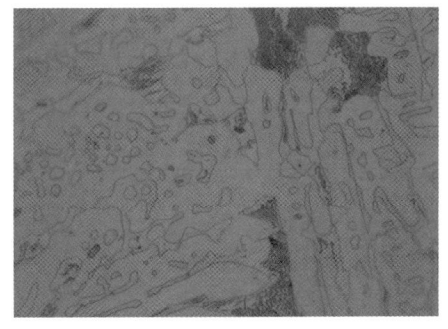

X 50 X 500

사진 31. 주조괭이(S-2) 두부 금속현미경 분석

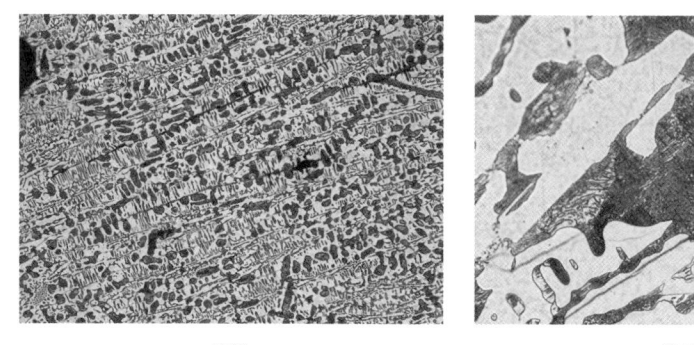

사진 32. 주조괭이(S-3) 인부 금속현미경 분석

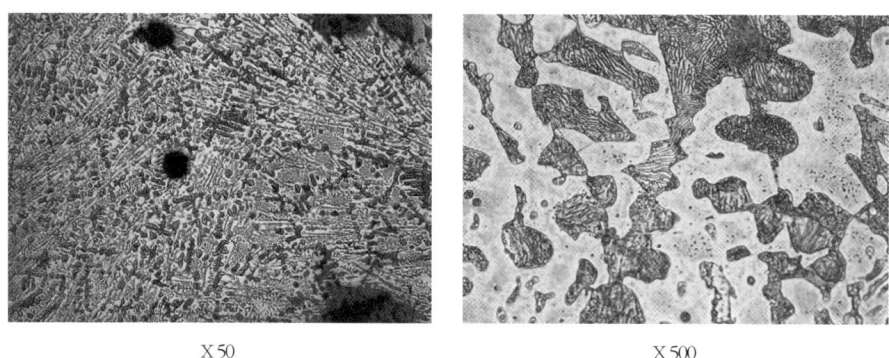

사진 33. 주조괭이(S-3) 두부 금속현미경 분석

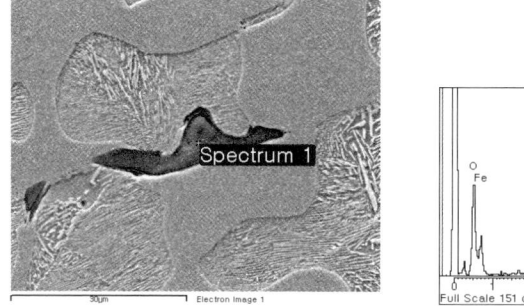

사진 34. 주조괭이(S-3) 산화물 SEM-EDX 분석

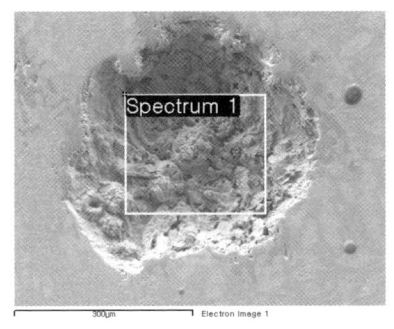
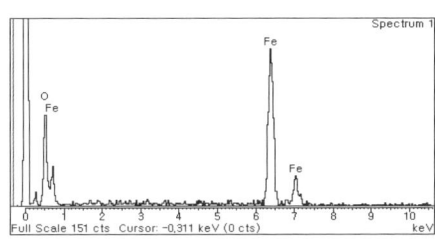

사진 35. 주조괭이(S-3) Hole의 SEM-EDX 분석

2) 단조 철기의 제조공법

(1) 저탄소계 단조철기의 제조공법

용인 수지유적의 단조철기 중에 저탄소계의 유물은 겸(0.27%C/S-4)과 착(0.21%C/ S-7)이 있다(사진 36~44).

이들은 화학성분상으로 탄소 함량이 0.30%C 미만으로 분석되었기에 저탄소계의 철기로 분류하였다.

현미경 조직으로 판단해 보면 착(S-7)의 경우 Ferrite기지에 결정입계에 Pearlite가 형성되어 있다. 이는 비교적 낮은 탄소 함량의 소재를 반복단조를 통하여 결정을 매우 미세하게 만들었고 또 이러한 반복단련과정에서 침탄 분위기로부터 결정입계로 탄소가 침투되어 침탄조직인 Pearlite조직을 형성시켰다(사진 41~43).

그러나 겸(S-4)의 경우는 탄소 함량이 약간 높기는 하지만 이미 무수한 반복단련을 통하여 균일한 Pearlite조직이 미세하게 발달되어 기부와 배부에는 일반적인 소준 열처리 조직을 나타내고 있다(사진 36·37).

반면에 인부의 조직은 Martensite조직 즉 소입 열처리조직으로 나타난다. 이 부분의 경도도 HV294로서 이를 뒷받침하고 있다. 또 현미경조직에 나타나는 비금속 개재물을 SEM및 EDX로 확인한 결과 철겸(S-4)의 경우는 SiO_2, CaO,

TiO$_2$(MgO, Al$_2$O$_3$)로 분석되고 철착은 SiO$_2$, FeO, CaO(Al$_2$O$_3$, MgO)로 분석되어 이를 미루어 볼 때, 먼저 용강을 얻은 후에 용재(Slag)를 사용하여 별도로 정련을 한 흔적을 알 수 있다(사진 39 · 40).

여기서 용재로 사용되는 재료는 Silica계(SiO$_2$)와 석회석계(CaO)가 주성분이고 일부의 Alumina계(Al$_2$O$_3$)가 잔존한다. 또 여기서 Titanium산화물(TiO$_2$)의 잔존은 별도의 용재를 사용한 것이 아니고 사철원료를 사용한데서 비롯되었다고 볼 수 있다.

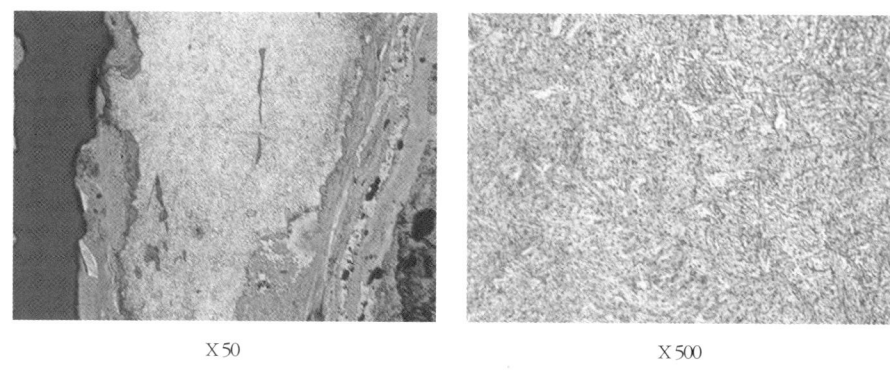

X 50   X 500

사진 36. 겸(S-4) 인부 금속현미경 분석

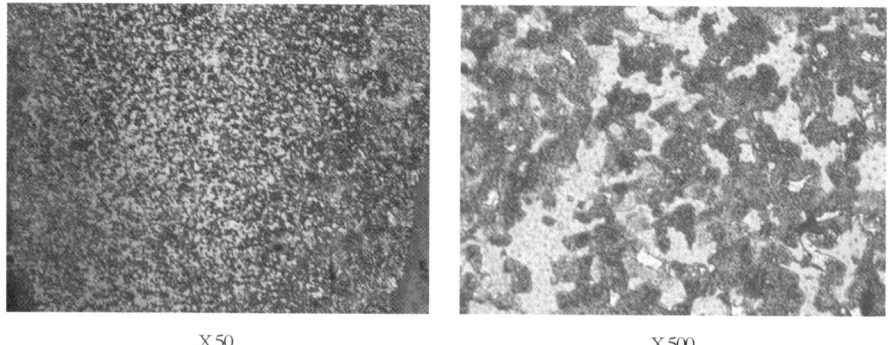

X 50   X 500

사진 37. 겸(S-4) 배부 금속현미경 분석

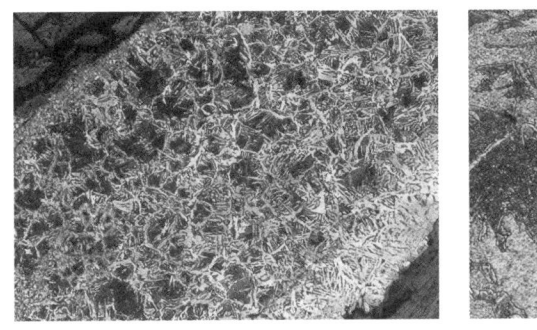 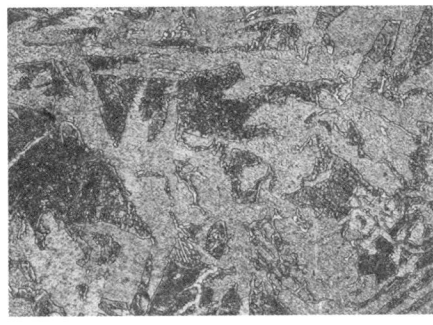

X 50　　　　　　　　　　　　　　　X 500

사진 38. 겸(S-4) 기부 금속현미경 분석

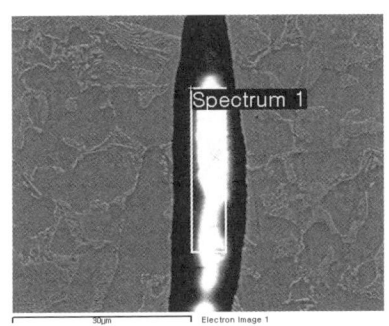 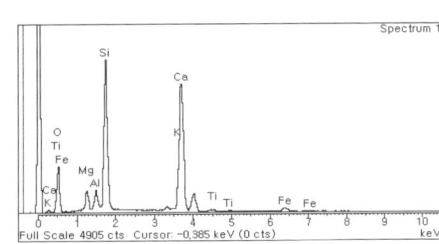

사진 39. 겸(S-4) 비금속 개재물 1 SEM-EDX 분석

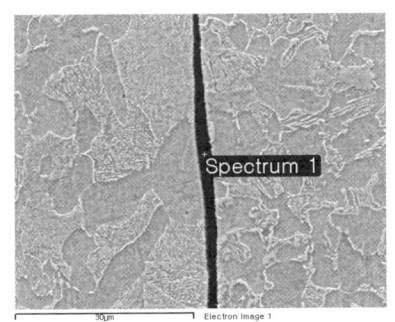 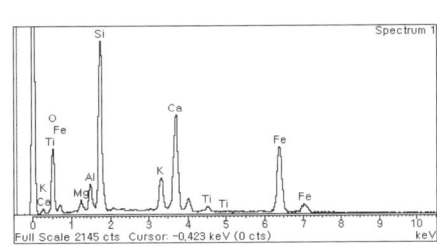

사진 40. 겸(S-4) 비금속 개재물 2 SEM-EDX 분석

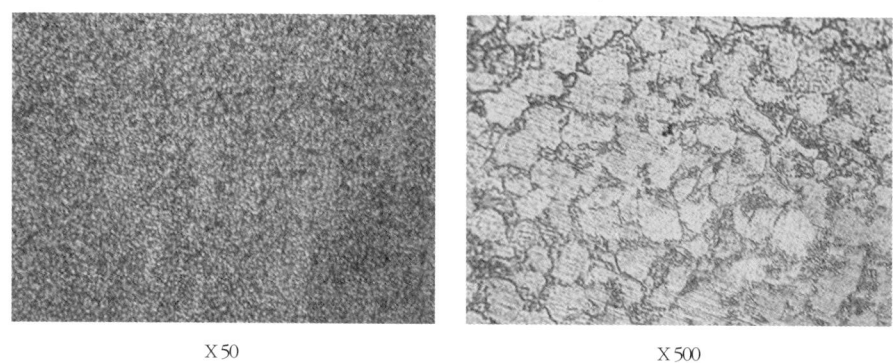

X 50   X 500

사진 41. 착(S-7) 인부 금속현미경 분석

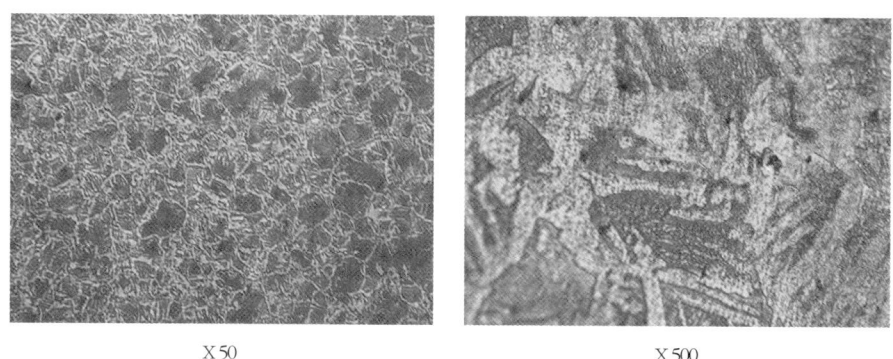

X 50   X 500

사진 42. 착(S-7) 중간 금속현미경 분석

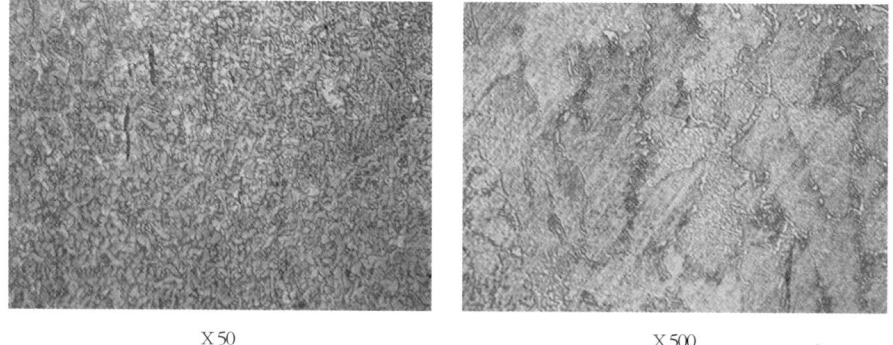

X 50   X 500

사진 43. 착(S-7) 두부 금속현미경 분석

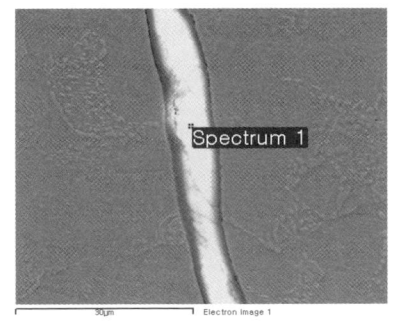 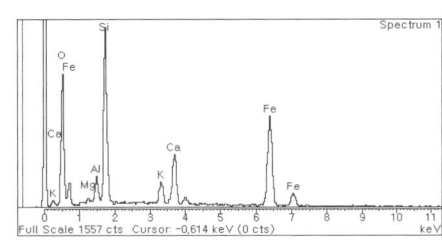

사진 44. 착(S-7) 비금속 개재물 1 SEM-EDX 분석

(2) 중탄소계 단조철기의 제조공법

용인 수지유적의 단조철기 중에 중탄소계(탄소 함량: 0.030-0.46%C)는 단조철부 (0.40%C/S-5), 촉(0.49%C/S-6), 철도자(0.39%C/S-8)를 확인할 수 있었다(사진 45~60).

이들의 현미경 조직을 확인하여 다음과 같은 결과를 얻을 수 있었다. 이들은 대부분 Pearlite기지에 입계 Ferrite를 형성하여 오늘날의 중탄소강의 전형적인 조직을 나타내고 있다. 그러나 이들 중에 탄소 함량이 낮은 정(0.39%C/S-8)은 저탄소계의 조직인 Ferrite기지에 입계 Pearlite를 형성하고 있다(사진 55).

단조공법상으로 대부분 열간 상태에서 반복 단련하여 그 상태에서 방냉하여 불규칙한 조직을 얻고 있다.

그러나 단조철부(S-5)의 경우 인부는 침탄이 되어 두부(Ferrite기지에 입계 Pearlite형성)와는 상반되는 조직을 보여주고 있다(사진 45·46).

이중에서 철도자(S-8)의 단면 배부는 미세한 Pearlite조직이고 반면에 인부는 Marten site조직을 나타낸다. 이 철도자는 열간에서 성형단조를 한 후 인부에 대하여 소입(담금질) 처리를 하였다고 판단된다(사진 56).

이 철기도 용도에 따라서 인부를 강화할 목적으로 별도의 소입 열처리를 실시하였다고 확증 할 수 있다.

SEM및 EDX로 현미경 조직에 나타나는 비금속 개재물을 확인한 결과 다음과 같은 결과를 얻을 수 있었다.

철부(S-5)가 SiO_2, TiO_2, CaO(MgO, Al_2O_3)계(사진47~49), 촉(S-6)이 SiO_2, TiO_2, CaO(Al_2O_3, MgO)계(사진 52~54), 철도자(S-8)가 SiO_2, Al_2O_3계(사진 58~60)로 밝혀지고 있다.

이는 이와 같은 철기들은 다음과 같은 조재제(造滓齊, Slag Making Material)를 인위적으로 사용하였다고 판단할 수 있다.

따라서 용인 수지유적의 단조철기는 대부분 Silica(SiO_2)계 석회석(CaO)계의 조재제를 사용하였던 것으로 판단된다. 그리고 TiO_2계의 조재제는 없고 다만 원료

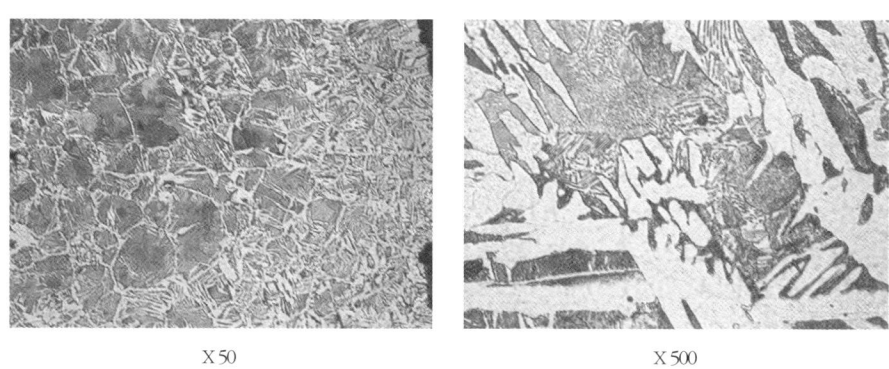

X 50　　　　　　　　　　　　X 500

사진 45. 유공부(S-5) 인부 금속현미경 분석

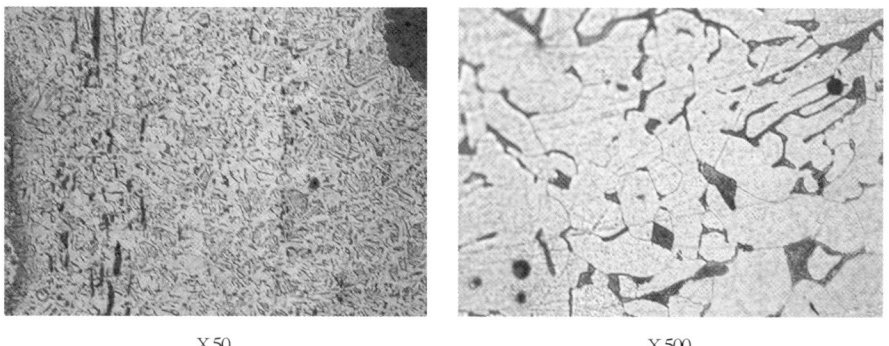

X 50　　　　　　　　　　　　X 500

사진 46. 유공부(S-5) 두부 금속현미경 분석

로서 사철을 사용한 흔적으로 볼 수 있다.

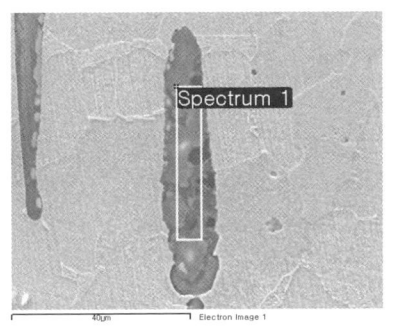 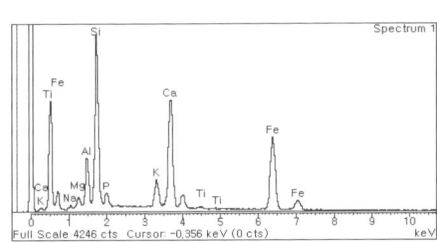

사진 47. 유공부(S-5) 비금속 개재물 1 SEM-EDX 분석

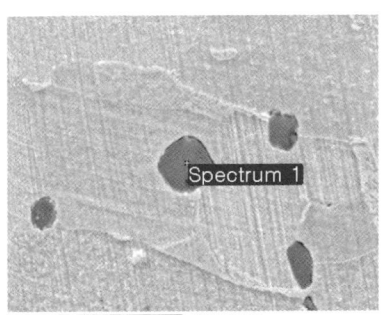 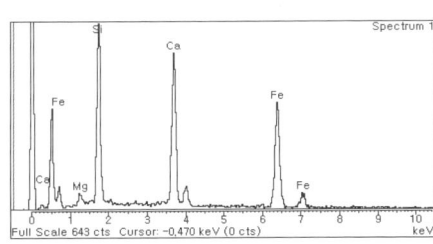

사진 48. 유공부(S-5) 비금속 개재물 2 SEM-EDX 분석

 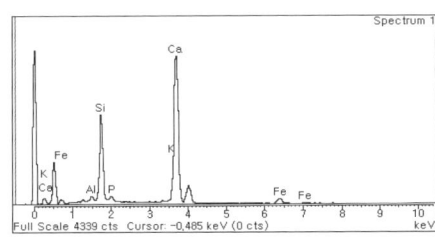

사진 49. 유공부(S-5) 비금속 개재물 3 SEM-EDX 분석

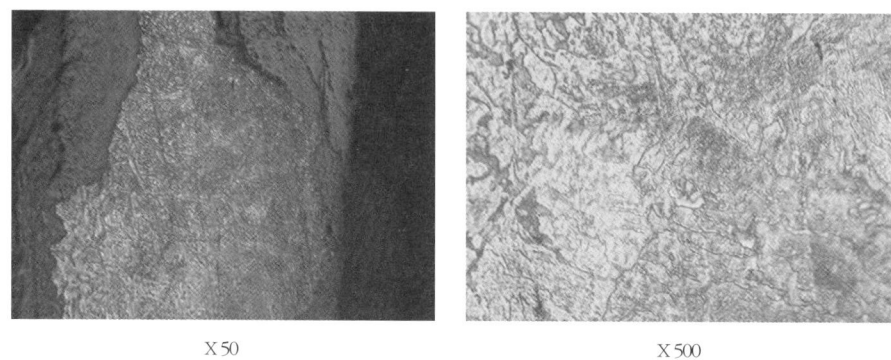

X 50　　　　　　　　　　　　　　X 500

사진 50. 촉(S-6) 두부 금속현미경 분석

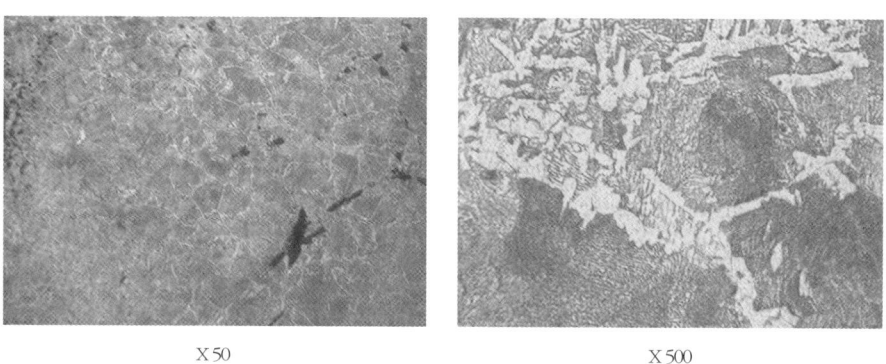

X 50　　　　　　　　　　　　　　X 500

사진 51. 촉(S-6) 경부 금속현미경 분석

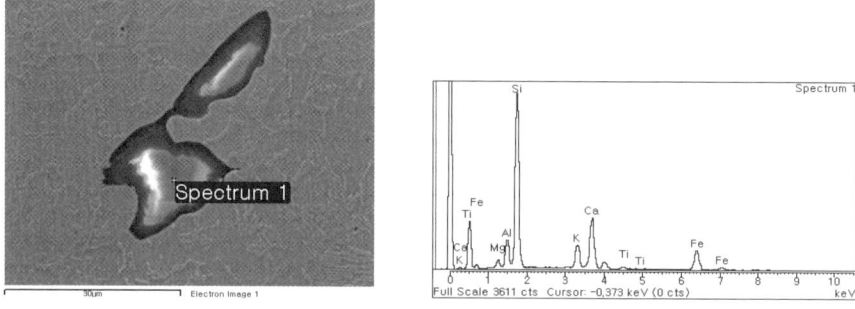

사진 52. 촉(S-6) 비금속 개재물 1 SEM-EDX 분석

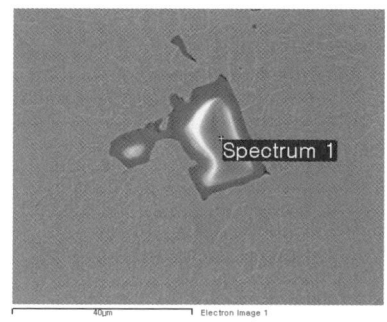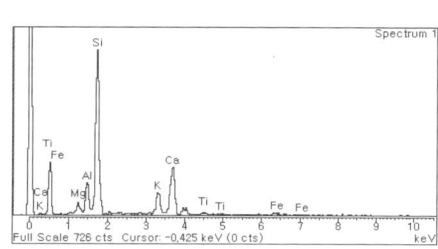

사진 53.촉(S-6) 비금속 개재물 2 SEM-EDX 분석

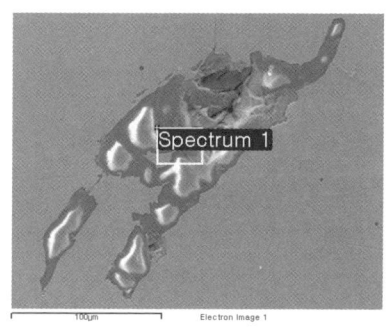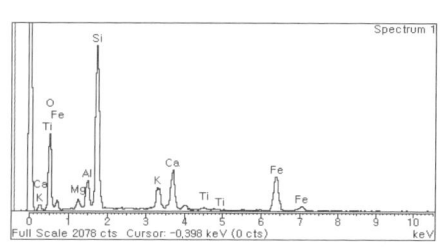

사진 54. 촉(S-6) 비금속 개재물 3 SEM-EDX 분석

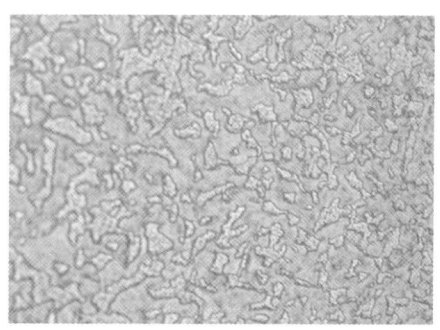

X 50   X 500

사진 55. 도자(S-8) 인부 금속현미경 분석

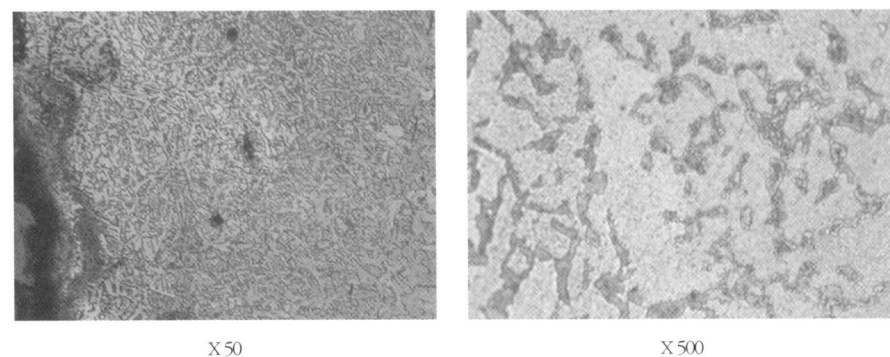

사진 56. 도자(S-8) 배부 금속현미경 분석

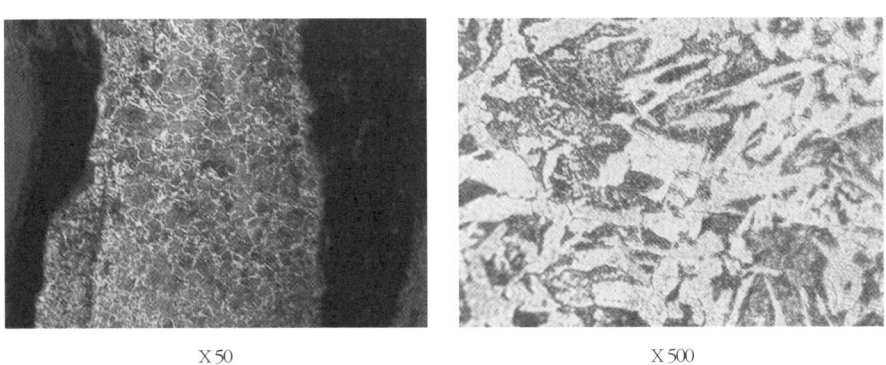

사진 57. 도자(S-8) 관부근처 금속현미경 분석

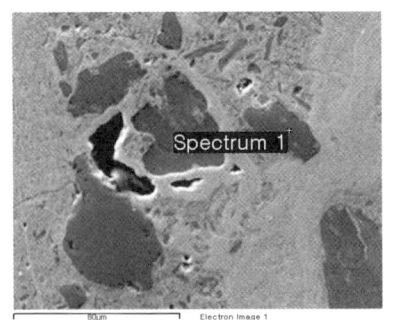 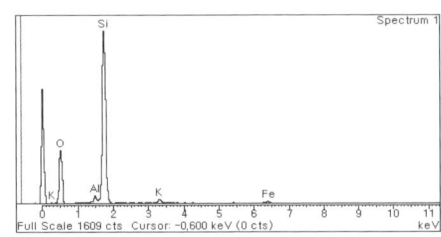

사진 58. 도자(S-8) 비금속 개재물 1 SEM-EDX 분석

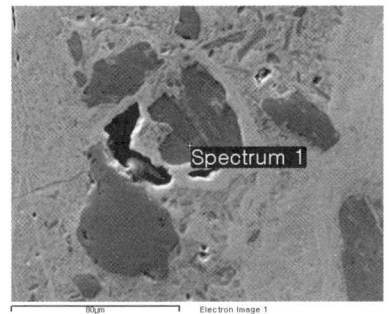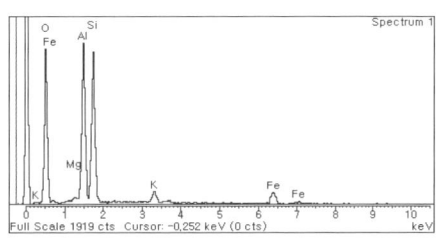

사진 59. 도자(S-8) 비금속 개재물 2 SEM-EDX 분석

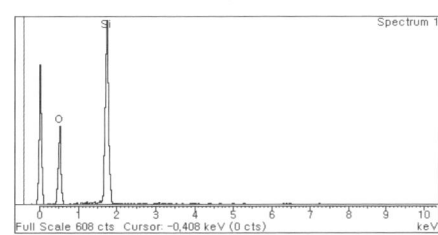

사진 60. 도자(S-8) 비금속 개재물 3 SEM-EDX 분석

IV. 맺음말

풍납토성 철기와 수지유적의 철기에 대하여 그 제조공법을 종합적으로 고찰하면 다음과 같다.

1) 주조철기 제조공법

양 유적에서 출토된 주조철기들은 화학성분상 모두 일정한 공정조성(4.3%C 부근)을 유지하고 있다.

이것은 이미 앞서 설명한 바와 같이 탄소(C 즉 목탄) 양의 증가에 따라 비교적 낮은 용융온도에서 선철을 얻을 수 있는 원리를 이용한 것으로서 경제적인 제조가 가능하다는 이점이 있다.

주조한 제품을 대부분 그대로 사용하였으나 인부에 대하여 그 취약성(주조상태의 조직은 백주철이며 이는 사용 시에 날부분이 쉽게 부러지는 현상이 있다)을 보완하기 위하여 냉각속도를 늦추는 공법이 사용되고 있었다.

다만 이를 본격적인 열처리 공법이라고 볼 수 없고, 그 초보적 단계인 간단한 서냉공법에 해당한다고 하겠다.

2) 단조철기

단조철기의 제강 방법은 괴련철(고대의 환원철의 일종)을 이용한 단련법이 아니고 대부분 용강을 정련하여 강괴(Ingot)를 얻는 방법이고, 이를 이용하여 열간단조에 의하여 철기를 제조한 것으로 밝혀졌다.

불순물 개재물의 화학적 성격을 볼 때 용강을 정련하는데 석회석(CaO), 규사질(SiO_2), Alumina(Al_2O_3)계의 재료들이 사용되었다고 볼 수 있다.

또한 일부의 철기는 사철(Titanium 함유)을 원료로 사용한 흔적을 볼 수 있었다.

일반적으로 열간 단조는 단조성형을 위하여 가열로를 사용하고 있지만 본 유적의 일부 철기는 침탄로(가열과정에서 표면에 탄소를 침투시키는 일종의 목탄분위기의 가열로)를 사용하여 제조한 흔적을 볼 수 있었다.

단조철기의 열처리는 대부분 단조 후 공냉하여 사용하였고 담금질 열처리(소입 열처리)가 일부의 철기에 적용되고 있었으며 필요에 따라서 냉간 단조공법을 사용하기도 하였다.

이번의 연구 결과는 중간보고의 의미를 갖는 것이고, 현재 분석 중에 있는 자료들을 추가하여 조속히 종합적 보고를 하고자 한다.

"백제 철기 제조공법의 특성"을 읽고

성정용(충북대학교 고고미술사학과)

  토론자는 사실 몇 년 전 백제철기에 대한 분석을 시도하면서, 철기 분석이라는 것이 얼마나 잘 계획되어야 하고 그 해석에 신중을 기하여야 하는지 절감한 적이 있었다. 이 점에서 금번 풍납토성과 용인 수지유적 출토된 철기 분석은 계획-시료 채취-성분 및 조직 분석과 해석에 이르기까지 잘 계획되고 통제된 실험의 전형으로서, 백제 철기 제작 기술을 이해하는데 큰 도움이 될 것으로 생각된다. 또 분석한 금속상을 아직 보지 못했지만 토론자는 사실 철기 분석의 기초라 할 수 있는 금속상의 해석에도 초보적 지식을 갖고 있는데 불과하여, 금번 토론은 문제점보다는 분석 결과에서 이해를 높이기 위해 보충 설명이 있었으면 하는 부분에 대해 몇 가지 여쭈어보고자 한다.

  1. 주조철기 제조공법에서 '당시 제철기술이 선철의 공정조성으로 탄소 함유량을 일정하게 관리할 수 있는 수준에 와 있었거나, 아니면 적어도 탄소의 과포화상태에서 낮은 용해온도를 관리할 수 있었을 것으로 판단된다'고 하였는데, 선철을 얻는데 있어 이들의 기술적 차이가 구체적으로 어떠한 것을 의미하는지 보충설명을 부탁드린다.

  2. 풍납토성 주조철기 분석 결과 완전한 열처리 공법이 아직 정착되지 않았다고 하는데, 단조철기에서는 이미 Martensite조직을 보일 정도의 고도의 열처리 기법이 확인되고 있어 주조철기에서만 열처리 기법이 정착되지 않았다고 하는 이유가 무엇인지 궁금하다. 분석 대상이 된 주조철기와 단조철기의 시기적 차이

에 의한 기술적 차이인지, 아니면 같은 시기임에도 주조철기의 열처리 기법이 단조와는 다른 특이한 것이어서 기술적 습득이 어려웠다고 보아야 하는 것인지?

3. 이와 관련하여 풍납토성과 수지유적의 철기 제작기술은 단조에서는 거의 차이가 없는 것으로 보이는 반면, 주조철기에서는 취성을 제어할 수 있는 기술의 습득 여부에 큰 차이가 난다고 한다. 유독 주조철기에서 그러한 기술적 차이가 나는 이유와, 이를 당시 중앙과 지방 공인집단의 철기 제작기술의 수준 차로 해석해도 좋다고 생각하시는지?

4. 풍납토성 철촉(P-6)의 경우 순철에 버금가는 소재를 이용하여 침탄분위기에서 단조하였다고 하는데, 환형철기(P-9)의 분석 결과로 보면 선철 상태에서 소위 '초강법'을 이용해 순철에 가깝게 대량으로 생산·탈탄시킨 소재를 이용하였다고 보아도 좋을지 아니면 불순물과 탄소가 적은 괴련철 같은 소재를 이용한 것으로 보아야 할지?

5. 지금까지 우리나라에서 사철의 존재가 명확치 않았으나, 금번 분석 결과 풍납토성에서 9점 중 1점, 수지유적에서 8점 중 3점에서 사철의 흔적을 확인한 것은 제철 원료의 확인 차원을 넘어 일본 고대 초기의 제철 원료가 주로 사철을 이용하였다는 점에서 한일 양국 제철기술을 비교하는데도 매우 의미있는 분석 성과라고 생각된다. 그런데 사철임을 알려주는 TiO_2가 정련 과정에서 대부분 산화되어 남지 않는다면, 우리 고대 철기에서 사철을 원료로 쓴 비율이 원래는 높다고 볼 수 있는지 그리고 사철임을 추정할 수 있는 다른 방법은 전혀 없는지 여쭈어보고 싶다.

6. 수지유적 철도자(S-8)의 경우 '저탄소계의 Ferrite기지 입계에 Pearlite를 형

성하고 있다'고 기술하였으나, [표 2]에서는 인부는 미세한 Martensite 배부는 미세한 Pearlite로 되어 있다고만 하여 본문과 표 사이에 약간의 차이가 있다. 양자 모두 기술에 문제가 없는 것인지?

7. 중탄소계 단조철기에서, 풍납토성과 수지유적 철기가 모두 '단조공법상 대부분 열간 상태에서 반복 단련하여 그 상태에서 냉각(또는 방냉)' 하였는데도 불구하고 풍납토성 것은 비교적 미세한 조직이 나오고 수지 유적 것은 불규칙한 조직을 얻었다고 되어 있다. 기술적 차이가 그다지 없어 보임에도 불구하고, 금속상에서 이처럼 차이가 크게 나는 이유에 대해 설명을 부탁드리고자 한다.

"백제 철기 제조공법의 특성"에 대한 토론문

문안식(조선대학교 사학과)

본 연구는 백제 철기의 조직과 성분을 분석하여 당시의 철 및 철기 생산기술을 규명하는 데 목적이 있다.

연구의 대상은 풍납토성 경당지구 및 용인 수지 유적에서 확보된 주조철기와 단조철기들이다.

본 연구를 통해 백제 한성시대 철기의 시료 채취 및 공정별 제작 과정의 세부 단면을 이해할 수 있는 계기가 어느 정도 마련된 것으로 보인다.

토론자는 철기의 제작 등에 관한 별다른 지견이 없는 상태에서 한 두 가지 궁금한 점에 대하여 질문을 드리고자 한자.

1. 양 유적에서 출토된 주조철기들은 화학성분상 모두 일정한 공정조성(4.3%C 부근)을 유지하고 있고, 주조한 제품을 대부분 그대로 사용하였으나 인부에 대하여 그 취약성을 보완하기 위하여 냉각속도를 늦추는 공법이 사용된 사실이 밝혀졌다.

다만 본격적인 열처리 공법 단계에 도달하지는 못하고 그 초보적인 단계인 간단한 서냉공법에 해당한 사실을 밝히고 있다. 그렇다면 백제의 어느 시기에 그 한계를 극복하고 열처리 단계에 도달하게 되는지, 또한 그것이 유적과 유물을 통해 입증되는지 여쭤보고 싶다.

2. 풍납토성과 수지유적의 철기 제작 기술은 주조 철기에서 상당한 차이가 나

타나고 있는데, 이것을 기술적 수준 차이로 파악해야 하는지 아니면 시기 차이로 이해해야 하는지 궁금하다.

백제 지역 철기 생산과 유통의 정치사회적 함의(含意)
-3~5세기의 양상을 중심으로-

이남규*

차례

Ⅰ. 머리말
Ⅱ. 백제 지역 초강기술(炒鋼技術) 도입의 배경
Ⅲ. 강철제 무기 수요·공급의 확대와 그 정치사회적 의미
Ⅳ. 철 및 철기 생산공방 입지의 거점화·대규모화와 정치사회적 의미
Ⅴ. 맺음말

* 한신대학교 국사학과

I. 머리말

 사회유기체의 지속적 유지를 위한 생산과 물자의 유통 문제는 동서고금을 막론하고 경제의 가장 기본적인 관심사 임에도 불구하고 우리나라 고고학에서는 아직 제대로 인식되지 못하고 있는 분야로서 이론적인 측면에서나 실제적 사례의 연구에서 일본의 수준(甘粕健·早乙女雅博 1985, 高木恭二 1997, 宇野隆夫 1998)에 비해 상당히 낙후되어 되어 있는 실정이다.
 그나마 다행히 1년전 백제의 생산기술과 유통체계에 대한 학술적 토의가 집중적으로 이루어지는 가운데(한신대학교학술원 2005) 철기와 관련된 부족한 부분을 어느정도 메울 수는 있었지만 아직 초보적 단계에서 크게 벗어나지 못한 수준이었음을 솔직히 토로하지 않을 수 없다. 그러한 상황에서 이번에는 주제를 보다 심화시켜, 철기의 생산과 유통에 관련된 정치사회적 의미를 보다 심도 있게 고찰해보고자 하는 것이다.
 그와 관련하여 다양한 사항들이 다루어져야 하겠으나, 현재적 자료의 성격에 맞추어 백제 지역에 어떠한 계기로 초강기술(炒鋼技術)이 도입되게 되었는지의 배경에 대해 먼저 살펴보고자 한다. 이어서 그러한 기술에 기초하여 생산된 강철제 무기가 어느 지역에서 어느 시점부터 대량으로 사용되기 시작하고 점차 그 수요와 공급의 확대는 어떠한 양상으로 전개되었는지를 밝히면서 그것이 갖는 정치사회적 의미를 추출해보고자 한다.
 그리고 몇 군데에 달하는 중요 제철유적들의 입지, 규모 및 공정의 내용들을 검토, 분석하고, 주로 거점화·대규모화로 진행되는 상황에 대한 파악을 통해 그것이 갖는 지정학적 의미에 대해 추론해보고자 한다.
 이상과 같은 몇가지의 논의 만으로 철기의 생산과 유통이 갖는 정치사회적 함의가 모두 이해되지는 않겠으나 적어도 상당 부분 그 실상에 근접할 수 있을 것으로 기대된다.

II. 백제 지역 초강기술(炒鋼技術) 도입의 배경

백제 지역에서 일찍부터 초강(炒鋼)이 생산되고 있었던 사실은 일반적으로 인정되고 있으나,[1] 그 유입의 배경과 계기에 대해서는 아직 충분한 논의가 이루어져 있지 않다.[2]

중국 전한대(前漢代)에 개발된 초강법은 강(鋼)의 대량 생산방식으로서, 이를 기반으로 도검류(刀劍類)가 급속히 발전하여(李南珪 1992) 무제(武帝) 시 대외정벌활동을 활발히 전개할 수 있었고, 그 일환으로 설치된 한사군(漢四郡) 지역에 그러한 재질의 강철제 무기가 대거 유입될 수 있었다(李南珪 1993·2005). 그러한 사실은 정백동(貞柏洞) 갑호분(甲號墳)과 석암리(石巖里) 9호분의 철기들에 대한 금속공학적 분석 결과(신경환·이남규 1995, 圖 1)를 통해서도 확인된 바 있다. 그 가운데에서도 석암리 9호분 출토 도편(刀片)은 비금속개재물이 거의 보이지 않고, 무수하게 단타(鍛打)하여 제조한 치밀한 조직이어서, 중국에서 말하는 초강계 백련강(百鍊鋼)(李衆 1975)으로 분류될 수 있는 수준의 우수한 강제품(鋼製品)이라는 점이 주목된다. 다만 아직까지 낙랑 지역에서 제철·제강유적이 제대로 확인된 바 없어, 그러한 철기들의 소재가 초기부터 자체적으로 생산된 것인지 아니면 중국으로부터 수입된 것인지는 아직 확실히 밝힐 수 없으나, 화성 기안리(旗安里)유적(畿甸文化財研究院 2003)의 사례를 볼 때 적어도 어느 시점부터 낙랑이나 대방 지역에서 제련이나 제강과 같은 철 소재의 생산활동이 본격적으로 이루어지고 있었음은 확실하다.[3]

---

1) 원삼국시대 및 백제의 炒鋼에 대해서는 다음의 자료 참조 바람(윤동석 1985, 노태천 2000).
2) 金一圭는 중국 혼란기였던 2세기 後半~末에 公孫氏 세력에 의해 전래된 것으로 보고 있으나(金一圭 2006), 後述하는 바와 같이 낙랑·대방지역으로부터 이탈하여 남한에 정착한 집단들에 의해 확산되었을 가능성이 보다 높다고 생각된다.
3) 현재까지 낙랑토성 내에서 철기를 생산한 사실은 파악되어 있으나(鄭仁盛 2004), 낙랑이나 대방과 관련된 제련유적은 아직 확인된 바 없다.

圖 1. 華城 旗安里 製鐵遺蹟 位置圖

기안리유적의 발굴된 범위 내에서는 2차공정 이후의 조업과 관련된 자료만 출토되고,[4] 그 서측의 구릉에서 유출재가 다수 채집되어 구릉의 위치에 따라 제철과 제강 및 단야작업의 분업화가 이루어지고 있었던 것으로 보여진다. 현재로서는 발굴된 지역에서 채집된 철재, 철광석,[5] 송풍관[6] 등으로 보아 정련 만이 아니라 초강 생산작업의 가능성에 대해서도 충분히 검토할 만한 여지가 있다.

아직 자료가 불충분하지만, 이 유적에서 추론되는 몇 가지의 중요한 사항들을 정리해보자면 다음과 같다.

먼저 기술적 측면에 있어서는, 제철 제강 철기제조로 이어지는 한(漢) 계통의 일관공정기술(一貫工程技術)을 보유한 집단이 남하하여 이곳에 정착하고, 조업활동을 하게됨으로써 초기 백제 지역에 초강기술이 유입되기 시작하였을 가능성이 상당히 높아진 셈이다.

또한 그들이 일찍부터 저평한 구릉지대를 선정하고(圖 2) 한정된 범위 내에서 목탄 생산을 포함하여[7] 그러한 일관공정을 공간적으로 분업화하여 실시하였다는 것은 철 및 철기의 종합적인 생산에 필요한 생산조직 및 생산관계를 당시의 사회경제적 여건에 맞게 편성하고 그러한 생산시스템을 지속적으로 가동하는 체제가 갖추어졌음을 말해주는 것이다. 그러한 생산체계에 대한 경험과 정보들이 점차 백제의 여러 지역으로 확산되어 나아가는 계기가 마련되었다는 점에서 이 유적이 갖는 중요성은 대단히 크다고 하겠다. 그 결과 제철의 대규모화와 집중화 내지 거점화가 이루어져 이전의 원시적 단계를 벗어나 고대적 수공업체제

---

[4] 용범 등이 전혀 출토되지 않아 2차공정 가운데에서도 주조철기 생산작업은 행하지 않은 것으로 판단하고 있다.
[5] 발굴지역에서 제련이 행하여지지 않은 만큼, 그러한 조업에 이용하려 하였던 것은 아니고, 괴련철 정련에는 필요하지 않으므로, 분말로 만들어 초강원료로 사용하려 하였을 가능성이 가장 많다고 하겠다.
[6] 大口徑의 꺾인 형태이고, 표면에 繩文이 있는 점 등은 漢代의 그것과 같아 유적에서 구사되던 제철ㆍ제강 기술은 漢 계통으로 볼 수 있다(潮見浩 1982).
[7] 발굴지역에서 側口式炭窯가 조사되었다.

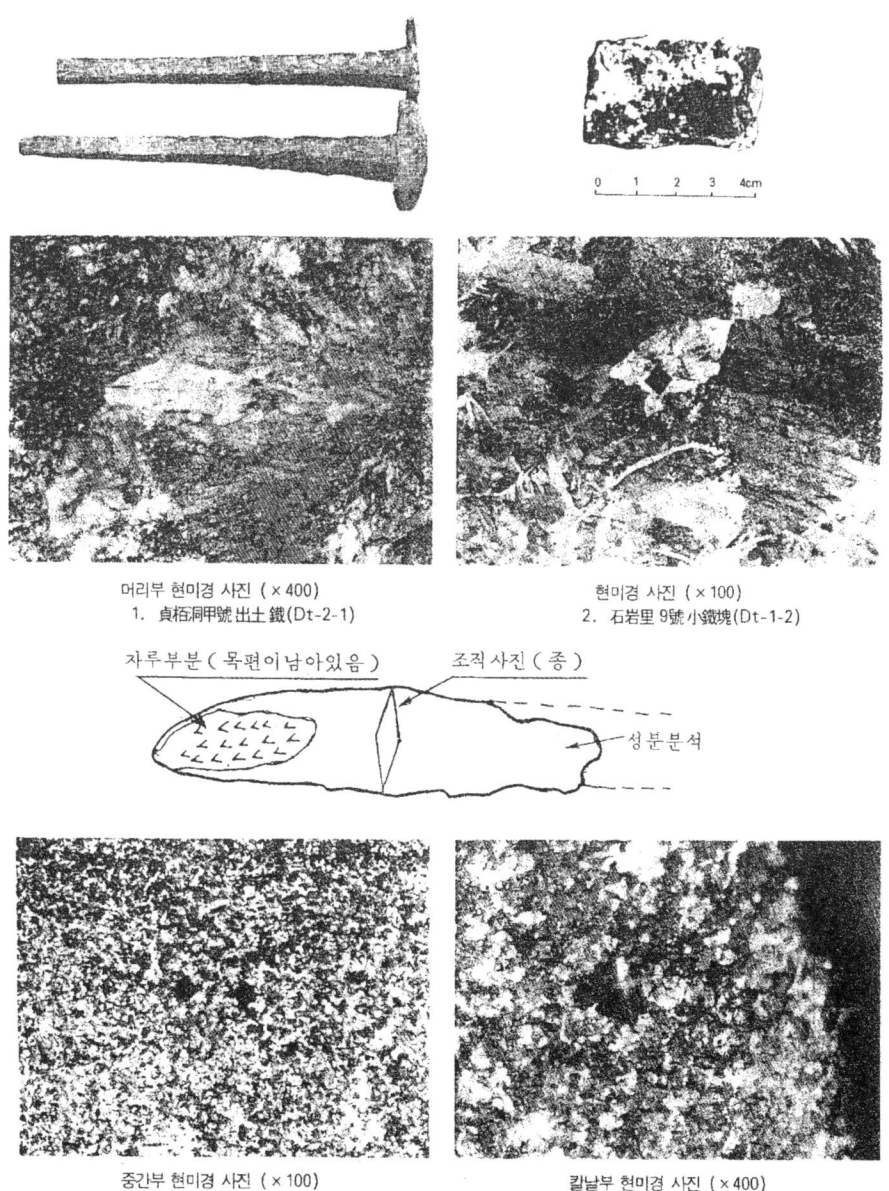

圖 2. 樂浪遺蹟 出土 鐵器의 金相組織

를 갖추어나가게 되었다는 점이 백제의 제철사에 있어 기안리유적이 갖은 중요한 의미이다.

그리고 이러한 집단의 남하와 정착이 일회적이라기 보다는 몇 차례에 걸쳐 진행되었을 가능성에 대해서도 생각해볼 필요가 있다. 즉 환령지말(桓靈之末) 한・예(韓・濊)의 강성과 군현지역 주민의 이탈 이후 비록 공손 씨(公孫氏)가 대방군(帶方郡)을 설치하여 통제권을 회복한 것처럼 기록되어 있기는 하나,[8] 이후 3세기 중엽에 있었던 위(魏)의 2군 평정 및 재정비 같은 군현 내부의 혼란이 기안리유적의 예와 같은 제철장인 집단의 이탈을 야기시켰을 가능성도 충분히 있다고 보여진다. 이처럼 당시 초강기술이 백제 지역에 유입되는 배경에는 중국 내부의 혼란 이후 군현의 약화에 따른 한・예(韓濊)의 강성, 군현의 재정비 및 재혼란과 같은, 당시 한반도를 둘러싸고 벌어지고 있었던 제 정치세력간 관계양상의 변동[9]이 크게 작용하고 있었다고 보아야 할 것이다. 어쩌면 경기도와 충청도 등지에서 확인되는 소위 낙랑계(樂浪系) 유물들(金武重 2004)은 안정적인 교역관계에 의한 것도 있었겠지만 이와같이 불안정한 상황 하에서 유입되었을 가능성도 다분히 있다고 보여진다.

이와 같은 배경에서 도입된 초강기술은 이후 백제의 철기문화 성격 형성에 있어 결정적으로 중요한 역할을 한 것으로 평가된다. 백제 지역 철기들은 그 재질에 있어 괴련철(塊鍊鐵)을 소재로 한 것도 있기는 하지만[10] 일반적으로 초강 제품으로 구성되어 있다는 사실이 여러 금속학적 분석 결과들에 의해 확인되고 있다(崔鍾澤・張恩晶・朴長植 2001, 鄭光龍 2001, 圖 3). 이와 관련하여 신라・가야와 백제 간에 강철제품 생산방식에 있어서의 차이를 지적하는 견해(박장식・정광용・최광

---

8) 『三國志』魏書 東夷傳 卷30, 「桓靈之末 韓濊彊盛 郡縣不能制 民多流入韓國 建安中 公孫康分屯有縣以南荒地 爲帶方郡」.
9) 문안식, 2002, 『백제의 영역확장과 지방통치』, 신서원 참조.
10) 최근 분석된 화성 반월리유적(충남대학교 백제연구소 2005)의 철괴가 사철을 원료로 한 것으로 밝혀졌다. 이에 대해서는 발굴보고서에서 상세히 보고될 예정이다.

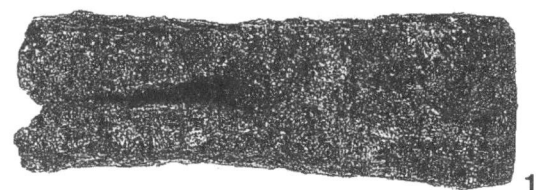
토광 95-2호 단조철부 외형

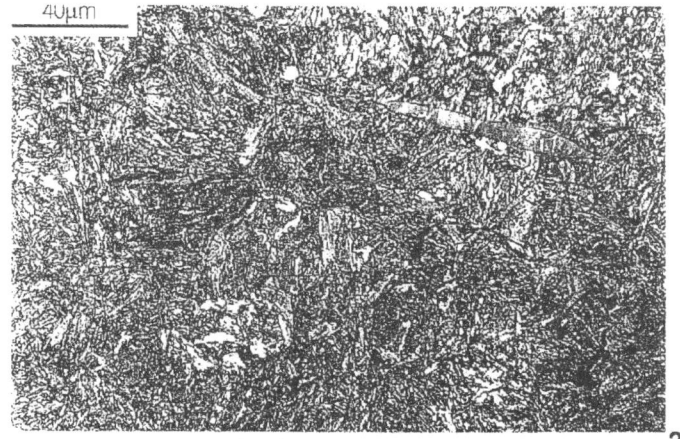
단조철부 날 부위 광학현미경 조직

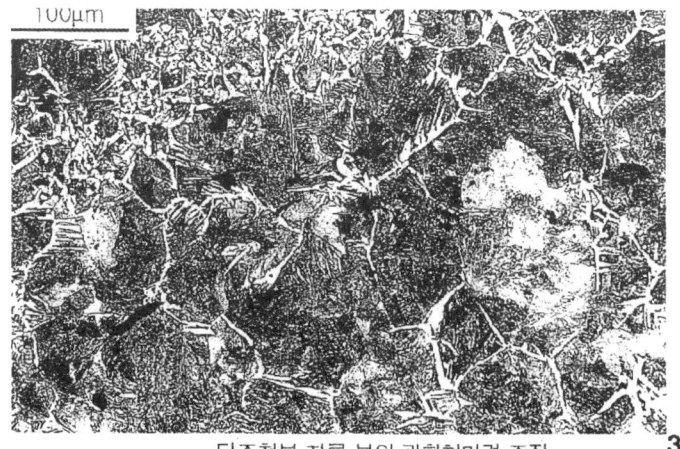
단조철부 자루 부위 광학현미경 조직

圖 3. 天安 龍院里古墳(95-2호) 出土 鐵斧의 金相組織

진 2000)도 있으나,[11] 신라 지역에서의 초강 생산을 인정하는 입장(金一圭 2006)도 있어 재검토가 요구된다.

이러한 초기과정의 경험을 통해 제철·제강 조업에 필요한 제반 정보는 물론 그 산품의 유통 메카니즘도 파악하게 되면서 본격적인 철 생산과 유통의 체계를 확립해나가기 시작했을 것으로 보이지만 그러한 양상이 주로 많이 파악되는 지역은 당시 백제의 중앙이 아니라 지방에 해당하는 금강 유역권이다. 그리고 이 지역에서도 이른 시기부터 초강생산이 가능해지고 그 유통의 체계가 확대되면서 3세기 이후 농공구, 무기 및 기타 부문에서 철기문화가 급속히 발전하기 시작하였지만 그 가운데에서도 무기가 보다 현저한 발달 양상을 보이는 점에 주목할 필요가 있다.

III. 강철제 무기 수요·공급의 확대와 그 정치사회적 의미

백제 지역의 철기문화 성격과 그 변천양상을 통해 당시의 정치사회적 상황과 추이를 어느 정도 추론해볼 수 있으며, 그 가운데에서도 강철제 무기의 발달 양상에 대한 이해가 보다 중요한 부분이라 할 수 있다.

이와 관련하여 천안 청당동(淸堂洞)유적(徐五善·權五榮 1990, 徐五善·權五榮·咸舜燮, 1991, 徐五善·咸舜燮, 1993)·청원 오창(梧倉)유적(韓國文化財保護財團 1999·2000)·보령 관창리(寬倉里)유적(高麗大學校 埋葬文化硏究所 1997)과 같은 원삼국시대 유적들의 경우 3세기경의 유구들에서부터 대도(大刀)와 대형의 모(鉾)를 중심으로 한 철제 무기가 급속히 증가하는 현상을 보이는 점부터 먼저 검토가 필요하다(표 1, 圖 4).

---

[11] 백제에서는 먼저 제강한 후 철기를 제조하는데 비해, 신라의 경우는 순철에 침탄을 시켜 강제품을 만드는 것으로 보고 있다.

표1. 錦江流域圈 原三國時代 鐵器의 地域別 出土狀況

地域	遺蹟名	遺蹟數	遺構數	農工具	武器	其他	備考
美湖川流域	松斗里·聖石里·松節洞·松垈里·上坪里	5	128	鎌33, 有銎斧40, 鑿7, 刀子30, 刻刀1	環頭大刀12, 鉾21, 戟1, 鏃48	銜4, 帶鉤4, 鐸3, 環1, 其他26	
天安地域	淸堂洞·長山里·新豊里·云田里	4	20	鎌9, 따비1, 有銎斧12, 鑿1, 刀子8	環頭大刀4, 環頭小刀1, 鉾16, 鐏1, 鏃23	帶鉤1, 環附曲棒1, 兩端環附棒4, 圓筒形器1, 片2, *鐵滓3	
錦江中流地域	下鳳里·汾江楮石里·九城洞·甑山里·安永里	5	19	鎌5, 有銎斧7, 鑄造鐵斧1, 鑿2, 刀子7	環頭大刀1, 環頭小刀2, 鉾3, 鐏1, 鏃7		公州 南山里 제외
錦江下流地域	烏石里·助村洞·永登洞·鳳仙里	4	11	鎌7, 有銎斧9, 刀子6	環頭大刀1, 鉾1, 鐏2, 鏃1	鉸具1	舒川 鳳仙里 (주구토광묘만)·漢城里 제외
其他地域	寬倉里	1	3	有銎斧1, 刀1	鉾4, 鏃2		

　　낙동강 유역권과는 달리 경기 남부와 금강 유역권에서는 기원전 1세기~기원후 2세기의 유적이 별로 확인되지 않고 있어,[12] 이 시기 철기문화의 계기적 발전양상이 제대로 파악되지 않고 있는 실정이나[13] 상기한 바와 같이 3세기대에는 철제무기가 획기적으로 발전하는 양상을 보여 특히 주목된다. 이는 집단간 갈등과 대립이 크게 증폭되었음을 말해주는 것으로서, 이러한 정치군사적 상황에서 당시 각 지역 수장들의 최대 관심사는 양적·질적으로 남들보다 우월한 수준의 강철제 무기를 어떻게 확보할 것인가가 무엇보다 중요한 문제였음에 틀림이 없다. 이러한 시점에서 상술한 바와 같이 초강 생산기술이 도입되어 있었기에 강철제 무기의 수요에 큰 어려움 없이 대처해나갈 수 있었다고 보여진다. 다만 그러한 강철제 무기 생산과 유통의 확대양상이 전체 지역에서 제일적으로 보

---

12) 최근 북한강 유역을 포함한 경기 북부지역에서는 이 시기의 철기 출토 유적들이 증가하는 추세이나, 남부지역에서는 상대적으로 대단히 미미한 상태이다.
13) 이 점은 낙동강 유역권의 양상과 크게 대비된다.

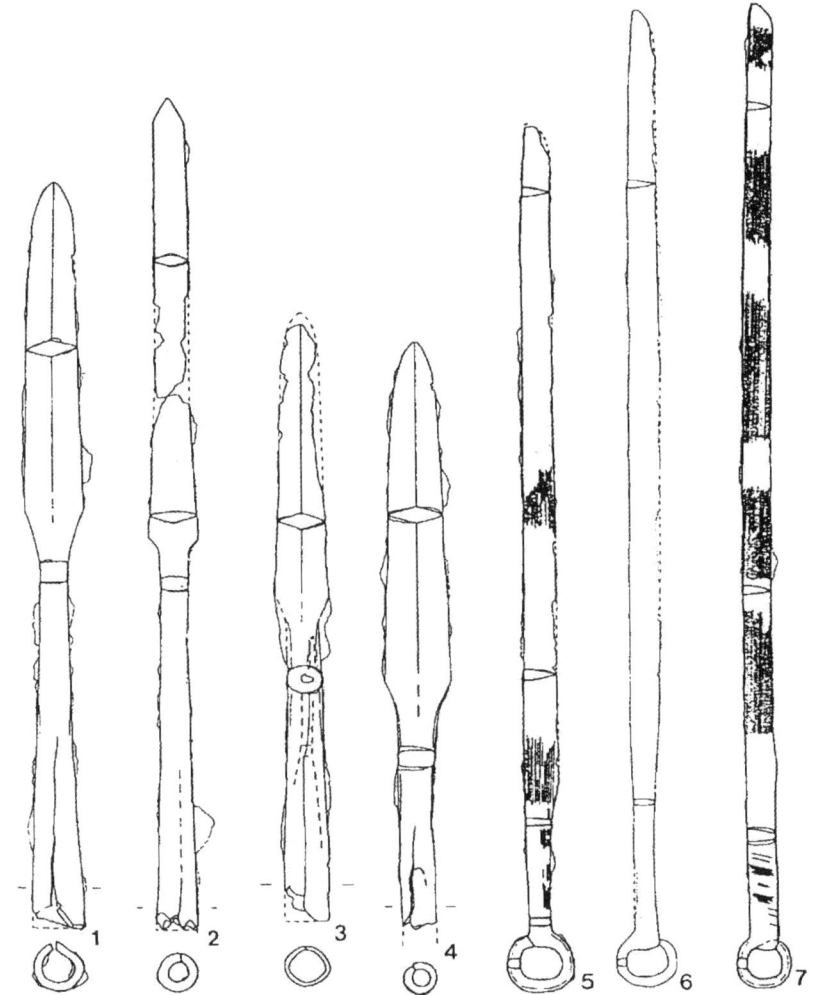

1~4·7 : 22호 周溝木槨墓, 5 : 14호 周溝木棺墓, 6 : 13호 周溝木棺

圖 4. 天安 淸堂洞古墳 出土 鐵製武器類

이는 것이 아니라 시기에 따라 상당한 지역적 낙차를 보인다는 사실에 유의할 필요가 있다.

    현재까지의 자료를 보면 3세기 단계까지 강철제무기가 급속히 발달하여 보급도가 크게 높아지는 지역은 미호천 상류지역과 천안 일대로 되어 있다(李南珪 2000). 혹자는 그러한 현상을 이 지역 일원에서 개발이 보다 촉진되고 그에 따라 발굴 사례가 많았기 때문으로 생각할지 모르겠으나 그보다는 다음과 같은 시각에서 이해하는 것이 보다 타당할 것 같다.

즉 이 지역에서 철제무기가 보다 발달할 수 있었던 것은, 하천변의 충적지와 낮은 구릉성 지형이 발달한 환경을 갖추고 있어 농업생산성이 높은 경제적 기반 하에 상대적으로 보다 많은 인구가 거주하게 되고, 그 결과 강한 군사력에 기초한 정치체의 형성이 상당히 진전되어 있었기 때문이라고 할 수 있다. 또 한편으로는 당시 마한의 북부지역에 위치하고 있어 낙랑·대방이나 성장해오는 백제와 정치군사적으로 대립되는 갈등적 상황에 보다 많이 접해 있던 결과라고 보아도 큰 무리는 없을 것이다. 이와 같은 이 지역의 정치, 경제, 사회적 배경은 상당기간 동안 무기 뿐만 아니라 농공구 및 기타 생활용 철기들의 수요도 증대시켜 철 및 철기의 생산을 촉진시키고 유통의 체계화도 낳게되는 철 생산과 유통의 순환류체계(positive feedback system)를 형성하였던 것으로 볼 수 있다.

아울러 이 지역 일대의 것과 유사한 성격의 토기·철기가 오산 수청동유적(畿甸文化財研究院 2006)과 용인 두창리유적[14](中央文化財研究院 2006a) 등 경기 남부지역에서도 최근 확인되어,[15] 미호천 유역, 천안 일대 및 이 지역을 포함한 넓은 범위 내에서 토기와 함께 강철제의 무기가 일정한 물류시스템에 의해 유통되고 있었을 가능성이 제기되었다. 이러한 점이 인정된다면 이 지역 일원이 당시 철 및 철기의 생산과 유통에 있어 보다 우월적 위치에 있었음을 나타내는 것이 되는 셈이며, 이는 또한 한강 유역의 백제와 공존하던 마한(馬韓)의 범위와 중심지 등

---

14) 보고자는 이 유적의 시기를 4세기로 보고 있으나 토기와 철기의 성격이 3세기에서 4세기로 이행되는 과도기적 성격을 보이고 있어 포함시켜 설명하였다.
15) 역시 주구토광묘 내지 토광묘에서 三龍里·山水里 계통의 토기들과 함께 강철제의 大刀와 鉾가 출토되고 있다.

을 파악하는데도 크게 참고하여야 할 부분이다.

그리고 4세기 이후에도 철제무기 발달과 관련하여 역시 먼저 주목되는 지역은 금강 상류지역 일대로서, 청주 신봉동(新鳳洞)유적(忠北大學校博物館 1983·1995·

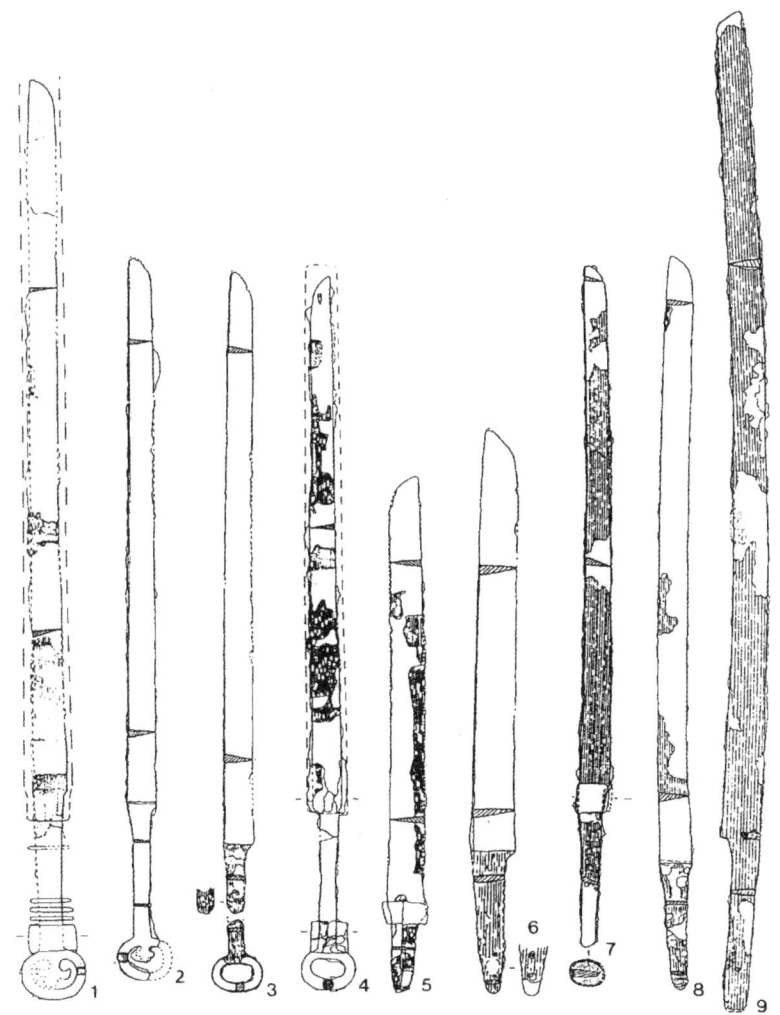

1 : 90A-12호, 2 : 92-87호, 3 : 92-66호, 4 : 90A-11호, 5 : 90A-25호, 6 : 92-110호,
7 : 90B-2호, 8 : 92-76호, 9 : 90B-9호

圖 5. 淸州 新鳳洞古墳 出土 鐵製武器類

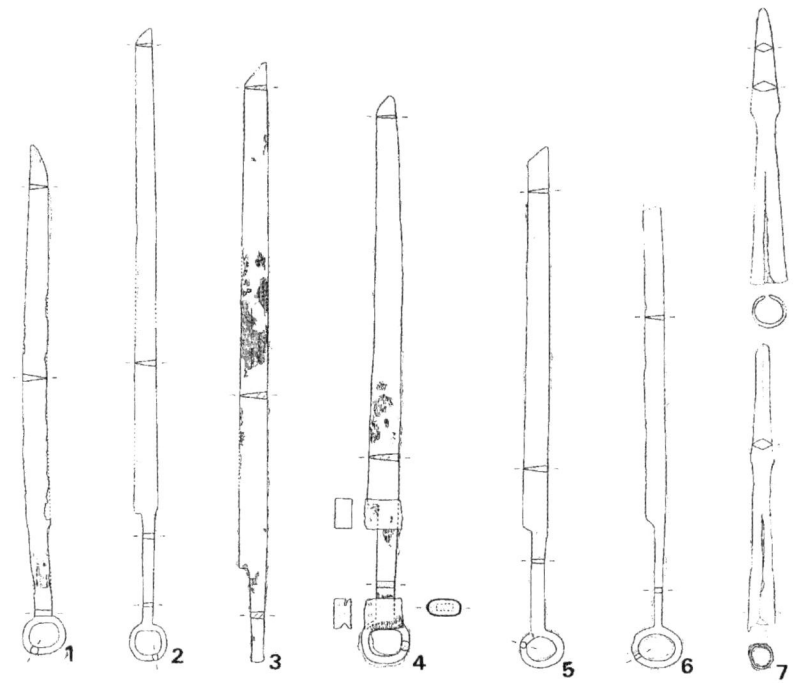

1:3-Ⅰ구역 1호 주구묘, 2:3-Ⅲ구역 1호 토광묘, 3:3-Ⅰ구역 4호 토광묘, 4:3-Ⅰ구역 7호 토광묘, 5:3-Ⅰ구역 10호 토광묘, 6: 3-Ⅰ구역 12호 토광묘, 7: 3-Ⅰ구역 2호 주구묘

圖 6. 舒天 鳳仙里古墳 出土 鐵製武器類(原三國時代)

1996)・청원 주성리(主城里)유적(文化財保護財團 2000)・천안 용원리(龍院里)유적(公州大學校博物館 2000) 등의 예로 볼 때 5세기 단계까지 대도(圖 4~7)를 위시한 강철제 무기는 물론 각종 기능의 다양한 철기들이 발달하는 양상을 보이고 있다(李南珪 1998). 사실 이 지역들은 상술한 바와 같은 여건에서 지속적으로 철 및 철기의 생산과 유통 체계가 원활히 가동되어 금강 유역권 내의 철문화에 있어 긴 기간 동안 상대적 우위를 점할 수 있었으며 후술할 제철유적이 이제까지 주로 이 지역에서 발견되고 대규모화된 양상을 보이는 점도 바로 그러한 맥락에서 이해될 수 있다. 이 지역 정치사회체의 이러한 발전은 마한이 백제에 병합된 이후에도 지

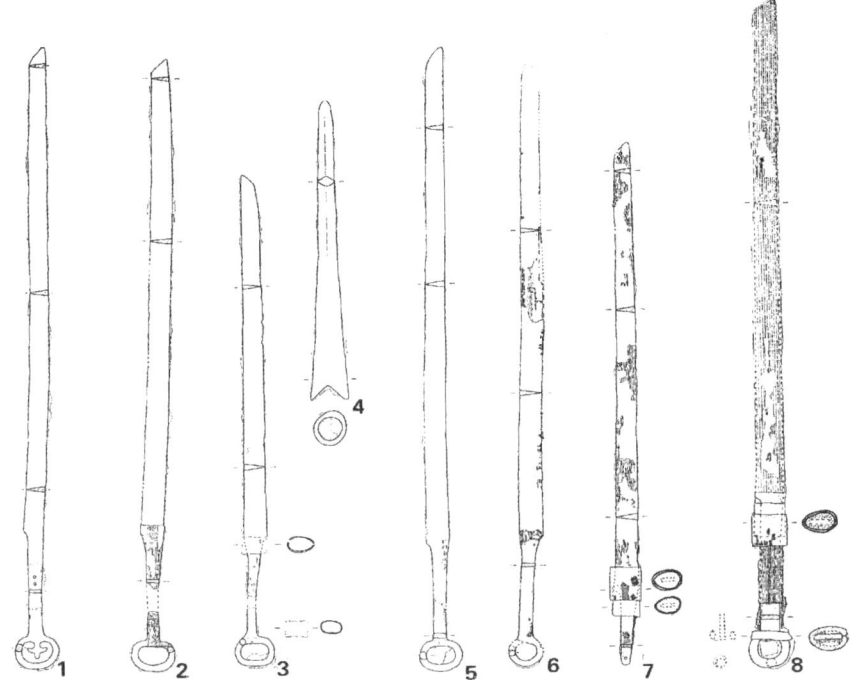

1:2지역 1호 석곽묘, 2:2지역 3호 석곽묘, 3:2지역 4호 석곽묘, 4·5:2지역 6호 석곽묘, 6:2지역 4호 토광묘, 7:3-Ⅱ구역 10호 석곽묘, 8:3-Ⅱ구역 7호 석곽묘

圖 7. 舒川 鳳仙里古墳 出土 鐵製武器類(三國時代)

속되는 것으로서, 아직 정치적·군사적 독립성이 보여지는 공주 수촌리유적(강종원 2005)이나 입점리 1호분(문화재연구소 1989)과 같은 수준의 분묘는 발견되지 않아 이 시기의 독립성에 있어 지역간에 상호 차이가 있었을 가능성이 있다. 어쩌면 중앙세력과 공납을 통한 정치경제적 관계를 유지하다가(문안식 2002), 철 생산의 기반이 갖추어져 있던 이 지역이 상대적으로 먼저 중앙세력에 편제된 결과는 아닐까. 하여튼 한성백제가 지방을 통치해나가는 방식이 일원적이 아니고 다양한 방법을 취한 것으로 보는 견해(成正鏞 2006)도 있는 만큼 당시 이 지역의 정치사회적 상황에 대해서는 다각적 검토가 필요하다. 어찌되었든 이전부터 철기문

화가 선진적 위치에 있었던 점은 당시의 정치군사적 전략에서 중요한 변수로 고려되었을 것이다.

한편 3세기 말 혹은 4세기대 이후 철문화가 급성장한 지역으로 금강 하류지역이 최근 주목되고 있다. 표 1에서 보다시피 원삼국시대에는 상대적으로 후진적 수준이었던 이 지역에서도 4세기를 전후한 시점에서 강철제 무기들이 급속히 발달하는 양상을 보인다. 예를 들어 서천 봉선리(鳳仙里)유적의 경우 3세기대의 주구토광묘에 철기가 소수 부장되기 시작하고, 3세기 말~4세기 중엽으로 편년되는 토광묘 단계부터 부장 사례가 크게 증가하며, 그러한 추세는 백제시기의 토광묘·석곽묘·횡혈식석실분에서 계속 확인된다(표 2). 이러한 사실은 금강 상류지역보다는 다소 늦지만, 대략 원삼시대 말에서 4세기로 이행되는 어느 시기부터 이 지역에 철 소재의 공급이 본격적으로 이루어지기 시작하였음을 의미하는 것으로서 그러한 사실은 당시의 토광묘에 부장된 철정(圖 8)을 통해 잘 알 수 있다. 아울러 5세기 후반 금강 하구의 양안(兩岸)지역에 철이 다량 공급되고 있었던 사실은 군산 산월리유적(군산대학교박물관 外의 2004)의 철기들을 통해서도 파악된다.

표 2. 舒川 鳳仙里遺蹟 墳墓別 鐵器 副葬 推移

墳墓種類	基數	武器					農工具					其他			計	備考
		環頭刀	木柄刀	鉾	鐏	鏃	주조괭이	鎌	斧	鑿	刀子	鋌	鉸具	未詳		
周溝土壙墓	6	1		1	2	1		6	4		3		1	1	20	3C
土壙墓	38	6	1	4	3	1	4	20	7		17	5		4	72	3C 말~4C 중엽
百濟土壙墓	4	1				1		3	3		2	1		2	13	4C 말~5C
石槨墓	21	6	4	3	1	3	4	15	23	1	20	1	1	6	88	5C
橫穴式石室墓	5		2			2		2	2		10				18	5C

이 지역 철정의 유통에 대해서는 이미 언급한 바 있는데(이남규 2005), 최근 경기 남부의 오산 수청동유적(기전문화재연구원 2006)과 차령산맥 이서(以西)의 서산 부장리유적과 해미 기지리유적(공주박물관·충청남도역사문화원 2006)에서도 출토되어 유통의 범위가 보다 넓게 확인되고 있는 셈이기는 하지만 금강 상류지역에서는 아직 분묘에 부장한 사례는 없고 생산유적 내지 생활유적에서 소형만이 출토되어 이러한 지역차에 대한 검토가 요망된다.[16)]

이처럼 최근 들어 강철제 무기와 철정 등을 포함한 각종 철기들이 금강 하류

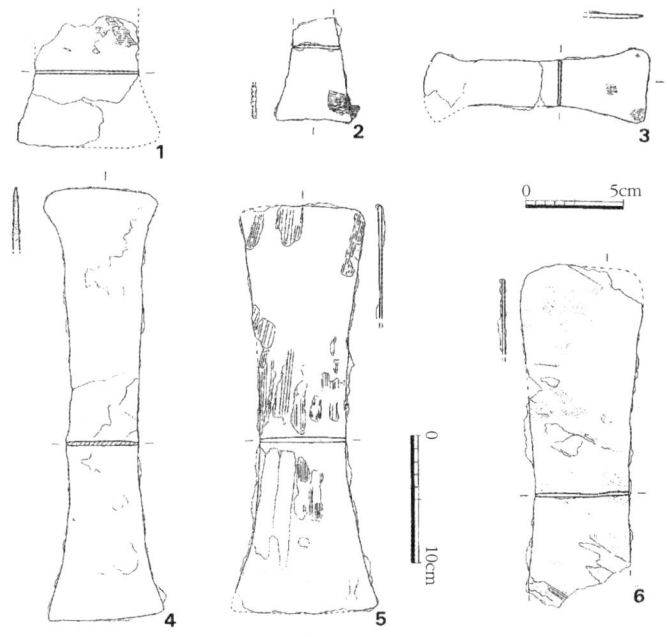

1:3-Ⅰ구역 29호 토광묘, 2:3-Ⅲ 구역 13호 토광묘, 3:3-Ⅰ구역 11호 토광묘, 4:2지역 4호 토광묘, 5:3-Ⅰ구역 37호 토광묘, 6:3-Ⅰ구역 34호 토광묘

圖 8. 舒天 鳳仙里古墳 出土 鐵鋌

---

16) 진천 석장리유적(國立淸州博物館·浦項産業科學硏究院 2004)과 청주 명암동유적(國立淸州博物館 2001)에서 소형의 철정들이 소수 출토된 것으로 보고하고 있으나 그 형태가 애매한 것도 포함되어 있다.

와 충남 서해안 지역의 3~5세기 분묘들에서 출토되는 사례가 증가하는 것은 당시 해안을 이용한 철 및 철기의 유통이 활발히 이루어지고 있었음을 시사하는 것으로서, 이는 이미 지적되고 있는 바(忠南大學校博物館 1994·成正鏞 1994)와 같이 이 시기에 백제가 해안을 통한 거점지역 확보 전략을 활발히 전개한 결과로도 보여진다.

한편 이러한 양상과는 달리 경기도의 서남부에 위치한 화성 마하리(馬霞里)유적(湖巖美術館 1998, 서울대학교박물관 外 2004)의 경우는 수십 기에 달하는 토광묘, 석곽묘 및 1기의 횡혈식석실분이 조사되었음에도 불구하고 강철제 무기가 빈약하고 철정은 전혀 부장되지 않아 상기한 제 유적들과 철문화의 양상에 있어 상이한 성격을 보이고 있는 점도 간과해서는 안된다. 이는 당시 백제의 중앙에 보다 가까웠던 지역적 특수성으로 인해 무장화의 강도가 약하였고, 강철제 무기의 생산에 있어서도 철정을 소재로 한 자체적 철기 생산시설을 보유하지 않고 집중화된 중앙의 생산기지로부터 공급받는 유통체계가 형성되어 있었던 때문이 아닐까 억측(臆測)되기도 한다. 이는 곧 경제적인 측면 외에 지정학적 및 정치사회적 맥락에서도 지역차가 있었음을 보여주는 한 사례로 생각된다.

하여튼 금강 유역권을 중심으로 3~5세기에 강철제 무기가 급속히 발달하는 양상은 무장화의 필요성이 크게 증대되던 당시의 정치사회적 배경을 그대로 반영하는 것이다. 그에 따라 제철의 규모가 확대되고 보다 거점화됨은 물론 이전부터 도입되어 있었던 초강의 생산이 보다 활성화되어 도(刀)와 모(鉾)를 중심으로 하는 강철제 무기의 수요를 충분히 충족시킬 수 있었으며, 그러한 과정을 통해 백제가 한반도 내에서도 보다 선진적인 제강기술의 수준에 도달해 있었다고 보여진다. 아울러 백제 세력이 성장하면서 점차 지역 지배세력을 병합하여 영역의 확장을 도모하는 과정에서 철(鐵) 및 강(鋼)의 생산력 증대와 동시에 유통의 체계화도 도모하여 나갔을 것임에 틀림이 없다.

IV. 철 및 철기 생산공방 입지 거점화·대규모화의 정치사회적 의미

이와 관련하여 먼저 원삼국시대의 양상을 살펴보고, 그 이후의 추이에 대해 중요한 몇 가지 사례를 검토하면서 그것이 갖는 여러 가지 의미에 대해 추론해 보도록 하자.

상기한 기안리 유적 이외에 백제 지역에서 원삼국시대의 제련유적이 아직 제대로 확인되지 않았으나 대신 몇 개소에서 단야유적이 조사된 바 있으며, 이들 입지와 생산시설에는 일련의 공통점이 있어 이에 대한 검토가 필요하다.

즉 그러한 사례들인 가평 마장리(馬場里)유적(金元龍 1971)과 대성리(大成里)유적(畿甸文化財硏究院 2004·2005a), 여주 연양리(淵陽里)유적(國立中央博物館 1998), 하남 미사리(渼沙里)유적(渼沙里 先史遺蹟發掘調査團 1994) 등은 북한강, 남한강 및 그 지류의 충적지에 위치하는 점이 유사하며, 이는 곧 당시의 단야공방이 유통을 원활히 할 수 있는 교통의 요지에 주로 설치되었음을 말해주는 것이다. 참고로 원삼국시대 초기에 해당하는 늑도유적에 제철 공방이 위치하는 사실(慶南考古學硏究所, 2003)도 같은 맥락에서 이해될 수 있다.

또한 상기의 각 유적들 가운데 마장리유적 외의 유적들은 철기 제조에 필요한 원료와 연료를 상당히 먼 거리로부터 운반해와야 하는 장소에 위치하고 있다는 점에 공통성이 있다. 이는 당시에 제철(製鐵)지역 및 제탄(製炭)지역과의 지역적 분업이 실시되고 있었고, 동시에 원자재와 제품을 운송하는 유통 담당 집단이 존재하였음을 말해주는 것으로서 이를 통해 당시의 생산·유통 시스템에 있어 지역적·사회적 분업이 상당히 이루어지고 있었음을 알 수 있다.

그리고 또 하나의 공통점은 이들 단야공방이 취락 내에 소규모의 수혈주거지 형태로 운영되고 있었다는 점이다. 이러한 점은 일본 야요이(彌生)시대 후기의 취락인 후쿠오카현(熊本縣) 후타고츠카(二子塚)유적의 사례(村上恭通 1994)와 유사한 것으로서 고대의 사회경제 단계 이전의 수공업 생산체제를 보여주는 한일(韓日) 간의 공통적 양상이라 하겠다.

원삼국시대의 경우 아직 제철 제강 단야 및 제철 철기 주조의 공정이 한 지역에서 모두 시행되거나 그 상당 부분이 함께 행하여졌던 유적이 확인되지 않은데 비해 4세기대 이후의 제철유적 가운데는 그러한 사례가 늘어나고 있는 점이 주목된다.

그 가운데 가장 대표적인 사례가 진천 석장리 유적(國立淸州博物館 2004)으로서 금강의 지류인 한천(閑川) 동측에 발달한 낮은 구릉들(해발 70~75m)의 7개소에서 제철작업을 한 흔적이 확인되었으며, 그 전체적인 분포는 1400×700m의 대단히 넓은 범위라는 점이 주목된다. 아직 그 가운데 일부 밖에 발굴되지 않았으나 이곳에서는 제철 제강[17] 단야 및 철기 주조 공정이 모두 이루어지고 있었음이 확인되어 고대 제철소의 표준 유적이 되고 있다.

이는 이전에 비해 제철의 대규모화와 일관공정화를 통해 물류의 집중화, 제작기술의 전문화를 이룸으로써 생산성을 높이고 생산과 유통에 대한 관리와 통제를 원활히 할 수 있게 되었다는 점에서 획기적인 발전이라고 할 수 있다. 이러한 고대적 생산체제는 관영적수공업 방식이라 하겠으나 당시 4세기의 이곳은 백제의 간접적 지배 대상지역에 해당되었던 것으로 보이는 만큼 중국의 한대(漢代) 철관(鐵官)(潮見浩 1982)과 같은 관료가 배치되어 있었을 가능성은 별로 없어 보이며 재지(在地)의 수장을 비롯한 지배층이 경영하면서 금강 유역권에 유통시키는 동시에 일부는 중앙에 공납하는 방식의 생산·유통 시스템이 갖추어져 있었지 않았는가 추정된다.

아울러 석장리유적에서는 철광석을 사용한 제철을 행하였던 것으로 밝혀졌

---

[17] 이 유적의 제강로에 대해서는 연구자에 따라 의견이 다르다. 예를 들어 大澤正己(2006)는 B-7호로를 炒鋼爐로 보고 있는데 비해, 筆者는 철광석 분말의 존재와『天工開物』에 제시된 노와 유사한 형태인 상형인 점을 근거로 A-5호로와 B-10호로의 가능성을 지적하였다.

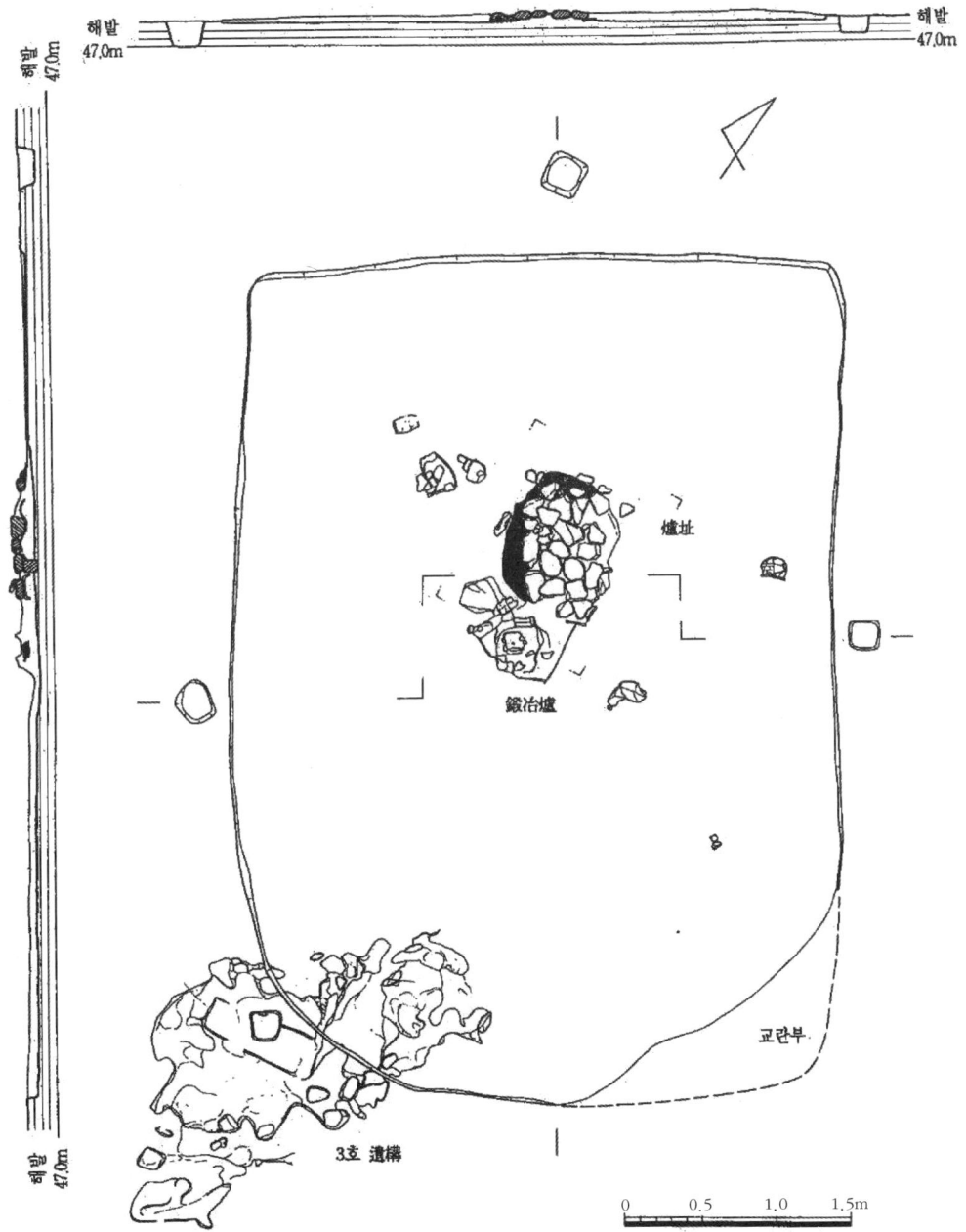

圖 9. 驪州 淵陽里遺蹟 2號 住居址 鍛冶遺構

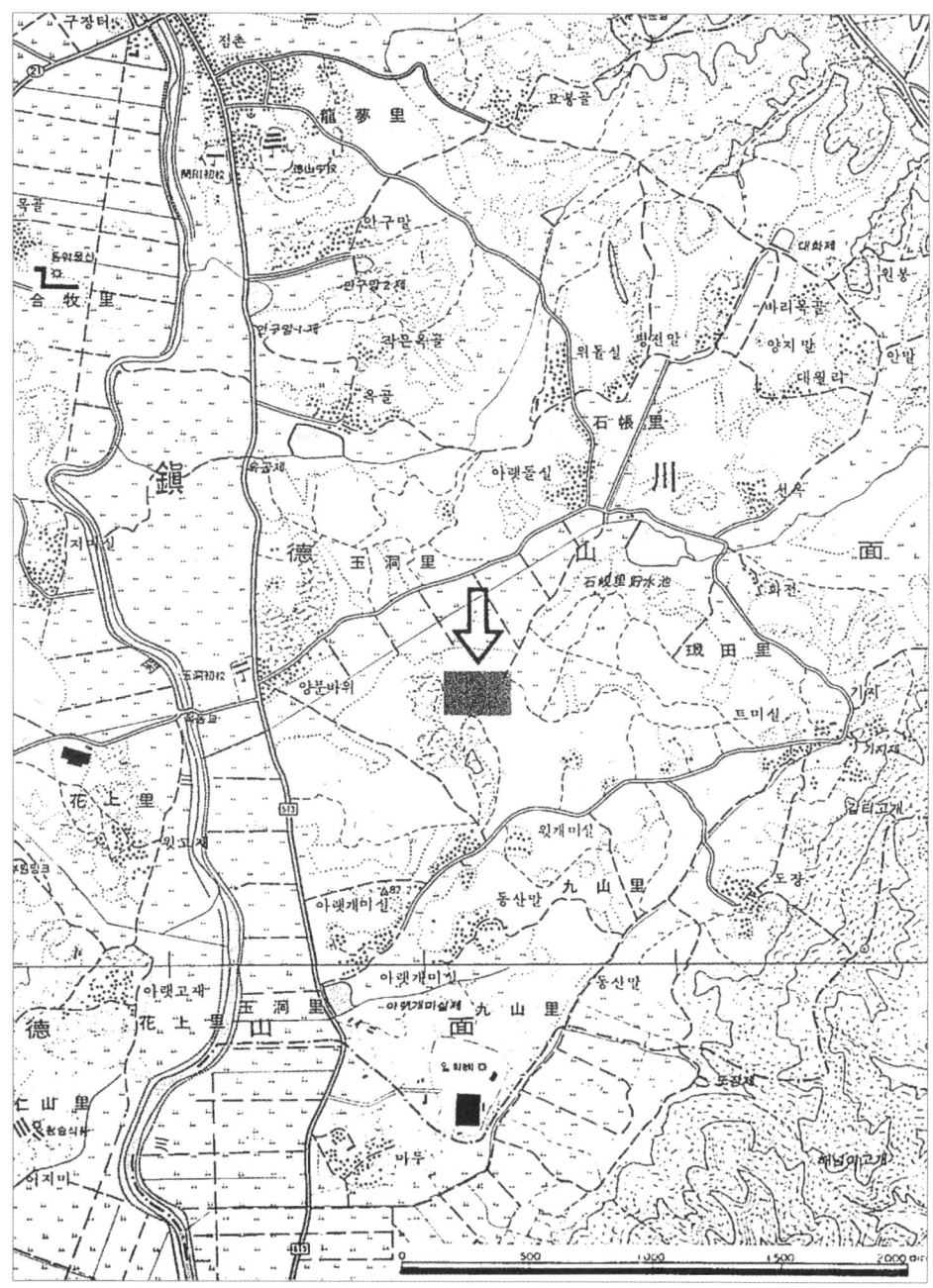

圖 10. 鎭川 石帳里 製鐵遺蹟 位置圖

고, 일대의 낮은 구릉에서 목탄을 생산하기에는 한계가 있어 상당한 거리에 위치한 산간지대에서 제탄(製炭)을 해서 운반해와야 했던 만큼,[18] 원료와 연료의 확보와 수송에 상당한 비용이 소요되고 인근에 큰 강이 없어 제품의 운반에도 어느 정도 물류비용의 부담이 있었을 것으로 판단된다. 하지만 그러한 핸디캡을 제철의 거점화, 일관공정화, 기술의 전문화 및 정치사회적 관리와 통제로 극복하면서 경영해 나갔던 것으로 보여진다. 이는 마치 원료와 연료를 거의 모두 해외에 의존하면서도 세계 최고 수준의 제철기술과 효율적 경영으로 입지적 단점을 극복해나가는 오늘날 우리의 제철산업을 연상시키는 면이 있기도 하다.

그런데 최근 미호천 유역권에서 석장리유적과 비교되는 제철유적이 새로이 발견되어 주목을 받고 있다. 청원 연제리의 오송생명과학단지조성 사업부지 내에 위치한 이 제철유적(중앙문화연구원 2006b, 圖 11 · 12)도 마찬가지로 낮은 구릉지대의 사면에 위치하고 있는데, 현재 일부 제철로만 조사되어 그 전모를 알기 어려우나,[19] 일단 석장리와 같이 거점지역에 대규모화한 형태의 일련제철공정이 이루어지던 곳은 아닌 것으로 추정된다.[20] 이곳도 수상교통에 이용할 수 있는 큰 하천이 바로 인접해 있지는 않고, 동측의 미호천까지 3.5km의 거리를 두고 있어 후술할 제철유적들과는 입지가 다르다고 할 수 있다.

그런데 무엇보다도 이 유적의 큰 특징은 제철로에 인접해서 주거지들이 분포하고 있는 점이다. 현재 제철로 동북측으로 20m 떨어진 지점 주변에 4기의 수혈주거지들이 일부 중복양상을 보이고 있는데, 1호주거지(10.8×10.2m)와 4호주거지(10.6m×잔존 길이 6.6m)는 대형 수혈주거지로서, 이곳에서 제철작업을 하던 장

---

18) 초기에는 製炭에 주변의 낮은 구릉지역 목재를 이용하였겠으나 단기간에 소진되어 점차 보다 먼 곳으로부터 목탄을 운반해왔을 가능성이 높다.
19) 중앙문화재연구원이 조사한 지점의 인근에서도 한국문화재보호재단에 의해 제철유적이 발굴되었으나 규모가 상당히 작다(한국문화재보호재단 2007).
20) 제철로는 구릉 하부의 완사면에 위치하며 철재가 서남측의 저습지 지역으로 계속 이어지고 있어 현재 그 분포 범위 확인을 위한 확장시굴조사를 하고 있다.

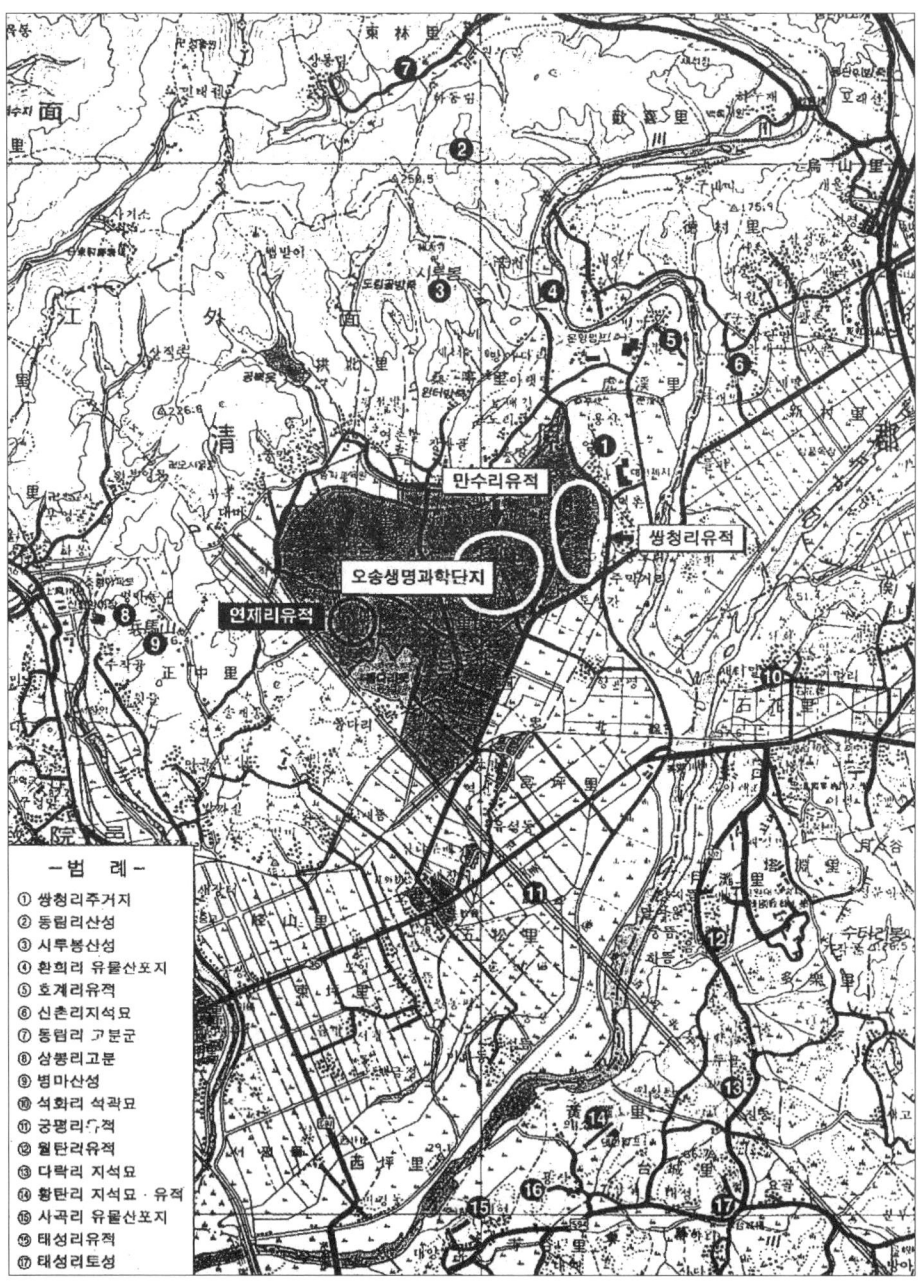

圖 11. 淸原 蓮堤里 製鐵遺蹟 位置圖

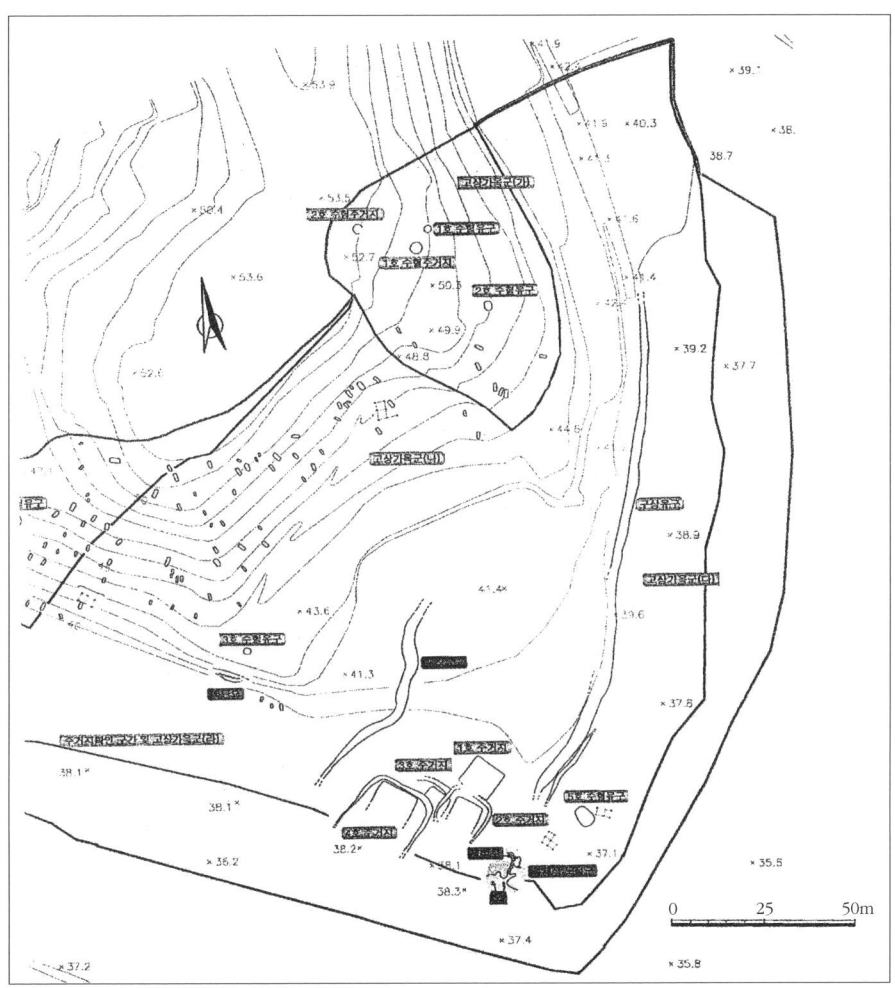

圖 12. 淸原 蓮堤里 製鐵遺蹟의 遺構 分布圖

인집단의 거주 가옥이었을 가능성이 있다. 당시 그들의 사회적 지위에 대해서는 아직 확실히 말하기 어려우나 철재를 부장하는 고분[21]의 피장자가 바로 그러한 존재들이 아닐까 추정되기도 한다. 이는 단야장인(鍛冶匠人)을 포함하여 함께

---

21) 鐵滓는 천안 청당동유적 4호 토광묘의 심발형토기 내에 매납되어 있었다(徐五善 外 1991).

검토해야 할 차후의 중요한 연구과제라 하겠다.[22] 하여튼 이 제철유적은 미호천 유역 일원에 다수의 제철거점이 존재할 가능성을 시사함과 동시에 공정의 성격, 생산 규모 등이 달라 이러한 생산여건하에 일정 단위지역 내의 유통구조도 상당히 복잡한 양상이었음을 알려준다는데 중요한 의미가 있다.

한편 최근 조사된 충주 탄금대 남측 사면의 칠금동 제철유적(중원문화재연구원

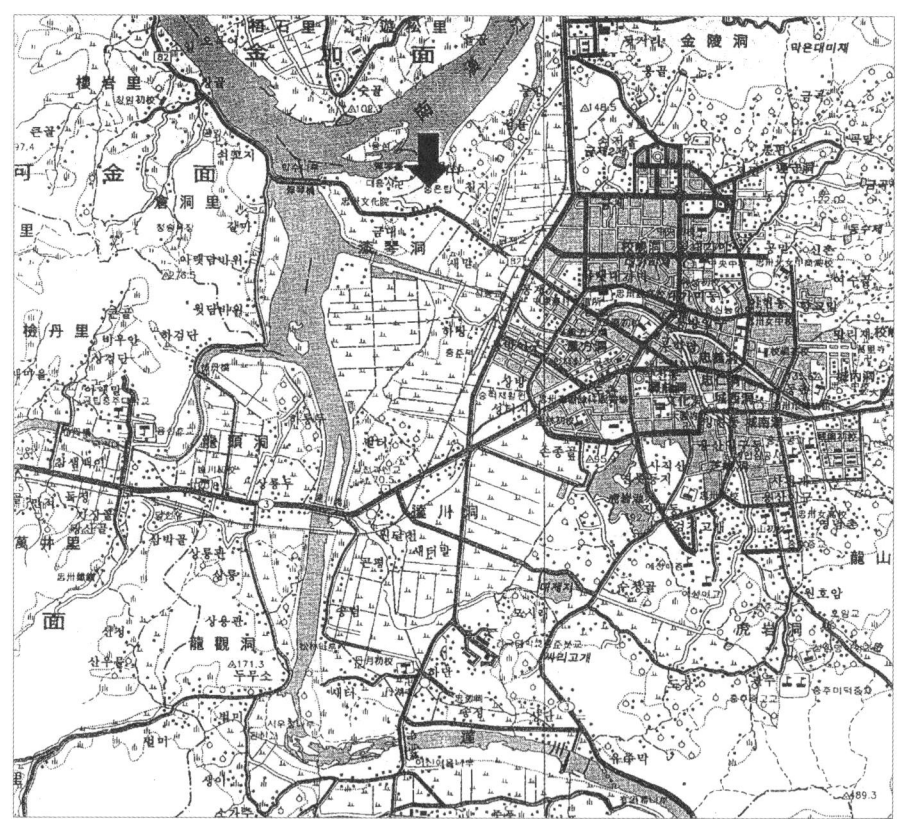

圖 13. 忠州 漆琴洞 製鐵遺蹟 位置圖

---

22) 백제지역의 단야구를 부장한 고분인 천안 용원리 58호 토광묘(공주대학교 박물관 2000)와 서산 부장리고분(충청남도역사문화원 2004) 등의 피장자들은 공반된 유물들로 볼 때 결코 낮지 않은 사회적 지위의 인물로 판단된다.

2006)은 남한강에 인접해 있어 입지면에서 상기의 유적들과 차이를 보인다(圖 13·14). 이곳 충주시의 경우 이류면(41개소), 노은면(13개소), 엄정면(2개소), 앙성면(11개소), 가금면(1개소) 및 수안보면(4개소) 일원에서 주로 중세의 것으로 보여지는 야철지가 70개소나 발견되고(忠州博物館 1996·2000·2001), 탄금대 인근에 근대까지 채굴하던 철광석 광산이 위치하고 있어 고대제철의 가능성이 그 어느 곳 보다 높은 곳으로 판단되던 곳으로서,[23] 이러한 제철의 원료 조건이 충족될 뿐만 아니라 수상교통 면에서도 요지(要地)에 해당하여 생산된 제품의 물류(物流)에 있

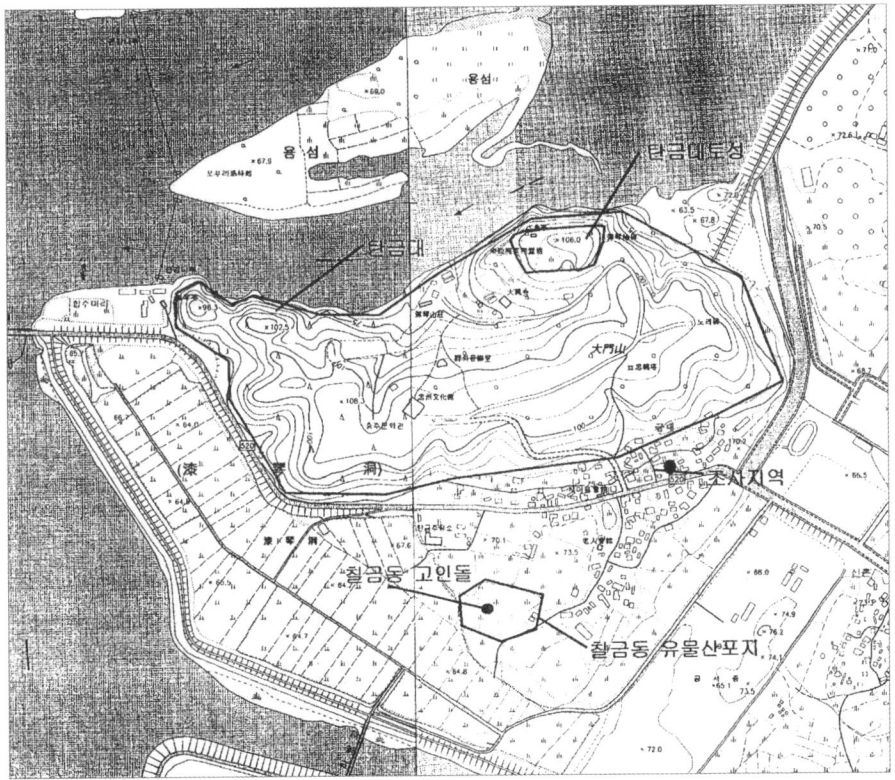

圖 14. 漆琴洞 製鐵遺蹟과 周邊遺蹟

---

23) 고려시대에 多仁鐵所가 위치하였던 곳으로도 유명하다.

어 최적의 장소라고 할 수 있다.

이 칠금동 제철유적에서는 제철로 1기만이 발굴되었으나 직경 1.8m로 국내 최대 규모이고 하부의 방습시설에 있어 발전된 구조를 보이고 있어 특히 주목되며, 주변에 철재(鐵滓)가 넓게 분포하고 있어 이와 같은 노(爐)가 다수 존재할 가능성이 높다.

이와 같은 성격의 제철공방 입지와 관련하여 보다 중요한 점은 북측 200여 m 거리에 탄금대토성이 위치하고 있다는 점이다. 이 토성은 소규모이기는 하지만 내부에서 백제토기편들이 채집되어 당시의 거점성으로 추정되는데, 그 기능 중의 하나가 구릉의 남사면에 위치한 상당한 규모의 제철공방을 관리, 감독하는 것이었던 것으로 보여진다.

문제는 이곳의 철 생산체제를 장악하고 있던 주체가 정치사회적으로 어떠한 존재였는지를 밝히는 것이다. 이 지역에서 적어도 3세기의 어느 시기부터 정치체가 크게 성장하고 있었던 사실은 최근 발굴된 금릉동유적(충북대학교 박물관 2004)에서 원삼국시대의 토광묘 152기가 확인되므로써 여실히 증명된 바 있으며, 이들 분묘들에서 다수의 철기들이 출토되어 이 지역에서 이미 본격적으로 제철·제강 및 철기생산이 이루어지고 있었음도 알게 되었다. 따라서 백제의 중앙세력이 이곳의 재지세력(在地勢力)들을 정치적으로 어떻게 병합하고 새롭게 편제해 나아갔으며, 철기와 관련된 생산 및 유통의 체계에 대해서는 어떠한 방식을 취했는지를 밝히는 것은 이 지역의 삼국시대 정치, 사회, 경제 등 제 분야의 상황을 종합적으로 구명하는데 있어 대단히 중요한 부분이라고 할 수 있다.

충주 지역에서는 아직 백제의 유적이 적어 속단하기는 힘드나, 적어도 이 유적의 시기인 4세기대에 한성양식 토기의 영향을 본격적으로 받았는지가 아직 불확실하여,[24] 중앙으로부터 관리가 파견되어 직접적인 지배를 하면서 철 생산

---

[24] 成正鏞 교수의 傳言에 따르면 최근 장미산성 지표조사에서 한성양식의 백제 토기들이 채집되었다고 한다.

체제를 관리감독하였다고 말하기는 힘들 것 같다. 대신 중앙과 지방간의 소위 공납지배(문안식 2002) 방식이란 표현이 더 어울릴 것 같다. 철의 생산과 유통 체제를 지배한다는 것은 채광(採鑛), 제탄(製炭) 및 그 운송 뿐만 아니라 주변 각 지역의 수요를 파악하고 그에 맞추어 공급을 조절하는 일련의 유기적인 물류시스템을 종합적으로 장악하는 것을 뜻하므로 이 지역의 병합 초기에는 기존의 재지세력이 형성해놓은 체제를 효율적으로 가동시키면서 한성 세력은 필요한 만큼의 철(鐵)이나 강(鋼)을 공납받는 편이 보다 수월하였을 것으로 생각된다. 참고로, 이곳으로부터 하류쪽으로 약 30km 정도 거리에 위치한 원주 법천리(法泉里) 유적(國立中央博物館 2000・2002)의 성격을 고려할 때 4세기대에 충주 지역이 중앙 세력에 의해 직접적으로 지배되고 있었는지는 의문이며, 이 경우 간접지배라는 애매한 표현보다는 철을 매개로 한 공납지배란 용어를 적용하는 것이 보다 적절할 것 같기도 하다.

한반도의 철광석 분포양상으로 볼 때 자원이 부족했을 한강 하류의 백제로서는 풍부한 철광산,[25] 목탄 공급의 유리한 입지 및 수상교통의 편리성 등, 당시 제철에 있어 한반도 내에서 최적의 조건을 갖춘 이 지역을 결코 간과하지 않았을 것으로 판단된다. 조속히 이 일대 백제 유적의 조사가 증가되어 당시 백제의 이 지역에 대한 지배방식 실체가 보다 구체적으로 밝혀지기를 기대해 본다.

끝으로 도성지역의 사례인 풍납토성 자료에 대해 검토해보자면 다음과 같다. 아직 풍납토성(圖 15) 내에서 제련유적이 확인되지는 않았으나 중심부에 해당하는 삼화지구와 경당지구(圖 16)에서 대소 구경(大小 口徑)의 송풍관편, 주조괭이의 용범편들이 출토되어 적어도 이 지역에서 철기의 주조와 단조철기의 제작이 행하여지고 있었던 사실 만큼은 확인된 셈이다. 이러한 점을 중국의 도성 내 수공업 생산체계와 비교하면서 국가가 주도하는 관영수공업 방식에 의한 철기의

---

25) 충주시 일대에 하천이 발달해 있고, 주변이 마사토지역으로 되어 있어 양질의 사철도 충분히 채취할 수 있는 조건을 갖추고 있기도 하다.

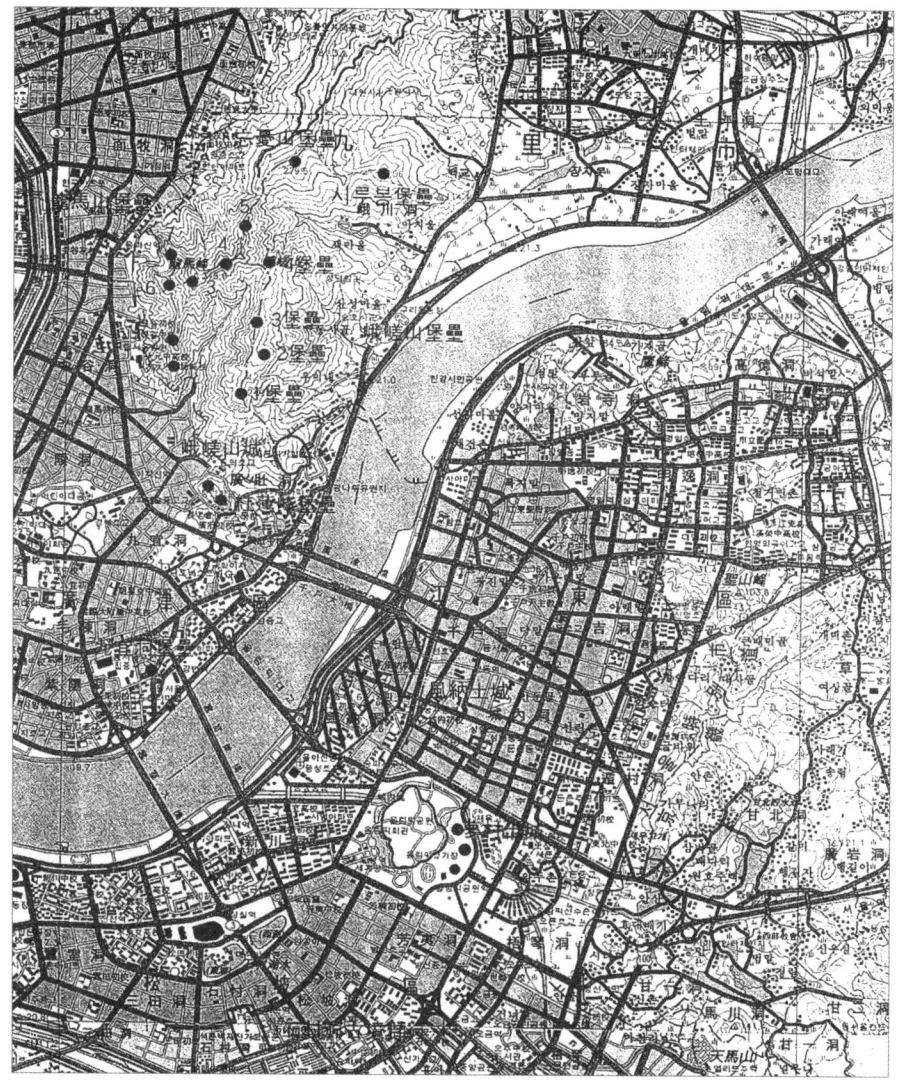

圖 15. 風納土城 位置圖

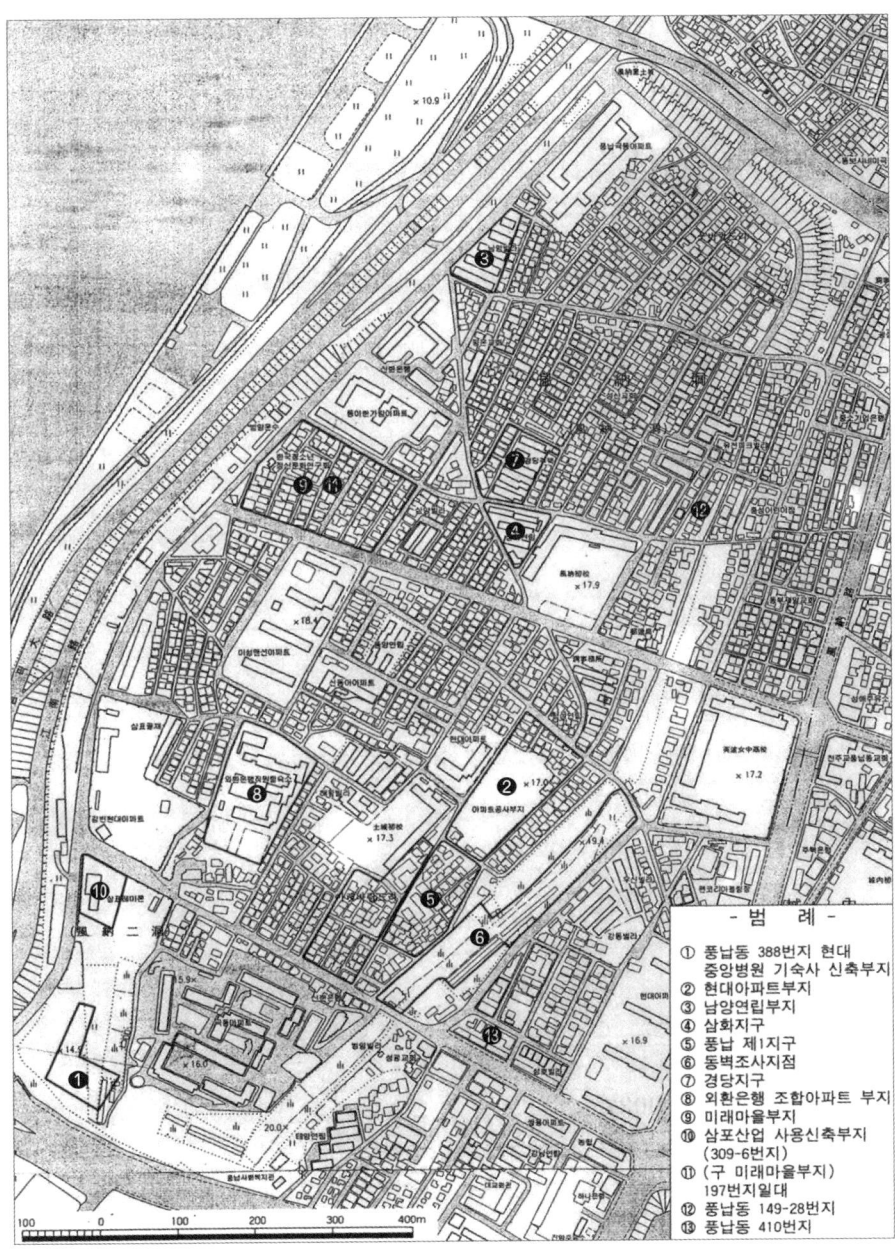

圖 16. 風納土城 內 發掘地點(삼화지구와 경당지구)

생산과 공급의 체계가 있었음을 논한 바 있는데, 정치사회적 측면에서 이에 대해 보다 상세한 검토가 요구된다.

풍납토성 내에서 주조팽이 및 솥26)과 같은 주조철기를 생산하는 2차공정과 단야로에서 강소재로 강철제 철기를 생산하는 3차공정이 어느 정도 규모로 행하여졌는가는 더 많은 발굴을 통해 밝혀야 하겠지만 적어도 당시의 국가 재정 확충에 있어 수취체제를 통한 것 뿐만 아니라 철기의 대량생산과 공급에서 얻어지는 수익도 중요한 부분을 차지하였음에 틀림이 없을 것이다. 이러한 배경에서 고대 중국의 경우와 마찬가지로 도성 내에 거점화·대규모화된 철기공방(鐵器工房)을 설치하지 않았나 추정된다.27) 당시 국가의 중심적인 수공업 방식이 주로 왕실의 물품조달을 위한 궁중수공업과 관청 수요의 물품을 공급하기 위한 관청수공업으로 구분해 보고 있으나(朴南守 1996, 劉元載 1996), 그것만이 아니라 상술한 칠금동유적의 사례와 같은 여러 지역으로부터 공납으로 수취한 철 혹은 강소재를 원료로 철기를 대량생산하고 민간에게 판매하여 얻은 수익도 결코 적지 않았을 것이며, 이를 기반으로 부국강병(富國强兵)의 전략을 세우고 실천해 나아갔을 것으로 생각된다. 그러할 경우 이 부분을 담당하는 관부의 설치가 무엇보다 필요했을 것이고, 성왕대에 설치하였다는 22부 중의 도부(刀部)나 사군부(司軍部)·사공부(司空部)와 유사한 행정부서가 한성시기에 이미 초보적 형태라 하더라도 설치되어 있었을 가능성은 충분히 있다고 보여진다.

물론 당시에 여러 종류의 제품들이 민간레벨의 수공업에 의해 생산되었던 사실도 고려해야 하겠지만(劉元載 1996), 당시에 상당한 자본이 필요한 대규모의 제철·제강 산업이 민간레벨에서 행하여지기는 곤란했을 것이고, 철광석 산지 주

---

26) 풍납토성에서는 아직 확인되지 않았으나 용인 수지의 풍덕천리유적(한신大學校博物館 1998)에서 편 2점이 출토된 바 있다.
27) 신라의 경우는 4세기대에 도성의 와곽(황성동)에 그러한 대규모의 생산기지를 설치한 점이 다르다(國立慶州博物館 2000, 韓國文化財保護財團 2001).

변이나 인근에서 사철 채취가 가능한 지역들에서는 소규모의 괴련철(塊鍊鐵) 생산이 이루어지고 있었던 것 같다. 예를 들어 상술한 바 있는[28] 화성 반월동(半月洞)유적의 철괴는 TiO₂ 성분이 많아 인근의 토양에서 채취한 사철을 원료로 제조되었을 가능성을 보이며, 지역에 따라 소규모의 민간수공업에 의해 생산된 철소재들이 좁은 범위 내의 단야공방이 있는 취락에 공급되는 별도의 유통구조가 형성되어 있었을 가능성이 충분히 있다고 보여진다. 당시 그러한 철 소재들이 지엽적인 소규모의 취락까지 공급되어 개별적인 단야작업을 실시하였다기 보다는 원삼국시대의 사례들과는 다소 달리 교통의 요지에 있는 보다 큰 중심취락에서 집중적·전문적으로 단조철기를 제조한 것으로 보아야 할 것이다.[29]

이상의 여러 지역 제철유적 입지, 생산 규모, 조업 성격 등을 종합적으로 정리해보면 당시 철 및 철기의 생산과 유통의 전체적인 체계가 결코 단순하지 않고, 그 운영과 관련된 정치사회적 배경과 맥락에 따라 그 성격이 다양해지고 변화되어 간다는 사실을 인지할 수 있다. 그러한 점에서 이 분야 연구의 중요상을 느끼게 되고, 또 한편으로는 역동성을 감지(感知)하게 되는 것이다.

V. 맺음말

백제 지역 철기의 큰 특징은 일반적으로 초강 제품이 다수를 점하고 있다는 점이고, 그러한 소재의 강을 생산하는 기술이 일찍부터 도입되어 있었던 사실을 지적하였다. 그 사례로 기안리유적을 들었으며, 그러한 집단이 서북한의 군현

---

28) 인근의 토양에서 다량의 사철이 채취 가능한 환경인 점도 고려할 필요가 있다(畿甸文化財硏究院 2005b).
29) 그러한 점에서 파손된 철기들을 소형의 甕안에 모아두었던 용인 수지유적의 예가 주목된다(한신大學校博物館 1998).

지역에서 정치사회적으로 큰 변동이 발생함에 따라 여러 차례에 걸쳐 남하해온 것이 기술 유입의 주요한 계기였던 것으로 보인다.

그러한 초강기술이 존재하였기에 일찍부터 강철제 무기가 발달할 수 있었으며, 먼저 금강 상류의 미호천 유역과 천안 일대가 선진적 위치였으나 이후 철정 등을 통한 철 소재의 유통이 발달하면서 금강 하류지역에서도 강철제 무기가 상당히 보급되는 양상을 보인다. 이러한 점은 백제가 해양을 통해 거점적인 진출과 발전을 이룩한 결과라고도 할 수 있다.

그리고 금강 상류지역, 충주 지역 및 당시 도성지역이었던 풍납토성 등에 위치한 제철유적들의 입지, 성격, 생산방식 등을 고찰하면서 당시 제철 및 철기 생산 공방의 거점화·대규모화 및 그와 관련된 정치사회적 함의를 주로 살펴보았다.

아직 자료가 부족한 상황에서 추론에 추론을 거듭하면서 이상과 같은 고찰을 하는데에는 많은 무리가 따랐을 것으로 생각되어 일단 시론적(試論的) 의미로 제시하는 바이며, 조속히 자료가 증가되어 이와 관련된 문제에 있어 보다 많은 부분들이 상세히 해명되기를 바라마지 않는다.

【참고문헌】

〈國文〉

강종원, 2005,「한성말기 지방지배와 수촌리 백제고분」,『4~5세기 금강 유역의 백제 문화와 공주 수촌리 유적』(충청남도역사문화원 제5회 정기 심포지엄 발표요지).
慶南考古學硏究所, 2003,『勒島 貝塚 A地區』.
高麗大學校 埋葬文化硏究所, 1997,『寬倉里 周溝墓』(硏究叢書 第6輯).
공주박물관·충청남도역사문화원, 2006,『한성에서 웅진으로』.
國立慶州博物館, 2000,『慶州 隍城洞 遺蹟Ⅰ』(國立慶州博物館學術調査報告書 第12冊).
國立中央博物館, 1998,『驪州 淵陽里遺蹟』(國立博物館 古蹟調査報告 第29冊).
＿＿＿＿＿＿＿＿, 2000,『法泉里Ⅰ』(國立博物館 古蹟調査報告 第31冊).
＿＿＿＿＿＿＿＿, 2002,『法泉里Ⅱ』(國立博物館 古蹟調査報告 第33冊).
國立淸州博物館, 2001,『淸州明岩洞遺蹟(Ⅱ)』(學術調査報告書 第6冊).
＿＿＿＿＿＿＿＿, 2004,『鎭川 石帳里 鐵生産遺蹟』(學術調査報告書 第9冊).
군산대학교박물관 外, 2004,『군산 산월리 유적』(群山大學校博物館 學術叢書 34).
公州大學校博物館 外, 2000,『龍院里 古墳群』(公州大學校博物館 學術叢書 00-03).
畿甸文化財硏究院, 2003,「華城 發安里 마을遺蹟·旗安里 製鐵遺蹟 發掘調査」(現場說明會資料 14).
＿＿＿＿＿＿＿＿, 2004,「大成里遺蹟 發掘調査」(現場說明會資料 19).
＿＿＿＿＿＿＿＿, 2005a,「京春線複線電鐵 事業區間(第4工區) 內 大成里遺蹟 發掘調査 第3次 指導委員會議 資料」.
＿＿＿＿＿＿＿＿, 2005b,「水原 國道代替迂廻道路 文化遺蹟 試掘調査 2차 指導委員會議 資料」.
＿＿＿＿＿＿＿＿, 2006,「烏山 細橋 宅地開發地區內 文化遺蹟 試掘調査 指導委員會議 資料」.
金武重, 2004,「考古資料를 통해 본 百濟와 樂浪의 交涉」,『湖西考古學』第11輯.
金元龍, 1971,「加平馬場里冶鐵住居址」,『歷史學報』50·51合輯.
金一圭, 2006,「隍城洞遺蹟の製鋼技術について」,『七隈史學』第七号.

김수태, 2003,「古代國家 中央官署의 組織과 運營-백제를 중심으로-」,『강좌한국고대사』 제2권(고대국가의 구조와 사회), 가락국사적개발연구원.

김창석, 2002,「三國 및 統一新羅의 官商과 官市」,『강좌 한국고대사』제6권(경제와 생활), 가라국사적개발연구원.

김창석, 2004,『삼국과 통일신라의 유통체계 연구』, 일조각.

盧泰天, 2000,『韓國古代 冶金技術 硏究』, 學硏文化社.

리태영, 1998,『조선광업사』, 백산자료원.

문안식, 2002,『백제의 영역확장과 지방통치』, 신서원.

문화재연구소, 1989,『익산 입점리고분 발굴조사 보고서』.

文化財保護財團, 2000,『淸原 主城里遺蹟』(學術調査報告 第78冊).

朴南守, 1996,『新羅手工業史』, 신서원.

박장식·정광용·최광진, 2000,「천안 용원리 출토 철기유물에 나타난 철기제작 기술체계 분석」,『龍院里 古墳群』(公州大學校博物館學術叢書 00-03).

徐五善·權五榮, 1990,「천안 청당동유적 발굴조사보고」,『休岩里』(국립박물관고적조사보고 제22책), 부록1.

徐五善·權五榮·咸舜燮, 1991,「天安 淸堂洞 第 2次 發掘調査報告書」,『松菊里』IV(국립박물관고적조사보고 제23책).

徐五善·咸舜燮, 1993,「天安 淸堂洞 第3次 發掘調査報告書」,『固城貝塚』(국립박물관고적조사보고 제24책).

서울대학교박물관 外, 2004,『馬霞里 古墳群』(경부고속철도 상리구간 문화유적 발굴조사보고).

渼沙里先史遺蹟發掘調査團, 1994,『渼沙里』, 高麗大學校發掘調査團 篇.

成正鏞, 1994,「홍성 神衿城 출토 백제토기에 대한 고찰」,『韓國上古史學報』第15號.

_____, 2000,「中西部地域 3~5世紀 鐵製武器의 變遷」,『韓國考古學報』第42輯.

_____, 2006,「4~5세기 백제의 물질문화와 지방지배」,『한성에서 웅진으로』, 국립공주박물관·충청남도역사문화원.

신경환·이남규, 1995,「낙랑의 철기문화와 야금학적 고찰」,『철강보』 3.

蔚山文化財硏究院, 2006,「울산 달천유적」(현장설명회자료 제13집).

劉元載, 1996,『百濟의 歷史와 文化』, 學硏文化社.

尹東錫 外, 1985,「韓國初期 鐵器時代의 炒鋼製造技術에 관한 金屬學的 硏究」,『學術院論文集』24.

李南珪, 1992,『東アジア初期鐵器文化の硏究』(廣島大學博士學位論文).

_____, 1993,「1~3세기 낙랑지역의 금속기문화」,『韓國古代史論叢』第5集, 駕洛國史蹟開發硏究院.

_____, 1998,「3~5世紀 錦江流域圈 鐵器의 地域的 特性 - 農工具와 武器를 中心으로-」,『3~5세기 금강유역의 고고학』(제22회 한국고고학전국대회).

_____, 2000,「錦江流域圈における原三國時代の鐵器文化」,『製鐵史論文集』(たたら 硏究會創立四十周年紀念論文集).

_____, 2002,「漢城百濟期 鐵器文化의 特性」,『百濟硏究』第36輯, 忠南大學校 百濟硏究所.

_____, 2005,「韓半島 西部地域 原三國時代 鐵器文化」,『원삼국시대 문화의 지역 성과 변동』(제29회 한국고고학전국대회 발표요지).

_____, 2005,「백제철기의 생산과 유통에 대한 시론」,『백제의 생산기술과 유통체계』(한신대학교학술원 학술대회 발표요지).

李盛周, 1998,『新羅·伽倻社會의 起源과 成長』, 學硏文化社.

鄭光龍, 2001,『三國時代 鐵器製作技術의 硏究 -微細組織分析을 通하여-』(弘益大學校 博士學位論文).

鄭仁盛, 2004,「樂浪土城の鐵製品とその生産」,『鐵器文化の多角的探究』(鐵器文化硏究集會 第10回記念大會 發表要旨).

中央文化財硏究院, 2006a,「龍仁 杜倉里遺蹟」(發掘調査報告 第87冊).

_____, 2006b,「청원 연제리유적」(지도위원회의자료).

중원문화재연구원, 2006,「충주 칠금동 400-1번지 내 문화유적 현장설명회자료」.

忠南大學校博物館, 1994,『神衿城』(忠南大學校博物館叢書 第10輯).

충남대학교 백제연구소, 2005,「도시계획 관리결정 부지조성공사 구간 내 문화재 시굴조사 지도위원회 자료」.

_____, 2007,『華城 牛月洞 遺蹟』(忠南大學校 百濟硏究所 學術硏究 叢書 第14輯).

崔鍾澤·張恩晶·朴長植, 2001,『三國時代鐵器硏究 -微細組織分析을통해 본 鐵器 製作

技術體系-』(서울大學校博物館學術叢書 10).

忠淸南道歷史文化院 外, 2005, 『舒川 鳳仙里 遺蹟』(遺蹟調査報告 18冊).

忠北大學校博物館, 1983, 『淸州新鳳洞百濟古墳群發掘調査報告書 -1982年度調査-』(調査報告 第7冊).

_____, 1995, 『淸州 新鳳洞 古墳群』(調査報告 第44冊).

_____, 1996, 『淸州 新鳳洞 古墳群-1995年度調査-』(調査報告 第46冊).

_____, 2004, 「충주세무서 청사신축부지 내 유적 발굴조사 약보고서」.

忠州博物館, 1996, 『忠州利柳面 冶鐵遺蹟』(調査報告 第2冊).

_____, 2000, 『忠州 老隱面의 文化遺蹟』(調査報告 第9冊).

_____, 2001, 『忠州 嚴 政面의 文化遺蹟』(調査報告 第10冊).

韓國文化財保護財團, 1999, 『淸原 梧倉遺蹟 Ⅰ~Ⅲ』(學術調査報告 第23冊).

_____, 2000, 『淸原 梧倉遺蹟 Ⅳ』(學術調査報告 第79冊).

_____, 2001, 『慶州市 隍城洞 537-2 賃貸아파트 新築敷地 發掘調査報告書』(學術調査報告書 第109冊).

_____, 2007, 「淸原 五松生命科學産業團地 造成敷地(A지구) 內 院坪遺蹟Ⅲ-2(2차)」(-7次 指導委員會議 資料-).

한신大學校博物館, 1998, 『龍仁 水枝 百濟住居址』(한신大學校博物館調査報告書 第9冊).

_____, 2003, 『風納土城 Ⅲ・Ⅳ』(한신大學校博物館叢書 第15冊).

湖巖美術館, 1998, 『華城 馬霞里 古墳群』(湖巖美術館 遺蹟發掘調査報告 5冊).

〈日 文〉

甘粕健・早乙女雅博, 1985, 「先史原始時代の交通」, 『交通・運輸』, 日本評論社.

高木恭二, 1997, 「古墳時代の交易と交通」, 『考古學による日本歷史 -交易と交通』, 雄山閣.

大澤正己, 2006, 「鎭川石帳里遺蹟製鐵關連遺物の分析的硏究」, 『年報-2005년도』, 국립청주박물관.

宇野隆夫, 1998, 「原始・古代の流通」, 『古代史の論爭③-都市と工業と流通-』, 小學館.

田中和彦, 2000, 「フィリピンにおける交易時代硏究の展開 -長距離交易と複合社會の發展-」, 『交流の考古學』, 朝倉書店.

潮見浩, 1982, 『東アジアの初期鐵器文化』, 雄山閣.
_____, 1986, 「鐵・鐵器の生産」, 『日本の考古學』3(生産と流通), 岩波書店.
村上恭通, 1994, 「弥生時代における鍛冶遺構の研究」, 『考古學研究』第41卷 第3號.

〈中 文〉
李 衆, 1975, 「中國封建社會前期鐵鋼冶鍊技術的探討」, 『考古學報』2期.

"백제 지역 철기 생산과 유통의 정치사회적 함의"에 대한 토론

이성주(강릉대학교 사학과)

인간의 경제적인 활동은 물품의 생산과 교환(유통), 그리고 소비로 요약된다. 여기 이남규 선생님의 발표문에서처럼 경제적인 활동이 정치적, 사회적 의미를 가진다 함은 생산과 소비가 한 가족의 먹고사는 수준을 넘어선다는 뜻일 것이다. 가족 안에서 식량을 얻고 물품을 만들어 소비하는 활동이 아닌 가족과 가족, 그 이상의 사회집단과 지역집단들 사이의 관계 속에서 벌어지는 경제활동을 말하고자 하는 것이다. 그래서 그러한 활동을 단순한 생계경제가 아니라 정치 경제(ploitical economy)라고 부르며(Johnson and Earle 1987) 계급의 발생, 지역적인 위계와 통합, 복합사회로의 진화를 설명하는데 아주 중요한 고려의 대상이 되어 왔다.

정치 경제와 관련된 유물로서 그동안 많은 연구자들이 주목해온 것은 일상용품보다는 위세품의 성격을 가진 유물들이었다. 그것이 정치체 내외의 위계화와 통합에 관련된, 즉 정치적관계망을 따라 생산되고 유통되었던 유물이라고 볼 수 있었기 때문이다. 물론 위세품의 제작이 생산의 전문화를 선도하였고, 그것이 먼저 원거리로 유통되었기에 정치적인 위계와 통합에 기여한 바, 크다고 할 수 있을 것이다. 그렇지만 사회가 보다 복잡해지고 국가사회로 통합이 확대될수록 식량과 같이 생활필수의 생산품, 특히 도구제작에 가장 폭넓게 활용되는 철은 더욱 중요한 의미를 가질 수밖에 없다고 본다. 이남규 선생님께서도 그러한 견지에서 백제의 국가적인 성장과정과 철 및 철기의 생산과 분배 및 소비의 문제를 연결시킨 것 같다.

대체로 이 발표문의 논지를 토론자 나름대로 정리해 보면 다음과 요약될 수 있을 것 같다.

첫째, 한성백제가 국가적인 성장을 이루기전 2세기 후반에서 3세기경에 한의 군현을 통해 강철을 대량 생산할 수 있는 기술과 생산시스템이 이미 경기도 일원에 도입되었다.

둘째, 이후 4~5세기에 걸쳐 한성백제와 마한의 철 생산을 크게 자극한 것은 강철제 무기의 생산과 보급이 큰 역할을 했으며 백제는 중앙으로부터 강철무기의 생산과 보급을 조정하는 경제적인 수단을 통해서 국가적인 통합을 이루어 갔다고 본다. 이러한 강철무기의 생산과 보급은 지역적인 편차가 있으며 예컨대 청주지방을 중심으로 한 미호천 일원, 그리고 서천 일대의 금강 하류역 등이 일정 시기에 강철무기의 보급이 돋보이는데 이는 지역에 따른 백제의 전략적인 대처와 관련된다.

셋째, 4세기 이후 진천 석장리, 청원 연제리, 충주 칠금동 등의 제철유적 등에서 확인되는 것은 제철, 제강, 단야, 철기주조 등 일련의 공정이 집단화된 거점 제철유적으로서 정치적인 관리와 통제를 통해 성립된 대규모 생산시스템이라고 진단할 수 있다. 이러한 시스템은 중심지로부터 멀리 존재하는 점으로 보아 백제가 중앙에서 관리를 파견하여 관리했던 것이 아니라 재지세력이 관리하고 철을 공납했던 것으로 볼 수 있다. 그리고 한성백제의 중심지인 풍납토성 안에서 철기제작이 행해진 것으로 본다면 철의 소재는 그와 같은 주변으로부터 공납으로 받아 이용한 것으로 이해할 수 있다.

이 발표문은 최근의 발굴 자료와 분석 자료를 체계적으로 정리하였다는 점, 그리고 시기적으로 확대되는 백제영역 내의 생산과 소비와 관련된 유적들을 상호 연결시켜 철, 및 철기생산과 유통 조직의 발전을 복원하려 했다는 점에서 매우 중요한 의미를 가지고 있다고 생각한다. 특히 백제 철기의 기술적인 성격에 대해서도 전문적인 지견을 토대로 하고 있으며 제철 및 철기생산 유적에 대해 매우 전문적이고 합리적인 해석을 내렸다고 여겨진다. 사실 토론자는 백제 고고학 자료에 대해서 제대로 된 의견을 가지고 있지 않을 뿐만 아니라 철 및 철기 생산에 대해서도 무지하기 때문에 비판적인 제안이나 이견을 가지고 있는 것은 없다. 그래서 본 발표문의 논지 중에 몇 가지 분명히 이해해둘 필요가 있는 부분에 대해서만 질문을 드리고자 할 뿐이다.

첫째는 제철유적을 통해서 보았을 때 원삼국시대와 4세기 이후 백제 시기의 유적은 전문적 생산의 수준이 어떻게 발전했는가 하는 점에 대해 질문을 드리고자 한다. 보고서는 발간되지 않았으나 화성 기안리유적과 진천 석장리유적을 생산과 관련된 행위의 차원에서 분석했을 때, 제철의 기술수준, 조업에서의 전업적 노동 조직, 생산량, 생산품(무엇을 위한 제품을 생산했나)을 확인하고 비교할 수 있다면 어떠한 발전이 있었는지 좀더 구체적인 설명을 듣고 싶다. 사실 우리 고고학계에서는 전문화된 생산을 유형화하거나 그에 대해 엄밀하게 정의하지 않고 대략적인 의미로만 사용하는 경향이 있다. 그래서 심지어는 청동기시대 석기나 토기를 제작한 취락과 그렇지 않는 취락이 있을 때조차 전문화를 운운하기도 한다. 1990년대 이후 전문화에 대한 연구를 진행시켜 온 캐시 린 코스틴은 고고학 자료에 나타난 전문생산의 행위들을 엄밀히 분석하여 1) 제작자의 성격, 2) 생산수단, 3) 생산조직의 원리, 4) 물품의 성격, 5) 분배의 원리와 메카니즘, 6) 소비자의 성격 등에 따라 전문화를 여러 수준과 유형으로 나누어 정의하고 있다(Costin 1991 · 2001). 발표자께서도 지적하였다시피 철 생산은 전문적인 기술과 전문적인 노동과 설비의 조직이 필요하고 소비뿐 아니라 제2차 생산품과도 긴밀히 연관된 전문 생산시스템인 것 만은 틀림없다. 그런데 한군현으로부터 이주해온 제철장인의 사회적 정체성부터 흥미로울 뿐 아니라 이들이 화성 기안리와 같이 백제의 영역 혹은 그 주변에서 어떻게 조직될 수 있는지 그리고 그 뒤 어떤 발전을 보아 진천 석장리와 같은 거점적 대규모 생산조직이 되는지가 궁금하다. 요컨대 원삼국시대와 백제시기에 있어서 철 생산 전문화의 수준과 유형을 좀더 구체적으로 대비시켜 본다면 어떻게 정의될 수 있는지 선생님의 견해를 듣고 싶다.

둘째, 강철무기의 생산과 보급에 관한 문제인데 이에 대해 두 가지 궁금한 점을 여쭈어 보고 싶다. 첫째로 이 무기의 생산시스템은 기타 일상도구의 생산시스템과 별개의 생산조직으로 성립하고 발전한 것인지의 여부와 둘째로 4~5세기에 강철무기의 부장이 크게 증가한 유적이 과연 백제 중앙으로부터 보급에 의한 것인지 아니면 재지적인 철기 생산에 의한 것인지의 문제이다. 만일 일상용 도구와는 별개로 백제가 중앙으로부터 생산과 보급을 통제하였다면 철기라는 유물이 부식이 잘 되어 속성 파악이 어렵다 하더라도 청주, 서천, 천안, 공주 등지의 철제무기에서는 무언가 기술적 양식적 공통성이 발견될 수 있다고 본다. 사실 이러한 취지의 주장은 토기 연구자들이 먼저 주장했지만 철기에서 나타난 통일성은 토기 양식의 공통성보다 더 중요한 의미를 가진다고 생각된다.

셋째, 대규모화되고 일련의 공정이 집단화된 진천 석장리유적이나 충주 지역의 제철유적에 대한 이해의 방식에 대해 질문을 드리고자 한다. 대체로 백제사나 백제고고학을 연구하는 입장에서는 한성백제의 성장에서 3세기 후반과 4세기 후반을 영역의 확대와 고대국가 성립에서 중요한 전환점으로 보고 있다. 특히 근초고왕 대인 4세기 후반의 백제의 영역을 호남지방은 몰라도 최소한 금강 유역 일원으로 보고 있는 점은 거의 정설화되어 있다고 생각된다. 그래서 천안 용원리, 청주 신봉동, 공주 수촌리 등의 유적을 백제의 지방으로 이해하지 않나 한다. 특히 이들 지방고분은 백제가 그 지역으로 세력으로 확보한 후에 형성되기 시작한 유적으로 이해하기도 한다(성정용 2000). 그런데 고도의 기술과 대규모

노동이 조직되었을 진천 석장리 제철유적을 백제가 생산물을 공납으로 받았던 재지세력의 생산체제로 정의하였다. 그렇게 본다면 문제점으로 지적될 수 있는 것이 4세기에 과연 재지세력이 백제와는 무관하게 그러한 생산체제를 조직할 수 있었는지, 그리고 백제에 공납을 바치기 위해 재지세력이 그러한 철생산 시스템을 자율적으로 운영해 갈 수 있는지의 문제는 설명이 필요할 것 같다. 오히려 고대국가로 성장한 백제가 능동적으로 중앙과 지방을 연결하는 철 및 철기 생산의 거점들을 설치하면서 운영했다고 보는 것이 자연스럽지 않을까 하는 의견을 조심스럽게 제출해 본다.

[참고문헌]

Johnson, A. and Earle, T. K., 1987 *The Evolution of Human Societies: From Foraging Group to Agrarian State*, Stanford University Press.

Costin, C. L., 1991 Craft Specialization : Issues in Defining, Documenting and Explaining the Organization of Production, In Schiffer, M. B.(ed) *Archaeological Method and Theory*, Vol.3 : Tucson : University of Arizona Press, 1~56.

_____, 2001 Craft Production System, In Price, D. T. and Feinman, G. M.(eds) *Archaeology at the Millennium : A Sourcebook*, New York : Plenum, 203~242.

성정용, 2000, 『中西部馬韓地域의 百濟領域化過程硏究』(서울大學校大學院 博士學位論文).

"백제 지역 철기 생산과 유통의 정치사회적 함의"를 읽고

조경철(아주대학교 사학과)

　본 논문은 3~5세기 백제의 성장과 발전의 동인을 초강기술의 도입과 이 기술로 생산된 무기 등의 철 제품을 유통시키는 메카니즘을 통해 백제와 지방의 관계를 정치사회적 함의의 측면에서 고찰하였습니다. 이를 통해서 백제의 성장과 발전에 관한 논의가 한 단계 진전되었다고 볼 수 있습니다. 토론자는 문헌을 통해서 백제의 지방 지배방식을 공부해 왔지만 이번 토론을 계기로 많은 것을 배울 수 있었습니다. 발표자의 논지에 공감을 표하면서 토론자가 궁금한 점을 중심으로 몇가지 질문을 드릴까 합니다.

　1. 생산과 유통은 현재도 인간생활을 좌우하는 경제요소입니다. 특히 시대의 획을 긋는 생산과 유통은 더욱 그러합니다. 예를 들어 선진 초강법으로 만들어진 철제품이 그렇습니다. 그런데 생산과 유통은 공급과 수요의 측면에서 보면 공급자와 수요자의 성격에 많이 좌우된다고 볼 수 있습니다. 발표자는 백제의 초강법의 도입 경로를 중국 본토, 낙랑 지역으로 보고 자생적인 측면도 언급을 하였습니다. 그렇다면 백제 지역에서 발견된 철제품은 주로 어디에 해당되며 그 비율은 어떤지 궁금합니다.

　2. 생산과 유통은 주고받는 것이므로 입지가 중요한 요건입니다. 특히 철은 재료를 원활히 확보해야 하는 측면에서 더욱 그렇습니다. 그런데 철 제품의 주요 생산지가 미호천이나 천안처럼 해안과 가까운 곳, 진천 석장리 제철유적처럼 내륙, 충주 탄금대 밑의 칠금동 제철유적처럼 강변 등으로 공통점을 찾기가 힘

듭니다. 이러한 입지상의 차이가 나는 것은 생산과 유통의 정치사회적 함의 측면에서 보면 그 강도가 달랐기 때문이 아니었나 생각됩니다. 즉 어떤 지역은 생산을 중시하고, 어떤 지역은 유통을 중시하고 하는 이유가 아닐까 생각해 보았습니다. 발표자의 견해를 듣고 싶습니다.

3. 본 논문은 그 대상의 범위가 백제 지역이고 시기는 3~5세기입니다. 따라서 여기서 다루는 철 생산과 유통의 범위는 백제가 지배하는 정치적 의미의 범위와 겹쳐진다고 볼 수 있습니다. 물론 그 지배방식은 직접지배방식일 수 있고, 아니면 간접지배방식일 수 있으며, 구체적으로 공납지배일 수도 있습니다. 발표자는 한강 유역과 금강 유역을 중심으로 철기를 살펴보셨는데 한강 북쪽이나 금강 이남의 전라도 지역은 언급을 하지 않았습니다. 4세기에 만들었다고 –혹은 5~6세기– 전해지는 칠지도는 곡나철산에서 철을 얻어 백번 단련하여 만들었다고 합니다. 곡나는 황해도 곡산이나 전남의 곡성으로 비정되는데 이곳은 본 논문에서 다룬 지역이 아닙니다. 이 지역에 대한 철의 생산과 유통은 어떻게 달랐는지 궁금합니다.